PATH TO SKILLFUL SOCIETY:
THE SPIRIT OF CRAFTSMANSHIP
AND THE GROWTH OF HIGHLY SKILLED TALENTS

走向技能型社会
工匠精神与高技能人才成长

王雪亘 著

上海交通大学出版社
SHANGHAI JIAO TONG UNIVERSITY PRESS

内容提要

本书共八章,分别是"工匠精神的阐释:内涵与代言""中国古代的工匠精神:工匠文化与技艺道""世界工业强国的工匠精神:品质、细节与创新""工匠精神的重拾:衰弱与呼唤""工匠精神的培育:政府与企业""工匠精神的锻造:高素养与高技能""工匠精神的弘扬:技能社会与系统构建""工匠精神的践行:管理与策略"。本书围绕工匠精神这一核心,系统阐述了新时代工匠精神的锻造以及技能社会的建设,各章均配有形象生动的案例、"拓展阅读"以及"思考与研讨"。本书适合职业院校师生、职业教育相关人员、工会组织成员以及企业管理人员。

图书在版编目(CIP)数据

走向技能型社会:工匠精神与高技能人才成长/王雪亘著.—上海:上海交通大学出版社,2024.8
ISBN 978-7-313-31381-2

Ⅰ.G719.2

中国国家版本馆 CIP 数据核字第 2024F066Q0 号

走向技能型社会:工匠精神与高技能人才成长
ZOUXIANG JINENGXING SHEHUI:GONGJIANG JINGSHEN YU GAOJINENG RENCAI CHENGZHANG

著　　者:王雪亘	
出版发行:上海交通大学出版社	地　　址:上海市番禺路 951 号
邮政编码:200030	电　　话:021-64071208
印　　制:上海颛辉印刷厂有限公司	经　　销:全国新华书店
开　　本:787mm×1092mm 1/16	印　　张:21.25
字　　数:477 千字	
版　　次:2024 年 8 月第 1 版	印　　次:2024 年 8 月第 1 次印刷
书　　号:ISBN 978-7-313-31381-2	
定　　价:78.00 元	

版权所有　侵权必究
告读者:如发现本书有印装质量问题请与印刷厂质量科联系
联系电话:021-56152633

人类是劳动创造的,社会是劳动创造的。劳动没有高低贵贱之分,任何一份职业都很光荣。广大劳动群众要立足本职岗位诚实劳动。无论从事什么劳动,都要干一行、爱一行、钻一行。在工厂车间,就要弘扬"工匠精神",精心打磨每一个零部件,生产优质的产品。在田间地头,就要精心耕作,努力赢得丰收。在商场店铺,就要笑迎天下客,童叟无欺,提供优质的服务。只要踏实劳动、勤勉劳动,在平凡岗位上也能干出不平凡的业绩。

——2016年4月26日,习近平总书记在知识分子、劳动模范、青年代表座谈会上的讲话

中国要发展,最终要靠自己。靠自己是应对当前国际竞争形势的客观要求。世界经济发展日新月异,科技创新周期大大缩短,别人不可能将自己的文明成果拱手相让,只有自力更生将核心技术、核心技能牢牢抓在自己手中,才能稳稳屹立于世界民族之林。

——2018年9月26日,习近平总书记在中国一重集团有限公司考察时的讲话

劳动者素质对一个国家、一个民族发展至关重要。技术工人队伍是支撑中国制造、中国创造的重要基础,对推动经济高质量发展具有重要作用。要健全技能人才培养、使用、评价、激励制度,大力发展技工教育,大规模开展职业技能培训,加快培养大批高素质劳动者和技术技能人才。要在全社会弘扬精益求精的工匠精神,激励广大青年走技能成才、技能报国之路。

——2019年9月22日,习近平总书记对我国技能选手在第45届世界技能大赛上取得佳绩作出的重要指示

在长期实践中,我们培育形成了爱岗敬业、争创一流、艰苦奋斗、勇于创新、淡泊名利、甘于奉献的劳模精神,崇尚劳动、热爱劳动、辛勤劳动、诚实劳动的劳动精神,执着专注、精益求精、一丝不苟、追求卓越的工匠精神。劳模精神、劳动精神、工匠精神是以爱国主义为核心的民族精神和以改革创新为核心的时代精神的生动体现,是鼓舞全党全国各族人民风雨无阻、勇敢前进的强大精神动力。

——2020年11月24日,习近平总书记在全国劳动模范和先进工作者表彰大会上的讲话

各级党委和政府要高度重视技能人才工作,大力弘扬劳模精神、劳动精神、工匠精神,激励更多劳动者特别是青年一代走技能成才、技能报国之路,培养更多高技能人才和大国工匠,为全面建设社会主义现代化国家提供有力人才保障。

——2020年12月10日,习近平总书记致首届全国职业技能大赛的贺信

在全面建设社会主义现代化国家新征程中，职业教育前途广阔、大有可为。要坚持党的领导，坚持正确办学方向，坚持立德树人，优化职业教育类型定位，深化产教融合、校企合作，深入推进育人方式、办学模式、管理体制、保障机制改革，稳步发展职业本科教育，建设一批高水平职业院校和专业，推动职普融通，增强职业教育适应性，加快构建现代职业教育体系，培养更多高素质技术技能人才、能工巧匠、大国工匠。

——2021年4月13日，习近平总书记对职业教育工作做出的重要指示

技术工人队伍是支撑中国制造、中国创造的重要力量。我国工人阶级和广大劳动群众要大力弘扬劳模精神、劳动精神、工匠精神，适应当今世界科技革命和产业变革的需要，勤学苦练、深入钻研，勇于创新、敢为人先，不断提高技术技能水平，为推动高质量发展、实施制造强国战略、全面建设社会主义现代化国家贡献智慧和力量。

——2022年4月27日，习近平总书记致首届大国工匠创新交流大会的贺信

要大力弘扬劳模精神、劳动精神、工匠精神，发挥好劳模工匠示范引领作用，激励广大职工在辛勤劳动、诚实劳动、创造性劳动中成就梦想。要围绕深入实施科教兴国战略、人才强国战略、创新驱动发展战略，深化产业工人队伍建设改革，加快建设一支知识型、技能型、创新型产业工人大军，培养造就更多大国工匠和高技能人才。

——2023年10月23日，习近平总书记在同中华全国总工会新一届领导班子成员集体谈话时的讲话

劳动谱写时代华章，奋斗创造美好未来。希望广大劳动群众大力弘扬劳模精神、劳动精神、工匠精神，爱岗敬业、创新创造，踊跃投身以高质量发展推进中国式现代化的火热实践，为全面推进强国建设、民族复兴伟业而不懈奋斗。

——2024年4月30日，习近平总书记向全国广大劳动群众致以节日祝贺和诚挚慰问

前　言

通过几代人励精图治、不懈奋斗，我国社会主要矛盾已经由"人民日益增长的物质文化需要同落后的社会生产之间的矛盾"转化为"人民日益增长的美好生活需要和不平衡不充分的发展之间的矛盾"，经济发展也由高速增长阶段转向高质量发展阶段。当前，我国的经济与社会发展已步入了"新时代"。伟大的时代需要伟大的精神，党的十九大报告强调，"建设知识型、技能型、创新型劳动者大军，弘扬劳模精神和工匠精神，营造劳动光荣的社会风尚和精益求精的敬业风气"；党的二十大报告提出："加快建设国家战略人才力量，努力培养造就更多大师、战略科学家、一流科技领军人才和创新团队、青年科技人才、卓越工程师、大国工匠、高技能人才。"为到21世纪中叶把我国全面建成富强、民主、文明、和谐、美丽的社会主义现代化强国，在全社会厚植工匠文化，就要大力弘扬工匠精神——坚定踏实的敬业精神、追求卓越的创造精神、精益求精的品质精神、用户至上的服务精神，为新时代进一步深化供给侧结构改革，实施中国制造"品质革命"提供精神动力和力量源泉。

从2000年开始，笔者为技师班讲授《3Q7S管理与行动品质提升》《工匠精神及其培育》《精益制造与高技能人才成长》等专题，算来已有20多年的历史。其间，又主持"技师大讲堂——名著读·学·悟"等系列活动，研究并指导学生阅读了大量有关的著作，如陈宇的《技能振兴：战略与技术》、付守永的《工匠精神：向价值型员工进化》、吴晓波的《激荡三十年：中国企业1978—2008》，日本今井正明的《改善》(Kaizen: The Key to Japan's Competitive Success)、大前研一的《专业主义》(The Professionalism)、稻盛和夫的《干法》(働き方)，德国赫尔曼·西蒙(Hermann Simon)的《隐形冠军》(Hidden Champions: Lessons from 500 of the World's Best Unknown Companies)，美国亚力克·福奇(Alec Foege)的《工匠精神》(The Tinkerers: The Amateurs, DIYers, and Inventors Who Make America Great)、理查德·桑内特(Richard Sennett)的《匠人》(The Craftsman)、托马斯·库恩(Thomas Kuhn)的《科学革命的结构》(The Structure of Scientific Revolutions)、布莱恩·阿瑟(Brian Arthur)的《技术的本质》(The Nature of Technology：What It Is and How It Evolves)等，获益良多。同时，受机关、总工会、行业协会、企业和职业院校、技工院校的邀请，先后在全国各地做了有关工匠精神培育、高技能人才培养、产业工人技能形成体系等内容的上百场报告。得益于与各类企业家、一线高技能人才的对话，脑海中会经常浮现出各类工匠的鲜活形象——他们的执着与专注、敬业与坚守、规范与严谨、克难与创新，以及精雕细琢与精益求精，他们的精于工、匠于心、品于行、创于新，他们的职业态度、职业行为、职业追求、职业热情和职业智慧累积起了生命的厚重，缔造了崇高的人格；他们身怀技能报国之志，热爱本职、脚踏实地、勤勤恳恳、尽职尽责，追求职业技能的完美和极致，建功立业，匠心筑梦，成为各自领域内不可或缺的高技能人才。

工匠精神在我国有着悠久的历史传承与文化积淀。中国自古就是匠人之国，翻开这本厚重的工匠精神史，你会发现2万年前的工匠慢慢向你走来，从"新石器革命""氏族工匠"到"官府工匠""民间工匠"再到"新时代工匠""大国工匠"，工匠精神是这些"能工巧匠"的特质。新中国成立以来特别是改革开放40多年来，在中国共产党的正确领导下，全国各族人民自力更生、艰苦奋斗，社会生产力不断得到解放与发展，经济社会也实现了从"短缺经济"到"过剩经济"再到"品质经济"的历史跨越。在"以中国式现代化全面推进中华民族伟大复兴"的新征程中，无论政府、企业、学校，还是国家、社会和个人均需要大力培育和弘扬工匠精神，坚持高标准、严要求、重细节、强落实，使工匠精神成为新时代大众共有的职业气质。

本书不同于一般的精神励志读物，而是希冀通过古今中外工匠精神培育的梳理，为职业院校学生尤其是高职院校、技师学院高年级学生学习工匠精神、践行工匠精神、锻造工匠精神、弘扬工匠精神提供一本较为合宜的行动读本。为方便各校各专业选用，各章对工匠精神的阐释各有侧重。正所谓"真正的匠人不仅具有一流的技术，更有一流的心性"，高职院校、技师学院现在的学生，作为未来的高技能人才，一定要深刻理解工匠文化的精神意蕴，准确把握工匠精神的精髓，内化于心、外化于行，在劳力上劳心，深修匠心、苦练匠技、精铸匠品，在国家"打造技能强国"之路上用匠魂重塑工匠人生，为顺利实现"到2035年技能型社会基本建成"的远景目标，高质量建设"社会崇尚技能、人人享有技能""长技能比技能"的技能型社会做出自身最大的贡献。

"以工匠之心，行工匠之事"，以精益求精、精雕细琢的要求考量，此书肯定存在疏漏与不当之处，恳请广大读者批评指正，以便在再版时更臻完善！

王雪亘
2024年4月于嘉兴南洋

目 录

第一章　工匠精神的阐释：内涵与代言 —— 001

第二章　中国古代的工匠精神：工匠文化与技艺道 —— 039

第三章　世界工业强国的工匠精神：品质、细节与创新 —— 082

第四章　工匠精神的重拾：衰弱与呼唤 —— 114

第五章　工匠精神的培育：政府与企业 —— 135

第六章　工匠精神的锻造：高素养与高技能 —— 166

第七章　工匠精神的弘扬：技能社会与系统构建 —— 221

第八章　工匠精神的践行：管理与策略 —— 274

附录一　关于加强新时代高技能人才队伍建设的意见	307
附录二　国家职业资格目录(2021年版)	312
附录三　《新时期产业工人队伍建设改革方案》落实情况考评指标体系	318
附录四　浙江省技能大师工作室考核评估标准	324
附录五　3Q7S活动检查表示例	326
参考文献	331

第一章
工匠精神的阐释：内涵与代言

工匠精神（Spirit of the Craftsman）在中国自古有之，但提升到国家层面则是在2016年3月5日。在第十二届全国人民代表大会第四次会议上，国务院《政府工作报告》首次将"工匠精神"写入其中："鼓励企业开展个性化定制、柔性化生产，培育精益求精的工匠精神，增品种、提品质、创品牌。"这是呼唤工匠精神回归的总动员。随着中国特色社会主义进入新时代，我们比以往任何时代都更加渴求工匠精神。

整个2016年，"工匠精神"成为"十大流行语"，成为李克强总理使用的高频词。2016年3月29日，第二届中国质量奖颁奖大会在北京召开，李克强总理做出重要批示："弘扬工匠精神，勇攀质量高峰，打造更多消费者满意的知名品牌，让追求卓越、崇尚质量成为全社会、全民族的价值导向和时代精神。"5月25日在贵阳召开的中国大数据产业峰会暨中国电子商务创新发展峰会上，李克强总理指出："大数据新业态代表的创新理念要和传统行业长期孕育的工匠精神相结合，推动虚拟世界与现实世界融合发展，重塑产业链供应链价值链，促进新动能蓬勃发展、传统动能焕发生机，打造中国经济'双引擎'，实现'双中高'。"6月26日在天津考察飞鸽自行车品牌时，李克强总理强调："希望你们打造中国传统企业的'百年老店'。发扬勇于创新的企业家精神，追求精益求精的工匠精神，让老树不断发新芽，更加枝繁叶茂。"12月23日在长沙召开的推进"中国制造2025"工作现场会暨国家制造强国建设领导小组第四次会议时，李克强总理又批示："着力弘扬企业家精神和工匠精神，苦练内功、精益求精、提质增效、追求卓越，努力攻克一批核心技术和关键工艺装备，提升智能制造、绿色制造水平，为促进经济中高速增长、迈向中高端水平提供坚实有力支撑。"

2017年、2018年、2019年以及2021年"工匠精神"又四次被写入国务院《政府工作报告》，并成为党的十九大报告的核心词汇之一。"要大力弘扬工匠精神，厚植工匠文化，恪尽职业操守，崇尚精益求精，培育众多'中国工匠'，打造更多享誉世界的'中国品牌'，推动中国经济发展进入质量时代。""全面开展质量提升行动，推进与国际先进水平对标达标，弘扬劳模精神和工匠精神，建设知识型、技能型、创新型劳动者大军，来一场中国制造的品质革命。""大力弘扬奋斗精神、科学精神、劳模精神、工匠精神，汇聚起向上向善的强大力量。""要统筹新兴产业布局。加强质量基础设施建设,深入实施质量提升行动,促进产业链上下游标准有效衔接,弘扬工匠精神,以精工细作提升中国制造品质。"可见,高质量发展呼唤工匠精神,把握新发展阶段,贯彻新发展理念,构建新发展格局,全面提升劳动者素质,蕴含着鲜明的新时代诉求。

强国建设,品质为基;质量之魂,存于匠心。我们坚信:在全社会、全民族大力弘扬工匠精神,营造人人重视质量、人人创造质量、人人享受质量的浓厚氛围,工匠精神必将推动中国经济与社会发展进入新的质量时代。

第一节　工匠与工匠精神

工匠精神是中国人自古及今、绵延百代孜孜以求的。早在《诗经·卫风·淇奥(yù)》中就有"如切如磋,如琢如磨"的佳句,"治骨曰切,象曰磋,玉曰琢,石曰磨;切磋琢磨,乃成宝器"。它形象地体现了工匠在切割、打磨、雕刻、磨削骨器、象牙、宝玉、石料时专注认真、一丝不苟的精神。孔子在《论语·学而》中对这一精神高度肯定,后朱熹在《四书章句集注·论语集注》中做出了"言治骨角者,既切之而复磋之;治玉石者,既琢之而复磨之。治之已精,而益求其精也"的解读。正如清代赵翼在《瓯北诗话·七言律》中写的那样,"盖事之出于人为者,大概日趋于新,精益求精,密益加密,本风会使然"。《庄子》中的"庖丁解牛,技进乎道",《尚书》中的"惟精惟一,允执厥中"以及贾岛关于"推敲"的斟酌等,都体现了中国古代工匠对技艺精益求精的精神。

一、何谓"工匠"

一提起"工匠",我们脑海中就会浮现木匠、石匠、铜匠、铁匠、篾匠、泥水匠、裁缝、剃头匠、油漆匠、画匠、厨师等传统匠人的形象,想起那些在几千年的历史长河中为人传扬的诸多能工巧匠的故事。比如,历代公认的"工匠始祖"——春秋时期的鲁班,勤于劳动和思考,他在生产实践中得到启发,经过反复研究、推敲、试验,发明了锯、钻、刨子、铲子、曲尺、墨斗等工具;战国时代秦国著名的水利工匠李冰父子主持修建的都江堰水利工程,集岷江鱼嘴分水、飞沙堰溢洪排沙、宝瓶口引水等功能于一体,完美解决了灌区冬春季枯水期的用水和夏秋季洪水期的防涝问题,使其"分四六,平潦旱""水旱从人",至今还滋润着天府之国的万顷良田;隋朝著名工匠李春设计并建造了赵州桥——世界上第一座单孔敞肩式石拱桥,其首创的"拱券结构"与"敞肩拱"技术比欧洲早 1200 年,赵州桥 1400 多年来承受了无数次人畜车辆的碾压,饱经风刀霜剑、冰雪雨水的冲蚀,历经了 10 次水灾、8 次以上地震、8 次以上战争的考验,却雄姿不减当年,仍然巍然屹立至今。又如,清朝时期的"样式雷"家族,从康熙时的雷发达到光绪时的雷献彩,八代都是专门负责皇家建筑的设计及图纸、模型制作的工匠(样子匠),200 余年间 10 余人担任清廷样式房掌案(首席建筑设计师),清廷主要的皇室建筑,如故宫、北海、中海、南海、圆明园、万春园、颐和园、清东陵、清西陵和承德避暑山庄等都出自雷氏家族之手。其天人合一的思想和孜孜不倦的追求,造就了清代举世闻名的皇家气魄,完美呈现了中国古代建筑最后一个高峰时期的全面成就。在当今中国被列入"世界文化遗产"的古代建筑中,雷氏家族设计创作的就占1/5。

这些能工巧匠脚踏实地、品格高尚、技艺精湛、匠心独运,无不显示了登峰造极、出神入化的精神魅力,"得心应手""运用自如""游刃有余""驾轻就熟""胸有成竹""炉火纯青""鬼斧神工""巧夺天工"等词语由此而来。

"工匠"一词最早出自《庄子·马蹄》:"夫残朴以为器,工匠之罪也。"那么,究竟何谓"工匠"呢?"工匠"最基本的含义就是古代社会结构"四民"——"士农工商"之"工",指与"士""农""商"相对的主要从事器物发明、设计、创造、制造等的行业共同体。工(手工业)、农(农业)和商(商业)一起共同构筑了古代社会经济三大支撑性系统部门。"士农工商"出自《管子·小匡》。《小匡》有云:"士农工商四民者,国之石民(柱石)也。不可使杂处,杂处则其言咙(máng,杂乱),其事乱。是故圣王之处士必于闲燕(安排读书人住于娴静之地),处农必就田野,处工必就官府,处商必就市井。"《小匡》的作者管子,即管仲,名夷吾,因辅佐齐桓公成就"春秋五霸"之首霸而名垂千古,被誉为"华夏第一相"。管仲将当时齐国的国民分成士、农、工、商四个阶层,"群萃而州处",按各自专业聚居在固定的地区,是为"四民分业"。把社会各阶层按职业来划分管理,管仲是历史上的第一人。管仲认为"四民分业"好处有四:一是"相语以事,相示以功,相陈以巧,相高以智",同一行业的人聚居在一起,互相谈论工事,展示成品,比赛技巧,易于交流经验,提高智慧;二是"相语以利,相示以时,相陈以知贾",对促进商品生产和流通有很大作用;三是养成专业气氛,人人安于本业,不至于"见异物而迁焉",从而造成职业的不稳定性;四是无形中造成良好的社会教育环境,"少而习焉,其心安焉",从小就耳濡目染,"是故其父兄之教不肃而成,其子弟之学不劳而能。夫是故工之子常为工"。

从语义学而言,"工匠"由"工""匠"所组成的一个或偏正结构或并列结构的复合词,其含义有一个演化的过程。从甲骨文到现代简化字,"工"字的字形几无变化,作为一个象形字,其本义是木工的"曲尺"①。东汉文字学家许慎在《说文解字·工部》中云:"工,巧饰也。像人有规矩也。与巫同意。凡工之属皆从工。"意思为:占(工),巧于文饰。像人手中持有"规""矩"之类的工具的形状,而与王(巫)字的构形有相似处。凡是工的部属都从工。许慎认为,"工"是一种技术性很强且又十分细致、巧妙的工作,必须按照一定的章法行事,而那些能够利用"规""矩"之类的人造工具来从事造物活动的劳动者才是"工"。"工,巧饰也",强调了"工"所具有的特殊性质,即设计造物活动的两大基本原则——"巧"(技术理性原则)和"饰"(艺术审美原则)。在《说文解字》中,"巧,技也。""技""巧"互释,突出了"巧""技"的技术理性原则,即只有遵循自然法则、法度和社会道德规范的"巧"或"技",才能称为"工"。正如南唐文字训诂学家徐锴注曰:"为巧必遵规矩、法度,然后为工。否则,目巧也。巫事无形,失在于诡,亦当遵规矩。故曰与巫同意。"其意是说:做巧工必须遵循规矩、法度,否则,只是看上去巧。巫事没有形,失于诡异,也应当遵循规矩,所以"巫"字构形与"工"字有相似之处。它强

---

① 杨树达.积微居小学述林[M].北京:中华书局,1983:58.

调了"工"之"巧"必须遵循"规矩""法度",才能实现"工"的价值和目标。现代著名的社会学家潘光旦则对此做了更深层面的解释:"从文字源流上说,工字在六书为指事,所指为规矩勾股之事,固然不错,但同时我疑心它所指的不止于此,它也许是一个和巫字属于一类的字,即上下两画所指的是天地,而中间一竖有通天地之意,取法乎天、取材于地,以成物的人和事叫作工;巫字我以为也应当属于此类。"①可见,"工"字的解读尽管很多,但其主要的含义亦如《辞海·工部》所云:"工,匠也。凡执艺事成器物以利用者,皆谓之工。""工,巧饰也",作为一种方法或工作原则,"工"就蕴含了一种"精致""高超""专注"的属性,以此意来形容,"工"与"匠"构成了偏正结构的复合词,即工艺精致、技术高超的匠人。

那么,又如何把握"匠"呢?"匠"起初专指"木工"。《说文解字·匚部》说:"匠,木工也。从匚(fāng,古代一种盛放工具的筐器),从斤。斤,所以作器(用来制作木器的斧具)也。"清代文字训诂学家段玉裁在《说文解字注·匚部》注解中说:"匠,以木工之称引申为凡工之称也。从匚斤。会意。"又曰:"百工皆称工、称匠。独举木工者,其字从斤也。"按"斤"为象形字。甲骨文字形 𠂆,上面是横刃,下为曲柄,像斧斤的形状。其本义为:斧子一类的工具。《说文解字》:"斫木斧也。"段玉裁注:"凡斫物者皆曰斧,斫木之斧则谓之斤。""匚者,榘(jǔ)也。"榘,同"矩"。木工除用"斤"作工具外,还用"绳墨"作为画线的规矩准则。"匠""从匚斤",作为一个会意字,是由一个工具箱(匚)及其里面装着的工具(斤)所构成,它强调了"匠"的职业性质,即每一位"匠"都要在一定的规矩、法度"匚"中进行。"以木工之称引申为凡工之称也",意思是说"匠"的本义为筐里背着刀斧工具的木工,后来代指靠手工技能谋生的人。"百工皆称工、称匠","匠""工"同义,"工匠"就成了一个"并列结构"复合词。因此,到《大宋重修广韵》时就正式有了"匠,工匠"之说。

从许慎《说文解字》和文字学家徐锴、杨树达等对"工""匠"的解释文字中,我们可以概括出成为"工匠"的四大重要元素:一是工匠源自长期一线的生产生活实践,其设计造物活动来源于生活,又回归到生活,绝不能脱离现实;二是工匠的手艺高超,工艺专长,其设计造物"巧""饰"兼具,既能满足人们审美的需求,也能满足人们的实用性需求,注重实用性与艺术性的巧妙结合;三是工匠的所作所为须有规矩、有法度,其基本德律要求是敬天、敬地、敬用户;四是勤于劳作,善于用手,手脑并用,以技能劳动为其主要职业特征。总之,所谓工匠,就是以技立世、以艺谋生,心灵手巧、德艺双馨的高技能劳动者。

二、何谓工匠精神

何谓"工匠精神"? 站位不同、角度有异,理解也就各有侧重。有人说,工匠精神就是干一行爱一行,把工作看成人生的修行。有人说,工匠精神就是一丝不苟地做好每个细节。有人说,工匠精神就是精益求精,把追求品质当成自己的生命。也有人说,工匠精神就是耐得住寂寞,不被任何浮躁的东西干扰自己的目标。还有人说,工匠精神就是用创意推动社会进步,让人类的生活变得更美好。那么,我们怎样来全面、准确地把握工匠精神的内涵呢?

---

① 潘光旦.潘光旦教育文存[M].北京:人民教育出版社,2002:265.

工匠精神的基础是工匠,工匠精神的实质在精神。从辞源上探意,工匠精神是由"工匠"与"精神"组成的具有特定意义的词组。对"工匠精神"的描述自然离不开工匠意识,即"工匠行为"体现出来的意识、心理状态或风采神韵,工匠精神的内涵也应是工匠行为与工匠意识的叠加。两者结合起来,则指手艺工人(工匠)具有的意识、思维活动和一般心理状态(精神),即工匠对自己的工作和产品精雕细琢、精益求精、追求完美的精神理念。工匠精神至少具有三大特性:一是职业特性。工匠精神来源于工匠行为,表现为在职业活动中展现出来的坚定、踏实、精益求精等精神状态。二是知行合一特性,即工匠精神是人的一种心理与行为状态,且这种心理与行为状态高度一致。三是恒性特征,即在日常职业活动中一以贯之的意识、思维、心理以及行为状态,并且这种意识与行为呈现出某种规律性状态。

从职业行为学角度来看,衡量工匠精神的标准主要是工匠内蕴的技能水平和外显的产品功效与质量,这两者归根结底是工匠的动手能力与创造能力的集中体现,这两种能力映射于工匠的精神世界,则表现为一心一技的敬业情怀、一丝不苟的行事风格、一以贯之的技能态度、惟一惟精的极致追求和独当一面的职业状态。正如清代纪昀《阅微草堂笔记》中的两句话:"心心在一艺,其艺必工;心心在一职,其职必举。"

工匠精神的内涵十分丰富,社会各界也常常对工匠精神进行多角度的阐述,人们多侧面的解读有助于我们透过现象看本质、辩证而全面地把握其精神实质。这就像学校教师每天都进行的教学活动一样,人们既可以从师生课堂活动相互作用的形式——"教学方法"来观察,也可以从课堂活动的实质内容——"教学内容"来描述。"教学内容""教学方法"这两项解释教学活动的维量,其实是一件事情的两面:教学目的和内容决定了教学方法,而适宜的教学方法推动了教学内容的展开。从教学方法角度概括的"步骤"——"先用什么方法,再用什么方法,后用什么方法"或者"先怎么教学,再怎么教学,后怎么教学",其实也就是"先教什么、再教什么、后教什么"等教学内容的安排。再比如,就像日光经过三棱镜的折射显示出红、橙、黄、绿、蓝、靛、紫七彩颜色一样,要正确地认识事物,就必须把事物的整体分解为各个要素并分别加以研究,只有对各要素做出周密的分析,才可能真正地认识事物。工匠精神也一样,尽管其是一个可从多角度理解的范畴,但我们还是可以通过对比研究我国古今工匠精神及德国的劳动精神、日本的匠人精神、韩国的达人精神、美国的职业精神等,去把握其五个要义,也就是执着专注的职业态度、规范严谨的职业行为、精益求精的职业追求、敬业坚守的职业热情和传承创新的职业智慧。

1. 执着专注

所谓执着专注,就是不贪多求快,不好高骛远,不怕费事周折,摒弃任何外界诱惑的干扰,集聚自身内外所有的心力,潜心钻研,择一事终一生,对既定的方向不离不弃,心神专一地把事情做到最好;就是一门心思,一心一技,持之以恒,坚持不懈,用一步一个脚印的精神,使产品品质和技能技艺不断提升,走向精致精湛。

工匠,在日本叫"职人","职人"从事的工作统称工艺。用一生的时间钻研、做好一件事在日本并不鲜见,有些行业甚至是一个家庭十几代人只做一件事。专注会使人将毕生岁月奉献给一门手艺、一项事业、一种信仰,专注会带给一个人无穷的力量、无穷的热爱、无穷的创造力,专注创造奇迹。由美国导演大卫·贾柏(David Gelb)拍摄的纪录片《寿司之神》(*Jiro Dreams of SUSHI*)完美地诠释了小野二郎这位寿司料理师半个多世纪专注于寿司精良品质的经历。

出生于1925年的小野二郎是全球最年长的三星①大厨,是"师傅中的师傅、达人中的达人",在日本享有崇高的地位,"寿司第一人"的美誉更远播全世界。在小野二郎一生中,超过55年的时间都专注于握寿司,他每年仅仅休息一天,剩余时间甚至连做梦都在琢磨怎样做出比上次更加美味的寿司,生命中除了寿司没别的东西了,没有音乐没有艺术没有游戏。在所有的商业传奇中,当专注的人与企业聚集在一起,就会产生神奇的力量。小野二郎并不是一个人孤独地专注,他的合作伙伴都是食材行业专家,给他提供鲔(wěi)鱼的是只提供最好鲔鱼的鱼类经销商,大米提供商亦向他提供最好的大米。为了保护创造寿司的双手,他不工作时永远戴着手套,连睡觉也不懈怠;为了能够做出最美味的寿司,他必须先给章鱼按摩40~50分钟,使章鱼口感柔软。从食材、制作到入口瞬间,每个步骤都经过缜密计算,他会根据性别调整寿司大小,会精心记住客人的座位顺序,根据客人的习惯,调整寿司摆放的位置……"极简的纯粹",几十年如一日的专注成就了完美——他的寿司店"数寄屋桥次郎"远近驰名,连美国总统奥巴马2014年访日时也要去造访这家位于东京银座办公大楼地下室的世界上最小的"米其林三星"餐厅。尽管只有十个座位,需要提前一个月甚至更久预约,人均最低消费3万日元,但饕客络绎不绝,盛况慑人,被誉为值得花一辈子排队等候的寿司店!"不管吃过多少次,二郎寿司总是令人惊叹,因为在那里从来没有让人失望过。""伟大的厨师有五个标准:一是对工作认真,一直保持高水准的表现;二是一心提升自己的技术;三是爱干净;四是求好心切;五是怀抱热情。而小野二郎他完全符合这五个标准。"米其林的调查员如此评鉴。

何谓"职人"?小野二郎的解释是每天都反反复复做一件事的人。"我一直重复同样的事情以求精进,总是向往能够有所进步,我继续向上,努力达到巅峰,但没人知道巅峰在哪。我依然不认为自己已臻完美,爱自己的工作,一生投身其中。""一旦你决定好职业,你必须全心投入工作中,你必须爱自己的工作,千万不要有怨言,你必须穷尽一生磨炼技能,这就是成功的秘诀,也是让人家敬重的关键。"有人曾问"专注之神"小野二郎如何练就独一无二的"神技",他自谦"无非是比别人多一倍的努力、多三倍的思考罢了"。这正是——专一方能专注,

---

① "三星",即米其林三星餐厅。1900年,米其林公司创办人米其林兄弟为推进公司的长久发展,将轮胎的销售与汽车旅行的资讯相集聚,在万国博览会期间推出一本供游客选择餐厅使用的《米其林指南》,以后每年更新出版一次,被誉为欧洲美食的圣经。米其林星级餐厅,从"一星"到"三星",主要针对的是烹饪水准,收录《米其林指南》中的餐厅只有1/10才是星级餐厅。其中,"一星"是"值得"去造访的餐厅,是同类饮食风格中特别优秀的餐厅;"二星"是餐厅的厨艺非常高明,是值得绕远路去造访的餐厅;"三星"为最高级,全世界现今仅有106家,是值得特别安排一趟旅行去造访的餐厅,有着令人永志不忘的美味,值得打"飞的"专程前去用餐。

专注方能专业,专业才成专家,专家才成赢家。

2. 规范严谨

所谓规范严谨,就是做事认真尽心,一丝不苟,眼中揉不得半点沙子,严守标准、程序、规矩、规则、规范;就是偏毫厘不敢安,不达要求绝不罢休,不轻率粗疏,不随意变通,不因为追求效率而偷工减料、投机取巧。规范严谨是工匠精神的一个典型特征。

网上流传的我国选手获第 44 届世界技能大赛金牌——"信息网络布线"项目的一组照片:无论是光缆布线系统还是结构化布线系统,即使面对体量庞大的设备和材料,铺设好的网络线路还是像"一个模子刻出来的",一切是那样的标标准准,处处是那么得整整齐齐!看看这些,你就知道什么叫规范严谨。

在德国,技工的一个基本职业精神,就是一丝不苟按操作规程办事,容不得一点"灵活性"。

2014 年,中国一个著名企业引进一批德国设备,装配说明书上写明某处螺钉要拧七圈半。中国技工实际装配时,有时拧七圈,有时拧八圈,觉得紧固程度相差无几。监督装配质量的德国技术人员说,那不行,规定七圈半就得七圈半。

七圈半,不是随意规定的,这是最佳紧固度——螺纹预紧力,是德国本土设备装配长期经验的总结。我们在装配上一"差不多",就失去了最佳紧固度,就失去了设备的最佳生产状态,当然最终更失去了产品的最佳质量。

这种细微差距,导致的可能就是产品质量的巨大落差。同样的手表配件,在不同的工厂组装,走时精确度不可同日而语;同样的汽车品牌、同样的轿车零件,在不同的工厂组装,品质相差不止一个层次。问题的关键是产业工人的职业素养。试想,一辆汽车有那么多零件,如果每个零件组装都有点小误差,整车质量经不住考验就不足为奇了。德意志民族的严谨、规范,或者说那种"刻板""一根筋"的"偏执",才成就了德国的品质制造。

"七圈半精神"有着丰富的内涵,体现了规矩意识、责任意识、纪律意识、执行意识、质量意识等,其中关键的一点是"无我意识"。同样,"差不多"则折射出了自我意识的泛滥。

有时需要充分展现自我意识,如产品研发、技术创新,需要大力提倡和鼓励灵活性和创造性。而有时则必须坚决抑制,如对于生产实施过程的各项制度、工作标准,必须一丝不苟、严格执行。这时,没有了自我就成就了产品的高品质,多了自我就会堕入"低老坏"——低标准、老毛病、坏习惯。

3. 精益求精

精益求精是工匠精神的核心要义之一,它是指干一行钻一行,不骄傲,不满足,不遗余力,注重细节,精雕细镂,追求完美,追求极致。精益求精就是要将产品做到极致!何谓极致?它不是最终的结果,也不是固定的终点,它代表更好的质量、更优的品质、更高的境界、更完美的事物,是人们心中更高的目标、更理想的状态;所谓的精益求精其实也是一种自己与自己较劲的过程,"没有最好,只有更好",它永远行走在不满足产品现状而追求独一无二的路上。正如英特尔前董事长安迪·格鲁夫(Andy Grove)所说,唯偏执狂才能生存。他们唯精唯一、永不懈怠、持续发力、永无止境,努力把品质从99%提高到99.9%,从99.9%提高到99.99%,其利虽微,却长久造福于世。

2015年春节期间,日本的百货商场生意格外火爆,多达45万中国游客赴日消费近60亿人民币,他们绝大多数疯抢的是电饭锅和马桶盖。这种现象除了让日本人感叹中国人惊人的购买力外,无疑给中国制造敲响了警钟。

为什么有人去日本买电饭煲?2016年"两会"期间,小米总裁雷军谈供给侧改革时给出了答案:最初我以为是国人过分迷信外国产品,仔细研究后发现,日本电饭锅的确做得好,目前的技术水平的确远远超过国内的水平。它不满足于只是把米饭做熟,而是精益求精,注重米饭口感和营养,一是采用了电磁感应加热技术(Induction Heating, IH),对整个金属内胆进行环绕均匀加热;二是加压,让米粒在饭锅里面跳舞,使米粒柔软糯香,口感和营养则大幅提升。

主流的日系品牌,如东芝、日立、三洋、虎牌、象印、松下和三菱等无一不是精益求精的典范,它们关注消费者的痛点,注重产品品质和服务,关注细节,追求极致,一直在进行技术迭代。为使家庭劳动更合理,1955年东芝发明了第一台电饭煲,加热技术、内胆工艺以及细节设计一直在行业领跑。

松下电饭煲可以说最能体现松下精益求精的工匠精神。从1956年研发了松下第一台电饭煲开始,至今已经60多年了。在过去的一个多甲子里,为了实现从煮熟米饭到煮好米饭的转变,松下电饭煲经历了一次又一次的改革,而每一次的技术升级与细节改进,都带给人们新的生活方式。

为让主妇每天多睡1小时,1956年松下第一次将电与饭煲相结合,开发了第一台电气电饭煲。1960年又研发了自动保温式电饭煲,1972年又研发了电子控制电饭煲,然而松下并未止步于此,1979年,伴随着智能技术的发展,松下研发了第一台微电脑控制电脑煲,让火力控制由之前的单一控制转变为更加多样化的智能控制,让电饭煲再次升级。1985年研发了具有预约煮饭功能的电脑煲。接着在1988年松下研发了第一台IH电饭煲,到1997年又研发出了多段IH技术,而且还为美味的米饭创造了一个全新标准:"会跳舞的米饭才是好米饭。"2003年,为了解决煮饭后半程时米饭的保湿与保温问题,松下又发明了蒸汽IH电饭煲,将水分和温度以喷射蒸汽的形式重新带回到米饭的中心。2010年,松下再度实现技术突破,将蒸汽温度提高到了200℃。2011年,松下新技术"可变压力"加入,让"会跳舞的米饭"又提升了一个境界——全新"舞动沸扬",以"高速交互对流"和"可变压力"两大技术让电饭煲再次实现了新的突破。发展到2015年,第一台带着WiFi功能的松下IH电饭煲ANM问世。秉持着"造物60年,只为一碗好米饭"这一信念,松下电饭煲不断进行创新研发,仅仅60年,松下电饭煲就已经申请了6 000项专利。而每一次的创新,都是为了将电饭煲做到更好。

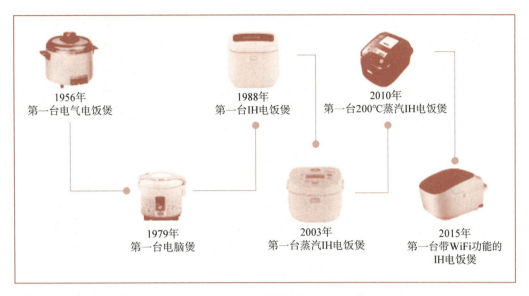

▲ 松下电饭煲：60 年技术迭代，6 000 项专利

为了让产品能够真正符合顾客的需求，松下还专门设立了一个"吃饭"部门，这个部门的员工，在公司内部被大家亲切地称作"米饭夫人"。她们每天都要烧大约 25 锅不同的饭，每人至少品尝 20 锅，平均每人每天 10 碗米饭，并从外观、甜味、美味、黏性、香味、触感、弹力七个方面对米饭进行品鉴和测评，同时还要做好相关记录，以此作为技术人员进行改进的参考依据。至今，这个"吃饭"部门成立已逾 40 年，而"米饭夫人"也历经更新换代，目前已进入了第五代。每一代的努力，每一次的品鉴和测评，都是为了做出更好的产品，做出更好吃的米饭。

可见，品牌的丰碑，不可能是一蹴而就的，而是要点滴累积起来的。"到国外疯抢电饭煲"等事件的发生，真是令人遗憾。反观 2014 年前后的国内产品市场，中国有 100 多个电饭煲品种，年产量超过 2 亿台，其中也有高端电饭煲，但由于同质化严重，经常陷入低价营销战，行业整体竞争力不如日韩。

品牌是企业和国家竞争力的综合体现，基于"我国品牌发展严重滞后于经济发展，产品质量不高、创新能力不强、企业诚信意识淡薄等问题"，国务院办公厅《关于发挥品牌引领作用推动供需结构升级的意见》（国办发〔2016〕44 号）"开出处方"，实施三项重大工程：围绕品牌影响因素（安全性、质量、可靠性、设计能力），实施品牌基础建设工程；以增品种、提品质、创品牌为主要内容，实施供给结构升级工程；适应引领消费结构升级，实施需求结构升级工程。自 2017 年起，国务院将每年 5 月 10 日设立为"中国品牌日"，并在全国范围蓬勃开展以"新审美""新技术""新连接"为特征的"新国货运动"，美的、苏泊尔电饭煲和公牛、飞科插线板等国产品牌以工匠精神实现了跨越式发展。

4. 敬业坚守

所谓敬业坚守，是指笃守信念，敬畏职业，像热爱生命一样去热爱工作。认定目标，矢志不渝，咬定青山不放松；脚踏实地，不看重钱财，不看重职务，甘于平淡，几十年如一日，痴心坚守，倾情付出。尤其是在新时代背景下，我们的生产方式已由传统的手工业作坊，转变为复杂的机器化大生产，每个人只承担众多工序中的一部分。比如生产一列"复兴号"列车的车厢，就有 37 000 多道工序，各自为战显然行不通。因此，唯有敬业坚守——恪尽职守、敬业乐群、协作共进，方能保证整体目标的实现。敬业、诚信，是社会主义核心价值观的重要组成部分，它表面上看是利他的，实质上也是利己的，是满足社会需求与实现个人价值的有机统一。

美国的石油大亨洛克菲勒在告子书中说："如果你视工作为一种乐趣，人生就是天堂；如果你视工作为一种义务，人生就是地狱。""天堂与地狱均由自己建造。如果你赋予了工作意义，那么无论工作大小，你都会感到快乐，自我设定的成绩不论高低，都会使人对工作产生兴趣。如果你不喜欢做的话，任何简单的事都会变得困难、无趣。"对于比尔·盖茨而言，计算机就是他的毕生挚爱。

美国微软公司的董事长比尔·盖茨(Bill Gates)是一个不折不扣的工作狂，从哈佛大学退学后，比尔·盖茨创办了他的计算机公司，31 岁成为世界首富，曾连续多年登上《福布斯》全球富豪榜榜首。已经身价不菲的他，依然像最初一样热爱着他的工作，每周工作都在 60～80 小时，甚至连续几天不睡觉也是常事。一位熟悉他的朋友说，比尔·盖茨能做到 36 个小时不睡觉，全部用来工作，然后再一觉睡上 10 多个小时。由于经常睡在办公室，他的同事都私底下怀疑他是否洗过澡，甚至是否洗过头。虽然这只是一个笑谈，但是足以看出比尔·盖茨对工作的热忱程度。

比尔·盖茨的这股工作精神深深影响了微软公司里的每一个人，甚至有员工将睡袋拿到办公室里，一个月的时间都在潜心钻研，没出过屋子。只有努力才能得到回报，微软有 200 多位员工都跻身百万美元收入者的行列，成为业界的一个传奇佳话。

一位程序员这样描述道："当你在这样一种环境中，大家都以十二分的努力面对工作，就连最高的领导也同样如此，自己又怎么能松懈下来呢！"

根据日本作家青木新门小说《纳棺夫日记》改编而成的奥斯卡获奖影片《入殓师》(Departures)，艺术化地呈现了日本技师的敬业形象。一位大提琴师失业后，到丧祭公司当了一名"纳棺夫"，即专门为过世之人收拾仪容，"帮助往生者踏上安稳旅程"的葬仪师。他全身心投入、聚精会神、用志不分，其出神入化的化妆技艺将一具具遗体打扮得就像安详地睡着了一样，"让每一个死亡都变得美丽"(The gift of last memories)。他的感受是："当你做某件事的时候，你就要跟它建立起一种难割难舍的情结，不要拒绝它，要把它看成是一个有生命、有灵气的生命体，要用心跟它进行交流。"与其说影片主人公是一名在"脏""苦""累"活儿中修行的"苦行僧"，不如说他是一名保持定力、甘于寂寞、庄敬诚意的"乐行僧"。"事死如事生，事亡似事存"，敬畏自己所从事的职业，视职业为自己的生命，成就了他的美好生活。也就是说，只有敬畏职业，方能迷恋工作；只有热爱工作，才能坚持长期的苦修。热爱燃起激情，热爱激发灵感，热爱陶冶人格，热爱获得天助，热爱走向成功！正如日本"经营四圣"之一的稻盛和夫所言:"当你把一个个产品完全当作自己的孩子,满怀爱,细心观察时,必然就会获得如何解决问题、如何提高制成率的启示。"①

王红卫是浙江中烟杭州卷烟厂卷包车间卷烟机的挡车工,一名工龄30年之久的老师傅。寒来暑往他每天都坚持提前半小时到单位。捧起烟支,仔细地比对长度、扭转烟支、轻剥水松纸……待确认质量百分百合格后,他才放心地将设备与包装机对接。这就是"三检"之一的首检。然后是自检,再就是互检。王红卫每天的工作都是这样,虽说枯燥乏味,但天天认真。一台中速卷烟机每分钟生产7 000支烟,每天开机6小时生产252万支,每年开机250天生产6.3亿支,14年就是88亿支。在过去的14年里,经他手的88亿支烟,始终保持着一流的品质。其成为连续14年无市场投诉纪录保持者的秘诀便是十几年如一日,坚守"1234"操作法:一问,交接班时问一问;二保,做好日保和例保;三检,落实首检、自检、互检;四诊断,遇到质量问题,"望、闻、问、切"自助排查故障根源。王红卫牢记"把每一件平凡的事都做好就是不平凡,把每一件简单的事千百遍都做对就是不简单",坚守平凡,敬业兴企,最终成为"浙江中烟十大职工楷模"。

热爱自己所做的事,胜过爱这些事给自己带来的回报。用一生来磨炼技能,变枯燥寂寞为快乐,变平凡为不凡,是一种无名的伟大。

5. 传承创新

社会的进步,既需要传承,也需要创新。所谓的传承(Inheritance)就是"传授和继承",传统的工匠技艺及精神主要依靠手把手、一对一的言传身教或师徒、家族的世代传承,属于经验性技术的传承,具有封闭性、排他性和单一性的特征,一般会形成具有较高辨识度的工艺特点和风格,因此在某种程度上能保证产品的高质量。但由于中国传统的等级关系的约束,后辈工匠无法展开大胆的批判超越。而所谓的创新(Innovation)就是"更新、改变、创造新的东西",即批判超越——通过一次又一次地自我否定,破旧立新。在此过程中实现的不仅是对产品原有状态及自身技艺形而下的超越,更实现了对自我审美价值及道德价值等形而上的超越。当今社会,百舸争流,日新月异。不到30年的信息时代所产生的新知识,远远超过100年的电气时代、300年的工业时代、1.2万年的农业时代积累的知识。在创新成为热词的今天,工匠和工匠精神的强势回归反映出人们对"创造"的渴望。因此,在传承的基础上进行创新,是当代工匠或曰新工匠的责任。按著名财经作家吴晓波的话来说,所谓"新工匠"就是"能够重新定义菜刀,让厨房变得很性感的那个人"。

新中国成立初期,全国老字号品牌超过1.2万个,摊开来,家家都有一个与传承有关的"神话"。俗话说"北有王麻子,南有张小泉",两者均是地地道道的"中华老字号"。当年,王麻子剪刀以乌黑油亮、轴粗有力、剪尖灵巧、槽口易磨,质量好、服务佳而远近闻名,在长江以

---

① [日]稻盛和夫.干法[M].曹岫云,译.北京:机械工业出版社,2015:48.

北的地区几乎家喻户晓。谁曾想到,2003年初,这个始创于清朝顺治八年(1651年)有352年历史的王麻子剪刀厂宣布破产。原因是"王麻子"在经营中对市场与用户了解不够,产品创新力不足,品牌意识不强。

较"王麻子"的悲惨境遇,"张小泉"幸运得多,2021年还成功在A股创业板上市。"张小泉"创建于清康熙二年(1663年),基于"良钢精作"的理念,用龙泉之钢铸造,历经66道工序,曾被列为贡品,1915年获巴拿马万国博览会银奖,是唯一被评为国家驰名商标的刀剪类商品。其剪刀里口缝道技术、刀剪热处理技术、刀剪连续冲压技术、刀剪清洁防锈一体化技术、剪刀多片开刃技术等都是该老字号存活至今的"看家本领"。而地处欧洲不锈钢技术的发祥地,德国西部索林根小城的"双立人",创建于1731年,同是1915年在旧金山世界博览会上独揽四项大奖,也是如假包换的百年品牌。"张小泉""双立人",在百年前能各自崛起,都因为它们的工匠对当时的锻铸技术实现了突破,所生产的菜刀锋利轻快、造型时尚。"创新才能把握时代、引领时代",纵观具有悠久历史的世界级品牌,都是将历史文化与时尚潮流相互融合,在继承"老"的基础上不断进行流程创新或产品创新。

随着时代的演进,技术被再次突破,审美在不断迭代,甚至使用的场景也发生了根本性的变化,如果后世的匠人不思进取,传统则成为枷锁,成为沉重的十字架。因此,真正的工匠精神不是回到传统,一味地向前辈致敬,而是从传统出发,在当下重新寻找存在的理由。

20世纪最伟大、最具原创性的思想家、政治理论家之一汉娜·阿伦特(Hannah Arendt)在《人的境况》(*The Human Condition*)一书中曾经把劳作者分为两类:第一类"劳动之兽"(Animal Laborans),像牲畜那样操劳,从事重复乏味的苦役。他们只管制造事物、完成任务,别的什么也不考虑。这种人将工作本身视为目的,只是机械被动、按部就班地劳作。第二类是"创造之人"(Homo Laber),这种人不管是男人还是女人,他们是物质劳动和实践的判断者,崇尚创造与发明。他们不是"劳动之兽"的同事,而是其上司。他们把身体劳动和伦理道德联系起来,通过制造的物品去了解自身,沉浸在一种更高尚的生活境界之中。"劳动之兽"想要解决的是"怎么办",强调操作步骤;"创造之人"则问"为什么",注重事情的缘由,从而激发创见,正如阿伦特的学生理查德·桑内特在其巅峰巨著《匠人》中的那句名言:"制造就是思考"。也就是说,所谓的匠人就是通过制造的物品去了解自身,体现出时代的生活品质和审美特征。

可见,工匠精神的核心要义之一便是"创造""创新"。工匠精神不是因循守旧、拘泥一格的"匠气",而是在坚守中追求突破、在传承中实现创新。社会推崇的新工匠绝不是只管鞠躬尽瘁、任劳任怨,在既有技术路线上精益求精的熟练个体,而是具有革故鼎新精神和创造能力的人。他们身上流淌"创造"的血液,他们在技艺上追求炉火纯青,并注重手工与科技的相互增益,在意"创意、创见、创新"的诞生。

美国当代最著名的"DIY"型发明家迪恩·卡门(Dean Kamen)曾这样自豪地表述美国的创新能力:"我们是制造汽车的第一人;当汽车成功地成为商品时,我们又开始制造飞机;当飞机成功地成为商品时,我们又开始制造电脑;当电脑成功地成为商品时,我们又开始制造软件;然后,我们开创了蛋白组学和基因组学……"这位发明了 AutoSyringe 药物注射泵、便携式透析机、iBOT 轮椅、赛格威代步车的伟大发明家,被认为是一个"天生的工匠",因为他展现出工匠所共有的特征。那么,什么才是人们心中的工匠呢?依卡门的解释:"工匠的本质,就是收集改装可利用的技术来解决问题或创造解决问题的方法从而创造财富。"简单来说,任何人只要有好点子并且去努力实现,他就可以被称为工匠。

第二节 从《大国工匠》看工匠精神

自2015年至今,《大国工匠》《工匠时代》《匠心》《中国大能手》等栏目相继在中央电视台不同频道播出,它们用真实生动的影像让人们感受了当代中国工匠在平凡当中孕育的伟大力量。尤其令人难忘的是,由中华全国总工会、中央广播电视总台联合推出的"匠心筑梦""为国铸剑""匠心传世""技能报国""匠心智造"等十季《大国工匠》(每季5~8位)和始于2018年的五届"大国工匠年度人物"发布活动(每届评选10位),聚焦代表国家实力的高精尖领域以及与百姓生活息息相关的领域里的高技能人才,介绍了111位顶级技工靠双手缔造出制造业神话的事迹,引起了强烈的社会反响。人们发现,这些"手艺人"之所以成为国宝级的顶级技工,成为各自领域内不可或缺的高技能人才,是因为他们追求完美,靠着传承和钻研,凭着专注和坚守,"精于工,匠于心,品于行,创于新"。他们心有精诚,担当克难,有人能在百米高空,只身检修百万伏特高压带电线路,每一次前进,都踏在生死线上;有人蒙上眼睛,也能在方寸之间插接百条线路,每一次伸手,都是多年功力的蓄发;有人能在食管肌肉与黏膜间毫米级的夹层中创造性地打开手术隧道;有人能数十年潜心钻研古人技法,续写丝绸宣纸、瓷器拓印的中国巅峰绝技。他们手有精艺,精益求精,有人能在牛皮纸一样薄的钢板上焊接而不出现一丝漏点,有人能把密封精度控制到头发丝的 1/50,有人能在 40 年手工加工数十万个飞机零件而不出一个次品,还有人检测手感堪比 X 光那般精准……这些工匠的行业不同、专业不同、岗位不同,但他们都有着鲜明的共同之处,就是心有理想、身怀绝技、敬业爱岗、追求卓越。他们一直默默坚守、孜孜以求,挑战着职业技能的极限,最终脱颖而出,做出了非凡的业绩,令人叹服。从这些大国工匠身上可以看到,不管是钳工、电工、车工、铣工、焊工、研磨工,还是吊装工、测量工、检修工、采油工、修复师、调音师,只要能做到技高一筹、人无我有、人有我优,就能释放出震撼人心的强大力量。"科学家脑中产生想法,工程师设计图纸,工匠制造出产品",三者缺一不可。大国工匠,是中华民族大厦的基石、栋梁;大国工匠,是职工队伍中的高技能人才;大国工匠,是工匠精神的完美代言人。

一、工匠胆魄,勇者无惧

核电站被称作"国家名片",对于很多人来说,这是一个神秘而又危险的地方。而中国广核集团的乔素凯就是一位被称作"与'核'共舞,守护蓝'芯'"的匠人。作为我国第一代核燃料操作师,乔素凯和我国的核电事业一起成长。1992年从山西临汾电力技校毕业后,乔素凯来到我国大陆第一座百万千瓦级核电站——深圳大亚湾核电站,之后就一直与核燃料打交道。全国一半以上核电机组的核燃料都由他来操作,而他所带的团队也是国内唯一能对破损核燃料进行水下修复的团队。核反应堆是核电站的心脏,而核燃料组件则是核反应堆的"核芯",是核电站源源不断的动力来源。在核电站的最深处,在一个含有硼酸(用来屏蔽辐射)的蔚蓝水池中,放置着令人闻之色变的核燃料。每隔18个月,核电站就要进行1次大修,要置换1/3的核燃料,并对破损的核燃料组件进行修复。一组核燃料组件有264根核燃料棒,而修复一组燃料组件的破损棒有400多道工序,其中的200多道工序是不可逆转的关键点操作,因此任何一道修复工序必须确保万无一失,必须"步步惊心""胆小精细"。稍有不慎就可能造成核燃料棒的损坏,不但导致价值1000多万元人民币一组的核燃料组件报废,更为可怕的是,核燃料棒一旦破损,几秒之内高辐射裂变气体就会大量释放,在场所有操作人员可能无一幸免,产生极其严重的后果。任何问题都不能出,一出就是大事,怀着对核燃料的敬畏之心,乔素凯能做到用4米的长杆完成精确值为3.7毫米的水下操作;面对0.53毫米厚的核燃料棒包壳管,他可以凭借手感和经验保证核燃料在抽出的过程中完好无损。截至2018年底,乔素凯和他的团队走遍了大江南北,为22台核电机组完成了100多次核燃料装卸任务,创造了连续56 000步核燃料操作无一失误的世界纪录。凭着26年核燃料操作保持零失误、换料设备实现零缺陷,以及打破国外技术垄断、成功研发燃料组件的水下整体修复设备,获19项国家发明专利等,乔素凯成为2018年全国10位"大国工匠年度人物"之一。

乔素凯是"与核共舞"的,而徐立平则是"与火药相伴"的。在2015年度"感动中国"颁奖盛典上,一位能徒手雕琢高能火药的工匠——徐立平站在了领奖台上。中央电视台对其的颁奖词为:"每一次落刀,都能听到自己的心跳。你在火药上微雕,不能有毫发之差。这是千钧所系的一发,战略导弹,载人航天,每一件大国利器,都离不开你……"他感动中国的背后,是在危险岗位30多年的坚守和付出。

徐立平,2021年"大国工匠年度人物",中国航天科技集团公司第四研究院7416厂特级技师,典型的"航二代"。徐立平的母亲,是中国航天固体火箭发动机生产基地整形车间最早的员工,20世纪60年代,响应国家三线建设的号召,徐立平的母亲几经辗转,最终来到了秦岭大山深处。1987年,不到19岁的徐立平从陕西航天技校毕业,尽管深知雕刻火药的危险,还是毅然选择到母亲工作过的车间。徐立平的工作是给火箭的固体燃料(即火药)形面施行微整形雕刻,这是固体发动机制造过程中最危险的工作之一。在火药上动刀,稍有不慎蹭出火花,就可能引起燃烧爆炸。火药的燃烧速度又极为惊人,一旦达到燃点,接近两吨的火药燃烧过程不到0.6秒。目前,火药整形在全世界都是一个难题,无法完全用机器代替。下刀的力道,完全要靠工人自己判断,药面精度是否合

▲ 徐立平获中宣部时代楷模荣誉称号

格,直接决定导弹的精准射程。0.5毫米是固体发动机药面精度允许的最大误差,而经徐立平之手雕刻出的火药药面精度误差不超过0.2毫米,还没有两张A4纸厚,堪称完美。然而,完美的背后是经年累月精钢淬火般的锤炼,固体推进剂结构紧密,韧性极强,必须用特别锋利的刀具切割。要切得不多不少,尤其需要心细如发的沉静和难以言传的手感。最初,在师傅的指导下,徐立平从最基本的磨刀、拿刀、推刀、铲药、找平学起,反复练习切、削、铲每一个基本动作。历经3年的真刀实枪的操作和突击抢险的考验,徐立平逐渐体会到了那种细致入微的手感,练就了刀刀精准的肌肉记忆。为了杜绝安全隐患,徐立平还创新了远程数控整形技术,设计发明了20多种药面整形刀具,有两种获得国家专利,其中一种还被单位命名为"立平刀"。由于长年一个姿势雕刻火药,以及火药中毒后遗症,徐立平的身体变得向一边倾斜,头发也掉了大半。

一个人偶然间能够镇定地面临一次致命的危险也许并不难,但深知雕刻火药危险的徐立平从青春岁月干到了年逾半百,一路走来,由一名普通的技能工人成长为"大国工匠""全国人大代表"。在大半个甲子里天天面对致命的危险而能够守恒如常,实在是难能可贵!认识技艺,掌握技艺,崇尚技艺,敬畏技艺,徐立平身上表现出一种彻底而又纯粹的工匠追求和工匠精神,静默无言,岗位平凡,深藏报国雄心;毫厘之间,精工细琢,追寻造物极致。因一念执着,而报之一生的坚守,在一切一削间雕刻国之利器,在一点一滴中支撑民族脊梁。

为加快"特殊、小众"工种技能人才队伍的建设,7416厂建立了"徐立平技能大师工作室",以发挥其在技能攻关、技艺传承、技能推广、带徒传技等方面的重要作用,将技术技能革新成果和绝技绝活加以推广。工作室墙上的两行字——"刀锋,刀刀保精细,丝丝系平安;匠心,抬望航天梦,俯刻匠人心",可谓其"竭尽全力地干着世上最玩命的工作"之精神境界的真实写照。

事实上,相当多的工匠岗位,以一身犯险而保大业安全,以一人之力而系万民康乐。这就是我们的大国工匠,他们的工作貌似平常无奇,但都积淀着经年累月淬炼而成的珍贵技艺,饱含着常人不易承受的坚忍辛劳,甚至还时或面对耗体殒身的危险。

二、工匠境界,炼技修心

铸造,俗称"翻砂",是一门传统的工艺。由于成本低、生产周期短,砂型是目前应用最广泛的一种金属材料成形方法,在全球的铸件生产中,70%的铸件是通过这种方法生产的,其具体做法为将调配好的砂子做成铸件的形状,之后浇灌金属熔液,冷却后打开铸型就可以得到最终的铸件。在这个过程中,配制砂子是至关重要的一道工序,它的质量最终决定了铸件的成败。中国航天科工集团第十研究院的有色合金铸造师毛腊生干的工作就是对导弹舱体的砂模进行造型、修型。为导弹铸造舱体,相当于给导弹做一件耐高温、耐高压的"外衣"。毛腊生和砂子打了一辈子交道,不管什么样的砂子,他抓一把就知道好坏。2006年,毛腊生所在的公司与中南大学合作,为国家航天某重点型号共同开发"高温耐热镁合金"舱体。当时在实验室试验成功的技术,到了实际操作中却出现了问题,试验了20多次均告失败,就在专家、教授一筹莫展之时,公司领导决定让毛腊生试试。他只提了一个要求:把他关进废品堆,待2天。谁也不许进来,就算是天塌下来也不许喊他!说完,他带着干粮就进了屋。第一天上午,人们在窗外悄悄看到,他蹲在废品堆前一动不动,只是嘴里在喃喃自语。下午,人们又发现他连个姿势和脚步都没换,像"着了魔"一样。而此刻的毛腊生,脑海中正闪现出千百种砂子、合金、温度、造型……整个人如同一部高速运转的计算机,在精确计算着寻找最完美的答案。两天后,瘦小的毛腊生拖着疲惫的身躯从废品堆走出,守在门外的大伙一拥而上,他嘴巴依然在念叨,"35℃,36℃,不对不对,是47℃,48℃……""毛师傅,成了没?"他指指屋内,一下子倒在桌子上,终于说了一句"累死我了"。人群顿时爆发出欢呼,因为大家知道,成功啦!中南大学的专家竖起了大拇指:"毛腊生,这是工人中的奇人、超人!"

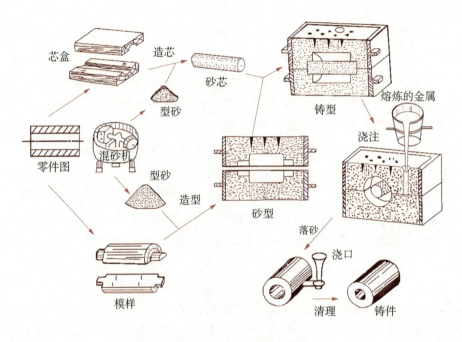

▲ 铸件的砂型铸造工艺

正所谓"不疯魔,不成活"。毛腊生凭着不服输的干劲,凭着"有空就钻在书堆里"的执着,倾尽心血40年,实现了从学徒到高级工,从技师到高级技师,从全国技术能手到中华技能大奖获得者,从"中国铸造大工匠"到"大国工匠"的华丽转身。

如果说,毛腊生能为导弹铸造"外衣",而张冬伟则能在LNG船上"缝"钢板。

液化天然气(Liquefied Natural Gas,LNG)的体积仅为气态时的1/600,这样的大比例紧缩特别适合于远洋运输。而有"海上超级冷冻车"之称的LNG船要在−163℃的极低温环境下漂洋过海,运送LNG。在世界民用造船领域,建造一艘LNG船的难度堪比建造一艘航母,以往只有欧美日韩等发达国家和地区的极少数船厂掌握。作为国际上公认的高技术、高难度、高附加值的"三高"船舶,LNG船在运输时最大的风险是"走漏",装了十几万吨LNG的运输船几乎就是一颗假寐而移动的巨型"氢弹",而管住LNG泄漏的关键构造是殷瓦钢内胆——液货舱围护系统。所谓殷瓦钢(Invar),即殷瓦合金,是一种镍铁合金,俗称不变钢

(不锈钢的表面不生锈,不变钢的尺寸不变化)。这种钢的热膨胀系数极低,能在很宽的温度范围内(−80~230℃)保持固定长度。然而用在LNG船上的这种耐超低温的钢材,薄如纸张,极为娇贵,0.7毫米厚的殷瓦钢,若沾上汗液,在24小时就会锈穿,所以在焊接过程中必须千百倍的小心。因此,殷瓦钢的焊接,只有最高级别的焊工,即G级的高级焊工在专用羊皮吸汗手套的保护下才能操作。

被誉为"国宝级"技师的张冬伟,凭借着勤奋好学、决不放弃的精神,24岁时就成为国内少有的能胜任LNG船高难度焊接任务的高技能人才。

1998年,17岁的张冬伟进入沪东中华造船集团高级技工学校学习电焊专业。在校学习期间,由于成绩优异,他被学校派出去参加在上海船厂船舶有限公司举办的技术交流活动。2001年,张冬伟从技校毕业进入沪东中华工作。他非常幸运,一进厂,就被派到沪东中华最年轻的焊接高级技师、全国技术能手和中央企业劳动模范秦毅门下,拜师学艺,一起工作。不久,张冬伟得到了一个参加集训的机会。尽管集训十分辛苦,有时需要在钢板上连续工作七八个小时,但颇有收获,当其目睹了师傅秦毅展示的单面焊双面成型的高超技术后,深感技无止境。2005年沪东中华造船厂正在积极备建国内首艘LNG船,当看到厚厚的法文版LNG船焊接资料时,张冬伟眼界大开,第一感觉就非常兴奋:"原来焊接还可以做到这样!我一定要掌握它!"凭借这股劲儿,张冬伟的焊接技术快速提高。

殷瓦手工焊接对人的耐心、细心和责任心要求极高,是世界上难度最高的焊接技术。一条LNG船,殷瓦钢焊缝总长度可达到130~140千米,虽然90%是自动焊,但还有13~14千米的特殊位置的繁难焊缝需要人工完成,如果焊缝上出现哪怕一个针眼大小的漏点,就有可能造成整船的天然气发生爆炸。能够在超级LNG船上进行全位置殷瓦手工焊接的焊工,必须经过国际专利公司GTT的严格考核,取得合格证书之后,每个月都要重新考核一次,考核合格才能继续上岗工作。2005年,张冬伟成功通过GTT考核,成为全中国16个掌握这项焊接技术的工人之一。

如今,沪东中华造船厂正在同时建造十艘LNG船。一条LNG船的内胆由3600片规则的和数万片不规则的殷瓦钢板焊接而成。殷瓦焊接犹如在钢板上"绣花",需要焊接工人将一块块薄如纸的殷瓦钢板像缝衣服一样,一块块连接起来。这需要极其精湛的技艺和超

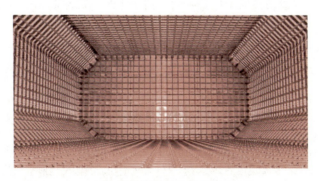

▲ 焊接好的殷瓦钢内胆

出常人的耐心,张冬伟烧出来的焊缝均是一次成型,像鱼鳞一样均匀,堪称天衣无缝。为了避免焊缝出现漏点,他在焊接过程中不能有一丝的停顿,3.5米距离,走路大约只需4秒钟,而张冬伟焊完一条同样长度的焊缝却需要整整5个小时。

对一个殷瓦钢焊工来说,焊接时不仅手上准,更要心里稳,焊工们的任何情绪的波动,都有可能直接影响焊接的质量。为了磨炼自己的心理状态,张冬伟闲暇时间就去钓鱼,练性子。他总能够有办法让本人在端起焊枪时平心静气,心如止水,手如拂羽,身如渊渟岳峙,这确实是大匠境界。

只有先修出"心境"才能达到"技境"。张冬伟说,手艺这个活,不像电脑打字一样,白纸黑字你放在这儿永远会有,你热爱它了,你喜欢它了,你才会用心去学它,你才会追求它内在的东西。

工匠们的职业生涯既是技艺磨砺、技能沉淀的过程,也是历练心智、挑战极限的过程,不但培养了他们本人,更拓展了人类的认知空间和创造能力。

三、工匠破难,巧夺天工

2017年5月5日中国国产大飞机C919实现首飞[①];2022年12月9日C919开始批量生产,首架C919正式交付全球首家用户——东方航空。这在中国航空发展史上具有划时代的意义,它意味着中国的飞机制造真正走出一条自主研制的大发展之路,从此世界航空开启了空客(Airbus)、波音(Boeing)与中国C919三足鼎立的新时代。上百万个精细零部件,几乎覆盖所有工业门类的高端制造。国产大飞机翱翔蓝天无疑将带动中国制造业向"微笑曲线"两段迈进。从C919正式立项,到首架样机总装下线,再到翱翔首飞,最后到适航取证,历时15年。为摘取这颗"工业皇冠上的明珠",一大批航空制造精英孜孜不倦,攻坚克难,这期间自然也少不了以"航空手艺人"胡双钱、大飞机"血管神经系统"建造师周琦炜为代表的工匠们的"巧夺天工"。1980年,从小就喜欢飞机的胡双钱从5703厂技校毕业后就进入当时的上海飞机制造厂,亲身参与并见证了中国人在民用航空领域的第一次尝试——运10飞机的研制和首飞。那一刻他强烈感受到"造飞机是一件很神圣的事"。然而,20世纪80年代初运10项目因多种原因被迫下马,争抢这些飞机技师的各公司专车甚至开到了工厂门口,原本聚集了中国各路航空制造精英的工厂转眼间冷清了下来。面对私营企业老板开出的高于现工资三倍的高薪,胡双钱谢绝了。选择留下后,胡双钱与同事一起陆续参与了麦道飞机的合作组装和波音、空客飞机零部件的转包生产,并抓住这些机会练就了过硬本领。20多年后,当我国启动ARJ21新支线飞机和大型客机研制项目后,胡双钱几十年的积累和沉淀终于有

---

① C919,是我国继运-10后自主设计的第二款国产大型客机。C是China的首字母,也是中国商用飞机有限责任公司英文缩写COMAC(Commercial Aircraft Corporation of China)的首字母。C919,第一个"9"寓意天长地久、经久不衰,"19"代表最大载客量是190座。2017年12月24日我国首款大型灭火/水上救援水陆两栖飞机"鲲龙"AG600又首飞成功,成为继C919首飞成功后我国民用航空工业发展的又一个重要里程碑。它标志着我国航空工业特种用途飞机研制能力取得重大突破。

了用武之地。他先后高精度、高效率地完成了 ARJ21 新支线飞机首批交付飞机起落架钛合金作动筒接头特制件、C919 大型客机首架机壁板长桁对接接头特制件等"前无古人"的加工任务。他还发明了"反向验证"等一系列独特的工作方法,确保每一个零件、每一个步骤都不出差错。在 40 多年的职业生涯中,他加工的数十万个零部件没有出现过一个次品。胡双钱认为工匠精神就是工匠的良心,"飞机零部件制造是飞行安全最基本的保障,绝不能出丝毫差错,99.99%和100%是天壤之别,是生与死的差别"。

▲ C919 大飞机正式交付东方航空

　　大飞机是现代工业制造领域高端设备的集大成者,然而由于空间限制等,飞机电传信号所需要用到的电缆和电气组件,都需要手工装配完成。C919 全机共有 700 多束航空电缆,以根来计就在 7 万的数量级,分布在机头、机身、机翼、尾翼等全机各个区域,总长加起来近100 千米。比如飞机前部正副驾驶员正下方的电子设备舱,仅 3 立方米的空间内,就有百余束电缆需要完成安装,200 多个连接器需要装配,涉及的标准件有上万个。布线、剥线、端接、组装……每个动作都是精细活,经常遇到各种"疑难杂症",C919 事业部 150 工位工段长、电气装配工周琦炜在工位内也要立起飞机"血管神经系统"的技术标杆。带着对生命的敬畏,他深耕技艺,他牵头制定了《连接器端接组装标准工作法》《电器穿墙件安装标准工作法》等十余部标准作业法,弥补了国内大飞机电气系统安装调试实操的空白,成为 2022 年"大国工匠年度人物"。胡双钱、周琦炜等一大批"攻坚克难,精益求精""在平凡中非凡,在尽头处超越"的优秀工匠,用他们一双双勤劳、智慧的双手,成就了轮船、高铁、卫星、核电站、射电望远镜、大型客机等一个个让世界惊叹的"中国制造"。

　　2016 年 9 月 25 日,世界上口径最大、灵敏度最高的射电望远镜(FAST)在我国贵州黔南布依族苗族自治州平塘县的喀斯特天坑里正式落成启用。FAST 工程的主体部分依托在巨大的索网结构上,是一个口径 500 米的球面反射镜,总面积达到 25 万平方米,相当于 30个足球场的大小。这个全球瞩目的"天眼"眼望无数星辰,能够接收百亿光年以外的电磁信号,甚至能搜寻可能存在的星外文明,将人类探知宇宙奥秘的视野扩大至宇宙边缘。同时将在未来 20～30 年保持国际领先水平。FAST 于 2020 年 1 月 11 日通过国家验收并正式开放运行,截至 2024 年 4 月 17 日 FAST 已发现 900 余颗新脉冲星。FAST 背后凝聚了无数科

▲ 世界最大天眼 FAST

学家的智慧和汗水,如 FAST 首席科学家南仁东以他特有的气质,对工匠精神进行了诠释①——痴(为"天眼"穿越一生)、狂(做世界独一无二的项目)、野(永远保持对未知世界的求知欲望)、真(在工地现场就是大山里的"村民");又如,为给"天眼"找个"家",FAST 系统总工程师、中科院遥感地球所聂跃平主任前后就花了 11 年时间。② 同样也离不开周永和等一大批工匠孜孜不倦的追求、坚持不懈的努力。

周永和是中船重工武船集团重装公司的一名起重工,2015 年 5 月 3 日,正步入不惑之年的他开始担任世界最大单口径射电望远镜 FAST 反射面板的吊装拼板工程的生产主管。在接下来的 500 多个日夜里,周永和吃住都在贵州平塘县一个山沟里,精确拼组起一个真正的世界级工程。在这个领域,周永和算得上世界级工匠了。

刚开始,面对这个世界级的"大镜子",周永和也深感无从下手。因为它是个圆锅形,直径世界最大,反射面板多达 40 万块,种类又多,如何把每一块面板顺利、准确、安全地安装到位是其首要任务。周永和团队先把 100 块小反射面板组装成规格不一的 4 450 块大反射面板,其中单片最大面积约 120 平方米,最大重量超过 1 吨。由于强度低、容易变形,而且由"小镜片"组合的曲面,形状并不整齐划一,把它们一个个起吊数十米高,空中运送数百米,下落安装,不能有一点磕碰污损,面板相互间的吻合误差不能超过 2 毫米,这简直是一个前无古人的挑战。

▲ FAST 反射面板吊装

用什么样的整体吊装模式才能够完成这项工作? 这是他们日思夜想的最大难题。经过反复讨论试验,周永和从 2 400 多年前的大匠墨子的"圆规理论"中得到了启迪,决定以

---

① 詹媛. 人生为一大事来——记"中国天眼"之父南仁东[N]. 光明日报,2017-9-28(15).
② 王小梅. 给"中国天眼"找个"家"[N]. 人民日报,2017-4-14(20).

FAST大球面的中心为圆心,在离地面50米的高空中,用现代机械架起"半径型"的吊运系统,一个圆规式吊装体系就成型了——他们在FAST圆心的馈源舱位置修建一个环梁,作为圆规的中心支撑点,在这只巨碗的碗边架起一圈钢梁轨道,在轨道上运动的机车成为第二个支撑点,两个支撑点之间由两根粗钢缆连接。安装的时候,反射面板首先被吊装到圈梁轨道上,然后机车在圈梁轨道上转动,把面板运送到预定位置的缆索吊上,由缆索吊沿钢缆吊装到指定位置。周永和精心研究安装图,每一块面板编号多少,在什么位置,尺寸大小,他闭上眼睛都能说出来。

历时270多天,90%的反射面板安装完毕。但是位于球面中心位置的吊装成了新难题。由于圆心的支撑点必须拆除,已经无法使用"墨子圆规"安装了。经过反复探究,决定用半跨径吊装改成全跨径吊装——在离地100多米的高空中,他们在500米的球面上牵引一条全跨径钢缆,利用钢缆的自然下垂,让反射面板顺势而下,克服下垂吊装的视线盲区,一一破解施工中遇到的诸多难题,最后全部实现了一次性、零误差精准安装的艰巨任务,完美成就了能与星星对话的大型球面镜。

在周永和巧手拼就世界最大"天眼"之前,世界上最大的射电望远镜——美国阿雷西博射电望远镜直径只有350米,它由3万多块小金属反射面板拼接而成,历时11年才修建完成。而FAST射电望远镜的反射面板多达40万块,留给周永和的拼接工期只有311天。中国射电天文将因为拥有这件世界射电天文科技领域的巅峰之作而领跑世界。大国工匠为中国天眼做出的突出贡献,给我们最大的启示就是精细和创新,在施工上一定要做到非常精细和精准,在方法和方式上一定要创新,只有二者完美结合,才能做到巧夺天工。

四、工匠守艺,传承千古

泱泱古国,匠人的技艺在师徒的口手相传中得以传承和延续。因为匠人们的坚守,古法技艺不仅未失去丝毫光彩,反而多了一份历经岁月洗礼后的从容,在这机器轰鸣的现代社会里显得弥足珍贵。錾(zàn)刻是我国一项有近3000年历史的传统工艺,它使用的工具叫錾子,上面有圆形、细纹、半月形等不同形状的花纹。古代的錾刻工匠凭着一把錾子,就能够在金属器皿上錾刻出千变万化的浮雕图案。2014年北京APEC会议期间,古老的中国錾刻技术,给各国元首开了一个小小的玩笑。在送给他们的国礼中,有一个放了一块柔软的白丝巾的金色果盘,看到的人都会情不自禁地伸手去抓,结果没有一个人能抓得起来,原来这块丝巾是用纯银錾刻出来的。传统的錾刻作品大都做在铜器上,很少有做在金银器上的錾刻,而命名为"和美"的这个国礼是一个超级精美的银器錾刻。更为繁难的是,作品需要呈现纺织物自然柔美的垂落状态,表现出纺织物的自然褶皱,并且在宽度只有0.1毫米的皱褶中錾刻上花纹,表现出丝织品随着光线移动而产生的明暗变化,再现真切的丝光感。如何让一张仅有0.6毫米的银片幻化为这件国礼?这把已经敲了23年錾子的行中高手——北京工美集团錾刻工艺师孟剑锋给难住了。他为此日不思食,夜不寝寐,反反复复琢磨了一个多月。"工欲善其事,必先利其器",他从古錾子上获得了启示,造出了制作丝巾图案的那把錾子。开好錾子仅仅完成了制作国礼的第一步,最难的是,在这个厚度只有0.6毫米的银片上,让无数条细密的经纬线相互交错,在光的折射下形成了图案,而这需要从不同角度进行上百万次的錾刻敲击。凭着"坚持手工,追求极致,超越自己"的信念,他承接古法技艺,创造了"上百万次的錾刻敲击零失误"的极致纪录,终于造出了绝世精品,让古老的传统文化在他手中重新焕发青春。

▲ "和美"纯银丝巾果盘

宣纸是我国造纸技术皇冠上的明珠,具有易于保存、经久不脆、不会褪色的特点,"薄如蝉翼洁如雪"是宣纸工艺的至高境界。无数绘画杰作、书法墨宝、传世典籍、名碑拓片,都是以宣纸为载体才得以流传千载,宣纸为中华文化做出了不可替代的贡献。宣纸的古法制作有108道工序,80%以上都是纯手工完成的,晒纸是其中最重要的工序之一。传统宣纸最大的就是两丈,当代工匠正在不断挑战做出更大幅的宣纸,毛胜利就是其中一位坚守古法技艺、再续宣纸传奇的晒纸工。

在宣纸的故乡安徽泾县,上百名工匠齐心协力完成了"三丈三超级宣纸"的抄制,48岁的毛胜利成为这项吉尼斯世界纪录晒纸环节的"头刷"。在大纸帖上有把握按下第一刷的工匠,是行业里不容置疑的"大拿"。从学徒到"头刷",毛胜利在晒纸环节一干就是30多年。

▲ 宣纸的制作

1987年,安徽省泾县宣纸厂公开对社会招工。年仅18岁的毛胜利通过考试和体检,顺利进厂,成为一名晒纸工。因为需要反复练习,连手腕都累肿了,但倔强的毛胜利还是坚持了下来。2000年,中国宣纸股份有限公司尝试制作两丈宣纸。之前,毛胜利和其他工人做的最大的就是六尺宣纸和"尺八平"。因为从来没有晒过这么大的纸,几次晒出来的纸都起皱、不平整,不得不全部报废。但是大家不断改进,决不放弃,最终晒制成功。2015年底,公司再次尝试"三丈三超级宣纸"抄制。这种成品纸尺寸达11米×3.6米,一张纸的制作需要一百多名工人齐心协力才能完成。每张纸的售价超过一万元,主要适用于创作巨幅书画艺术作品。

有人形容宣纸的生产是一个"水深火热"的过程,水深是指捞纸的工序,而火热则是指晒纸的流程。在晃动中,将一幅特制的均匀附着着纸浆的巨大竹帘抬出水面,形成一张湿漉漉的宣纸,这就是纸张成型的第一个关键环节——捞纸。将"捞"出来的大纸帖一层层叠码成摞,放平压实,缓缓挤出水分。再进行一天的烘干后,就到了纸张成型最关键的流程——晒纸。古代是将湿纸拿到太阳下面晾晒的,现在改为在室内用加热了的"焙"来烘干。毛胜利用白粗布浸透米汤,快速地涂抹到焙面上,让纸张贴得平整严实。米汤的浓淡程度,与焙面的温度,是影响晒纸质量的重要因素,工匠要靠经验来把握。

作为"头刷"的毛胜利站在3米高台的最高点,位置最重要,难度也最高。他要把一张30多平方米的又薄又软的湿纸一刷一刷地定在加热的焙面上。第一刷尤其重要,它要为整张纸端端正正地定位。除了定位的功力之外,毛胜利的顶尖技艺就是他的"刷子功夫",手法干脆利落,稳准快实,连贯流畅,直如行云流水,绝无拖泥带水。湿润柔软的大纸张在焙面上平平整整,没有一个气泡,不出一条褶皱,不留一道刷痕,更没有一点撕裂,毛胜利已经把自己的这把刷子练到了出神入化的境界。

"一辈子工作只做了一件事,晒好每一张宣纸,把它做到极致。"这是印在宣纸包装上的党的二十大代表、中国宣纸股份有限公司晒纸工、宣纸研究所所长助理毛胜利的人生格言,从业36年来,他时刻践行着这句话,不仅晒制过"三丈三特大纪念宣纸"、"香港回归"纪念宣纸、"澳门回归"纪念宣纸、"建党九十周年"纪念宣纸、"辛亥革命一百周年"纪念宣纸以及中国美协主席刘大伟等人定制的特种宣纸,还参与了17项宣纸传统制作工艺技术革新,将独一无二的宣纸手艺做到了极致,成为造纸工匠传代的荣耀。

五、工匠圣手,重现经典

陶瓷烧制、丝绸织造等,都是中华民族的宝贵财富。但随着时代的变迁,这些技艺蒙上了历史的尘埃,逐渐被人淡忘。为了能让古时技艺再现活力,匠人们穷其一生,孜孜以求。创烧于北宋晚期的汝窑瓷(汝瓷)被视为中国瓷器烧制技艺的巅峰,汝瓷的窑址在今河南省宝丰县清凉寺和汝州市张公巷,宋时均属汝州管辖,故名汝窑。汝窑独创了纯正的"天青釉色",雄冠汝、官、哥、钧、定"五大名窑"之首,代表宋瓷的最高成就。据最新统计,全球存世的汝瓷数量不超过80件,宛若吉光片羽,可谓国宝中的极品。传说宋徽宗因梦见"雨过天青云破处",而命汝

▲ 北宋汝窑莲花碗

州瓷工"这般颜色作将来";"天青釉色"一说的由来不仅是其淡淡的蓝色与雨后天空的颜色相近,还是因为必须在烟雨天气,雨过天晴那一刻,空气湿度"恰好"时(雨大了过于潮湿,色彩不够透亮;雨小了湿度不够,显得过于清淡无光),开窑取器,方能得出最为纯正的天青色。然而天气往往是不可控的,汝州瓷工须日复一日地耐心等待,日复一日地烧造甄选,才能得到万里挑一的极致之物。

无论是攻苦食淡烧制得出的天青色,还是将玛瑙粉末掺入釉料中,使釉面呈现出宝石一样的"褒光"之美,抑或是绞尽脑汁发明的"支钉烧",以及特意追求的表面蟹爪纹的"开片"效果,汝瓷从用料到施釉、开片,每一道工序的背后,都是宋代极致的工匠精神。据相关文献分析,汝窑烧造的时间在宋哲宗元祐元年(1086年)到宋徽宗崇宁五年(1106年)期间,前后只有短短的20年。之后便因战事罹乱失传,留给了后世一个难解之谜。追寻着汝瓷的身影,明清两代的匠人努力仿制,但均未成功。在匠人们"造天青釉难,难于上青天"的慨叹中,汝瓷似乎被永远留在了历史长河中,沉睡不醒。带着对复烧汝瓷的执着信念,国家非物质文化遗产汝瓷烧制技艺传承人朱文立苦苦寻觅,呕心沥血,在经历了上千次的试验之后,终于破解了汝瓷的烧制密码:釉色着色的关键除配方外,就是控制好窑变——当烧制温度在1050~1100℃时,釉料处于玻化的初始阶段,釉料中的含铁矿物未能充分溶解于釉层的玻璃态物质中,而形成大量钙长石晶簇,釉色呈月白色;当烧制温度提升到1150~1200℃时,釉料进一步熔融,釉色便从月白色渐变成淡粉青、粉青和卵青色;当烧制温度提升到1220℃左右时,釉料已经完全融化或接近完全融化,此时的釉色就有天青、豆青、虾青等几种,如恰到好处就能得到天青色。正是"瓷痴"朱文立的孜孜以求、慧心巧思,绝迹800年的"天青釉"珍瓷终于超越时空、重现世间。

同样,"周锦唐罗",何人又能够复织呢?中国社科院"纺织考古绝学学科"学科带头人、古丝绸修复专家王亚蓉就能"妙手回春"。2017年1月,王亚蓉摘得"全球十大中华文化人物"的殊荣。她凭着惊人的毅力与耐心、出众的才华和巧思妙手,让残破的文明重现——她从古墓的冷水中淘沥出千古匠心,在一片片残破的丝绸遗骸里寻觅一代又一代织女们的灵魂,将被历史的罡风吹散的云霓重新聚拢,她用周秦汉唐的经纬织出了当今中国的文化自信与瑰丽霞光。

1963年学满2年的王亚蓉从中央工艺美术学院毕业,被分配到北京玩具厂担任美工,以设计玩偶为主。她每天泡在北京图书馆柏林寺分馆,查阅各种设计资料,寻找设计灵感,机缘巧合之下认识了著名作家、中国服饰文化研究领域的奠基人沈从文先生。1973年开始师从沈从文先生,成为其"中国古代服饰研究"工作的助手,从此,走上了纺织考古与古丝绸修复之路。1978年调任中国社科院历史研究所古代服饰研究室工作。王亚蓉从事纺织考古已有40多年,从现场挖掘到整理、研究,经年累月与古人对话,孜孜以求耐得住寂寞。从东周的朱染双色织锦到清代绸缎,她参与过的丝绸复织项目,贯穿了两千年的中国丝绸史。

在文物修复过程中,古丝绸是最娇气、最不好处理的丝织品。这些丝绸材料是有机物,受地理环境、地下水及微生物和尸身水化分解等影响,很难保存,出土的概率特别低,平均一千个古墓发掘不到一件丝织品。墓葬品中丝织品的提取最为艰难,这些堪称稀世珍宝的古代织物都与湿软的泥沙混为一体,已成泥糊状,一触即碎,入水就溶。作为织绣领域研究第一人,王亚蓉的绝活之一,就是能从"古丝绸泥糊"中提取文物。2016年《大国工匠》短片就记录了她严谨的工作状态:在心脏里装有6个支架的75岁王亚蓉,从冰箱里取出冷藏了9年的一块江西靖安东周大墓出土的"古丝绸泥糊",手握羊毫毛笔,如轻风般拂过"泥坨"表面,一点点扫落粘脱泥土,露出古丝绸的色彩和纹路。这道工序的难度在于拿捏力度,重了容易伤害文物,轻了容易藏污纳垢,如何恰到好处使力,全凭经验。

▲ 江西靖安东周大墓发掘现场

对于这么一块不足尺方的织物,打开古老泥封就用去了1个多月时间。历史的面目在眼前呈现了:这是东周的颜色,这是2500多年前的精致纹理。在200倍的显微镜下,丝绸的经纬线清晰可见,每厘米排列240根经线,每根线的直径只有0.1毫米。现代化设备织出的高档布料经线密度大约是每厘米100根,而2500多年前的祖先用手工织机就做到了1厘米排列240根经线。一条一条的经纬线都非常均匀,这说明当时养蚕缫丝的技艺,已达到了空前绝后的水平。

织锦从泥土中艰难剥离出来后,后面还有清洗、染色、刺绣、织造等更艰难的复织工序。考证织锦出土的地域、年代,还原当时的织造技艺,才能设计出完整的修复方案。修复的时间短则几个月,长则几年甚至十多年。如复织唐代的四经绞罗就花去了近20年时间。唐代的四经绞罗和西汉的素纱禅衣①一样,是汉唐盛世"中国制造"的旗帜。中国丝织品有绫、罗、绸、缎四大代表性名品。罗的透气性好,穿着凉爽,亲肤性极佳,垂感流畅,成衣美观。但是由于"罗"的纺织难度大,织造成本高,其技术在晚清逐渐失传,只有极少数地方还保有素罗的纺织技术。而唐代的四经绞罗属于花罗类别中的极品,技术难度更大,早已彻底失传了。王亚蓉以法门寺的唐代古物为范本进行深入研究,搞清楚了四经绞罗的经纬编织结构。经过不断探索和尝试,王亚蓉与能够操作传统织机的江苏省织造技艺大师李德喜夫妇合作,终于在2016年年底将其复织成功,向全世界展示了最高等级的中国丝织品,让中华丝绸的瑰丽永存人间。

---

① 素纱禅衣,就是一种用极细的纱料制成的没有颜色、没有衬里而上衣下裳连缀一体的深衣。《说文解字》释"禅":"衣不重也。从衣,单声。"郑玄注"有衣裳而无里"。1972年长沙马王堆汉墓出土,有2200多年的历史,是世界上最轻最薄、工艺最精的衣服。出土时原有直裾式、曲裾式各一件,1983年曲裾素纱禅衣被盗毁。现存的直裾素纱禅衣,衣长1.28米,袖长1.9米,重仅49克。出土47年后,经过匠人们13年的持续努力,最终克隆成功一件重49.5克的素纱禅衣。对原件的研究发现:其透光度75%,每平方米纱料重仅15.4克,蚕丝纤度仅为11.2旦(即每9000米长的蚕丝重11.2克,约为现在普通蚕丝1/2),它代表西汉时期养蚕、缫丝、织造工艺的最高水平。西汉之后,在长达1000年的时间里,西方人一直把中国称为"赛里斯国"(Seres,产丝之国)。正如古罗马学者普林尼《自然史》中所载:"赛里斯国林中产丝、驰名宇内。""织成锦绣文绮,运至罗马……裁成衣服,光辉夺目,人工巧妙达到极点。"

从东周墓中的朱染双色织锦,马王堆汉墓的素纱襌衣,到唐代法门寺地宫里的四经绞罗,乃至宋锦明缎,中国丝绸文化瑰丽绚烂,千丝万缕,绵绵密密,于工匠之手代代传承,吸引着后人去追寻它的绝代芳华。

六、工匠绝技,精益求精

2020年11月10日,"奋斗者"号全海深(万米级)载人潜水器在马里亚纳海沟(Mariana Trench)成功坐底,创造了10 909米的中国载人深潜新纪录。万米深潜,意义何在?探索海洋、保护海洋、经略海洋、建设海洋强国,都与深潜密切相关。众所周知,地球表面约70%被海水覆盖,海水约占地球水资源总量的97.5%,深海区域蕴藏着极其丰富的资源,更深藏着解开生命起源和地球演化等重大科学问题的钥匙。全海深载人潜水器与FAST、天宫空间站一样,属于大国重器,是一个难度极高的工程装备,涉及设计技术、材料技术、密封技术、工艺技术、通信技术、安全技术、集成技术、试验技术等。从"蛟龙"号探海到"深海勇士"号大深度海底科考,再到"奋斗者"号抵达"挑战者深渊",不到20年间,我国走出了一条从"弯道超车"到"深蹲蓄力",再到"国际领先"的自立自强之路,实现了从海洋大国到海洋强国的成功跨越。"奋斗者"号成功实现万米坐底的基础在于第一代深海载人潜水器"蛟龙"的研制。2002年,当国外获知中国在进行7 000米级潜水器"蛟龙"号研发时,就陆续对中国禁运很多设备,10年时间我国自力更生、自主创新,攻克了从钛合金壁、潜水器球壳的极致设计,到载人耐压舱材料、成形、焊接的极限制造,再到浮力材料测试、锂电池质量控制、液压元件适应性等一系列关键技术,走完美、法、日、俄四国近60年的发展历程。

▲ "蛟龙"号潜水器

2012年7月,"蛟龙"号在马里亚纳海沟成功下潜到7 062米。在深海里每下潜10米,就会增加一个大气压。此刻,潜水器表面正承受着海底70多兆帕的巨大海压——相当于1个指甲盖大小的面积上面要承载700多千克的重压。它所考验的是潜水器设计、制造、密封、结构、能源、通信、导航定位等方方面面的核心技术、核心技能。"蛟龙"号有十几万个零部件,组装难度最大的就是观察窗。"蛟龙"号的观察窗与海水直接接触,而观察窗的玻璃是圆锥形玻璃,重达 40 千克,与金属窗座又是异体镶嵌,安装的精密度必须控制在 0.2 丝①以下。0.2 丝,约为一根头发丝的 1/50。用精密仪器来控制这么小的间隔或许不算难,可难就难在载人舱观察窗的玻璃异常娇气,不能与任何金属仪器接触。因为一个小小的划痕,到深海重压之下,就可能成为引发玻璃爆裂的起点,危及下潜人员的生命。而能实现这个精密度的只有中船重工 702 所高级技师、装配钳工顾秋亮。不仅如此,即便是在摇晃的大海上,顾秋亮纯手工打磨维修的"蛟龙号"密封面平整度也能控制在 2 丝以内,因而人们称呼有这个能力的顾秋亮为"顾两丝"。为了练成这门功夫,顾秋亮常常要将 10 厘米厚的方铁逐渐锉到 5 毫米薄,光锉刀就用断了几十把。在铁板一层层变薄的过程中,用手不断捏捻搓摸,顾秋亮让自己的手形成对厚薄的精准感受力,让自己手上的每一根神经都形成了匠作记忆。

钳工顾秋亮心有精诚,手有精艺,凭着手上 44 年锉练出"两丝"绝活,不负深海下的生命托付。而铣工李峰心细如发,探手轻柔,高倍显微镜下手工精磨刀具,5 微米的公差也要执拗返工。

2023 年 5 月 10 日 21 时 22 分,长征七号遥七运载火箭在海南文昌航天发射场点火起飞,随后成功将天舟六号货运飞船送入预定轨道,拉开了中国空间站应用与发展的大幕。长征七号火箭是中国载人航天工程为发射货运飞船而研制的新一代运载火箭,自 2016 年 6 月 25 日首次升空以来,创造了中国航天史上的多项第一。

2016 年 5 月,在长征七号火箭的总装车间里,来自全国各地的数以万计的火箭零部件,在这里集结,经过严格的组合测试,然后被运送到海南文昌发射场组装。但有一个部件被特别处理,这就是长征七号火箭的惯性导航组合。火箭的惯性导航组合,在行内被简称为"惯组",它就像火箭的"眼睛",承担着在茫茫太空中测量火箭的飞行方向、速度和所在位置,让火箭飞得更准、更平稳的重要功能,对提高入轨精度和可靠性起着非常重要的作用。在航天科技集团九院的车间里,铣工李峰负责加工的部件是"惯组"中的加速度计。如果说"惯组"是火箭的"眼睛",那么加速度计的精密复杂程度和脆弱性就像眼睛中的晶状体,整个加工过程容不得有丝毫闪失。"惯导"器件中每减少 1 微米的变形,就能缩小火箭在太空中几千米的轨道误差。1 微米为 0.001 毫米,是目前人类机械加工技术都难以靠近

▲ 长征七号运载火箭

---

① "丝"为常用的非法定计量单位,它是机械工人对 0.01 毫米的俗称。在机械尺寸计量中通常将 1 毫米划分为 100 份,1 份所代表的长度单位称为 1 丝(1 忽米)。注意"丝"与"丝米"不同:1 丝米=10 丝;1 毫米=10 丝米=100 丝(忽米)=1000 微米。

的精度①，因为现有数控机床的精度只能达到 0.005 毫米。

一个零件从毛坯到成型，需要经历车、钳、铣、研磨等 17 道工序。零件粗加工以后，既要经受保温炉 100℃ 的高温烘烤，也要在 -70℃ 的液氮中完成低温处理。经过"冰火两重天"的极限考验以后，零件的性能达到基本稳定，才能开始精加工。李峰的工作是精铣，零件加工的第 11 道工序，稍有不慎，前面的 10 道工序就将前功尽弃。对于李峰来说，"吹毛求疵"已经成为一种信仰。李峰加工加速度计的下轭铁工件测量参数为 $\phi 11.200\pm 0.0025$，存在 5 微米的公差，$\phi 11.1985$ 的测量结果已达到相当高的精度，但执拗的李峰还是要返工，他要坚持自己心里的公差。他说："加也是误差，减也是误差，只有零位是最好的地方，我达不到零对零，但一定要奔着那个方向做调整。如果一开始就马马虎虎奔着边缘去，有可能任何一个小小的装卡误差，零件就报废了。"

李峰为缩小 5 微米的公差而磨刀。刀具是决定加工精度的关键，正是刃口的这个小缺口，导致了几微米的加工误差，必须加以精磨修整。在高倍显微镜下，手工精磨刀具是李峰的绝活。看李峰借助 200 倍的放大镜手工磨刀才会让人明白，为什么在中文里工匠的技能被称为"手艺"。

李峰的父亲是厂里的一名磨工，30 多年的工作经验让他成为厂里成品率最高、返工率最少的人。作为"航二代"，他对李峰言传身教："干活干活，得干一次比一次活泛，干一次比一次灵活，干一次有一次收获才行。干活，你不能稀里糊涂就干下去，否则，你一辈子也长进不了。"1988 年，高中毕业的李峰正好赶上单位技校招生，由此开启了他与航天事业、铣工岗位、精密加工的不解之缘。"择一事终一生""艺痴技必良"，李峰性痴志凝，不为繁华易匠心，30 余年的坚守，终于"成就大技绝活""三尺铣台写华章"。

如同参天大树的年轮记载着日月风霜，工匠们的手上积淀着他们的技艺、心智和人生阅历。在平凡的工作岗位上，李峰、顾秋亮等大国工匠实现了人生价值，给当代青年的成长成才带来了新的启迪：劳动创造奇迹，只要努力付出，一切皆有可能。

七、工匠追求，艺无止境

人们常说，货币是一个国家的名片，是技艺文化与艺术文化融合的结晶。1949 年以来，我国共发行过五套人民币，目前流通的主要是第五套人民币。2015 年 11 月 12 日，新版第五套人民币 100 元纸币面世。光线下用放大镜在这套钞票的毛泽东主席肖像处，能看到点与线交织产生的特殊反光，宛如浮雕，手指轻触，还有凹凸感——这是在世界钞票原版雕刻领域闻名遐迩的雕刻凹印技术。而这套人民币上毛泽东主席肖像的原版雕刻者，就是中国印

---

① 机械加工精度，是指工件在机械加工后的实际几何参数（尺寸、形状和位置）与零件图纸所规定的理想值的相符合程度。而它们之间不相符合的程度，则称为加工误差。加工精度用公差等级（IT01，IT0，IT1，…，IT18）衡量，等级值越小，其精度越高；加工误差用数值表示，数值越大，其误差越大。实际生产中加工精度的高低用加工误差的大小表示，加工误差小，则加工精度高，反之亦然。

钞造币总公司的钞票凹版雕刻师——马荣。1981年,马荣从北京国营541厂技校美术班毕业后,师从我国第一位女雕刻家赵亚芸,开始磨炼人民币手工雕刻技艺。36年来,她面对"光如镜面的钢版,身体前倾,左手持镜,右手舞刀",天天长时间伏案劳作,"钞票是艺术与奥妙,我必须一刀一刀用心雕琢"。人民币上人像的雕刻必须做到百分之百的精准传神,才能达到防伪的效果。为了刻画出传神的眼睛,马荣一练就是19年。1997年,毛泽东主席的头像首次独立成为人民币

▲ 第五套人民币

的正面主景,经过艰辛的创作,马荣的人像雕刻作品斩获冠军,并分别应用于第五套人民币50元、20元、10元和5元、1元纸币上,而她首创的版纹间隔线雕刻法也被广泛应用。随着数字技术的发展,马荣又从零开始,钻研计算机凹版雕刻,经过几年的奋战,终于将"点线艺术"融入人民币数字化雕刻之中,在传承与创新中,成就了数字化时代的中国凹版雕刻技艺的世界级水平。自制改进工具数百件,加工精度逼近零公差;人民币人像雕刻顶尖高手,使刀成圣同样可换笔夺魁。

大国工匠就是这样一群人,他们在喧嚣中坚守匠心的宁静,追求极致;他们在传统与现代的碰撞中突破自我,创新传承、精益求精。技艺永无止境,无论是雕刻人民币人像的"60后"马荣,抑或是打磨"飞鲨"零件的"80后"方文墨,都向着"世界顶级雕刻师""全国最好的钳工"的目标而不断自我超越。

钳工是指利用台虎钳、锉刀、刮刀、扁铲、手锤等各种工具加工装配各种机器零配件的工种。它是各种机械加工工种的基础,也是当下在所有工业生产中仍然需要手工实现的工种。在纪念中国人民抗日战争暨世界反法西斯战争胜利70周年阅兵式上,飞过天安门的5架中国第一代舰载战斗机歼-15中的不少核心零件,就是由中航工业沈阳飞机工业(集团)有限公司的方文墨钳工班组做出来的。在工业化时代,尽管大多数零件都实现了自动化生产了,但是有的战斗机零件因为数量少、加工精度高、难度大,仍需要手工打磨。

2000年,出身在航空世家的方文墨如愿地走进了沈飞公司技工学校,他从那时起就暗下决心,立志成为全国最好的钳工,心系蓝天,报效国家。"那时,我的这个理想没对别人说,怕人家说我'狂妄'。在3年的技校学习期间,我几乎每天上完6个小时的课之后,还要拿出6个小时自学苦练。上实训课时,我经常问老师全国和省市钳工技能比赛要求达到什么精度,然后就超出课程所规定的,把0.1毫米公差提高到0.05毫米,把0.05毫米公差提高到0.02毫米,向更高目标看齐。"

方文墨从钳焊专业毕业后便进入沈飞公司,工作不足一年,就开始带徒授艺。在徒弟们的眼中,他简直就是钳工界奇才:25岁成为高级技师,拿到钳工的最高职业资格;26岁参加

▲ 歼-15 战斗机

全国青年职业技能大赛,夺得机修钳工冠军;27岁获得三项国家发明专利;28岁荣获全国五一劳动奖章、省市特等劳动模范;29岁荣获中国青年五四奖章,并成为中航工业最年轻的首席技能专家;31岁成为国家级方文墨技能大师工作室领衔人;34岁获得国务院特殊津贴;35岁担纲全国青联副主席。20年来,方文墨一头钻进钳工世界,一锉一磨地打造自己的梦想。方文墨体重200斤,身高1.88米,比一米的工作台高了将近一倍,由于这样的"先天不足",不少老师傅都觉得他根本不可能成为出色的钳工。方文墨就不信这个邪,他把家里的阳台改造成了练功房。下班一回家,他就钻进阳台,苦练技术。长年累月的苦练,使得1984年出生的方文墨已经有些驼背了。正常情况下,钳工一年会换10多把锉刀,方文墨一年却换了200多把,有几次居然生生把锉刀给练断了。每天连续训练四五个小时,锉刀持续发出的刺耳声音甚至让方文墨出现生理性呕吐。他就这样坚持着,每天重复8000多次锉削动作,终于凭着自己的努力,突破了手工打磨的极限精度,达到了千分之三毫米。教科书上,人的手工锉削精度极限是千分之十毫米,而千分之三毫米是数控机床都很难达到的精度。中航工业将这一精度命名为——"文墨精度"。

钳工是机械工人中的万能工。在很多人看来,钳工枯燥乏味,又苦又累。但在方文墨眼里,钳工这一岗位充满艺术灵感和生命活力。"通过打磨、加工,会赋予冰冷的零件以温度与情感,每当一个半成品零件加工完成后,我都觉得给了它第二次生命。"钳工全凭一双手,为保证手掌对加工部件的敏锐触觉,他每天都用温水浸泡双手20分钟,以泡软、去掉手上的茧子;大个头的他喜欢打篮球,但为了避免手受伤,不得不忍痛远离篮球;为避免工作和比赛时手发抖,本来酒量了得的他竟然戒掉了这个嗜好。

面对苦行僧似的方文墨,许多人不解:"你那么拼命,再怎么干不也就是个钳工?"方文墨就简简单单地回答一句——"我喜欢,我热爱!"这句话道出了这个钳工界的奇才的秘密。因为热爱,所以钻研,他时刻保持"充电"状态,多年来购买与阅读了400余册钳工技术书籍与100余篇专业技术论文,整理了20余万字的钳工技术资料。同时,他利用业余时间拿下了机械电子工程的本科文凭。因为热爱,所以珍惜,他参加了25次技能大赛。他把每一次比赛都看成拜师学艺的最佳时机。从能工巧匠们身上,他不仅学到了精湛的专业技能,也体悟到不断超越自我的奋斗精神。因为热爱,所以创新,他改进各种刀、量、夹具200余把(件),改进工艺方法60余项,改进设备2项,研究生产窍门24项,申报技术革新项目20项,取得了

"定扭矩螺纹旋合器""加工钛合金专用丝锥""多功能测量表架"等18项国家发明专利和实用新型专利。因为热爱,所以砥砺,从0.1毫米、0.05毫米,再到0.02毫米、0.003毫米,他不断缩小零件加工公差的刻度,用零件的精度改变人生的高度。

一代代中国工匠在勤学苦练中成就了自己的技艺,以"中国制造"来共同"制造中国";同时以永不懈怠的锐意进取,超越自己,创新事业,既追随时代,也推进时代,以"中国创造"来共同"创造中国"。

八、工匠担当,匠心筑梦

大国工匠是在关键时刻挺身而出、敢于担当、奋勇向前的一群人。他们在急难险重任务面前能主动请命,迎难而上,为国家分忧、为企业解难。秦始皇帝陵博物院文物修复师马宇就是其中的优秀代表。兵马俑号称世界第八大奇迹,自从1974年被发现挖掘以来,几代修复师默默无闻地工作,终于使公众能够站在兵马俑陪葬坑边沿,去感受中华文明的光辉灿烂。迄今,一号坑、二号坑、三号坑三座坑加起来,共挖掘出8000多件兵马陶俑,这些陶俑不仅完全按真人比例塑造,个个高大威猛,而且花样繁多——有的站着、有的单膝跪着、有的牵马,有的双手向前像在开车,有的穿袍子、有的穿铠甲、有的扎着帅气的发髻、有的还戴着帽子。8000多个兵马俑的脸型、五官、胡须、表情、神态,甚至身材、年龄各不相同,真可谓"千人千面",栩栩如生,人们不禁赞叹秦国工匠的神技匠心。但兵马俑刚刚出土的时候,是作倒伏状的,两千多年的历史积尘已经把它们压成碎片。马宇,就是一位将这千万碎片化零为整来"复活"兵马俑的文物修复师。兵马俑陶片表面非常脆弱,为保证文物的完好,充满敬畏之心的马宇在修复兵马俑之前,花了两年时间,在仿制的陶片上用手术刀不停地练习,有了千万次的磨炼,才能把握住毫厘之间的分寸。在碎片堆里拼接兵马俑,只要有一块陶片放错位置,整个拼接过程就必须重来。为了一块陶片,马宇有时需要琢磨十多天,反复预演数十次,甚至上百次,才能使其回归最准确的位置。兵马俑深埋两千多年,大部分陶片和地下环境已

▲ 兵马俑

经融合在一起,突然出土,使它们的存身环境发生巨大改变。为了避免环境变化对文物造成二次损害,大量修复工作必须在现场的原始自然环境中进行。每到夏季来临,覆盖着大棚的兵马俑坑就成了"大蒸笼",坑内的温度往往达到40℃以上。在坑里工作就像在用热汗洗头洗脸,衣服湿了又干,干了再湿。马宇凭着"对前人负责,对后人负责"的信念,以神圣的使命感和高度的责任感,哪怕身处陋室,也依旧甘之如饴。没有两块碎片是完全一样的,没有任何一尊兵马俑雕像的拼接是相同的。每一块拼接都是一次新的挑战,每一次的块体比对都是新的问题。在貌似重复的工作中不断应对新问题,修复者们把这份劳作变成了学问和艺术。

马宇作为秦始皇帝陵博物院文物修复师,能在毫厘之间精准把握分寸,使旷世兵马俑得以重现。而中国航天科技集团一院特种熔融焊接工、首席技能专家、全国总工会兼职副主席高凤林,心怀梦想,勇于担当,登上了焊接飞天神箭的最高峰。

长征五号B运载火箭("胖五")是目前我国近地轨道运载能力最大的火箭,它总长约57米,箭体直径5米,捆绑4个直径3.35米的助推器,整流罩长20.5米、直径5.2米,采用无毒无污染的液氧、液氢和煤油作为推进剂,起飞质量878吨,近地轨道运载能力达到25吨,是中国火箭升级换代的里程碑式的产品,为中国北斗导航系统、探月工程以及天宫空间站建设的主力运载工具。大火箭需要大发动机,而制造大发动机需要大科学家、大工程师,同样也需要大工匠,高凤林就是这样的大工匠。高凤林给火箭焊"心脏",被称作"发动机焊接第一人"。他参与焊接的火箭有140多发,占中国火箭发射的一半之多。

▲ 火箭发动机

不过,"发动机焊接第一人"的称号是通过一个个技术难题炼成的。20世纪90年代,在亚洲最大"长二捆"全箭振动塔的焊接中,高凤林在表面温度高达几百摄氏度的焊件上连续操作,在他的手上,至今可见严重烤伤留下的疤痕。在国家"七五"攻关项目、东北哈汽轮机厂大型机车换热器的生产中,为了突破一项熔焊难题,高凤林在半年时间里,天天趴在产品上,一趴就是几个小时,被同事戏称"跟产品结婚的人"。汗水与时间将高凤林打磨成名副其实的"金手天焊"。

38万千米,是嫦娥三号从地球到月球的距离;0.16毫米,是火箭发动机上一个焊点的宽度;0.1秒,是完成焊接时间允许的误差。对高凤林来说,长征五号大运力火箭发动机每一个焊接点都是一次全新的挑战,而难度最大的就是喷管的焊接。长征五号火箭发动机的喷管上有数百根空心管线,管壁的厚度只有0.33毫米,高凤林需要通过3万多次精密的焊接操作,才能把它们编织在一起。这些细如发丝的焊缝加起来,长度达到了1600多米。这样严苛的技术指标,自然要求工人必须有精湛的技术,即眼睛要尖、技术要硬、功底要深厚。因此,学技术、干工作,高凤林从不惜力。自1980年技校毕业进入211厂发动机焊接车间成为一名氩弧焊工起,高凤林就开始了刻苦的训练:吃饭时拿筷子练送焊丝,喝水时端着盛满水的缸子练稳定性,休息时举着铁块练耐力,时常冒着高温观察铁水的流动规律,并练就了"如果焊接需要,可以10分钟不眨眼"的绝活儿。眨眼是很难自主控制的生理活动,生理学的研究表明,人类正常的眨眼频率是每分钟大约15次。高凤林的"10分钟不眨眼"是通过自我训练培养成的超常自控力。发动机是火箭的心脏,一小点焊接瑕疵都可能导致一场灾难。为保证一条细窄而"漫长"的焊缝首尾一致,在整个操作过程中高凤林只有发力精准,心平手稳,让焊条与母件保持住恰当角度,才能让焊液在焊缝里均匀分布,不出现气孔沙眼。

凭借勇于担当的品质,高凤林突破瓶颈,登上了世界焊接技术的最高舞台。2006年,著名物理学家丁肇中教授领导的由16国参与的反物质探测器项目,因低温超导磁铁的制造难题陷入困境。在国内外两拨顶尖专家都束手无策的情况下,高凤林只用2个小时就拿出了解决方案,让在场专家深深折服。泵前组件是火箭心脏中最核心的部件,相当于人体的心脏瓣膜,在发动机里起着控制燃料向一个方向流动的作用。如何提高其合格率,目前依然是一个世界性的难题。以前的合格率只有29%,经过20多年对30多道精加工工艺的极限精度的持续攻克,以及上万次的冷式、点式、热式的高密度实验,"拦路虎"终于被高凤林拿下,泵前组件的可靠性提高了2.5倍,合格率提升到92%。火箭生产的提速让中国迎来了密集发射的新时代。从1970年4月24日长征一号火箭将我国第一颗人造卫星"东方红1号"成功送入太空,到2007年6月1日长征三号甲火箭成功发射"鑫诺"3号卫星,我国长征系列运载火箭第一个百次发射所用时间为37年;而第二个百次发射所用时间为7.5年,第三个百次发射所用时间为4.2年,第四个百次发射所用时间为2.7年,第五个百次发射所用时间仅为2年,这反映了中国航天的高速发展和科技水平的快速提升。

每当有新的火箭型号诞生,就需要进行一次次技术攻关。高凤林泡在车间里,他的时间80%给了工作,15%给了学习,留给家庭的只有5%。高凤林技艺高超,很多企业试图聘请他,有的外企甚至开出500万年薪加两套北京住房的诱人条件,但高凤林最后还是拒绝了。"每每看到我们生产的发动机把卫星送到太空,就有一种成功后的自豪感",这种自豪感用金钱买不到。正是这份自豪感,让高凤林一直坚守在这里。高凤林认为:"'顶天立地'是为'工','利器入门'是为'匠'。""技艺高超但精神风貌差,不是大国工匠;精神风貌好但技不服人,也不能称为大国工匠。""术"与"道"的统一方能构成完整的大国工匠的高光形象——视劳动为光荣,以社会进步为己任,技术上出类拔萃,精神上高尚富有。高凤林用事实证明:只要发扬工匠精神,勇于担当,刻苦钻研,技能人才同样可以取得非凡的成就,同样可以和光环耀眼的科学家、教授、工程师们站在同一个领奖台上,获得社会的尊崇。

大国工匠给予职业院校、技工院校学生以及大批技术工人诸多启迪：第一，践行工匠精神。大国工匠们对每件产品都精雕细琢、精益求精，追求完美和极致；他们将技术当作艺术来打造，穷其一生追求技艺的高超；他们适应时代的变革，既有坚持又有创新；他们代表一个领域的最高水准，是专业精神的代表。第二，雄心壮志要与脚踏实地紧密结合。建功立业、出类拔萃，要从点滴做起，干一行，爱一行，在实践中增强本领，在贡献中成就自我。大国工匠们的感人故事与生动实践表明，只有那些热爱本职、脚踏实地、勤勤恳恳、尽职尽责、精益求精的人，才可能成就一番事业，实现人生的价值。第三，技术工人是国家的宝贵财富，也有光明前途。大国工匠的成功不是靠上名牌大学，取得高学历。尤其是在新一轮科技革命和产业变革催生众多新职业、新岗位和新业态的背景下，他们为我们指引了"技能成才"之道：更高的水平，精通专业理论和技能，擅长解决技术难题；更广的复合性，掌握跨专业、跨职业、跨岗位的知识技能，能驾驭复杂的生产经营系统；更强的学习能力和知识迁移能力，能适应更短的知识技能迭代周期（UNESCO研究显示，当今工程师的知识"半衰期"仅为5年）。总之，大国工匠代表着一种品质：踏实坚定、专注进取、变革创新和精益求精。

如果把大国工匠的所有特质凝聚成一个词，那就是——匠心。有匠心，就一定能实现心中梦想；有匠心，就一定能锻造"中国品质"；有匠心，"中国制造"就一定能飞得更高。而匠心正是我们这个时代所急需的品质。随着工匠时代的开启，只要你培育匠心、拥有匠心、独运匠心，你也能成为大国工匠。

拓展阅读

《致匠心》——音乐人李宗盛诠释的工匠精神

古诗文中常有"匠心"一词，如唐代王士源的《孟浩然集·序》："文不按古，匠心独妙"，唐代诗人张祜《题王右丞山水障二首·其一》："精华在笔端，咫尺匠心难。"这里的"匠心"犹言"造意"，是指文学艺术方面创造性的构思。而所谓的"独具匠心""匠心独运"云耳，指的就是"工巧的心意""巧妙的心思"。如今以工匠精神论之，"匠心"的意涵至少有五个：其一，匠心是用心，是以能工巧匠的心思，别出心裁地做出让用户惊喜的匠品；其二，匠心是细心，心平气和而又严谨地尽好本分，在细微之处彰显非凡品质；其三，匠心是执着心，全心全意，心无旁骛，潜心追求完美品质；其四，匠心是虚心，虚以待物，宽以待人，以持开放的心态去发现世界、理解世界；其五，匠心是恒心，保持初心①，保持敬畏之心！

---

① 初心，又称"初发心"，来源于《华严经》。《华严经》卷第十七云："三世一切诸如来，靡不护念初发心。"何谓初心？依佛家说法，它是踏入佛门之始，心中秉持的那颗当仁不让的成佛利生之心，那份最真诚质朴的求法向道之愿。通俗来讲，就是在人生的起点处拥有的梦想，是一生渴望抵达的目标。唐代诗人白居易《画弥勒上生帧记》："所以表不忘初心，而必果本愿也。"初心不变，正果成佛。"初心易得，始终难守""不忘初心，方得始终"等说法由此演化而来。

音乐巨匠李宗盛近20年来潜心于木吉他的制作,很少写歌,极少进入公众视野。早在1997年,暂别歌坛一线的李宗盛前往因制作顶级手工吉他而闻名世界的加拿大,在那里,他遍访顶级手工制琴师,从设计到选料,再到后期制作,潜心学习每一道工序。在此期间,李宗盛做过一把叫"慎始"的吉他。他说,在制作过程中他想起了,那么多吉他少年,个个都说热爱音乐,然而几十年过去,还有几人在坚持?他想跟学吉他的年轻人说,每一个梦想都值得被慎重对待,不能轻易开始又轻易放弃。他还有一把名为"蛰伏"的琴:在通往人生终点的道路上,会遇到很多诱惑和困难,为了梦想你需要沉下心去蛰伏。任凭时光打磨,李宗盛保持匠心,始终演奏最本色的音符,在音乐领域取得了卓越成就。

2014年,为了传达新百伦(New Balance)打造百年跑鞋品牌的工匠精神,这个1906年创立于美国的波士顿品牌与音乐人兼手工吉他品牌(Lee Guitars)创始人李宗盛携手打造了一则名为《致匠心》的广告,将李宗盛雕琢吉他的镜头与New Balance鞋匠一针一线制作跑鞋的过程组合到一起,展现出手艺人独有的专注与对完美的追求。广告一经播出就引起了很多人的共鸣,很多人从中看到了自己,为这种从容安定、专注于技艺的珍贵品质所感动。

附:李宗盛《致匠心》文案

人生很多事急不得,你得等它自己熟。

我二十出头入行,三十年写了不到三百首歌,当然算是量少的。

我想一个人有多少天分,跟出什么样的作品,并无太大的关联。

天分我还是有的,我有能耐住性子的天分。

人不能孤独地活着,之所以有作品,是为了沟通。

透过作品去告诉人家:心里的想法,眼中看世界的样子,所在意的,所珍惜的。所以,作品就是自己。

所有精工制作的物件,最珍贵、不能替代的就只有一个字——"人"。

人有情怀,有信念,有态度。所以,没有理所当然,就是要在各种变数、可能之中,仍然做到最好。

世界再嘈杂,匠人的内心,绝对必须是安静、安定的。面对大自然赠予的素材,我得先成就它,它才有可能成就我。

我知道手艺人往往意味着固执,缓慢,少量,劳作。但是,这些背后所隐含的是专注,技艺,对完美的追求。所以我们宁愿这样,也必须这样,也一直这样。

为什么?我们要保留我们最珍贵的、最引以为傲的。

一辈子总是还得让一些善意、执念推着往前,我们因此能愿意去听从内心的安排。

专注做点东西,至少对得起光阴、岁月。其他的就留给时间去说吧。

思考与研讨

一、《汉书·食货志》云:"作巧成器曰工";《春秋·公羊传注疏》又云:"巧心劳手以成器物者曰工"。技艺高超的手艺劳动者,古语也谓之"匠"。有关"工""匠"成语也比比皆是,如匠石运斤、神工意匠、能工巧匠、别具匠心、慢工出细活、良工苦心、神工鬼斧、鬼工神力、巧夺天工等。"工"与"匠"从古时以来,一直是伴随着劳动者的光荣的称谓,代表着"巧心与劳手"的结合、"能人所不能"的自豪,支撑它的是知识、是经验、是长久的训练乃至独一无二的传承。

请说说你对工匠的含义及特征的理解。

二、"中华技能大奖"是我国对优秀高技能人才进行褒奖的最高政府奖项。该奖项的评选表彰制度由原劳动部会同全国 46 个行业主管部门于 1995 年建立。中华技能大奖评选表彰活动 1995 年至 1998 年为每年一届,每届 10 名,1998 年后改为两年一届;2004 年由每届 10 名增至 20 名,2012 年又增至每届 30 名。截至 2023 年 5 月,人力资源和社会保障部(以下简称人社部)已组织开展 16 届全国高技能人才评选表彰活动,累计表彰了"铁人式好工人"王为民、"油井女杰"束滨霞、"采机神医"栗俊平、"高空养路人"赵大坪、"航标灯王"郑启湘等 320 名中华技能大奖获得者。

根据《中华技能大奖和全国技术能手评选表彰管理办法》,中华技能大奖评选对象须来自生产服务一线,秉承工匠精神,且从事本职业(工种)10 年以上,具有高级技师及以上职业资格(或职业技能等级),已获得全国技术能手称号。其技术技能水平应在国际国内有重要影响,并具备下列条件之一:一是在技术创新、攻克技术难关等方面做出突出贡献,并总结出独特的操作技术方法,产生重大经济效益和社会效益;二是在本职业(工种)中,具备某种绝招绝技,并在带徒传技方面做出突出贡献,在国际国内产生重要影响;三是在推广应用先进技术等方面做出突出贡献。

请结合自身的专业领域,收集与学习这些"工人院士"的楷模事迹,开展"学榜样,树理想,找差距"活动,并讨论:他们的工匠精神体现在哪些方面?同学们自我完善的措施有哪些?

三、"大国工匠"是立足本职岗位,勤奋学习、刻苦钻研,追求卓越、技艺超群,淡泊名利、甘于奉献,为国家建设和发展做出重要贡献的优秀技术工人。为充分发挥先进模范人物的示范引领作用,在全社会掀起学习大国工匠、争当工匠人才的热潮,2016 年中华全国总工会组织开展了为期一年的推荐、学习"身边的大国工匠"活动;2018 年、2019 年、2022 年和 2023 年中华全国总工会和中央广播电视总台又联合开展了五届"大国工匠年度人物"发布活动。"大国工匠年度人物"基本条件有四:一是热爱祖国,拥护中国共产党领导,积极践行社会主义核心价值观,遵纪守法,道德高尚;二是具备世界一流、国家和行业顶尖技能水平,或对中华传统文化的传承和延续发挥关键作用,长期在生产一线工作的职工;三是在当前国家重大战略、重大项目、重大工程中做出突出贡献;四是具备一定的荣誉基础,获得过省部级以上劳动模范、全国五一劳动奖章和"工匠人才"荣誉称号。通过系列活动,在全国范围内选树了众多令人敬仰的大国工匠,"在他们身上,集中体现了工人阶级的伟大品格和劳模精神、劳动精神、工匠精神"。

请收看五届"大国工匠年度人物"新闻专题片,学习潍柴动力股份有限公司首席技师王树军、宁波舟山港桥吊司机竺士杰、沈阳黎明航空发动机有限公司数控车工洪家光、中铁隧道集团盾构操作工母永奇等50位"大国工匠年度人物"的感人事迹,谈谈你对大国工匠"精于工,匠于心,品于行,创于新"特质的深刻感悟。

四、劳模精神、劳动精神、工匠精神,是中国共产党人精神谱系的重要组成部分。党的十八大以来,习近平总书记站在实现中华民族伟大复兴中国梦的全局高度,对大力弘扬"三个精神"科学内涵及其重大价值做出了系列重要论述,为我们大力弘扬、深入践行"三个精神"指明了方向,提供了根本遵循。如2013年4月28日,习近平总书记《在同全国劳动模范代表座谈时的讲话》中强调:"长期以来,广大劳模以平凡的劳动创造了不平凡的业绩,铸就了'爱岗敬业、争创一流、艰苦奋斗、勇于创新、淡泊名利、甘于奉献'的劳模精神,丰富了民族精神和时代精神的内涵,是我们极为宝贵的精神财富。"2014年4月30日,习近平总书记《在乌鲁木齐接见劳动模范和先进工作者、先进人物代表座谈会时的讲话》中指出:"我们要在全社会大力弘扬劳动光荣、知识崇高、人才宝贵、创造伟大的时代新风,促使全体社会成员弘扬劳动精神,推动全社会热爱劳动、投身劳动、爱岗敬业,为改革开放和社会主义现代化建设贡献智慧和力量。"2016年4月26日,习近平总书记《在知识分子、劳动模范、青年代表座谈会上的讲话》中又指出:"无论从事什么劳动,都要干一行、爱一行、钻一行。在工厂车间,就要弘扬'工匠精神',精心打磨每一个零部件,生产优质的产品。在田间地头,就要精心耕作,努力赢得丰收。在商场店铺,就要笑迎天下客,童叟无欺,提供优质的服务。"2020年11月24日,习近平总书记《在全国劳动模范和先进工作者表彰大会上的重要讲话》中对"三个精神"做了高度概括:"在长期实践中,我们培育形成了爱岗敬业、争创一流、艰苦奋斗、勇于创新、淡泊名利、甘于奉献的劳模精神,崇尚劳动、热爱劳动、辛勤劳动、诚实劳动的劳动精神,执着专注、精益求精、一丝不苟、追求卓越的工匠精神。劳模精神、劳动精神、工匠精神是以爱国主义为核心的民族精神和以改革创新为核心的时代精神的生动体现,是鼓舞全党全国各族人民风雨无阻、勇敢前进的强大精神动力。"

马克思主义基本原理告诉我们,劳动创造了人本身。劳动精神是成为人的精神,工匠精神是成为更加优秀的人的精神,劳模精神则是成为影响别人的人的精神。成为人、成为更加优秀的人、成为影响别人的人,是一种逐步递进的关系。党和国家大力倡导弘扬劳动精神、工匠精神、劳模精神,目的就在于让每一个人都热爱劳动,成为自食其力的合格劳动者,进而成为优秀的劳动者,乃至大家学习的榜样。请谈谈你对"三个精神"的科学内涵及其辩证关系的理解。

五、在2019年3月"大国工匠2018年度人物"颁奖典礼上,一个听到20米外焊接声,就能判断电流、电压大小、焊缝宽窄、是平焊还是立焊、焊接质量如何的传奇人物赫然出现在人们的眼前。对其的颁奖词为："一把焊枪，一双妙手，他以柔情呵护复兴号的筋骨；千度烈焰，万次攻关，他用坚固为中国梦提速。那飞驰的列车，会记下他指尖的温度，他就是——中车长春轨道客车股份有限公司电焊工李万君。"

转向架制造技术是高速动车组的九大核心技术之一。为了在国外技术封锁面前实现"技术突围"，他凭着一股不服输的钻劲和韧劲一次又一次地试验，参与填补了国内几十种高速车、铁路客车、城铁车转向架焊接规范及操作方法的空白。2007年，作为全国铁路第六次大提速的主力车型，时速250千米动车组在长客公司试制生产。列车转向架横梁与侧梁间的接触环口，是承载整车约50吨重量的关键受力点，其焊接成型质量要求极高。试制初期，因焊接段数多，焊接接头极易出现不熔合等严重质量问题，一时成为阻碍生产的拦路虎。关键时刻，李万君反复摸索，总结出"环口焊接七步操作法"，一枪焊完整个环口。这连最先进的焊接机械手也无法完成的操作，让倨傲的法国专家对中国工人竖起了大拇指。2015年初，长客公司又试制生产我国首列标准动车组——具有我国完全自主知识产权，时速350千米的"复兴号"。"复兴号"的转向架焊接，曾是一项核心技术难题，焊缝弯道极多、空间位置复杂，狭窄弯曲的不规则铁块必须严丝合缝地焊接在一起，射线探伤检查必须零缺陷，不允许有任何瑕疵。经上万次试验，李万君独创出一枪把平焊、上坡焊、立焊全部完成的技术。这"一枪三焊"，焊出了世界新标准，也让"复兴号"的批量生产成为现实。2017年6月26日，"复兴号"动车组在京沪线上惊艳亮相。2021年6月25日，新型"复兴号"智能动车组又在京沪、徐兰、成渝等线路首次投入运营。如今"复兴号"已实现了对31个省（区、市）的全覆盖，并成为闪耀世界的中国名片。

2011年以来，李万君带头完成国家发明专利37项，总结并制定了30多种转向架焊接规范及操作方法，技术攻关150多项，其"拽枪式右焊法"等30余项转向架焊接操作方法，累计为企业节约资金和创造价值8000余万元。焊工是最平凡的工匠。被誉为"没有翅膀的飞机"的高铁，却离不开他们非凡的双手。自1987年7月参加工作至今，"工人院士"李万君每一天都在手握焊枪、踏踏实实地做着两件事——一是创新发明开拓，攻克非凡的难题；二是用智慧和技能把手中的产品升华为艺术品，达到极致。这就是他对工匠精神的解读。

请思考大国工匠是如何"撸起袖子加油干"助力"中国梦"提速的。

第二章
中国古代的工匠精神：工匠文化与技艺道

中华先民勤于劳作、善于思考，悠久灿烂的中华文明处处闪耀着智慧的荣光。中国古代的工匠匠心独运，用一双双巧手，创造了令西方世界赞叹的古代科技文明。曾侯乙编钟以其高超的铸造技术和良好的音乐性能，改写了世界音乐史，被中外专家学者称为"稀世珍宝"；北宋徽宗时烧制的汝瓷，其釉如"雨过天晴云破处""千峰碧波翠色来"，人们不禁感叹，"纵有家财万贯，不如汝瓷一片"。无论是后母戊鼎、三星堆青铜神树、秦陵兵马俑、敦煌壁画，还是造纸、印刷术、火药、指南针[①]、诸葛木牛流马、苏颂水运仪象台，抑或是万里长城、赵州桥、应县木塔、明清紫禁城等，无不闪耀着工匠精神的光芒。鸦片战争以前的中国一直是全世界最大的产品输出国，中国的丝绸、瓷器、茶叶、漆器、金银器、壁纸等曾是世界各国王宫贵族的宠儿。中国书法、中国画、雕塑、手工艺术品目前仍是世界各大博物馆引以为傲的镇馆之宝。

自丝绸之路开启，中国古代能工巧匠制造出来的匠品，一直都在影响着世界[②]。而早在

---

① 英国哲学家、近代实验科学思想奠基者弗兰西斯·培根（Francis Bacon）在其名著《新工具》（*Novum Organum*，1620）中有一经典评论：印刷术（含造纸）、火药、指南针"这三项发明""让欧洲走出黑暗时代""改变了整个世界的面貌和事物的状态……如此之大，以至没有一个帝国，没有一个教派，没有一个赫赫有名的人物对人类事业的影响能像这三种机械发明那样巨大和深远。"马克思在《经济学手稿（1861—1863）》中也高度肯定："火药、指南针、印刷术——这是预告资产阶级社会到来的三大发明。火药把骑士阶层炸得粉碎，指南针打开了世界市场并建立了殖民地，而印刷术则变成新教的工具，总的来说变成科学复兴的手段，变成对精神发展创造必要前提的最强大的杠杆。"

② 中国落后于西方，其实是在很短时间里发生的一个很大逆转，标志性的事件就是西方在18世纪中叶出现了工业革命。英国发生工业革命时的经济、科技和工业条件，中国早在13世纪就已基本拥有。英国著名科学史家李约瑟（Joseph Needham）博士花费近半个世纪心血著就了15卷本《中国科学技术史》（*Science and Civilisation in China*），他以浩瀚的史料、确凿的证据向世界表明："在现代科学技术登场前十多个世纪，中国在科技和知识方面的积累远胜于西方"，然而，在接下来的几个世纪里中国并没有迈入工业革命的大门，直到19世纪中叶鸦片战争爆发，才突然发现自己的科学技术已经落后于世界。也就是说，"尽管中国古代对人类科技发展做出了很多重要贡献，但为什么科学和工业革命没有在近代的中国发生？"此难题由李约瑟提出，称为"李约瑟之谜"。

西周时期,中国就已设立了"百工制度",用匠籍制度、行业制度、技术制度、考核制度等来管理工匠,同时推行"物勒工名",建立重要的产品质量追溯体系。天工开物,随物赋形,古代的"中国制造"闻名遐迩,正如南宋陆游诗《九月一日夜读诗稿有感走笔作歌》中的"天机云锦用在我,剪裁妙处非刀尺。世间才杰固不乏,秋毫未合天地隔",追求极致、精益求精的"工匠精神"举世传扬。

第一节 中华万年文化史

中华文明是世界上唯一绵延不断且以国家形态发展至今的伟大文明,在人类文明史上占据着独特而重要的地位。习近平总书记2022年5月27日在主持十九届中央政治局第三十九次集体学习时,指出"在漫长的历史进程中,中华民族以自强不息的决心和意志,筚路蓝缕,跋山涉水,走过了不同于世界其他文明体的发展历程。"①"中华文明探源工程②等重大工程的研究成果,实证了我国百万年的人类史、一万年的文化史、五千多年的文明史。"

一、人类历史的开端:石器时代的人们

从起源而言,工匠的出现几乎与人类的历史一样久远。

"我们从哪里来"一直是人类认识自我的永恒话题。人类是大自然的儿女,作为处于最高阶段的地球生物,它是由森林古猿一步步进化而来的。距今700万至600万年前,目前已知的人类的祖先——最早弓身双足行走的古猿(如位于乍得的"图迈人"、肯尼亚的"千禧人")在非洲大陆出现,当时古猿还不会制造石器,只能利用自然界现成的木棒、破碎的石片。愈来愈频繁使用天然工具的结果是,大约在300万年前,人类终于开始学会了用石头亲手制造工具。制造工具是有意识的活动,这种自觉的能动性是人和动物最重要的区别,是从猿到人的飞跃。也就是说,在"直立行走"的基础上进而"制造工具"才是"人猿相揖别"的真正分界线(之前是猿,之后是人)。能直立行走而不会制造工具的古猿属于猿的系统,而能否制造工具,才是区别人类与猿类的根本标志——将自然界的石块、动物骨头等加工成工具,使得人类迈出了具有决定意义的关键一步。因此,制造工具的劳动在发生意义上就是创造人类的劳动。正如恩格斯在《劳动在从猿到人转变过程中的作用》一文中总结的那样:"劳动,真

---

① 习近平.把中国文明历史研究引向深入,增强历史自觉坚定文化自信[J].求是,2022,14:4-8.
② 中华文明探源工程,全称为"中华文明起源与早期发展综合研究",是继国家"九五"重点科技攻关项目——"夏商周断代工程"之后,又一项由科技部立项的国家"十五"到"十四五"重大科研项目,涉及考古学、历史学和自然科学在内的20多个学科、60多家单位、400多位国内外专家学者。工程2002年春启动,以距今5500年至3500年间最能反映社会发展状况和权力强化程度的浙江余杭良渚、山西襄汾陶寺、陕西神木石峁和河南偃师二里头四个都邑性遗址以及黄河、长江和辽河流域的中心性遗址作为工作重点,开展大规模考古发掘和周围地区聚落分布调查,多学科、多角度、多层次、全方位地对中华文明起源、形成与早期发展进行研究。

正的劳动……是从制造工具开始的""首先是劳动,其次是语言和劳动一起,成为猿人发展的主要推动力,猿的脑髓逐渐变成了人的脑髓",是"劳动创造了人本身"。

随着考古的发展,大量涌现的古人类化石及其文化遗物极大地弥补了早期人类研究的空白,进而勾画出了"人类是由古猿经过长期劳动而逐步演化来的"大致轮廓。总体而言,人类的演化大致经历了五个阶段。①南方古猿:不是完全意义上的人类,是"正在形成中的人",距今550万年～300万年前;平均脑容量接近500毫升;能直立行走,但还不会制造工具。②能人:最早的人属或最早的人类,即最早的"完全形成的人",距今300万年～270万年前;其脑容量约为680毫升;能制造简单的工具。③猿人:直立人,距今200万年～20万年;脑容量600～1251毫升;会打制不同用途的石器,会保存天然火。我国迄今发现的最早的直立人为云南元谋猿人,距今约170万年;能制作代表当时世界最高水平的生产工具——手斧的湖北郧县人,距今约100万年;北京猿人,距今70万年～20万年。④古人:早期智人,距今20万年～5万年;脑容量1300～1500毫升,但大脑结构较原始;已学会人工取火,会制造精细的石器和骨器,如广西木榄山人(距今约11万年)。⑤新人:晚期智人,距今5万年～1万年;蒙古人种、欧罗巴人种和尼格罗人种,即黄种、白种和黑种三大人种已分化形成;脑容量1300～1400毫升,解剖结构上已接近现代人;会制造流星索、标枪、弓箭等复合式工具,已出现雕刻和洞穴壁画艺术以及装饰品,如北京山顶洞人(距今约3万年)。

▲ 距今约80万年百色手斧

总之,从能制造简单的工具的"能人"开始,人类的历史已约300万年。今天的我们,即现代人,归属于现代智人阶段(1万年前至今),以能制造磨制石器为特征来与晚期智人相区分。"制造"作为一种贯穿人类历史的行为,是人类进化的关键一跃,是人之为人的重要标记。正是通过制造与使用工具,人类摆脱了肉体施加的天然束缚,让自己的力量得到扩展,并运用这种力量成为地球上占统治地位的物种。

考古学依据人类所使用的生产工具将古代的历史划分为石器时代、青铜时代和铁器时代。在中国,这三个时代基本是和人类社会发展的三个阶段——原始社会、奴隶社会、封建社会相对应。从人类出现至青铜器诞生前大约300万年的石器时代,又可分为旧石器时代(Paleolithic)和新石器时代(Neolithic)。

旧石器时代(距今约300万～1.2万年),是人类历史上最漫长的时代,涵盖99%以上的人类历史,是以使用打制石器为标志的人类物质文化发展阶段,也是没有农业生产的时代,这一时期以攫取性经济(采集和渔猎)为主。按照物质文化的发展,旧石器时代可分为早期、中期和晚期三个阶段,分别对应人类体质进化的能人和直立人(猿人)阶段、早期智人(古人)

和晚期智人(新人)三个阶段；人类的社会形态则由旧石器时代早期的血缘婚和血缘家族阶段，经旧石器时代中期的族外群婚及母系氏族公社的早期阶段，发展到晚期的母系氏族公社并出现对偶婚阶段。

新石器时代(距今约1.2万～4000年)，是主要以农业起源、定居、陶器、磨制石器为标志的人类物质文化发展阶段，这一时期以生产性经济(种植农业和家畜饲养业)为主，产生于旧石器时代晚期的母系氏族公社，到新石器时代达到繁盛，并开始逐步为父系氏族公社所取代。

二、新石器革命：农业起源与文明形成

一部人类史，就是一部不断认识自然和征服自然的历史，从生业角度而言，就是一个不断发现能源、汲取能量的过程，其中获取食物是最基本且最重要的一环。在最初的数百万年里，茂密的丛林为我们祖先提供了丰富的食物，人们在丛林中采集野果，猎食野生动物，但是，向大自然的索取过程也伴随着生死之争。除了大型食肉动物的威胁外，还有气候的剧变。距今1.3万年左右，全球气候达到了冰河最盛期，人们主要靠狩猎生活。距今1.1万年前后，全球气候迅速变暖，随着气温升高，植物越来越多，采集在生活中所占的比重增加了。人类开始注意到味道比较好又比较容易获取的植物，比如南方地区的野生稻，北方地区的野生粟黍等，经过漫长的耕作与驯化过程，不同于野生祖本且具有驯化性状的栽培植物最终出现了。如最新考古发现：浙江浦江上山遗址出土了迄今为止世界上最早的栽培稻，距今约1万年；北京门头沟东湖林遗址出土了迄今为止世界上最早的栽培粟(谷子)和黍(糜子)，距今约1万年。也就是说，1万年前我们的祖先走出丛林，开始种植农作物，进入季节性半定居状态，渐渐地放弃了他们擅长的采集、渔猎活动，最终由食物采集者变成了食物生产者。

从采集、渔猎向农耕、畜牧转变，农业(作物种植和家畜饲养)的产生是人类历史上一次划时代的巨大变革，是人类自掌握用火以来的最伟大的一次经济革命。从此，人类实现了由攫取经济向生产经济的重大转变，这场革命被称为农业革命或新石器革命。农业的出现标志着新石器时代的开端。依据生产生活方式，人们通常将新石器时代分成早期、中期、晚期三个发展阶段：①早期，也称"前仰韶期"，距今1.2万～8000年，为最原始的"火耕农业"阶段，"刀耕火种"，生土耕种；生产工具往往沿袭旧石器时代的打制砍伐石器，磨制石器数量较少且仅为刃部磨光，如石斧、石镰、磨盘和磨棒(谷物加工工具)；家畜饲养业以饲养牛、羊之类的食草动物为主(以谷物为主要饲料的猪还很少)。②中期，也称"仰韶期"，距今8000～5000年，已从"火耕农业"阶段发展到了"耜耕农业"阶段，开始翻土播种，熟荒耕种；尤其是距今8000～6000年，全球气候进入大暖期，黄河流域的气候相当现今的长江流域，长江流域的气候类似今日的华南地区(如浙江余姚河姆渡遗址曾出土了亚洲象、犀牛、猕猴等50多个属种大量的野生动物遗骸)，因气候温暖湿润，当时长江流域的稻作农业向北传播到了淮河流域和黄河下游地区，黄河流域粟作农业在黄河中下游及燕山南北得到普及；随着农业的进

一步发展,磨制石器也得到了发展,通体磨光的石器开始出现,用于翻土的石铲、石锄和石耜、骨耜也相继产生;家畜饲养业得到发展,猪已成为一种主要家畜。③晚期,也称"龙山期",距今5000~4000年,各地区均已进入发达的"耜耕农业"阶段,太湖流域已发展到"犁耕农业"阶段;石器磨制精致、器形变小。穿孔石刀、石镰等收割工具已被普遍使用,三角石犁、耘田器成为太湖流域颇富特征的农具。

目前,我国境内发现的1万多处新石器时代文化遗存,揭示出农业起源是一个非常漫长的渐变过程,这个过程经历了数千年之久,大约起始自距今1万年前,完成于距今5000年前后,表现出2000年跃进一次的节奏:在独特的环境条件下,距今1万年前后南方和北方同时出现了植物耕作行为,打下了北方旱作和南方稻作(即南稻北粟)两大农业体系的基础,我们的祖先开始驯养家狗(河北徐水南庄头遗址),1000年后又开始驯养家猪(河南舞阳贾湖遗址),但是采集、狩猎和捕捞仍然是人类十分重要的生计方式,是为农业起源的初始阶段;经过数千年的发展,距今8000年前后,农业起源已经由起步阶段进入了关键阶段、驶入了快速道,常年定居村落出现,先民们已经开始从事农耕生产,并开始饲养家畜,南稻北粟互补型的二元谷物农业体系初步形成,生业形态表现为以采集渔猎为主、以农耕生产和家畜饲养为辅;距今6000年后是农业起源的完成阶段,无论是黄河流域的粟黍旱作农业还是长江流域的稻作农业均先后完成了由采集狩猎经济为主向农业经济为主的转变过程,农耕生产成为生业形态的主体,最晚在距今5500年前后以农业生产为主导经济的农业社会正式建立。

需要强调的是,栽培植物和驯养动物的相互依赖性是逐渐加强的,是一种缓慢的协同进化过程。无论是旱作农业还是稻作农业,在各个农业起源的核心地带,植物驯化和动物驯养的进程基本一致,表明作为农业的重要组成部分,植物栽培和动物驯养都具有重要地位。在旱作农业区,以内蒙古赤峰兴隆洼遗址(距今8000年)为例,其出土的粟和黍已显示出从野生向驯化过渡的特征,其出土的猪骨也具有从野猪向家猪过渡的形态特征;在稻作农业区,以浙江河姆渡文化早期遗址——田螺山遗址(距今7000~6000年)为例,稻类遗存中野生稻与驯化稻所占比例大致相同,而出土的猪骨也是野猪和家猪共存。

中国是世界上重要的农业起源中心区之一,谷物如水稻、粟、黍、荞麦等,豆类如大豆、红小豆等,块根茎类如山药、莲藕、茨菇等,经济作物如大麻、油菜、茶叶等,蔬菜如白菜、萝卜等多种作物,以及猪、鸡等家养动物均原产于中国。随着人类的迁徙与文化间的交流,原产于中国的水稻、粟、黍与猪等动植物也传播到世界其他地区,开启了漫长、反复、多向的"食物全球化"进程。距今4000年左右,北方旱作农业开始发生重大转变,即由西亚传入的小麦逐步替代本土的粟黍成为北方旱作农业的主要农作物,由此奠定了延续至今的"南稻北麦"格局。

拓展阅读

中华先民是世界稻作农业的发明者

  水稻是当今世界最重要的粮食作物，它养活了世界将近一半的人口。鉴于其在当今世界的重要地位，稻作农业的起源与传播过程长期受到学术界的高度关注。最初西方学者猜测印度是水稻的起源地，他们发现西语中"稻"的词源来自印度梵文，而印度恰好是野生稻分布较多的地区。20世纪50年代，学者们又提出水稻最初的驯化地点可能在东南亚，因为那里动植物种类繁多，有大量的野生稻可以用于筛选和杂交试验。无论是理论探讨，还是实际的考古挖掘，都使以上观点受到了质疑——自然环境优越、生存压力小的区域，不会是农作物诞生的首选地。南亚和东南亚动植物资源十分丰富，从事渔猎采集的先民没有太大的动力去驯化植物，并从事更为辛苦的农耕；只有在农作物经过漫长驯化，产量已经足够高，并传播到以上地区后，那里的先民才有动力去种植。最终学者们把探索水稻起源地的目光集中投向了中国的长江流域：1973年浙江余姚河姆渡遗址，出土了大量在地下沉睡了7000年的稻谷遗存。通过最近几十年的多学科攻关以及植物考古，国际学术界已认可稻作农业起源于中国这一事实，并形成如下基本共识：更新世末期和全新世初期，在中国长江中下游地区，经历了从采集野生稻到栽培野生稻的演化过程，最终出现了驯化稻，产生了稻作农业。

  人工驯化野生稻，是原始农业的一个重要发端。迄今中国有三处遗址发现了万年之前的水稻遗存：江西万年仙人洞—吊桶环遗址、湖南道县玉蟾岩遗址，以及浙江浦江上山遗址。1993年，仙人洞—吊桶环遗址发现了1.2万年前野生稻、1.1万年前人工栽培稻遗存；1995年，玉蟾岩遗址发现了1.2万年前的人工栽培稻遗存。这些出土的稻谷兼具野、粳(籼)稻的综合特征，是一种由野生稻向栽培稻演化、体现原始性状的古栽培稻类型。2000年又在浙江浦江上山遗址发现了万年之前的水稻遗存——在其早期文化地层中发现的炭化稻米，是迄今通过浮选法在层位清晰的考古遗址中发现的年代最早的稻谷大化石遗存。同时还出土了最早的"初级村落"遗迹以及一系列农业工具，如可能与刀耕火种有关的石斧、石锛，疑似收割工具的石镰，加工稻米的石磨盘、石磨棒；此外，陶器的出土则意味着先民开始蒸煮稻米。考古证据显示：仙人洞—吊桶环和玉蟾岩均为洞穴遗址，食用的还是野生稻；而上山遗址是露天遗址，说明上山先民走出洞穴，来到平坦开阔的山前台地进入定居状态，并且开始耕种和驯化水稻。鉴于相当完整的证据链，学术界一致认为：上山遗址是已发现的世界上最早的稻作农业遗存，上山文化是世界稻作文化的起源地。"杂交水稻之父"袁隆平也为其题词："万年上山，世界稻源"。

  需要说明的是考古学中所讲的文化，与一般意义上的"文化"概念很不相同，它特指考古发现中的可供人们观察的属于同一时代、分布于一定地区并且具有共同的特征的一群遗存(包括可移动的遗物和不可移动的遗迹)。上山遗址的文化层堆积分为三层:上层文化基本等同于河姆渡文化,年代在距今7000~6000年间;中层文化属于跨湖桥文化,年代在距今8000~7000年间;其下层文化被命名为"上山文化",年代在距今11000~8000年间。上山文化又分为早中晚三期,早期是1万年前后,中期是9000年前后,晚期为8500年前后。研究发现:驯化稻与野生稻的重要区别是栽培稻丧失了成熟后自然脱粒的功能,而在上山文化早期的稻谷中保留的小穗轴出现折断痕迹,不同于野生稻粒自然脱落的平整离层,已具有驯化和栽培的特征。① 通过数据测量和对比发现,属于上山文化和跨湖桥文化时期的稻谷籽粒尺寸偏小,形态略显细长,先民耕种水稻的行为还很原始。而在河姆渡文化田螺山遗址晚期,栽培稻占比接近40%,稻谷已经为人们的重要食物资源之一,社会已开始向稻作农业迈进;遗存中发现的稻谷籽粒,则尺寸增大,形态趋于饱满,反映了栽培驯化过程发生了质的变化。到了距今5000年前后的良渚文化时期,稻粒形态愈发饱满,接近今日的样子;稻作农业已经取代采集渔猎活动成为长江下游地区的主体经济。

　　史前考古担负着证实和展示没有文字记载的时空场景的功能,没有考古学的科学发现、没有考古学的正确认知,历史就可能停留于神话与传说之间。正如考古学家严文明先生所说:浙江考古遗址的发现和命名很有意思,从美丽的小洲(良渚)出发,过一个渡口(河姆渡),跨一座桥(跨湖桥),又上了山(上山)。这些遗址的发现轨迹,构成了一条通向远古文明的探索之路。

　　可见,农业的出现是文明的起源。农业生产——人类利用植物和动物的生长发育过程获取生活资源的生产行为,其发展不仅仅是人类生计模式、生业形态的改变,本质上是人类对其生存环境的改造,是人类社会生产力发展和生产组织形式的重大变革。它或直接或间接地导致了社会结构与组织方式的更新迭代,文化、艺术和思想领域成果的绚烂迸发,更为新石器时代末期区域文明的高度发展和早期国家的出现提供了前提条件。

　　地学考古、环境考古、人骨考古、植物考古、动物考古、分子生物考古及地理信息系统、稳定同位素等相关科技考古手段证实,在距今5500年前后,黄河、长江等地已经分别形成了"谷豕是飨""饭稻羹鱼"为主要生业特点的农业社会,这为中华文明的形成奠定了坚实的生业经济基础。换言之,农业生产出现后,人们开始定居生活,逐渐有了社会分工以及多样化的社会生活与精神生活,自此贫富分化也渐次发生。随着阶级、阶层和各种社会组织的出现,国家最终诞生。这印证了恩格斯在《家庭、私有制和国家的起源》中所指出的:"文明时代乃是社会发展的一个阶段,在这个阶段上,分工,由分工而产生的个人之间的交换,以及把这两个过程结合起来的商品生产,得到了充分的发展,完全改变了先前的整个社会。"

---

① 郑云飞.稻作农业探源[M].杭州:浙江人民出版社,2022:132-135.

总之，文明是最广泛的文化实体，是人类社会已脱离蒙昧、野蛮状态，进而进入高级发展阶段的所有思想和行为的集合。中华文明探源工程20多年的研究，明确了中华文明起源、形成和早期发展的过程，其结果显示：中华文明距今10 000年奠基，8 000年起源，6 000年加速，5 000多年进入（文明社会），4 300年中原崛起，4 000年王朝建立，3 000年王权巩固，2 200年统一的多民族国家形成。① 也就是说，距今5 500~5 000年是中华文明史上一个非常重要的时期，长江中下游等地区相继进入了文明社会阶段。这就突破了西方以英国考古学家戈登·柴尔德（Gordon Childe）所提出的"城市、金属和文字"国家形成"三要素说"——依据两河流域文明和古埃及文明的特征概括出来的进入文明社会的标准。如果依此标准，中华文明从发现的殷周时代甲骨文算起只有3 500多年。其实，所谓的文明，是指人类文化和社会发展的高级阶段，而最重要的标志就是国家的产生，正如恩格斯所言"国家是文明社会的概括"。"实证中华五千多年文明史"就是用考古的确凿材料让国际学术界高度认可：5 000年前的"最初的中国"，其社会的发达程度已经达到具有国家组织形态的水平。根据日益丰富的考古证据（尤其是良渚古城遗址的发现），兼顾世界几大原生文明的特点（如中美洲的玛雅文明没有冶金术、南美洲的印加文明未使用文字），我国提出了判断是否进入文明社会的标准：一是生产发展，人口增加，出现城市；二是社会分工和社会分化不断加剧，出现阶级；三是权力不断强化，出现王权和国家。这个标准得到了联合国教科文组织的充分肯定，为世界文明起源研究做出了原创性贡献。

> **拓展阅读**
>
> ### 良渚古城遗址：实证中华五千年文明史的圣地
>
> 良渚是杭州市余杭区的一个地名，地处天目山东麓河网纵横的平原地带。良渚，意即美丽的水中之洲。良渚文化（距今5 300~4 300年）首次发现于1936年，1959年被命名，分布于环太湖流域，全国已发现的良渚文化遗址达1 000多处，以发达的犁耕稻作农业，以精美的玉器、陶器、漆器为代表的专门化手工业，具有文字风格的刻画符号，大型人工营建工程及金字塔型的社会结构为特征。作为良渚文化的权力与信仰中心，良渚古城遗址（Archaeological Ruins of Liangzhu City）由瑶山遗址区、谷口高坝区、平原低坝—山前长堤区和城址区块组成，规模宏大的城址、功能复杂的外围水利系统、分等级墓地（含祭坛）等一系列相关遗址，以及以具有信仰与制度象征的系列玉器为主的出土文物，揭示了中国新石器时代晚期环太湖流域曾经存在过一个以稻作农业为经济支撑、出现明显社会分化、具有统一信仰的区域性早期国家。良渚古城遗址的考古发现为中华五千多年文明史提供了独特的见证。2019年7月6日，在阿塞拜疆首都巴库举行的第43届世界遗产委员会会议上，良渚古城遗址被列入《世界遗产名录》，成为我国第55

---

① 王巍. 中华文明探源研究主要成果及启示[J]. 求是，2022，14：47-51.

处世界遗产。

一、良渚古城规模宏伟

良渚古城是一个具有宫殿区、内城、外城和外围水利系统四重结构的庞大都邑。莫角山宫殿区总面积有30万平方米，人工堆砌的高达12～16米的土台上面，有35处大型建筑基址。内城平面略呈圆角矩形，南北1900米、东西1700米，面积300万平方米，分布着贵族墓地、居址（含手工作坊）台地及古河道遗址等；内城墙依势蜿蜒，周长6.8千米，设水城门8座、陆城门1座，墙基宽50～100米，用大卵石铺垫，墙体用草裹泥包垒砌。外城面积631万平方米，相当于8个故宫这么大。古城外围的水利系统延绵20余千米，由11条人工坝体、溢洪道和天然山体围合而成，可以拦蓄13平方千米的水面，总库容量约4600万立方米，分别是杭州西湖的1.5倍和4倍，是目前已知的世界上最早也是最大的具有防洪、灌溉、运输等多种功能的水利工程。据测算，良渚先民兴建古城和水利系统的土石方总量达1005万立方米，是一项超级史前工程，假设参与营建人数为1万人，每3人每天完成1立方米，需持续工作8年，显示出当时已经具有强大的社会动员和高效的组织管理能力。

二、稻作农业高度发展

水稻是良渚时期唯一的农作物，当时的稻作水平相当发达，相关的农业工具有石犁、石镰、有段石锛和耘田器等。尤其是石犁——一种安装在木质犁架上的新型农具，得到广泛应用，取代了用于单点耕种的耒和耜，由间歇翻土变为连续式翻土，改变了稻田的土壤物理结构，有效提升了土地的肥力，堪称史前农业发展史上一次重要的技术革命。古城远郊的临平茅山遗址、余姚施岙遗址近年还发现了面积达5.5万平方米、90万平方米的古稻田遗址，布局规整，田埂清晰可见，具有十分完善的灌溉系统，据测算当时水稻的亩均产量已达140多千克。古城内还发现了1万平方米的粮仓，有碳化稻谷堆积19.5万千克。良渚古城居民按2万人计，需要3000个村落、800平方公里范围的粮食供应。古人将王都附近称为"畿""甸"等，王畿外围，以五百里为一区划，"五百里甸服：百里赋纳总，二百里纳铚，三百里纳秸服，四百里粟，五百里米"（《史记·夏本纪·大禹治水》），用作形容良渚古城与远郊茅山、施岙遗址这样的村落所体现出的城乡分野情形颇为贴切，也表明发展农耕、掌握仓廪是良渚的国之大事。

三、社会等级分化显著

距今1万年左右，钱塘江两岸先后进入新石器时代。上山文化—跨湖桥文化—河姆渡文化依稀勾勒出南岸地区新石器文化演进的大致脉络，并在世界稻作起源的历史上书写了浓重的一笔。在北岸环太湖地区，马家浜文化—崧泽文化—良渚文化先后承袭：在马家浜文化（距今7000～6000年）时期，社会开始出现分化但相对比较平等；到了崧泽文化（距今6000～5300年）时期，则出现了独立埋葬的大墓墓地和中心聚落（目前所见崧泽文化最高规格墓葬在江苏张家港东山村遗址被发现，其中M91随葬大量陶器和14件玉器),社会分化加剧;到了良渚时期,社会等级分化已相当显著,形成了金字塔式的复杂社会结构,出现了掌控军事权力和宗教祭祀权力的王。良渚80多年的考古证据显示,从普通老百姓到最高级的统治者,在墓坑排列位置、规格、随葬品的数量与种类上就能分出四五个等级:最高等级为王陵级别墓地,如瑶山、反山贵族大墓。墓葬的陪葬品以玉器为主——稀有的玉器最终集中到少数人手里,本身就是权力高度集中的体现;如反山M12出土的随葬品最为丰厚,以单件计共有658件,其中玉器647件,并且出土了迄今为止个体最大的玉琮和玉钺。相反,卞家山的平民小墓,随葬品不仅稀少且完全没有出现成形玉器。

四、统一的精神信仰体系

良渚文化手工业发达,除了陶器、石器等一般的手工业产品,还出现了高端手工业,如玉器、漆器制造业。良渚被称为"玉的国度",自20世纪80年代起,从良渚遗址中发掘的玉器已超15000件,琮、璧、钺、璜、冠状器、三叉形器、锥形器等40余种,其数量之多、技艺之高、制作之精,代表了中国史前玉器文化的巅峰。以玉器为代表的出土物是良渚文化的重要载体,如祭祀神灵用的玉琮、象征财富和用来"礼天"的玉璧、象征军事指挥权的玉钺等,良渚国王和权贵通过一整套标识身份、权力的玉礼器及其背后的礼仪制度,达到对神权的控制,从而完成对王权、军权和财权的垄断。以大量玉礼器随葬的良渚大墓,集中体现了王者的至高无上地位,说明当时的国王已经大大超越了氏族首领的范畴。

这从反山M12出土的"玉琮王"就能一窥堂奥:一是它形体硕大。整器重6.5千克,高8.9厘米,孔外径5厘米,孔内径3.8厘米;器型外方内圆,象征着沟通天地宇宙。二是纹饰精妙绝伦。琮体每面的直槽内上下各琢刻一个具象的神徽——神人兽面像(四面共八个),神人头戴羽冠,骑跨在一神兽上。神徽图案繁缛、微雕极致,其真实大小只有宽4厘米、高3厘米,上部为神人像,下部为兽面像。神人像的主要组成部分有:羽冠、人面和环抱兽面的双手,人面呈倒梯形,内有圆眼、宽鼻和牙齿;兽面像的主要组成部分有:重圈巨眼、宽鼻、带有獠牙的阔口和兽爪。"神人驾驭御兽"将神性和人性联系起来,以此作为天地贯通的一种象征,预示良渚的贵族首领是神的代言人。三是制作技艺叹为观止。在放大镜下,每1毫米的宽度竟然刻画有5~6条阴刻线。很难想象,在没有任何金属工具的年代良渚匠人是如何在莫氏硬度(衡量矿物硬度的一种标准,最软者为滑石、等级为1,最硬者为金刚石、等级为10)等级为6的玉料上切割与打样、钻孔和打磨、雕刻与抛光的。良渚匠人高超的治玉技艺至今难解!

围绕着神权、王权和军权,良渚先民设计了一整套标识身份的成组玉礼器,创造了统一的神徽。神徽半人半兽的复合型纹饰及其变异形态,遍布整个良渚文化圈,贯穿良渚文化发展的始终,标志着当时的整个良渚社会有着高度一致的精神信仰体系。

▲ 反山M12号墓出土玉琮王

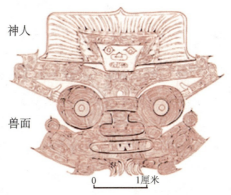

▲ 玉琮王上的神人兽面像及刻纹

距今5000年前后，中华大地上存在着发展水平相近的众多文明，可谓"满天星斗"，如辽宁的红山文化、山西襄汾陶寺遗址、陕西榆林石峁古城等。良渚古城遗址之所以能成为实证中华五千多年文明的圣地，主要是因其保存完好：从地理环境看，良渚遗址所处的杭州余杭地区，北、西、南三面被天目山余脉包围，面积约1000平方千米的"C"形盆地，以东是开阔的杭嘉湖平原。距今4100年左右即史书记载的大禹治水时期，长江流域暴发大洪水，"C"形盆地为钱塘江洪水所淹没，洪泛层泥沙堆积高达1~2米；直到战国时期这一带才重新有人类活动。良渚古城遗址真实、完整地保存至今，印证了长江流域对中国文明起源的杰出贡献。良渚古城被列入世界文化遗产名录，正表明世界学术界对其文明发展水平的认可，它以大量事实证明，中国同埃及、苏美尔一样，是世界上三大古老文明之一，并且是唯一连续发展至今的文明。

三、陶器的发明与发展：工匠渊源与最早的中国

整体而言，中国是世界上最早出现而且是以组合的方式出现农业、陶器和磨制石器的地区。尽管三者的起源不见得有必然的联系，但在发展过程中却彼此关联：农业为定居提供基

础,为易破碎的陶器和需要精心制作的磨制石器创造了条件;陶器作为炊器、饮食器和盛储器,为食物制作、分享和农产品的储藏提供了极大的方便;磨制石器则逐渐成为农业生产工具的主流,也为最初的木材加工,尤其是榫卯结构的制作提供了条件。这都为中国此后成为世界上极具规模且稳定的农业产区以及极为发达的陶瓷器大国奠定了坚实基础。

陶器的出现至今有万年的历史,广西桂林甑皮岩、广东英德牛栏洞、浙江浦江上山与永康庙山、江苏溧水神仙洞、河南郑州李家沟与淅川坑南、山东沂源扁扁洞、河北徐水南庄头与阳原于家沟、北京门头沟东胡林与怀柔转年等10多个遗址均出土了距今1万年左右的陶片。最新的资料显示,中国最早的陶器出现在南方地区,如江西万年仙人洞—吊桶环、湖南道县玉蟾岩、广东英德青塘、广西桂林庙岩等遗址都发现了距今约1.5万年的陶器,揭示了人类由旧石器时代末期向新石器时代早期过渡这一重要历程。其中,仙人洞—吊桶环遗址是一处罕见的世界级洞穴遗址,其出土的陶片已被证明是迄今发现的世界上最早的陶器之一。

仙人洞—吊桶环遗址位于江西省东北部的万年县大源镇,四面高山环拱,中部为葫芦形的大源盆地。仙人洞为石灰岩溶洞,洞口开阔并向前伸呈岩厦状,吊桶环则位于仙人洞旁的一处条形山坡之上,为一穿透式岩棚。大源河从盆地中央流经仙人洞旁,洞内夏凉而冬暖,周边自然资源丰富,是远古先民理想的居住环境。

20世纪60年代和90年代的5次系统考古发掘,揭示了从旧石器时代晚期至新石器时代早期完整而清晰的地层堆积,年代为距今25 000年至9 000年,再现了在新旧石器时代过渡时期一段人类社会发展的重要历程:距今25 000年前后,古人类开始在这里生活,随着末次冰期冰盛期的结束和气候变暖,降雨增多,古大源河水位抬高,河流沉积物不断加积,河水间歇性地进入仙人洞,并给洞内带来大量的泥沙。在低水位时古人类进入洞穴居住,而高水位时洞穴被淹就离开洞穴。如此反复,一直持续到距今9 000年前后。遗址先后发掘出土人工制品陶器、石器、骨器、蚌器、烧火堆、人头骨、股骨、大量动物骨骼、灰坑等。其中,遗址出土的早期陶片数量丰富,达890余件。用陶片复原的一件直口深腹圜底罐,粗粝拙朴,人们从中能发现人类最早的智慧"密码"。那是先民越过山岗、潜入洞穴,从漫长的迁徙、神秘的隐遁和深邃时光篝火里淬炼出的成型陶器,是原始家园向后人发出的文明信息。经测定,遗址出土的陶器,主要成分是黏土、沙砾和打碎的贝壳,制作原始,质地粗糙,结构疏松,胎体厚重,表面凹凸不平,器形不甚规整,厚薄不甚均匀,体现了早期陶器最显著的特点。

▲ 仙人洞出土的最古老陶片与复原的陶器

2009年,北京大学和哈佛大学对陶器开展了更为系统的年代测定工作,检测证实:仙人洞遗址出土陶器的年代距今2万年,比东亚其他地区发现的最早陶器早了3 000年,是目前世界上已发表陶器的最早年代。牵头人北京大学考古文博学院吴小红与张弛教授的研究成果——《中国仙人洞遗址两万年陶器》在国际权威杂志《科学》上发表,引起全世界的广泛关注,并被评为"2012年世界十大考古发现"。

化土成形,淬火成器。"陶器的发明,是人类社会发展史上划时代的标志。这是人类最早通过化学变化将一种物质改变成另一种物质的创造性活动。……这种把柔软的黏土,变成坚固的陶器,是一种质的变化,是人力改变天然物的开端,是人类发明史上的重要成果之一。"① 也许在旧石器时代长期的劳作中,先民们已经发现:脚下潮湿的黏土可以轻易地捏塑成各种形状,而长时间燃烧的火堆熄灭后,所在的地面会变成硬块。距离发明陶器只差一个契机。仙人洞出土的"中国第一陶罐"证明:2万年前的中华先民已经掌握了原始的制陶技术。他们比照着日常使用的竹木质容器的形状,用黏土捏塑成陶坯,放置晾干。又在平地生起火堆,将陶坯放入火堆中烧结。黏土经过火的焙烧,发生了化学变化,产生了一种无法从自然界直接获取的新物质——陶。因此,仙人洞遗址陶器的制造者——陶工,就是我们迄今发现的、人类发展史上的第一批氏族工匠。虽然他们的名字无从知晓,但他们迈出了人类改造世界的第一步。从生食、烧烤到炊煮,由此人类的饮食方式日趋多样,食物的种类也变得丰富起来。一些需要蒸煮才方便食用的植物,比如稻谷,开始进入人类的食谱。他们留下的技艺被后人传承、发展,乃至工业化极其发达的今天,陶器依旧是我们的日常用品——大到水缸、酱缸、酒坛,小到青砖、砂锅、紫砂茶壶,而且其制造原理也和当初基本一致。

陶器的产生和发展,是中华灿烂文化的重要组成部分。如果将埋藏于地下的史前遗存比作一部"无字地书",那么陶器(和那些破碎的陶片)毫无疑问就是解读这本地书的密钥。由于陶器容易破碎,制造周期短,极富变化,出土的不同类型和风格的陶器不仅建立起了史前历史的发展序列和演变过程,并在特定的时空范围内印证了古代人群的文化交流和互动关系。因此陶器成为判定考古学文化的重要指征性器物。新石器时代的陶器常常是区分各考古学文化的标志之一。

在新石器时代早期,陶器缓慢发展,具有显著的原始性,烧制采用平地堆烧,烧造温度不高,质地较为粗糙,吸水性强,器形(形状)不规整,器型(样式)多为圜底器和平底器。到了新石器时代中晚期,制陶业迅猛发展。形成于7 000年前的仰韶文化(距今7 000～4 700年),是中国新石器时代的核心文化,它以渭河流域和豫晋陕三省邻接地区为中心,以绚丽的彩陶(特指烧制前绘彩的陶器)为主要特征,因此早年也被直接称为"彩陶文化":它持续时间最长,达2 000余年;影响范围最广,涉及10个省区;生命力最强,其在新疆到汉代才消失;文化谱系最完整,几乎没有缺环。尤其是仰韶文化的鼎盛时期(距今6 000～5 300年)即庙底沟时期,它以其独具特征的花瓣纹与花卉纹彩陶为标识,这些图案由弧边三角、圆点、勾叶构成,

---

① 中国硅酸盐学会.中国陶瓷史[M].北京:文物出版社,1982:1.

弧线曲回勾连,空间疏朗明快,与仰韶文化早期的半坡彩陶(以人面鱼纹彩陶为标志性要素)具象简洁的风格相比,具有更强的装饰性和观赏性,达到史前艺术巅峰。

值得注意的是,仰韶文化尤其是中晚期与中华人文始祖——黄帝以及华夏民族的形成关系密切。庙底沟文化彩陶的分布范围,与《史记·五帝本纪》所载黄帝"东至于海,登丸山,及岱宗;西至于空桐,登鸡头;南至于江,登熊湘;北逐荤粥,合符釜山,而邑于涿鹿之阿"的区域高度重合。古史传说中的炎黄联盟整合后,形成了古国联盟,并且迅速扩展势力范围。如此大的疆域,只靠征伐显然是不可持续的,还需要统一的文化认同,彩陶或许就是实现这种认同的载体。

庙底沟文化时期,不仅是中国彩陶发展的鼎盛阶段,也是中国史前社会发展的重要转折点。多学科研究表明,大致在仰韶文化半坡阶段旱作农业经济成熟起来,形成了固定的农作物种植结构和家畜饲养模式,并迅速向周边地区扩张;原本经营粟黍旱作农业的庙底沟文化先民,在与长江流域史前先民的交流中,也发展出稻作农业,使粮食的来源比以前更加多样,从而促成以复合农业为主要经济基础的仰韶文化的大扩张,将仰韶文化的精神旗帜——庙底沟式的花瓣花卉纹彩陶传遍了大半个中国,在史前中国掀起了一场波澜壮阔的文化浪潮:西到甘青、东至海岱、北抵阴山、南跨长江、踏遍岭南,奠定了早期华夏族群的人口、语言等基础,形成以区域性文化传统为主体的广泛联系的早期中国文化相互作用圈。这个"早期中国文化圈",可视为文化意义上"最早的中国"的某种体现。之后龙山文化以及夏商周"王国",都是在庙底沟文化的基础上延续和发展的。

陶器的制作包括成型、装饰和烧造三个环节。在其发展过程中,三个环节的技术不断进步,既体现出同时期不同地域不同文化制陶技术发展的不平衡性和地域性特征,也反映出不同时期制陶技术的延续性。仰韶文化反映的是母系氏族公社繁荣时期的景象,其制陶技术最能反映当时手工业经济的发展水平,红底黑彩的彩陶最典型,其质地和陶色以细泥红陶、夹砂红陶为主,器型有圜底器、平底器、尖底器等。从考古发现看,各部落都积累了相当丰富的经验,包括选用陶土、塑坯造型、烧制火候等一系列技术和绘画、贴塑装饰工艺。不过,制坯还停留在手制阶段,不少小件器物仍采用直接捏塑的简易方法。在仰韶文化中期以前,一般都采用泥条盘筑法制坯造型,即先用黏土搓成泥条并把器底做好,然后圈起来,一层一层地盘叠上去,并将里外抹平,制成所需陶器的雏形。仰韶文化晚期发明了慢轮修整技术(到龙山文化时期发展为快轮拉坯技术),形制规整,厚薄均匀。陶坯初型制出以后,还要用骨刀、锥子、拍子进行修削、压磨、压印等精细加工,有时还用陶土调成泥浆,施于陶器表面,因而陶器烧成后器表会形成一层红、棕、白等颜色的陶衣。制陶这样细致又繁复的劳动,显然不是所有社会成员都能参与的,原始的手工业生产已开始成为少数有技术专长的人所从事的主要劳动,这些拥有技术专长的劳动者就是早期的"氏族工匠"。

仰韶文化时期的氏族工匠,已经使用陶窑烧制陶器。从已发现的该时期的上百座陶窑来看,陶窑已有火门、火膛、火道、窑箅(bì)和窑室等五个组成部分,工匠们通过火门把燃料送进火膛,火通过火道从窑箅上的各个火孔,均匀地直入窑室,以烧制窑室内放置好的各种陶坯。陶窑点火后,便要连续添加燃料,直到陶器烧成为止。这一时期出现的升焰式横穴窑和竖穴窑,提高了烧制温度,据测定仰韶文化时期陶器火候已达900～1000℃。专家研究后认为,黏土从自然塑性状态转变为永久固定的非塑性状态,一般经历三个阶段:其一,当温度达到600℃左右时,脱水或失去水分;其二,当温度达到900℃左右时,黏土中的碳铁混合物被氧化;其三,当温度达到1000℃左右时,玻璃或其他新的矿物质在黏土中形成,器壁失去渗水性。

新石器时代晚期陶器以灰陶、黑陶为主,出现了鬲(lì)、斝(jiǎ)、鬹(guī)、甗(yǎn)等袋足炊器,这是制陶技术的又一大进步,因为袋足接触火的面积更大,食物或水等更容易煮沸。尤其在龙山时代(距今4600～4000年),制陶技术到达一个新的高度。首先,快轮制陶技术的普遍推行,使得陶器的生产效率大大提高,专业化程度大大提高。被誉为"四千年前地球文明最精致之制作"——山东龙山文化黑陶蛋壳高柄杯,重仅40克;陶土取材于远古时代湖中沉积的细泥,淘洗细腻纯粹;快轮拉坯,器型规整,胎壁如蛋壳(厚仅0.3～1毫米)却又坚硬光亮,通体"黑如漆,亮如镜,薄如纸,硬如瓷",柄部还施以精美的镂空装饰,显示了极高的工艺水平,是新石器时代陶器的最高成就。其次,陶器烧制技术也得到了明显的提高,氏族工匠能够熟练掌控1000℃左右窑温,利用还原焰气氛烧制陶器,并结合渗碳技术,烧造出精致的黑陶。除了磨光黑陶之外,利用高岭土烧制白陶的技术也得到了很大进步。龙山时代各地普遍出现了一种白陶烧制的酒器——白陶鬹,它可以被看作龙山时代新兴的陶制礼器。

龙山时代是中国铜石并用的时代,早期铜器的出现、青铜文化的孕育、快轮制陶的发展、打井技术的使用、房屋建筑技术的大发展,以及山西襄汾陶寺(很可能是尧都平阳)、陕西神木石峁、河南登封王城岗、山东日照两城镇等早期城市防御设施的完善等,使得龙山时代成为史前社会大变革时期。伴随着红山、良渚、石家河等早期区域文明古国的衰亡,人口开始向中原和北方地区流动,各类社会资源得以重新组合,交流与融合成为时代发展的主题。而这一时期正是古史传说中尧舜禹时代,有能力、有威望的部落联盟首领能够通过管理和经营大型社会公共事务来应对各种危机事件,从而获得社会的广泛认同和身份地位的提升,如《孟子·公孙丑上》:"(舜)自耕稼陶渔以至为帝,无非取于人者。"新的社会秩序逐步形成,到了距今3800年前后,中原地区率先出现了"最早的广域王权国家"——二里头(夏朝晚期都城)文明:超大型的都邑规模(面积达300万平方米)、最早的"井"字形城市主干道网、最早的中轴线布局宫殿建筑群、最早的青铜礼器群(绿松石龙形器、爵、盉、斝、钺等),以及最早的封闭式官营手工作坊、青铜器铸造作坊、绿松石器作坊、最早的使用双轮车的车辙等,都展示了当时中国独一无二的"中央之邦"的气势。由此中国历史从之前满天星斗、无中心多元的邦国(又称古国)时代,进入了众星捧月、有中心多元的王国时代,奠定了以中原为中心的后世王朝国家发展的基础,确立了华夏文明的基本特征。

中华文明探源工程以大量实物资料和研究成果展现了中华史前文化的辉煌与氏族工匠

的首创精神。我们的氏族工匠在 2 万年前就发明了陶器,1 万年前就驯化栽培了稻、粟、黍,那是中华史前先民对人类文明做出的卓越贡献。此外,氏族工匠在 9 000 年前就首创了琢玉技术(黑龙江饶河小南山遗址),首制了彩陶(浙江义乌桥头遗址)、发明了酿酒技术(世界最早,上山遗址);8 000 年前就首创了骨笛(至今仍能演奏)并在龟甲上留下了类似象形文字的刻画符号(贾湖遗址),制作(火烧和剜凿)了独木舟(东亚最早)、发明了髹漆技术(世界最早)、开始利用中草药(浙江萧山跨湖桥遗址),制成了麻制品(贾湖遗址);7 000 年前就在干栏式建筑的木器中使用榫卯结构(河姆渡遗址),6 000 年前就发明了养蚕缫丝技术(山西夏县师村遗址),采用了"没骨""双勾"技法创作陶画——"中国最早的国画"(河南汝州出土"鹳鱼石斧图彩绘陶缸")。距今约 6 500 年,在黄河流域发明了 800℃高温陶窑,烧制的陶器质地坚硬;距今 4 000 年左右,在长江下游地区发明了 1 000℃的高温陶窑,以瓷土为原料烧制出了原始瓷器等。在古史传说中,黄帝战胜蚩尤后,以"龙"为图腾,知人善任,"成命百物"。如命仓颉造字,伯高采矿炼铜;命嫘(léi)祖育蚕抽丝,嫫母织布制衣;命宁封子为陶正、赤将为木正,主持制陶、制造木器;命邑夷制大辂(lù,车),共鼓制车楫,解决交通运输之苦。这正表明那个时代氏族社会内部工匠的分工与技术的演进状况。另据《世界自然科学大事年表》记载,16 世纪以前,影响人类生活的重大科技发明约有 300 项,其中 175 项是中国人发明的,其中陶瓷的发明甚至被列为中国人为人类贡献的第五大发明。英文中的"China"既有中国的意思,又有陶瓷①的意思,清楚地表明了中国就是"陶瓷的故乡"。

第二节　中国古代的工匠文化

纵观我国古代造物史,一代又一代的工匠不断精进技艺、成就完美,他们的伟大创造和智慧结晶凝结成了独一无二的"中式物语",使中华民族的工匠文化放射出夺目的光彩。我国独特的工匠文化一步一步跨过时间的长河,在制度文化和精神文化的滋养下,随着我国古代政治、文化、商业、科技等领域的发展而不断传承。

一、工商食官

史学界和考古界以有无文字材料以及文字材料的使用程度为分野,将历史划分为:史前(Pre-history)时代、原史(Proto-history)时代和历史(History)时代。所谓的"史前时代"就是没有文字材料的时代,"历史时代"是指文献记载丰富的信史时代,用学术语言表述就是有

---

① 陶器与瓷器常并称为"陶瓷",其实是两种完全不同的器物。陶器是人类文明早期就开始使用的器皿,远比瓷器要长得多,且世界各文明都独自制造出了陶器。而瓷器是中国工匠对世界的独特发明。烧制瓷器必须同时具备三大条件——高岭土、高温(1 300℃左右)和上釉技术。在中国古代独特的"尚玉"社会文化传统中,东汉末年,中国工匠发明了草木灰上釉技术,从此改变了世界的文明史。在以后的岁月里,通过不断改进技术特性和制瓷工艺,中国人在瓷器制造上一直领先和垄断着世界,17 世纪末达到顶峰,之后由于闭关锁国政策、科技和工业水平的停滞不前而被日本和欧洲超越。

直接的文字材料可"自证"人类文化所属社会集团的历史身份的时代。而"原史时代"则是文字最初产生或文字材料不起关键作用的时代,或者说就是文献记载不足、需要大量考古工作补充的时代。"中国的原史时代大致相当于考古学上的铜石并用时代和青铜时代,亦当古史传说中的五帝时代和夏商周(西周)三代,代表着中国古代文明的早期阶段。而原史时代早(五帝时代)、中(夏及商前期)、晚(商后期及西周)三期的划分,似可比较清楚地揭示出中国古代文明脱胎于史前氏族社会,以及这一时期文字制度和社会政治结构逐步走向完善和成熟的发展历程。"①

华夏文明是地球上历史最为悠久的文明之一。大约在公元前21世纪,在黄河上游产生了第一个奴隶制国家政权——夏王朝,约500年后,商汤灭夏,在黄河下游建立了商王朝,又过了约600年,在公元前1046年,周武王灭商,建立周王朝。② 周王朝建立之后实行宗法制和封建制,周天子将土地及居民分封给自己的兄弟、亲族及功臣,即"封邦建国"或曰"裂土封王",各诸侯有权管理封地内的一切资源并拥有军队,诸侯对天子定期进行朝贡,逐渐形成了以周天子为中心的宗法体制,国家控制的空间范围和有效性以及文化的统一性,都达到了前所未有的程度。周代文字成熟,文献记载急剧增多,据考证周王朝享国约800年,为中国历史上最长的朝代,共传30代37王,史学家将之分为"西周"(前1046—前771年)与"东周"(前770—前256年)两个时期。西周前期是青铜铸造业的鼎盛时期,铸造在青铜器上的金文也是该时期最重要的文字,记载内容极为丰富,涉及周王朝建都、封建诸侯、世系、征伐、册命、天文等社会生活的各个方面。如1976年陕西西安临潼出土的利簋(guǐ),铭文24字,其中有"珷(武王)征商,隹(惟)甲子朝",记载了武王伐纣"牧野之战"的准确时间,被誉为"西周第一青铜器";1976年陕西扶风出土的墙盘,铭文284字,前段历数西周文、武、成、康、昭、穆、恭等七代周王的功绩,后段记述微氏家族六代先公辅佐周王的贡献;1963年陕西宝鸡贾村出土的何尊,内底铸有12行122字铭文:"唯王初雍,宅于成周。复禀武王礼福自天。在四月丙戌,王诰宗小子于京室,曰:'昔在尔考公氏,克逑文王,肆文王受兹大命。唯武王既克大邑商,则廷告于天曰:余其宅兹中国,自兹乂民。呜呼!尔有虽小子无识,视于公氏,有勋于天,彻命。敬享哉!'唯王恭德裕天,训我不敏。王咸诰。何赐贝卅朋,用作庾公宝尊彝。唯王五祀。"大意为周成王五年四月,成王开始在洛邑营建东都成周,对武王进行丰福之祭。成王于丙戌日在京宫大室中对宗室贵族"何"进行训诰,内容讲到"何"的先父公氏追随文王,文王受上天大命统治天下。武王灭商后考虑到镐京偏西,不能控制殷商旧族广泛分布的东方地区,则告祭于天,希望在成周这个天下之中的地方建立都城,以此来教化万民、安定百姓、统治民众。周王赏赐"何"贝30朋(货币单位,1朋为30贝),"何"因此命工匠作尊,以作纪念。何尊记述了成王营建成周、进行祭祀、赏赐臣子等一系列活动,尤其值得注意的是,铭文

---

① 钱耀鹏.中国原史时代论纲[J].文博,2002(2):12—16+80.
② 据"夏商周断代工程"2000年9月公布的《夏商周年表》,初步确定夏朝起始年代为公元前2070年,夏商分界约为公元前1600年,商周分界为公元前1046年;商前期与商后期以公元前1300年"盘庚迁殷"分期,以文化论分为早商、晚商(殷商)两期:武丁以前为早商文化即二里岗文化,武丁至帝辛时期为晚商文化,即殷墟文化。

中的"宅兹中国"四字:"宅兹"意为"居住在这里";金文"中"的字形，如城邦中心树立的旌旗,本义为"中心";家园需要城池和兵戈的护卫,因此"国"在铭文中为即"或(國)"。"宅兹中国",就是在天下的中央营建都城。这是迄今出土的文字中"中国"最早的出处①。

▲ 何尊铭文及"宅兹中国"字样

西周后期,国王昏庸,公元前771年,"烽火戏诸侯"的周幽王被犬戎杀死,西周终结,周平王迁都洛邑(现河南洛阳附近),是为东周。东周开始,周王室权威日衰,诸侯争霸,先后起来争当霸主的有齐桓公、宋襄公、晋文公、秦穆公、楚庄王,史称春秋时期(前613—前591年),鲁国编年史《春秋》(The Spring and Autumn Annals)对此段历史予以详细记载。春秋晚期,铁锄、铁斧等铁器②已经在农业、手工业生产中使用。据《国语·齐语·管仲教桓公足甲兵》记载,管仲对(齐桓公)曰:"美金以铸剑戟,试诸狗马;恶金以铸锄夷斤欘(zhú),试诸壤土(好的金属——铜用来铸造剑戟,然后用狗马来试验是否锋利;差的金属——铁用来铸造农具,然后用土壤来试验是否合用)。"铁器坚硬、锋利、韧性高,其性能远胜过木石和青铜工具,开始运用铁器以及开始用牛耕地,标志着社会生产力的显著提高。

从公元前475年至公元前221年,"礼崩乐坏",周王室徒有虚名,是为东周的混战时期,即战国时期。经过春秋长期激烈的争霸战争,到战国时,主要的诸侯国有齐、楚、燕、韩、赵、魏、秦等七国,史称"战国七雄",西汉末年刘向编著的国别体史书《战国策》(Intrigues of the Warring States)中对此时期谋臣策士的纵横捭阖予以记载。东周战国时期,以农田灌溉为重点的水利建设逐渐兴起,如"秦昭王遣李冰为蜀郡太守,开成都两江,溉田万顷"(应劭《风俗通义》)。水利工程有多种类型,如陂塘蓄水、灌溉分洪、渠系灌溉以及多首制引水等。其

---

① 何尊——"何以为尊,首铭中国"。3000年的历史演进、朝代更替,"中国"一词在地理、政治、文化上的含义更加丰富。清末辛亥革命以后,"中国"被用作国名,正式出现在官方文书中。1949年以后,埋藏西周何尊的泥土和这泥土连接的960多万平方千米的土地,也叫"中国"——中华人民共和国。
② 据考古发现:在我国,铁器的出现可以追溯到3300年前的商代中期,河北藁城台西村等遗址都出土过铁刃青铜钺,即在铜制钺身上又嵌铸以铁质的钺刃,但当时的铁是自然陨铁,而不是人工冶铁。迄今发现最早的人工冶铁制品,为河南三门峡虢国墓出土的西周晚期的玉柄铁剑,其采用"块炼法"的冶铁技术,即把铁矿石放在炉中加热,出炉后将呈海绵状的固体块,反复锻打,制成铁器;最迟在春秋晚期冶铁技术发展为"生铁冶铸法",即把铁矿石放在炉内高温熔炼,使铁矿石熔化成液体,而后铸造器物;至春秋战国之际即2500年前后,生铁柔化技术出现,随着铁器的快速发展与广泛运用,社会历史进入铁器时代。

建筑技术也已有很高的水平。著名的鲁班,即鲁国人公输盘,是土木工匠中的卓越代表,被建筑行业尊奉为祖师。考古发掘所见的建筑遗迹,多为宫殿遗址,出土的建筑构件最为常见的为瓦当,此外还有青铜斗拱、青铜饰件和青铜屋模型等。由此可以想见战国时期宫殿建筑的宏伟壮观。大国争霸,各诸侯国因政治、军事和经济等方面的需要,在商、西周交通干线的基础上,不遗余力地将道路扩展到更为遥远险僻的地方,从而在客观上促进了交通的发展。其时丝绸西传路线已可横贯欧亚大陆,马车的使用也已相当普遍。

我国古代的三次社会大分工均在夏、商、周三代完成。所谓社会分工是指不同社会劳动部门之间的分工,它是在农业发展到除供应农业人口外,还能供应一部分非农业或半农业人口之后产生并发展起来的。我国古代第一次社会大分工——原始畜牧业与原始农业的分工,发生于原始社会后期,到夏朝大致完成,夏代在黄河上游和北方地区已出现了专门从事畜牧业的游牧部落。第二次社会大分工之后,手工业从农业中分离出来,成为一个独立的社会生产部门,于是就出现了古代技术发展的主体——专门从事手工业生产的工匠。从夏朝晚期到商周时期,手工业尤其是高端手工业全部被官府垄断。西周时期实行"工商食官"制度就是明显的例证。当时的手工业者——"官府工匠"和商贾都是官府的奴仆,他们必须按照官府的规定和要求从事生产和贸易。在这种制度安排下,国家经营的奴隶制官营手工业者成为主体,自由小手工业者——"民间工匠"极少,因而第二次社会大分工的深度和广度受到了限制,没有充分展开。到春秋晚期,随着铁器的使用和推广,生产力水平上升到了野蛮时代的高级阶段,为工商业的迅速发展提供了可能,农业与手工业的分工程度得以加深加宽。大凡礼器、乐器、玉器、车旗和兵器之属的生产仍由官府控制,各诸侯国都有"工师"①(或称之为"工正""工尹")予以管理,而一些日常生活用品,则由所谓"工肆之人""百工居肆,以成其事"②的自由手工业者自产自销。自由手工业者群体大为扩大,手工业生产门类更加繁多——手工业作为独立生产部门得以充分展开。而我国古代比较正式的商业,通常认为是在商代出现的,尽管其发生于原始社会瓦解、奴隶社会形成的时期,证据之一就是商人、商旅、商品、商业等名词均与"商"字有关。在殷商时代,诸如海贝、石贝、玉贝、骨贝等作为一般等价物的原始货币已经登上历史舞台,但普通商品还少之又少,市场交易的主要特点还是以物易物。到春秋时期,出于各种国内外政治斗争的需要,当时许多诸侯国对私营工商业采取了较为宽容的政策,如卫文公"通商、惠工"政策,晋文公"轻关易道,通商宽农"政策等,独立商人开始出现。到战国中

---

① "工师"即掌管百工及手工业之官,上受司空领导,下为百工之长。《荀子·王制》载:"论百工(考评工匠的巧拙与优劣),审时事(审度开工的时机与情势),辨功苦(辨别制物的精美与粗恶),尚完利(倡导产品的坚固与管用),便备用(注重用具的储藏与好用),使雕琢、文采不敢专造于家(使私家不敢制造雕刻图案的器具与有彩色花纹的礼服),工师之事也(这是管理工匠的工官的职责)。"
② 商鞅《商君书·算地》曰:"技艺之士,资在于手";《荀子·富国》云:"百技所成,所以养一人也"。靠技艺在家从事个体手工业劳动,维持生计,这是中国古代民间工匠在"男耕女织"自然经济结构中最为典型的一种劳作类型。另一种劳动经营方式是在市镇设立店铺(民间作坊),在官府管理下,民间工匠按工种类别沿街排列,集劳作、居住和经营点为一体。《论语·子张》中说的"百工居肆"即为"工肆制度",就是将同行业的店铺聚集在一定地点,或一街或一巷,以便生产或交易。这种方式后来形成惯例延续下来,至今仍有迹可寻。

期,大量工商业者摆脱政府的控制,成为私营业主。当一个不从事生产而只从事产品交换的群体——独立商人阶层形成并日益扩大,第三次社会大分工——商业与农业、手工业的分工就已全面展开。

从中国古代三次社会大分工,我们可以看出:在国家形成之前,氏族工匠是介于后来的官府工匠与民间工匠之间的手工业生产者,以氏族与家族组织的形式世袭族居。在国家的形成过程中,官营手工业体系逐步形成,原有的氏族手工业结构逐渐被打破,手工业劳动者也分化为食官之工与民间工匠两大类,官营手工业体系到了周代就正式演变为工商食官制度。

"工商食官"制度是从第三次社会大分工开始出现到最终完成这一特定历史条件下的产物,也就是说它是社会分工尚不发达的产物。所谓"食官"即"食于官府"。食官之工,是在官府从事手工业生产者;食官之商,是为官府了解市场行情和购买货物者。"工商食官"语出于《国语·晋语四》:"公食贡,大夫食邑,士食田,庶人食力,工商食官,皂隶食职,官宰食加。"意思为"王公依靠贡物生活,大夫依靠封地生活,士依靠田地生活,庶人依靠劳力生活,工商依靠官府生活,衙门的差役依靠财政收入生活,家臣依靠奖金生活。"周代的手工业生产者受到官府的严格控制,他们既不可兼做他事,也不能改变行业,甚至连劳动都须在官府作坊内进行。《左传》记载:"在礼……民不迁,农不移,工贾不变。"职业的世代相传,自然有利于工艺的传承和进步。在衍变中很多工匠最终以职业为姓,如陶氏是制陶的工匠、段氏是锻磨的工匠、薛氏是造车的工匠、凌氏是凿冰的工匠,施氏是旗工、繁氏是马缨工、锜氏是釜工、樊氏是篱笆工、终葵氏是锥工、索氏是绳工等。其时,官营手工业规模庞大、行业众多、分工细致、组织形式严密、管理制度完善,主要生产军用品和皇室、贵族消费品,产品不投放市场。

中国古代的官营手工业素称发达,长期居于世界的领先水平,存世的吴越青铜剑,冶铸淬炼之精,合金技术之巧,外镀之精良,花纹之繁复,皆世所罕见。

> **拓展阅读**
>
> ### 旷世名剑与神工剑师
>
> 1965年冬天,在湖北江陵县(现荆州市)附近的望山一号楚国贵族墓中,出土了一柄装在黑色漆木箱鞘内的名贵青铜剑。青铜剑与剑鞘吻合得十分紧密。拔剑出鞘,青光炫目,寒气逼人,历经2500年毫无锈蚀,且锋利无比。试之以纸,20余层一划而破。剑全长为55.7厘米,宽4.6厘米,柄长8.4厘米,重875克,剑身修长,有中脊,上下两刃,前锋曲弧内凹。剑格(即剑与剑柄之间作为护手的部分)正面和反面分别用蓝色琉璃和绿松石镶嵌成美丽的纹饰,剑身正面靠近剑格处刻有两行鸟篆体(青铜器装饰字体之一,为篆书变体,史称"鸟虫书")八字铭文:"钺王鸠浅自乍用鐱"。经考古学家方壮猷、古文字学家唐兰等著名学者的共同努力,最后释读为:"越王勾践自作用剑。"意思是:

越王勾践亲自督造并自己使用之剑。这柄越王勾践剑享有"天下第一剑"美誉,是冷兵器的巅峰之作。此吴越青铜剑有三绝:一是为复合剑,剑身和剑刃是由不同配比的青铜合金分开铸造而成;二是剑首向外翻卷成圆箍形,内铸11道同心圆,间隔只有0.2毫米,让现在的数控技术汗颜;三是剑身上布满菱形暗格花纹,在50倍显微镜下是一个个凹槽,然触之平滑。其所凝聚的东周工匠的高超智慧和精湛工艺,令我们高山仰止。

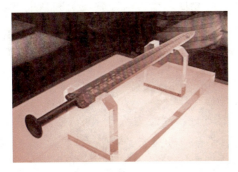
▲ 越王勾践剑

▲ 剑上的铭文

一、吴越神工剑气寒

春秋时期,为了应对连绵不断的战争,各诸侯国不断改进并大量制造各式各样的武器。地处长江下游的吴国和越国,由于近海,陆地上水网纵横,不利于车战,因此步战及近战利器——青铜剑便成为兵器中之翘楚。同时,如《考工记》所言:"吴粤(越)之剑,迁乎其地而弗能为良,地气然也。"吴越之地矿产资源丰富,不仅盛产高品质锡、铜,且还伴生有金、银等矿床,这为铸造精良的宝剑创造了物质条件。春秋晚期,吴、越两国涌现出诸如欧冶子、干将、莫邪等杰出的铸剑能手。尽管越王勾践剑"千年不朽"的原因还无法确定,但不可否认当时的青铜铸剑技艺已经达到了炉火纯青的水平。这柄旷世名剑的铸造师也因时间久远,难以确定。一曰为春秋末期铸剑祖师欧冶子,或曰为欧冶子及其徒弟干将、女儿莫邪等。

据《越绝书》记载:欧冶子一生以造铸五口青铜名剑和三枚绝世铁剑而名垂千古,位立铸剑鼻祖。欧冶子为越王造青铜剑之时,"赤堇之山(在今浙江宁波东南),破而出锡;若耶之溪(在今绍兴市区境内),涸而出铜;雨师扫洒,雷公击鼓;蛟龙捧炉,天帝装炭;太一下观,天精下之。欧冶乃因天之精神,悉其伎巧,造为大刑(形)三、小刑二:一曰湛卢,二曰纯钧,三曰胜邪,四曰鱼肠,五曰巨阙"。五枚宝剑神话般诞生的故事,从一个侧面反映了欧冶子铸剑的非凡智慧与独步神功。《越绝书·外传·记宝剑》还借当时"天下第一相剑大师"薛烛之口品论越王勾践的"纯钧剑":"手振拂扬,其华捽如芙蓉始出。观其釽(pī),灿灿如列星之行;观其光,浑浑如水之溢于塘;观其断,岩岩如琐石;观其才,焕焕如释……虽复倾城量金,珠玉竭河,犹不能得此一物。"薛烛一见"纯钧剑",表情突然凝固，过了好久，才用颤抖的声音对勾践道："因为这把剑是天人共铸的不二之作。为铸这把剑，千年赤堇山山破而出锡，万载若耶江江水干涸而出铜。铸剑之时，雷公打铁，雨娘淋水，蛟龙捧炉，天帝装炭。铸剑大师欧冶子承天之命，呕心沥血与众神铸磨十载，此剑方成。剑成之后，众神归天，赤堇山闭合如初，若耶江波涛再起，欧冶子也力尽神竭而亡，这把剑已成绝唱，区区骏马城池何足道哉……"《庄子·刻意》称，吴、越之剑"柙而藏之，不敢用也，宝之至也"，足见其在世人心目中的地位。望山一号楚国贵族墓中出土的越王勾践剑与薛烛对"纯钩剑"的描述十分吻合，其坚韧锋利足以证明。《战国策·赵策》对吴、越之剑"肉试则断牛马，金试则截盘匜（yí）"的描述并非虚言，其做工之精美绝伦，千古颂扬。

二、千秋不朽匠人心

郭沫若曾专为越王勾践剑和东汉银缕玉衣题诗："越王勾践破吴剑，专赖民工字错金。银缕玉衣今又是，千秋不朽匠人心。"另据《吴越春秋》《百越先贤志》等古籍记载，楚王派大臣风胡子"赍（jī）邦之重宝"——带上楚国所有最贵重的宝物，前去越国聘请欧冶子为其铸铁剑。欧冶子带着妻子和女婿女儿干将、莫邪遍访江南名山大川，最后寻得处州府地的秦溪山麓，举目眺望，只见远处云雾开处，峰峦叠翠，怪石嶙峋。山侧有湖十数亩，旁有井七口，排列如北斗之状，泉水甘寒清冽，环境幽静，甚宜铸剑。于是，欧冶子"凿茨山，泄其溪，取铁英"，搭寮筑炉，取"寒泉"淬剑，寻"亮石"磨砺，三年呕心沥血，历经千锤百炼，饱受千劫百难，终于为楚王锻造出巧夺天工、旷绝千古的"铁剑三枚：一曰龙渊，二曰泰阿，三曰工布"。楚王得剑后大喜，赐此地为"剑池湖"。唐乾元二年（759年）此地置县，以第一把宝剑为县名，称"龙渊县"，后因避唐高祖名讳"渊"字，改叫"龙泉"，这也是名扬四海的浙江龙泉宝剑的源头。公元前223年，楚国被秦国灭亡，秦始皇统一中国，楚王所用的"龙渊""泰阿""工布"皆成为秦始皇腰中之物。

"逍遥我亦餐霞者，十年云卧湛卢下。斗间瞻气有双龙，人间何处问欧冶。"这是东汉初期袁康怀念一代匠人的诗句。名剑很稀有，如欧冶子般究其一生专于铸剑的工匠尤为难得。欧冶子的女婿女儿干将、莫邪不愧是其衣钵传人，更是将工匠精神发挥到极致。干将"采五山之铁精，六合之金英"，以铸铁剑。三月不成。莫邪"断发剪爪，投于炉中，金铁乃濡"，宝剑才铸成，雄名干将，雌名莫邪。铸剑的地方就在山中，故名莫干。

一把好剑的铸造，从选取原材料到冶炼再到制作，凝聚着工匠的心血、汗水以及智慧。根据科技考古研究，我国春秋时期的铁器主要是块炼铁或曰海绵铁，并未彻底熔化就还原，杂质多，质量不高，根本不能用于铸剑。而同时期的欧冶子在龙泉秦溪山、干将莫邪在德清莫干山为楚王铸造出了多把冠绝华夏的名剑。如此说来，欧冶子等铸剑大师还是有文字记载的掌握炼铁技术（渗碳技术、热处理技术）的"第一人"。或许，炼铁术就是以欧冶子为代表的这一批铁匠们在铸剑的实践中创造发明的，这是中国人对于世界进步做出的了不起的贡献。

东周以降,伴随着生产力的发展、奴隶制度的崩溃、各种变法的推行以及百家争鸣的时局,工商食官制度被打破,但其作为一种制度底色延续数千年之久。秦汉时期,统治阶级害怕农民效仿手工业者,凭借自己的"一技之能"发财致富,把所有手工业者编入一个统一的户籍——市籍,历称"百工有籍"。秦汉官府"工匠"及"工师",长期被固定于某一官府作坊,虽饿死也不能离开。魏晋南北朝时期,工匠身份远比编户齐民要低。政府对王公士庶之家和百工伎巧卑姓通婚限制极严,"犯者加罪"。《魏书·高祖纪》记载"工商皂隶,各有厥分",可见,工商业者几乎与皂隶同等地位。唐代作为我国封建社会的繁荣时期,各种制度纷纷建立。《唐六典》载:"工商之家不得预于士""工巧业作之子弟,一入工匠后,不得别入诸色";《新唐书》载:"细镂之工,教以四年;车路、乐器之工,三年;平漫刀稍(长矛)之工,二年……教作者传家技。"四年、三年、二年是国家对不同工种技能学习年限的规定,工匠的职业世袭,所从事的行业固定。唐代前期,官府工匠主要是通过编制匠籍,从民间无偿征调。中晚唐以后,"纳资代役"制度使民间工匠有了相对的人身自由。宋朝的官营手工业多实行"和雇制"与"差雇制","和雇"是指从劳动力市场上招聘工匠,作为雇主的政府与工匠是平等且自由结合的雇佣关系;"差雇"则带有强制征调的性质,但政府还是需要按市场价向工匠支付工资。元朝时期整体生产关系倒退,政府将天下工匠集中到京师分类编入专门的户籍——匠户进行管理,官府手工业者主要是"系官匠户"(少数为罪犯、囚徒),必须在官府的手工业局、院中服役,从事营造、纺织、军器、工艺品等各种手工业生产。规定"匠不离局",世袭充役,不得脱籍改业。明代前、中期,实行严格的匠籍和匠户劳役制度。中期以后,匠户制度改为轮班轮作,除分班定期服役外,其余时间可以自制成品并在市场销售,成为半自由的手工业者;允许班匠以银代役,匠籍制度开始瓦解,官营手工业衰落,私营手工业取代官营手工业占据了主导地位。到清顺治二年正式宣布废除"匠籍",延续两千多年的工匠徭役制度得以废除,工商业者人身依附大大减轻。

二、百工制度

"百工"一词,在中国古代的文化典籍中有三种含义。其一,意指百官,如《尚书·尧典》:"允釐百工,庶绩咸熙。"①《南史·宋纪上·武帝》:"百工歌于朝,庶人颂乎野。"宋陈师道《丞相温公挽诗》之一:"恭默思良弼,《诗》《书》正百工。"其二,意指古代负责营建制造等事务的官员,如《中国历史大辞典》释"百工":"官名,殷代始置,周代沿置,为掌营造的工官";东汉末年经学大师郑玄《周礼·考工记》注曰:"百工,司空事官之属……掌营城郭,建都邑,立社稷宗庙,造宫室车服器械。"其三,意指各种工匠,如《辞海》释"百工"为"西周时工奴的总称",

---

① 《尚书》为我国现存最早的记言体史书,汇集了有关上古时代自尧舜至夏商周两千余年的政事史料,文章"佶屈聱牙"。该句原文为:"帝曰:咨!汝羲暨和。期三百有六旬有六日,以闰月定四时成岁。允(用)釐(治理)百工,庶(众多)绩咸熙(振兴)。"意为:"尧说:'啊!你们羲氏与和氏啊,一周年有三百六十六天,要用加闰月的办法来确定春夏秋冬四时,这就成为一年。由此规定百官的事务,许多事情就都会兴盛起来。'"

西周时周王室和诸侯都有各种手工业作坊，属司空管辖。这些手工业作坊的各类生产者称为"百工"，他们既是具有一定技艺水平的工匠，又是从事手工业生产的管理者。随着"工商食官"格局被打破，独立的手工业者开始大量出现，许多古籍里的"百工"已转为对手工业者的通称，甚至是对手工业行业的总称。《墨子·节用》："凡天下群百工，轮车鞼鲍（guī páo，即"鞼鲍"，为攻皮之工），陶冶梓匠，使各从事其所能。"《汉书·东方朔传》："异类之物，不可胜原，此百工所取给，万民所印足也。"南朝谢瞻《九日从宋公戏马台集送孔令》诗："风至授寒服，霜降休百工。"明王锜《寓圃杂记》卷下："江阴有周歧凤者，聪敏绝人，百工技艺异端刑名之学，无不习而能之。"清纪昀《阅微草堂笔记·滦阳消夏录四》："百工技艺，各祠一神为祖。"从现代意义上来看，"百工"一词，大多专指各类工匠。

几千年来，"百工"满足了人们物质和精神之需，百工背后所蕴含的智慧又是中国传统文化的重要组成部分。我国第一部从整体结构组织来规范或建构"百工制度"体系、专门讨论"百工之事"的手工业技术著作——《考工记》①，全书共7 100余字，记述了春秋战国时期我国手工业各个工种的制造工艺和规范，记载了一系列的生产管理和营建制度，在中国科技史、工艺美术史和文化史上均是独一无二的，反映了当时中国所达到的科技及工艺水平。

▲《考工记》书影

《考工记》揭示了工匠的社会地位或功能。《考工记·总序》云："国有六职，百工与居一焉。或坐而论道；或作而行之；或审曲面势，以饬（chì）五材，以辨民器；或通四方之珍异以资之；或饬力以长地财；或治丝麻以成之。坐而论道，谓之王公。作而行之，谓之士大夫。审曲面势，以饬五材，以辨民器，谓之百工。通四方之珍异以资之，谓之商旅。饬力以长地财，谓之农夫。治丝麻以成之，谓之妇功。"它将当时的社会成员划分为"王公、士大夫、百工、商旅、农夫、妇功"六大类，天子以下至庶民，分属六等职事。"百工"就属于其中之一，其职责与社会价值的独特性在于"审曲面势，以饬五材，以辨民器"。通过自己特殊的技艺，应用自然物、改造自然物，创造出人类所需要的各类生活器具。这种职业特性从本质上把工匠和那些"坐而论道"的王公区分开来，使其成为当时除巫职之外的一个重要的专业阶层。

就工匠的创造性价值而言，"知者创物（最有原创性的工匠创造发明万物），巧者述之（技术特别高超的工匠加以传承、推广），守之世，谓之工（一般的工匠则要世世代代遵循守业）。百工之事，皆圣人之作也（百工的各项工作，不论是制兵器、烧陶、作车、造船等都是神圣庄严

---

① 《考工记》是中国目前所见年代最早的手工业技术文献。对其作者和成书年代，长期以来学术界有不同看法。多数学者认为，《考工记》是齐国官书，为齐国政府制定的指导、监督和考核官府手工业、工匠劳动制度之书，作者为齐稷下学宫的学者；该书主体内容编纂于春秋末至战国初，部分内容补于战国中晚期。

的事情)。""天有时,地有气,材有美,工有巧,合此四者,然后可以为良。"将"创物"的"百工"称为"圣人","天有时,地有气,材有美"这些条件,必须配以"工匠"之"巧饰",才能成为上佳的精品,突出了工匠的能动作用,反映了我国古代对工匠的专业性、重要性和创造性的认知和重视。

细致的职业化分工,是中国早期手工业水平领先于世界的重要原因之一。《考工记》依据造物材料的不同,把当时的工匠行业划分为"攻木""攻金""攻皮""设色""刮摩""抟埴(tuán zhí)"等6大门类30个不同的职业工种。

第一类攻木之工(木工),凡七工:一曰轮人,制作马车的车轮、车盖;二曰舆人,制作马车的车厢;三曰弓人,制作弓;四曰庐人,制作戈、戟、殳、矛等长兵器的柄部;五曰匠人,建造城郭、宫室、门墙、道路,以及开挖沟渠等;六曰车人,制作耒和木牛车;七曰梓人,制作悬挂钟磬的筍虡(sǔn jù,悬挂钟或磬架子的横杆为筍,两旁的柱子为虡),制作饮器及箭靶等。

第二类攻金之工(金工),凡六工:一曰筑氏,制作削(一种制削简札的刀);二曰冶氏,制作杀矢(一种田猎用的矢)、戈和戟;三曰凫氏,制作钟;四曰栗氏,制作豆、升等量器;五曰段氏,制作田器、钱、镈(bó);六曰桃氏,制作剑。

第三类攻皮之工(皮革工),凡五工:一曰函人,制作甲衣;二曰鲍人,制作兵器套和皮配件;三曰韗(yùn)人,制作皮鼓;四曰韦氏,制作熟皮;五曰裘氏,制作皮草。

第四类设色之工(染色工),凡五工:一曰画,绘制衣服和旗帜;二曰缋(huì),掌施彩;三曰钟氏,掌染羽毛;四曰筐人,掌设色;五曰慌(máng)氏,掌练丝帛。

第五类刮磨之工(雕工),凡五工:一曰玉人,制作圭、璧、琮、璋等玉器;二曰楖(jí)人,刮削木器;三曰雕人,刻治骨角;四曰矢人,制作箭镞;五曰磬氏,制作石磬。

第六类抟埴之工(陶工),凡二工:一曰陶人,制作甗、盆、甑、鬲、庾等炊饮陶器;二曰瓬(fǎng)人,制作簋(guǐ)、豆等盛贮陶器。

每一个职业工种都有着极为严格的技术要求。如"攻木之工",专门负责与"木"有关的车辆、弓箭、农具及生活用品等,包括了轮人、舆人、弓人等七个专业工种。轮人专造车轮和车盖;舆人专门制造车厢;弓人主造弯弓兵器;庐人主制兵器的把柄;匠人主管宫室台榭及农具的制造;车人主管车辆的制造,也管制造农具;梓人主造木质饮食用具和乐器的座架之类。木工的分工如此细密,其他如"攻金之工"六个专业部门——"筑氏执下齐,冶氏执上齐,凫氏为声,栗氏为量,段氏为镈器,桃氏为刃"等,也是如此。有时一物又分"数工",专业分工更为精细,如"造车"有"轮人为轮""轮人为盖""舆人为车""车人为车"等。车的制造是一项需要多职业多工种协作的生产活动,"故一器而工聚焉者,车为多"。分工有利于磨炼百工精湛的专业技能,而协作则突出了群体的智慧与力量,既能提高生产效率,又可满足社会大批量生产的需要——这在当时世界制造业中属于先进且行之有效的生产制度。

《考工记》所记诸制作,一是以规范而统一的方式标示出产品及部件的名称,并详其尺度

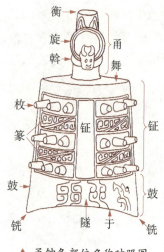

▲ 甬钟各部位名称对照图

和生产制作要求。如"凫氏为钟"：两栾谓之"铣"，铣间谓之"于"，于上谓之"鼓"，鼓上谓之"钲"，钲上谓之"舞"，舞上谓之"甬"，甬上谓之"衡"，钟县（悬）谓之"旋"，旋虫谓之"幹"等；又如"栗氏为量"具体规定了"嘉量"的形制标准（古代标准量器，可同时提供律、度、量、衡四种标准）："深尺，内方尺而圆其外，其实一䰞(fǔ)。其臀一寸，其实一豆。其耳三寸，其实一升。重一钧。其声中黄钟之宫。"二是善于总结技术规律。如"金有六齐（青铜有六种调剂）：六分其金而锡居一，谓之钟鼎之齐；五分其金而锡居一，谓之斧斤之齐……"总结出铜、锡（包括铅）合金因各成分所占比例不同而分为六等，不同使用性能的器物应使用配方比例不同的铜锡合金，此为"世界上最早的合金规律"。当代科学家运用先进的科技手段对商代青铜器后母戊鼎[1]进行光谱定性分析与化学定量分析，得到的结果为：铜占84.77%，锡占11.64%，铅占2.79%，这些数据与《考工记》的记载相当吻合。又如《匠人》篇，"匠人营国，方九里，旁三门。国中九经九纬，经涂九轨（都城中有九条南北大道、九条东西大道，每条大道可容九辆车并行）。左祖右社，面朝后市，市朝一夫（王宫的布局，东面是祖庙，西面是社稷坛，前面是朝廷，后面是市集，市集和外朝的面积各一百步见方）"等论述，成为中国古代城市尤其是政治性都市（如唐朝的长安、元代大都、明清时北京）的基本形制；其中"左祖右社，面朝后市"的王城布局模式更成为后世历代都城亘古不变的营造法式。

百工制度体系主要由匠籍制度、行业制度、技术制度、考核制度等四大部分组成。"考工"一词本身就具有考核工匠之意。除匠籍制度、行业制度、技术制度等外，《考工记》对器物制作有严格的检验制度或标准，突出了考核制度的建设，体现出很强的质量管理意识。

如《考工记·总序》："凡察车之道，必自载于地者始也，是故察车自轮始。凡察车之道，欲其朴属而微至。不朴属，无以为完久也；不微至，无以为戚速也。"《轮人》篇："望而视其轮，欲其帧尔而下迆也；进而视之，欲其微至也。无所取之，取诸圆也。望其辐，欲其掣尔而纤也；进而视之，欲其肉称也。无所取之，取诸易直也。望其毂，欲其眼也；进而视之，欲其帱之廉也。无所取

▲ 车轮结构

---

[1] 原称"司母戊鼎"，于1939年河南安阳武官村出土，鼎通高133厘米，口宽79.2厘米，口长112厘米，重832.84千克，是迄今发现的最大、最重的青铜礼器。2011年3月国家博物馆借重新开馆之机，对此鼎做出更名决定。李学勤教授对此予以解释：当初郭沫若先生定名"司母戊鼎"时认为，"司"字与"祀"字相通，即祭祀之意。但在商代，字体结构尚未定型，往往一个字有多种写法，如正写、反写、侧写、倒写，甚至多一笔少一笔也没关系，因此"司"和"后"很可能非常相似。当更多同时期青铜器被发现，越来越多的考古学家认为，将"司"改释为"后"，"后母戊"更加贴近原意，含有特定的崇敬之意——"献给伟大的母亲"。现在多数专家认为，此鼎是第23代商王武丁的儿子祖庚或祖甲为祭拜他们的母亲妇妌所铸。"戊"为妇妌之庙号，"后"字代表了墓主人的身份，即其生前乃武丁之"后"。

之,取诸急也。""规之,以视其圆也;萭(yǔ)之,以视其匡也;县之,以视其幅之直也;水之,以视其平沈之均也;量其薮以黍,以视其同也;权之,以视其轻重之侔也。"以车轮的成品检验分析为例:车轮作为古代木车的核心部件,质量的好坏至关重要,车轮质量要经得起表观和定量两类严格检验。表观检验是凭借视觉感官从外表对车轮进行评判,检验时按照从整体到部分、由远及近的顺序。先检查车轮整体:从远处观察,轮圈转动应均致地触地;从近处观察,轮子着地面积应很微小。再检查车轮各部分:对轮辐,远处看轮辐应像手臂那样由粗渐细,外观光滑匀称;对轮毂,从远处观察,轮毂应匀整光洁,从近处观察,裹革处应隐起棱角。可想而知经这般表观检验的车轮,做工是如何精细。定量检验是借助某些自然物组成的技术手段对车轮进行检测,具体有六大步骤,即用圆规检验轮是否圆正;用正轮之器检验轮两侧平面是否平整;用悬垂线检验上下辐条是否对直;用水检验轮的质量分布是否均匀;用黍来检验两毂中轴与毂孔壁的间隙是否相同;用天平衡量轮的重量是否相等。只有达到"可规、可萭、可水、可悬、可量、可权"的标准才算优质产品。轮人还可凭此技术评为"国工",成为国家一流工匠。反之,若检验考核不合格,如《梓人》篇"梓人为饮器,乡衡而实不尽,梓师罪之。"梓人制作的酒器出现"平爵向口而尚有余酒"不合规格的现象,则制造者都会受到工官"梓师"处罚。《考工记》工匠考核制度标准之高,步骤之细,检验之严,令人赞叹称绝。

拓展阅读

古代各行业的祖师爷

"三百六十行,无祖不立",各行各业都有它们的创始人——祖师爷。古时,各行业都很崇拜行业祖师,视其为本行业的保护神。如今中国各地各行业仍有供奉"祖师爷"并定期祭拜的习俗,忌讳别人贬损他们神圣的形象。

农业的祖师爷——神农氏(炎帝)。神农氏,是原始社会新石器时代晚期一位勤劳、勇敢、睿智的部落首领。《周易·系辞下》:"包牺氏(伏羲氏)没,神农氏作,斲木为耜,揉木为耒,耒耨之利,以教天下……"神农发明新式翻土农具耒耜,变刀耕火种为深耕易耨,教人种植五谷、豢养家畜。神农尝百草之滋味,一日而遇七十毒,传说他撰写了人类最早的著作——《神农本草经》。

蚕丝业的祖师爷——嫘祖。中国古代就有"丝绸之国"之称,是最早发明种桑养蚕的国家。传说西陵氏之女嫘祖为黄帝之正妃,始教民育蚕;她将桑树上的蚕茧放到陶盆里煮,搅拌后牵出闪闪发亮的丝线,这便是最早的"缫丝"——治理丝茧、编织帛物以制作衣服,后人尊奉她为"先蚕圣母""蚕神娘娘"。

制车业的祖师爷——奚仲。《左传·定公元年》《世本·作篇》等载:"薛之皇祖奚仲,居薛以为夏车正""奚仲始作车"。夏王朝初年,大禹任奚仲为"车正",主管天下造车之事。奚仲最先发明了轮子空心、有顶盖,供贵族"所居"享用的"舆"——马车;奚仲居于薛(今山东枣庄),因造车有功原地受封,春秋时代的"薛"即其后裔。在德国奔驰集团的汽车展馆里,供有中国奚仲的塑像,他被视为世界车祖。

酿酒业的祖师爷——杜康。 凡酒坊、酒馆、酒家均尊奉杜康为祖师爷。杜康即少康,《说文解字》称其为"古者少康初作箕帚、秫酒"。曹操《短歌行》有"对酒当歌,人生几何?譬如朝露,去日苦多。慨当以慷,忧思难忘。何以解忧?唯有杜康!"一句。

教育业的祖师爷——孔子。 孔子,名丘,字仲尼,春秋时期鲁国陬邑(今山东曲阜市)人。中国古代伟大的思想家、教育家,儒家学派的创始人,与弟子周游列国十四年,晚年修订六经,即《诗》《书》《礼》《乐》《易》《春秋》。孔子被后人尊为"至圣先师""万世师表"。旧时书生、学子、学童在家中正堂,私塾、县学、府学、大学均在正厅供奉孔子牌位。

建筑业的祖师爷——鲁班。 鲁班,公输氏,名盘或般,据明《鲁班经》考证,生于春秋末期鲁定公三年(前507年)。因是鲁国人(都城今山东曲阜,故里今山东滕州),"盘""般"和"班"古音相近,故常称为鲁班。鲁班生平创造过云梯、石磨、木作工具及木制飞鸟等,为当时杰出的发明家。《物原》等古籍记载,木工使用很多的木工器械,如曲尺、墨斗、锯子、刨子、钻子等,均为鲁班发明。

制笔业的祖师爷——蒙恬。 蒙恬,姬姓,蒙氏,名恬,祖籍齐国(今山东蒙阴县)人,秦朝著名将领。他以枯木为管,鹿毛为柱,羊毛为被,制成苍毫名秦笔,被尊奉为制笔始祖。在"中国湖笔之都"的浙江善琏镇上建有"蒙公祠",农历九月十六历代笔工群集于此,举行笔祖庙会。

豆腐业的祖师爷——刘安。 刘安,刘邦之孙,公元前164年袭封淮南王,治寿春(今安徽寿县),"招致宾客方术之士数千人",集编成《淮南子》一书。因在熬制丹药时,无意间在煮沸的黄豆汁中加入石膏,形成了鲜嫩绵滑的豆腐脑(即水豆腐),成为豆腐的发明者。

造纸业的祖师爷——蔡伦。 东汉蔡伦总结了西汉以来的造纸经验,改进造纸技术,以树皮、麻头、破布、旧渔网为原料造纸,为我国造纸术的发明人。在美国麦克·哈特博士所著的《影响人类历史进程的100名人排行榜》中蔡伦位列第七。

机械业的祖师爷——马钧。 马钧,字德衡,三国时扶风(今陕西兴平)人,为中国古代科技史上最负盛名的机械发明家之一。马钧不擅言谈却精于巧思,在魏国任"给事中"时,运用差动齿轮的构造原理制成指南车,并改造织绫机,将工效提高四五倍。同时,还改制了诸葛连弩,研制了用于农业灌溉的工具——翻车(龙骨水车),其功百倍于常。西晋傅玄作《马钧传》,赞之为"天下之名巧"——全国著名的技术高超的技师。

茶业的祖师爷——陆羽。 陆羽,唐代复州竟陵(今湖北天门)人,名疾,字鸿渐,号桑苎翁、竟陵子。为避安史之乱,陆羽隐居吴兴苕溪(今浙江湖州),于公元776年左右写成了世界上最早的一部茶叶专著——《茶经》,系统而全面论述了栽茶、制茶、饮茶、评茶的方法和经验,被誉为"茶圣"。

火腿业的祖师爷——宗泽。 宗泽,字汝霖,婺州义乌(今属浙江)人,为北宋抗金名将。宗泽是主战派,因抗金连连得胜,乡亲们争送猪腿以慰劳将士。为行军携带方便,宗泽命人将腌制后又湿又重的猪腿,挂在风中晾干,日子一久,腿肉色红如火,称之"火腿"。火腿的制作方法由此流传。

棉布业的祖师爷——黄道婆。黄道婆,又称黄母,松江府乌泥泾镇(今上海徐汇区华泾镇)人,宋末元初杰出的棉纺织技术革新家、杰出的女性工匠。出身贫苦,少时流落崖州(今海南岛),从黎族人民学得纺织技术。元贞年间返乡后,革新手工棉纺机具,制造脚踏轧棉车,发明弹棉椎弓、三锭棉纺车,创新"错纱、配色、综线、絜花"等织造技艺,推动了长江流域植棉和纺织技术的迅速发展,"松郡棉布,衣被天下"。黄道婆开创的"乌泥泾手工棉纺织技艺",2006年被列入国家非物质文化遗产名录。

中药业的祖师爷——李时珍。李时珍,字东璧,湖北蕲春县人,明代著名医药学家。他考古证今、穷究物理,历经27年,三易其稿,著成192万字巨著《本草纲目》,"析族区类,振纲分目",分类记载药物1892种、医方11096个。英国生物学家达尔文赞之为"中国古代的百科全书",2011年入选世界记忆名录。

旅游业的祖师爷——徐霞客。徐霞客,名弘祖,字振之,号霞客,明朝南直隶江阴(今江苏江阴市)人。他"达人所之未达,探人所之未知",经30年考察撰成中国地理名著《徐霞客游记》,被称为"千古奇人"。《徐霞客游记》开篇之日(5月19日)被定为中国旅游日。

三、物勒工名

在中国古代,建筑工程或是军事装备,不管是官方还是民间所造,都有一个原则——"物勒工名"。"物勒工名"一词,最早见于辑录先秦时期重要典章制度的儒家经典之一——《礼记》。其《月令》篇有载:"物勒工名,以考其诚。工有不当,必行其罪,以穷其情。"被誉为"汉代经学集大成者"的郑玄曾为此段文字做注:"勒,刻也。刻工姓名于其器,以查其信,知其不功致。功不当者,取材美而器不坚也。"在器物上镌刻生产者的姓名,一旦产品质量出现问题,便可在实名制之下跟踪追责。物勒工名建立了产品追溯制度,可视为中国古代实行的"质量终身负责制"。

物勒工名制度,最早可能出现于商周时期。我国目前出土的先秦时期青铜器,如著名的曶(hū)鼎(西周周恭王时代青铜器,制鼎者名曶)、毛公鼎(西周晚期青铜器,作器者为毛公)等,一般都有铭文,往往有"某人作某器"一类的记载。但仔细研究后发现,商周时期青铜器上刻记的人名,大多是器物的所有者,而非器物的真正制作者。"物勒工名"正式出现则是在春秋战国时期。随着春秋战国时期

▲ 西周毛公鼎和铭文

手工业的发展和"工商食官"制度的衰落,"物勒工名"作为一种适应社会发展需要的新的手工业管理制度应运而生。如《殷周金文集成》所录的"十一年蔺令矛"上刻有"十一年,蔺令肖狌、下库工师趴石、冶人参所铸钴户者"的铭文,记录了令(主持者)、工师(监造者)、冶人(制作者)的名字。

物勒工名制度广泛运用于生产活动中是从秦国开始的。据由秦国丞相吕不韦主编的《吕氏春秋》第十卷《孟冬纪》记载:"命工师效功(命令工师考核百工造物的功绩),陈祭器(摆列工匠制作的祭器),案度程(检查器物的尺度质量)……必功致为上(一定要以坚固精致者为上等),物勒工名……"秦始皇统一六国后,及时修订与完善了《秦律》,物勒工名就以法律的形式在各地颁布实施。如《秦律·工律》规定:"公甲兵各以其官名刻久(刻记号)之,其不可刻久者,以丹若髹书之(用丹或漆书写)。"又如《秦律·效律》:"公器不久刻者,官啬夫赀一盾(乡官就要被罚一盾)。"《秦律》强制推行物勒工名:国家于每年十月份对各郡县工业产品进行质量抽验。同时,对于各郡县制造工业产品用的衡器、容器等,由中央政府专设的负责产品质量的官职——"大工尹"(相当于今天的机械部长)统一进行年审。凡不符合标准的,不得使用,以保证产品质量。在进行产品质量年审时,除要求每件产品"做工考究,工艺精湛"外,还必须在产品上铭刻工匠和工师(丞)的姓名,以防止以次充好和仿冒行为,并"按名索骥"追究不合格产品的相关责任人。今天我们看到无论是秦兵马俑、铜车马,还是兵器、砖石等器物上铭刻的简单文字,正是工匠和管理者的"名",它真实记录着大秦统一的历史密码。

现藏于中国国家博物馆的"五年相(xiàng)邦吕不韦戈",是一件战国时期秦国的戈。戈在先秦时期是一种重要的兵器,人们把它看作武力的象征。它通长27.6厘米,胡长16.8厘米。头部向外伸出,像一把横向的匕首一样,称为"援";援的下部延伸,叫作"胡";援的后部是"内","内"和"胡"上有小孔,叫作"穿",古人通过"穿"将戈固定在木柄上。这件戈上铸有19字铭文,其中正面的铭文是:"五年,相邦吕不韦造,诏事图,丞蕺(jí),工寅。""五年"指的是秦王政五年,也就是公元前242年;"相邦吕不韦造"说明是在丞相吕不韦的监造下完成的,"诏事"指兵工厂的厂长,"丞"相当于车间负责人,"寅"则是具体铸造的工匠名字。四级管理制度,从相邦、诏事、丞,最后到工匠,层层责任明确,无论何时、何地、何人,发现任何一个质量问题都可以通过兵器上铭刻的"名"追查到相关的责任人,等待他们的将是严惩,轻则砍手砍脚,重则处死。两千多年前的秦国,也正是凭借这种制度下生产出来的精良兵器,在兼并战争中不断取得胜利。秦始皇二十六年(前221年),秦国统一天下,建立中国历史上第一个中央集权的封建王朝,开始实行"一法度衡石丈尺,车同轨,书同文"等标准化制度。

物勒工名制度,是中国封建社会早期阶段手工业生产管理模式的具体体现,对提高手工业产品质量有着重要意义。从秦兵马俑坑出土的上万件青铜兵器中,每一件兵器上都刻有各级管理者和制作者的姓名,所有兵器的工艺精准度误差仅为0.8至0.02毫米,令人叹为观止。后来秦国还将这一套质量跟踪制度运用于漆器生产,如在1975年湖北云梦县睡虎地秦墓中出土的《睡虎地秦简》中，有很多关于漆园生产、原料运输、器物生产标准等制度的记载，作坊标志有路里、宦里、赵里口、安里皇、女里等；生产者标志有文、介、但、忠、李、五咸、士五军、小男子左、大女子鎣等。不少漆器上有"告"（即造）"包""素""上"等烙印文字，应是素工、包工、上工和造工等工匠在制作漆器时烙上的。它反映了秦代漆器制作有着多道工序，并存在"物勒工名"的产品责任制。

秦之后，自两汉经魏晋，再至南北朝乃至隋代，历代一直坚持"物勒工名"的基本制度。1961年出土于陕西西安市西郊阿房宫遗址附近高窑村的西汉上林铜鉴（铜鉴为西汉宫廷夏季冷藏食物之用），其铭文为"上林铜鉴容五石，重百二十五斤，阳朔四年五月工周博造，二百四十枚，第八十二"，不仅刻有器名、容量、重量、制造年月、工匠名，而且刻下产品编号。1968年河北满城陵山一号汉墓（中山靖王刘胜墓）出土的西汉中山内府铜钟，铸作精致。肩上刻铭"中山内府钟一，容十斗，重（缺文），卅六年工充国造"，容量、重量、年份、工匠一应俱全。

唐宋时期，物勒工名仍作为一项重要的手工业生产质量管理制度。唐高祖献陵的石犀上就留有"武德拾年九月十一日石匠小汤二记"的题铭。唐高宗永徽四年（653年），东亚最早的成文法之一、中国现存最古老最完整的封建刑事法典——《唐律疏议》再次载入这条1200多年之前的法律条文："物勒工名，以考其诚。功有不当，必行其

▲ 西汉上林铜鉴铭文

罪。"《宋会要辑稿》记载了当时打造兵器的情形，"各行镌记元造合干人、甲头姓名（谓如刃剑、铁甲，镌凿，弓弩箭之类，用朱添写记），以凭检察"；制造金银腰带、器皿之类，"候造作了当，镌凿年月、两重、监专作匠姓名。"

在以严刑峻法而著称的明代，"物勒工名"之制几乎被发展到极致。在南京内城南门的墙垛上，许多明代留下来的城砖都刻有铭文，如"袁州府宜春县提调官主簿高亨，司吏陈廷玉""招甲席俊翁，甲首方朝张，窑匠卢立，造砖夫广福寺"；更有甚者，在一块"黄州府蕲水县"铭文的城砖上刻记了十一个层级的责任人："黄州府提调官同知曹振祖、司吏黄玑，蕲州提调官判官马彝、司吏倪琦，蕲水县提调官主簿夏时中、司吏谢原，总甲李谷云、甲首叶邦泰、小甲徐贵，窑匠黄益，造砖人夫何兴。"透过这些名单，我们可以发现一个严密的质量监管体系：制砖的窑匠、造砖夫与提供劳役的人户承担建筑质量上的直接责任，基层组织——里甲的负责人（招甲、甲首）承担担保责任，监工的官吏（典史、司吏）也负有连带责任。官府对每道工序的要求都极其苛刻，不仅对每块城砖重量、尺寸、规格均有统一规定，而且城砖运到京城后，必须经过验收。质检官吏从每一批次中任意抽出一定数量的城砖，再由两名精壮的军兵抱砖相击，城砖不掉渣、不脱皮、不破碎，且声如洪钟方为合格。若该批次城砖中不合格的比例超过规定，则整批被定为不合格产品，必须重新烧制。如再度检验不合格，就要对砖上铭文记录的各环节的责任人严加惩处，有的甚至要被斩首。即使能蒙混过关，砌入墙体若干年后，经风雨侵蚀而暴露出质量问题，仍要处罚。

历代封建王朝，大都通过"物勒工名"之制，对产品质量不合格的责任人——工匠和官吏

处以鞭笞、没收、罚款和撤职、降职等处罚。劣质产品上的"工名"将失职工匠和官吏统统写进了历史的"黑名单";同时,传世精品上留下"工名"也让许多精工良匠和称职官吏载入史册。

物勒工名,开始只是强制的责任认定,但在漫长的演进过程中,一部分优秀工匠的"名字"脱颖而出,成为获得广泛信任的品牌,这便是商标的起源。如先秦时期的名剑干将莫邪,清代的"张小泉"剪刀等都是这么来的。当品牌形成之后,拥有这一品牌的工匠就会一改被动的"物勒工名",转而倾向于积极地在自己的产品上留下独有的标志,以便与其他人的同类产品区分开来。除了"物勒工名"的官方监管以及基于品牌自觉的自我控制,由行会执行的行业自治监督也非常重要。明清时期,随着手工业的发展,石匠、铁匠、砖匠等行业都出现了各目的行会组织,如与建筑业有关的工匠行会"鲁班会"等。这些行会组织,具有提供精神认同(如鲁班会的工匠通过共同祭祀鲁班,以此强化同人对共同体的认同)、利益表达(如向东家提出加薪要求)、秩序维持(如制订本行业的行规、调解工匠之间的纠纷)等;出于对行业声誉一荣俱荣、一损俱损的理性考虑,行会也会对产品质量提出"行业标准"。如在清光绪年间,某地的泥作匠行业订立行规,其中有一条规定:"泥墙须包三年,如三年内倒塌者,归泥匠赔修。"

总之,当一名古代的工匠参与某种器物制造、修建某处工程时,至少会有三种力量督促他必须注意产品质量:官府强制执行的"物勒工名"、维护自己品牌声誉的道德压力、以及本行业的行规约束。

第三节　中国古代的工匠精神

古代工匠推动了中华民族物质文明与精神文明的繁荣与发展,他们精雕细琢的每一件匠品,他们巧夺天工的每一个工程,不仅是非凡的物质遗存,更是一种精神遗存,承载着岁月的沉淀,演化成民族文化的一个符号。事实上,在中华民族五千多年的历史进程中,正是一代又一代工匠孜孜不倦地追求"技进乎道""技道合一",把对技艺的沉浸、对作品的虔敬、对人情的体察、对自然的敬畏,以匠心之巧思,倾注于制作过程,才创造出了绚烂辉煌的中国古代科技文明。

一、"技""艺""道"

在中国古代哲学里,从"新手"到"专家"的过渡体现在三个境界,分别是"技""艺""道"。所谓"技",是指技能、手艺、本领,也就是拥有一技之长,这是一个工匠必须具备的最基本的能力。而所谓的"艺",在古代包含方法、策略和知识等意思,指技巧、技术、技艺[①],也就是富有创造性的方式方法。细究起来,包括两个方面:一是工艺的审美,即劳动者利用生产工具

---

① 劳动者的手艺,我们习惯称之为"技"。有"技"而能解决问题,便被称为"技能";不仅能解决问题,而且能又快又好、用巧思解决问题则称为"技巧";更进一步形成了理论体系,便足以称为"技术";最后上升到艺术与美的高度,则以"技艺"一词赞之。

对各种原材料、半成品进行增值加工或处理,最终使之成为制成品的方法与过程;二是工艺的创造,即当劳动者有了积极的情感体验,真正爱上这种劳动时,就激发了无限创造力。而只有体悟了"技"和"艺",方可进入中国古代哲学中所说的"道"的境界。

上述解释较为抽象,我们以古琴的"技""艺""道"来进行阐述。"琴技"指古琴的基本演奏方法,《溪山琴况》①谓之"弦与指合"阶段;"琴艺"是琴技的一种升华,《溪山琴况》谓之"指与音合"阶段;"琴道"为古琴内在的一种精神,《溪山琴况》谓之"音与意合"阶段。琴技是基础,琴艺是琴技的升华,琴道是琴艺的灵魂,此为古琴的三种境界。清代著名启蒙思想家魏源提倡"亲历诸身"和"验诸实事",认为人的技艺是通过学习与行动获得的,后天人为的努力,完全可以弥补天资的不足。其《默觚上·学篇二》云:"技可进乎道,艺可通乎神;中人可易为上智,凡夫亦可祁天永年;造化自我立焉。"②"技可进乎道,艺可通乎神",其意思是当某项技艺,达到巅峰后,再进一步便接触到了"道",即天地规律。这个"道",在现代的语境中可以归结为"匠心"。所谓"匠",即"技之骨",代表高技能,而所谓"心",即"匠之心",代表的是高素质。因此"道"或者"匠心"指的就是既掌握了高超的技术技能,同时兼备良好的人文素养和较高的创造性,寄托着"经世致用"的利民情怀,这不单单是对技艺的要求,同时暗含着对职业精神和创新意识的要求。

鼎鼎大名的佛宫寺释迦塔,俗称应县木塔,是世界上现存最古老、最高大的木构塔式建筑,与意大利比萨斜塔、巴黎埃菲尔铁塔并称"世界三大奇塔"。木塔建于辽清宁二年,塔高67.31米,全塔不费一钉一铆,历经了近千年的塞外狂风、强力地震,迄今依然巍然屹立。全塔由2600多吨红松木构件咬合而成,应用了54种240组不同形式的斗拱,被称为"中国古建筑斗拱博物馆"。

有"天下第一塔"之称的开宝寺塔(即今开封城市与精神地标——铁色琉璃塔的前身),由宋太宗端拱二年督建于开宝寺内,为的是供奉吴越国进贡的阿育王佛骨舍利。据北宋欧阳修《欧阳文忠公文集·归田录》记载,汴京开宝寺塔"在京师诸塔中最高,而制度(规划,设计)甚精,都料匠预浩所造也"。开宝寺塔为我国古代建筑史上一座有名的木质结构的琉璃宝塔,8角13层,高360尺(宋时一尺约合30.72厘米)。都料匠,是掌管设计及施工的总工匠。预浩,北宋初著名建造师,"国朝以来木工"第一人,"有《木经》三卷于世"(已佚);而同为浙江钱塘人的北宋大科学家沈括在《梦溪笔谈·技艺》中记为"喻皓"。开宝寺塔建成之后,"望之不正而势倾西北",成了一座斜塔。大家都奇怪这是怎么回事,预浩解开了谜团:"京师地平无山,而多西北风,吹之不百年,当正也。"——汴京地势平坦无山,而多刮西北风,宝塔不用一百年,塔身自然就会正过来。意大利的比萨斜塔闻名于世,但其倾斜却并不是设计者的初衷,而开宝寺塔则是充分考虑工程技术条件、环境及气候因素等前提后的刻意之举。

---

① 《溪山琴况》为明末清初虞山派琴家徐上瀛所做,在中国音乐美学史上占有极其重要的位置,被誉为古琴音乐美学思想的集大成者,对后世琴文化的发展有重大影响。
② 魏源.魏源集(上)[M].北京:中华书局,1983:5.

在预浩逝世约 100 年后,集中国古代建筑科学与艺术之大成、当时最完整最全面的营造学专著——《营造法式》正式由官方颁行。《营造法式》由将作监(掌管宫室建筑)少监李诫编撰。李诫,字明仲,郑州管城(今河南新郑)人,《宋史》无其传,人们对他的了解主要来自《李公墓志铭》。李诫汇集工匠经验与匠心智慧,在 18 余年匠作实践和工程管理经验的基础上,按照变法理财、标准规范要求,抓住"法式系营造制度、工限等,关防功料,最为要切",基于预浩《木经》,"考究经史群书,并勒人匠逐一讲说"。全书 34 卷,所收材料 3 555 条,其中有 3 272 条来自"工作相传,并是经久可以行用之法""与诸作谙会经历造作工匠,详悉讲究规矩,比较诸作利害,随物之大小,有增减之法"。书中关于样式制度者,有壕寨制度,说基础城寨等作法;石作制度,说石作之结构与雕饰;大木作制度,说木构架方法,柱、梁、枋、额、斗拱、椽、榑等;小木作制度,说门、窗、隔扇、藻井,乃至佛龛、道帐之形制;瓦作制度,说用瓦及瓦饰之法;彩画作制度,说各级各色彩画。此外尚有估工算料等方法。最后更附以壕寨、石作、大木、小木、彩画、雕作等图样焉。一代建筑大师梁思成先生对李诫及其著作钦佩不已,"书初刊于崇宁二年,八百余年来,名词改变,样式演变,加之士大夫之蔑视匠术,故其书已几无法解读。""从事于是书之研究,先自清代术书着手,加以实物之发展与研究,其书始渐可读。"他几乎用半生为《营造法式》注解,甚至还给自己儿子起名"梁从诫",以表达其"粉丝之情"。英国的李约瑟在《中国科学技术史》中也对《营造法式》的图样大为惊叹,认为书中所出现的构造图样颇见重要,实在已经和我们今日所称的"施工图"相去不远,几乎可以说就是今日所要求的施工图。

可见,中国古代的工匠"以技立世""用心之精"到了如此地步!这种"心灵手巧",不仅体现了高超的技艺,也体现了心性、人格等品德上"安身立命"的修炼。

战国末期法家思想之集大成者韩非子在《五蠹》中云:"上古之世,人民少而禽兽众,人民不胜禽兽虫蛇。有圣人作,构木为巢以避群害,而民悦之,使王天下,号曰有巢氏。民食果蓏(luǒ)蚌蛤,腥臊恶臭而伤害腹胃,民多疾病。有圣人作,钻燧取火以化腥臊,而民悦之,使王天下,号之曰燧人氏。"至"禹之王天下也……以民为先,股无完胈(bá),胫不生毛……"这是中国最早的"匠人治国"的案例。而同样在诸子百家争鸣的战国时代,"墨家"的创始人墨子则是一位不折不扣的能工巧匠,甚至可与公输盘相比肩。在《墨子·公输》篇里,记载了墨子"止楚攻宋"的事迹,详细描述了作为世界级工匠的墨子和被尊奉为"木匠祖师爷"的公输盘"斗智斗艺"的故事:当时,楚国正准备攻打宋国,请公输盘制造了攻城的云梯等军事器械,墨子劝说楚王放弃进攻计划失败之后,以匠人的身份,以腰带模拟城墙,以木片模拟器械,与公输盘演练攻守战阵,公输盘组织了九次进攻,均被墨子击破,彻底打消了楚国攻宋的念头,最终避免了一场流血杀戮。墨子"兼爱"和"非攻"的思想更闪烁着人性的光辉。人们颂扬最早造房子的有巢氏、最早钻燧取火的燧人氏抑或是"劳身焦思,居外十三年""三过家门而不入"献身水利事业的夏禹,恰恰在于他们"经世致用"的利民情怀;"墨子非攻"的故事,也说明了古代工匠之间分歧的焦点往往不在于技艺本身,而在于对待技艺的方式和态度之上,即不在"技之骨"而在于"匠之心"。正如《墨子·鲁问》所言:"故所为功,利于人谓之巧,不利于人皆谓之拙。"事实上,也正是受到墨子思想的强力震撼,鲁班将"奇工巧思"聚焦于百姓的福祉之上,终成民众敬仰之"百工圣祖",当代所设立的中国建筑工程鲁班奖,就是对鲁班精神的最高褒奖。

先秦典籍《左传·文公七年》记载:"六府三事,谓之九功;水、火、金、木、土、谷,谓之六府。正德、利用、厚生,谓之三事。义而行之,谓之德礼"。据明清之际倡导"实事""实功""实得""实践"的著名实学家李塨《瘳忘编》的解释,"水、火、金、木、土、谷"六府是指先秦手工业与农业生产的具体内容,几乎囊括了古代技术活动、技艺教育的全部内容。"正德、利用、厚生"三事则为统领"六府"之职的总要求,蕴含了古代工匠精神的基本特点,可谓"匠心"最合宜的哲学呈现。其中,"正德"居于首位,要求工匠必须修身正己,以德为先,"尽人之性,以正人德;尽物之性,以正物德";"利用"是指工匠应合理利用自然资源,突出技术活动的实用性;"厚生"是使人民的生活富足充裕,要求工匠服务于治国和惠民的需要。汉武帝独尊儒术之后,工匠精神基本上是儒家伦理在工匠活动中的具体化,能工巧匠们无不信奉和追随着"正德、利用、厚生"的价值准则。

被誉为"中国17世纪的工艺百科全书"的《天工开物》①凝结了宋应星20多年心血,全面呈现了宋应星的思想:国家与社会,统治与管理,治与乱,知识与真理,都能在匠人的劳作中得到体现。技艺体现了宇宙、天、地、人的各种规制,它们是顺应了宇宙万物之道的"科学"。"天工开物"中"天工"即自然规律,"开物"乃"开道释物"。自然界蕴藏着取之不尽用之不竭的美好而有益之物,但不会从天而降、轻易取得,而须"巧生以待",须借水火等自然力的作

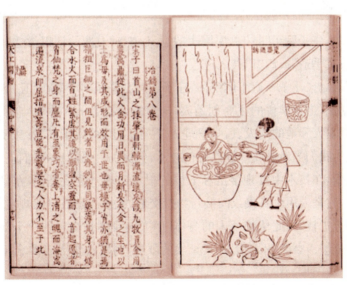

▲《天工开物》书影

---

① 《天工开物》初刊于明崇祯十年,它系统总结了明末以前农业、手工业的技术经验和科学方法,是我国古代科技史上里程碑式的科学巨著,其中除蕴藏着丰富的科技含量外,还包含着传统工艺秘籍和凝聚的"工匠精神"。全书共上中下3卷18章,6.5万余字,123幅插图,130多项技术,涉及谷物、衣料、染色、制糖、陶瓷、铸造、冶金、造纸、兵器等30个生产部门,构成了一个完整的科学技术体系,并在内容的深度与广度上超越了先前的所有作品。目前《天工开物》已成为世界科技名著而在各国流传,并受到高度评价。

用,再以人力和技术,通过金属、木石等工具从自然界开发出来,"随物赋形",为人所用。其思想的核心是强调人与天相协调,人工(人力)与天工(自然力)相配合,"开物成务"——掌握万物的变化规律(天道),通过人工技艺,天人合一,成就"关乎民生日用"的器物。这正是中国古代经世致用造物观的集中体现。

无论是130多种操作技术还是工具本身,宋应星对工匠制器造物过程的记载,都做到了难得的精准:有的插图注明了关键工艺,具体描述了各种实际数据,重量准确到钱,长度准确到寸。民国学者丁文江对《天工开物》给予了高度评价:"其识之伟,结构之大,观察之富,有明一代,一人而已。"已故科学史家钱宝琮认为:"研究吾国技术史,应该上抓《考工记》,下抓《天工开物》。"《天工开物》里记载的技术,都是口口相传的,难以承继。书中所记载的这些方法,大多为工匠的秘法,认真地研究、梳理,对于振兴中国传统工艺①具有十分重要的作用。例如,江西铅(yán)山连四纸制作工艺源远流长,却在40多年前失传。有关人士遍访民间匠人,仍未找到,最终在《天工开物》里找到了相关记载,并成功恢复,成为国家级非遗。而《天工开物》挽救的何止铅山连四纸?诸如食品制作、纺染技术、制瓷工艺等的工艺流程,都得以完整保存,并焕发活力。《天工开物》注重实践,尊重工匠技艺,推崇发明创造,强调人类与自然相协调、人力与自然力相匹配的科学精神,以及精益求精、至善至美的"工匠精神",将放射出新时代的光芒。

二、技进乎道

在先秦诸子中,庄子赋予"技"更深层次的意义,把对人性的认识渗透其中,认为人之技的最高境界是"技进乎道"或曰"以技入道"。

"技进乎道",源自《庄子·庖丁解牛》。庄子,名周,蒙城(今河南商丘)人,为战国时期伟大的思想家、哲学家,道家学说的主要创始人,与道家始祖老子并称为"老庄"。庄子一生著述十万余言,由其本人和他的门人、后学整理成《庄子》,也称《南华经》。庄子是主张"技进乎道"的典范,他认为我们当然需要掌握熟练的技术,但更加重要的是,我们应该从"技"的层面提升到"道"的层面,在技术中发现宇宙和人生的根本道理。也就是说,在《庄子》那里,"技"具有独特的意义,它是人用手直接或间接与物打交道的过程,是被自然规定的人的活动。手是人身体的一部分,"技"因此依赖于人的身体,但人的身体是自然的一个部分,即"技"是被自然规定的——依赖于自然,不能摆脱其天然的限度。"技"作为人工要合于自然,人的活动

---

① 传统工艺(Traditional Crafts and Arts)是指历史上形成并传承至今的手工艺,与其相关的称谓有手功、工巧、工伎、手艺、手工技艺等。主要由"技"和"艺"构成,既表现为有形的物质,也蕴含着无形的知识(构思、工艺过程、操作规范、工匠技巧、意会知识等),具有"三品四性"(实用的品格、理性的品格、审美的品格,手艺的人性、个性、能动性、永恒性)的本质特征。可分为工具器械制作、农畜矿产品加工、雕塑、营造、织染绣及服饰制作、陶瓷烧造、金属采冶和加工、编织扎制、髹饰、家具制作、造纸、印刷、剪刻印绘、特种工艺、中药炮制等15大类。经国务院批准,文化和旅游部分别于2006年、2008年、2011年、2014年和2021年命名了五批"国家级非物质文化遗产代表性项目名录",共1557项,其中传统工艺599项,约占非遗总量的38.5%。

如同自然的运动;由"技"所制作的物虽然是人工物,但也要模仿自然物——"以天合天"。庄子认为,技术的出路应该是与"道"相通,其《天地》篇云:"技兼于事,事兼于义,义兼于德,德兼于道,道兼于天",技要合于事,事要合于义,义要合于德,德要合于道,道要合于天——"技进乎道"。能工巧匠都是经过心无旁骛的专心训练,把握了事物本身的性质和规律,从而获得一种"惊犹鬼神"的技巧与技艺。

可见,庄子所理解的"技",是上述"技""艺""道"三者中"技""艺"的合指,其实就是被自然或"道"规定的匠人的活动。《庄子》在描绘许多能工巧匠的劳动和出神入化的技艺时,深刻地论述了"技"和"道"的关系,其结论是——"所好者道也,进乎技矣"。下面,我们就一同来看看《庄子》中的几则匠人故事。

庖丁解牛——沉心静气钻研,持之以恒进道

庖丁为文惠君解牛,手之所触,肩之所倚,足之所履,膝之所踦(yǐ),砉(xū)然响然,奏刀騞(huō)然,莫不中音。合于桑林之舞,乃中经首之会。

文惠君曰:"嘻,善哉!技盖至此乎?"

庖丁释刀对曰:"臣之所好者道也,进乎技矣。始臣之解牛之时,所见无非牛者。三年之后,未尝见全牛也。方今之时,臣以神遇而不以目视,官知止而神欲行。依乎天理,批大郤(xì),导大窾(kuǎn),因其固然。技经肯綮(qìng)之未尝,而况大軱(gū)乎!良庖岁更刀,割也;族庖月更刀,折也。今臣之刀十九年矣,所解数千牛矣,而刀刃若新发于硎(xíng)。彼节者有间,而刀刃者无厚;以无厚入有间,恢恢乎其于游刃必有余地矣,是以十九年而刀刃若新发于硎。虽然,每至于族,吾见其难为,怵然为戒,视为止,行为迟。动刀甚微,謋(huò)然已解,如土委地。提刀而立,为之四顾,为之踌躇满志,善刀而藏之。"

文惠君曰:"善哉!吾闻庖丁之言,得养生焉。"

——《庄子·养生主》

庖丁经历了19年时间,宰杀了数千头牛,技艺方达到如此出神入化的境界。其经历了目有全牛——目无全牛——游刃有余三个阶段,如果从规律的角度来看,也就是不懂规律——认识规律——运用规律三个阶段。"技进乎道""由技入道"也历经三个境界:"始臣之解牛之时,所见无非牛者",开始宰牛时,由于对于牛体的结构还不了解,所见的是浑沦一牛(完整的没有缝隙可进刀的牛),他还不熟悉牛,和牛处于对立的地位。这是每一个刚入行学技的人都需要经历的一个初始阶段。"三年之后,未尝见全牛也",三年后,就未尝看见整头牛了,他开始和牛融为一体,能够透彻了解牛的结构,但仍然要用眼睛看。"方今之时,臣以神遇而不以目视,官知止而神欲行",现在,他已经不用眼睛去观看,只用心神来领会。手止于其所应止,神自然行于其所应行。"依乎天理,批大郤,导大窾,因其固然。技经肯綮之未尝,而况大軱乎",依照牛体自然的生理结构,劈开筋肉的间隙,找到骨节的空隙,顺着牛体本来的构造下刀。连经络相连、筋骨相接的地方都没有碰到,何况是大骨头呢!庖丁"依乎天理""因其固然",掌握了解牛的规律,"以无厚入有间,恢恢乎其于游刃必有余地矣",解牛于他而言,就变得轻松自如,这就是由技入道。

庖丁解牛的三个境界,类似于禅宗所谓"见山是山,见水是水;见山不是山,见水不是水;见山还是山,见水还是水"的悟道三境界。"始臣之解牛之时",所见无非混沌一体的整体现象,而丝毫无法洞见本体,简直是牛吃南瓜找不到开口的地方;"三年之后,未尝见全牛也",就已经看到现象之空了;"方今之时",肉体感官和心智已经停止发挥作用而纯粹依靠精神灵性,达到了完全洞达本体的境界。用哲学的语言来说,就是庖丁经过长期的劳动实践,已经能够按牛之"理"来解牛,按照牛这个物种的规律来变革牛。可见,"道"非凭空产生,恰由纯熟的技艺生成。当我们专注于某种技能,一门心思苦苦钻研,把它挖深、钻透、砸实,久久为功悟一技,致广大而尽精微,直到炉火纯青、出神入化的境界,我们就自然而然地走入了"道"的领域。

"謋然已解,如土委地。提刀而立,为之四顾,为之踌躇满志,善(通"缮")刀而藏之。"通过艰苦的努力,庖丁化解了执着于现象世界所带来的纠结和痛苦之后,其幸福和满足是难以言喻的。"提刀而立,为之四顾,为之踌躇满志"的形容,把这种自得之态描写得十分形象。这就揭示了一个非常重要的道理——没有乐趣,怎么可能孜孜不倦地追求,毫不懈怠地练就一身绝技?在中国古代历史上,许多对人类文明做出贡献的工匠,都怀有一种对自己劳动成果踌躇满志的心态,把创作视为乐趣。这是工匠精神一个不可或缺的内涵。

梓庆为鐻——排除杂念,天人合一

梓庆削木为鐻(jù),鐻成,见者惊犹鬼神。鲁侯见而问焉,曰:"子何术以为焉?"

对曰:"臣工人,何术之有?虽然,有一焉。臣将为鐻,未尝敢以耗气也,必齐(zhāi)以静心。齐三日,而不敢怀庆赏爵禄;齐五日,不敢怀非誉巧拙;齐七日,辄然忘吾有四枝形体也。

当是时也,无公朝,其巧专而外骨消。然后入山林,观天性;形躯至矣,然后成见鐻,然后加手焉;不然则已。则以天合天,器之所以疑神者,其是与!"

——《庄子·达生》

这讲的是一个鲁国木匠的故事。鐻,古代悬挂钟磬等乐器的木架。梓,即梓人,木匠;庆为人名。梓庆"削木为鐻",做成钟架之后,"见者惊犹鬼神",看见的人都惊讶无比,以为鬼斧神工,怎么会做得这么好!那钟架上面的猛兽栩栩如生。鲁侯见了鐻后,也是赞叹不已,就问:"你是用什么技艺把它做得这么巧?这么如此精妙绝伦?"梓庆很谦虚,说:"我是一个小小的工匠,根本没有什么技艺啊!虽然如此,但是我还是有一个感觉:'有一'。"这个"一"我们可以理解为《荀子》所说的"虚一而静",道教里所说"抱元守一",用通俗的话来说,就是做事专心致志、不起一念、一以贯之。他对鲁侯说:"臣将为鐻"时,不敢损耗自己丝毫的力

▲ 弘一法师对联与书法

气,而要用心去斋戒。斋戒是为了"静心",排除所有杂念,扫除所有的浮躁之气,让自己的内心真正安静下来。"齐三日,而不敢怀庆赏爵禄",斋戒三天,不再怀有庆贺、赏赐、获取爵位和俸禄的思想;"齐五日,不敢怀非誉巧拙",斋戒五天,不再心存非议、夸誉、工巧或笨拙的杂念;"齐七日,辄然忘吾有四枝(通"肢")形体也",斋戒七天,已不为外物所动,仿佛忘掉了自己的四肢和形体。梓庆通过不断的"斋戒",其实是穿越了三个阶段:第一阶段,忘记利益,不再想着用我的本领,去博取一个世间的大利;第二个阶段,忘记名誉,不再想着大家的是非毁誉对我有多么重要;第三个阶段,忘记自己,达到忘我之境。也就是说,通过"心斋"使心境虚静纯一,完全地消解功利之心,解构那些外在支配着人的东西,去掉这些东西之后,人才能真正地进入创造性的活动。这个时候,他的身体和精神已达到最佳状态,外界的扰乱全都消失,他的眼里已不存在公室和朝廷,只有业已形成的"鐻"的形象;然后他便进入山林,观察各种木料的质地,选择好外形与体态最与鐻相合的;最后他把这个最合适的木材砍回来,顺手一加工,它就会成为现在的这个样子了。这一段对于自由创造活动的内部规律做出了非常明确的阐述。

梓庆最后说,他做的事情无非叫作"以天合天"——将木工的纯真本性与木料的自然天性相融合,这就是制成的器物疑为神鬼功夫的原因。这就是"道",用那些本身最合乎规律的事情去应对规律,永远不要和规律较劲儿,不要违背规律,用自己澄净清明的心,用智慧看到哪些事情可以"以天合天"。

梓庆削木为鐻的故事告诉我们一个朴素而又玄妙的道理,守住匠心要经过三个阶段:忘利、忘名、忘我。如果一件作品能"天人合一""巧夺天工",就必须令自己达到忘记自我、与自然融为一体的境界。凝聚生命之魂去制作产品的境界,不就是道吗?

痀偻承蜩——神情专注,用心专一

仲尼适楚,出于林中,见痀偻(gōulóu)者承蜩,犹掇(duō)之也。仲尼曰:"子巧乎!有道邪?"

曰:"我有道也。五、六月,累丸二而不坠,则失者锱铢(zī zhū);累三而不坠,则失者十一;累五而不坠,犹掇之也。吾处身也,若厥株拘;吾执臂也,若槁木之枝;虽天地之大,万物之多,而唯蜩翼之知。吾不反不侧,不以万物易蜩之翼,何为而不得!"

孔子顾谓弟子曰:"'用志不分,乃凝于神',其痀偻丈人之谓乎!"

——《庄子·达生》

《痀偻承蜩》讲的是一个驼背老人捕蝉的故事。"承"(通"拯"),以长竿取物。"蜩",即蝉,俗名"知了"。"承蜩"就是捕蝉,即持竿粘(zhān)蝉——在竹竿的顶端涂上蛛网等有黏(nián)性的物质,然后轻轻地把竹竿伸到蝉的身边,出其不意地粘住蝉的翅膀。据《礼记·内则》记载,蝉是人们上好的食物,我国古代就有食蝉的饮食风俗,直到今天,山东、广东等地仍有食蝉的习俗。《痀偻承蜩》中的这位驼背者,就是一位以捕蝉为业的老人。而捕蝉可不是件容易的事:蝉栖息在高高的树上,它个头小,颜色又与树色十分接近,加上枝叶遮蔽,即使你听到了"知了知了"的叫声,也很难发现它的确切位置。蝉又生性机警,一有动静,就会马上展开那薄而透明的翅膀,很快逃走,所以即使你发现了它,也很难把它捉住。而这位驼背老人,因为生理缺陷,直不起腰来,很难抬头看清蝉的确切位置。他以捕蝉为生,几乎是不可想象的事情。

▲ 范曾书画作品:驼背老人与秋蝉

然而,有一次,"仲尼适楚,出于林中","见痀偻者承蜩,犹掇之也",看见这位驼背老人捕起蝉来,竟然毫不费力,就像随手拾东西一样。见了老人的捕蝉绝技,孔子十分惊讶。他问老人道:"子巧乎,有道邪?"您捕蝉如此精熟,这仅仅是一种技巧呢,还是其中另有什么高深的道呢?驼背老人回答说:"我有道也。""五、六月,累丸二而不坠,则失者锱铢。""五、六月",一说是指"蝉最多的农历夏季五、六月",另一说为"经过五、六个月的练习"。"累丸"即累迭圆形小弹丸,也就是在竹竿顶端累积小球,手持竹竿另一端,而不让小球掉下来。驼背老人为什么做这样困难的练习呢?因为用竹竿粘蝉,最忌胳膊发抖,胳膊一颤抖,竹竿就会抖动,蝉就会受惊飞走。练习"累丸"就是锻炼胳膊不发抖的本事。"累丸二而不坠,则失者锱铢(古代很小的重量单位,六铢为一锱,四锱为一两)",如果竹竿顶端累迭两个小球而不掉下来,那么捕蝉时失手的可能就只在锱铢之间——很少失手。"累三而不坠,则失者十一",累迭三个小球而不掉落,捕蝉时失手的可能就十次不会超过一次了。"累五而不坠,犹掇之也",累迭五个小球而不掉落,捕起蝉来,就会像随意拾东西一样,那就毫不费力、万无一失了。驼背老人接着又说:"吾处身(安置身体,意为"站着")也,若厥(通"橛",木头一小段叫一橛)株枸(断木)"(我捕蝉时,身子站在那里一动不动,就像一根木桩一样)。"吾执臂(手执竹竿的膀臂)也,若槁木(枯槁的树木)之枝。"(捕蝉时,我手拿竹竿的胳膊,一点都不颤抖,就像枯树枝一样。)以上这几句话讲驼背老人如何刻苦锻炼捕蝉技艺,以至练得捕蝉时身如断木,纹丝不动,臂如枯枝,毫不发抖,手持长长的竹竿粘起蝉来,就如随意拾取东西一样。但这还只是一种"巧",而不是"道"。

那么,什么才是驼背老人的捕蝉之"道"呢?"虽天地之大,万物之多,而唯蜩翼之知。"(天地虽大,万物虽多,但在捕蝉时,我只知道有蝉翼,不知道有别的。)"吾不反(反顾,回头看)不侧(两侧,朝两旁看),不以万物易蜩之翼,何为而不得!"(我捕蝉时,不回头反顾,不左右旁观,不因任何事物而改变我对蝉翼的注意,怎么会捕不到蝉呢?)捕蝉时,眼里只有蝉,心里只有蝉,神情专注,用心专一,这才是驼背老人的捕蝉之"道"。

听了老人这番话,孔子深有感触,他"顾谓弟子曰:'用志不分,乃凝于神',其痀偻丈人之谓乎!"他回头对随行的弟子们说:常言道,做事用心专一,就可和神工(非人力所能达到的精巧技艺)相比,这大概说的就是像驼背老人这样的人吧。

作者讲《痀偻承蜩》这篇寓言故事的目的,本是要借驼背老人的话来说明所谓"达生之情"的,说明所谓"无己"(忘掉主观)、"忘物"(忘掉客观)、物我交融的神奇作用的。但是,在客观上,这个故事却告诉我们,一个人如果能够排除外界的一切干扰,持气如神、集中精力,形神合一、勤学苦练,就可以掌握一门过硬的本领;不论做什么事情,要想把它做好,做出点成绩,就要用心专一,不能三心二意。所谓"用志不分,乃凝于神",这正是这个寓言故事的客观意义,也正是驼背老人给我们的有益启示。

《尚书·大禹谟》云:"人心惟危,道心惟微;惟精惟一,允执厥中。"造物犹如做人,心正才是根本;持之以恒方能精益求精,心无旁骛才能臻于化境,天人合一才能巧夺天工。工匠文化和工匠精神不仅是我国古代社会走向繁荣的重要支撑,也是一份厚重的历史沉淀。工匠的本质在于精业与敬业,这种精神融入工匠们的血液之中,技艺为骨,匠心为魂,共同铸就了我国丰富的物质文化遗存,推动了我国古代技术的创新发展,打造了世界文化史上的雄伟高峰。

思考与研讨

一、为探索长江下游史前稻作农业的发展和农耕方式的演变,经国家文物局批准,2020年9月至2021年12月,浙江省文物考古研究所等单位对余姚施岙遗址近8000平方米的古稻田进行考古发掘。考古发现了具有明确叠压关系的三期大规模稻田,清晰展现出河姆渡文化早期(距今6700～6400年)、河姆渡文化晚期(距今5700～5300年)和良渚文化时期(距今5300～4300年)的田块形态和稻田结构。发掘区周围还发现了总面积达90万平方米古稻田。发掘表明施岙古稻田是迄今世界上发现的面积最大、年代最早、文化系列最完整、证据最充分的稻作农耕遗迹,是史前考古的重大发现。发掘区完整剖面显示,不同时期古稻田之间有海相淤积层间隔,河姆渡文化早期和良渚文化时期稻田层上都有泥炭层和海相淤积层覆盖。持续2000年的稻田层、泥炭层、海相淤积层相互叠压反映出史前环境的波动对先民生产生活产生了重大影响。对此考古学家描述了一个让人唏嘘的沧海桑田的故事:距今约6700年前,一群先民来到这里,他们平整土地,用骨器、木器种植水稻,用陶釜等作为炊器。有一天,海平面上升,海水淹没了稻田,他们不得不离去。时间过去了很久很久,大概1000年后,这块土地露出水面,一群先民又来到这里,重整山河,又开始种植水稻。有一天,海平面又上升了,海水再度淹没了这片稻田。时间又过去很久很久,大概几百年之后,当它再一次露出水面,一群先民又来了,他们又播下稻种,初心未改,躬耕依旧……

请根据上述材料及教材内容,探讨万年中华农耕文化史与五千多年文明史之间相承与互动的关系。

二、当我们今天去参观博物馆浏览出土文物时,比如,战国的青铜器、北宋的汝窑青瓷等,这些稀世珍品完美地展示了当时手工艺制造的最高水平。然而,这些精美绝伦的工艺品更多的是上流特权社会享有的奢侈品,与平常百姓无关。中国古代匠人们所制作的独具匠心的高品质产品不是流通商品,更多的是一种用来展示社会地位的物件,只是老百姓们没有购买和享用这种高品质商品的权利。那么,商品流通就会出现这样的问题:给官家做的东西,自然精美无比;而用于流通市场的普通商品,因为等级制度,因为制作的成本问题,自然而然就不会耗时费工。很明显,中国历史上不乏匠心,但问题的关键在于,整个平民消费层对于独具匠心的商品之使用和流通并没有认知。想起电影《开国大典》中一个细致刻画场景:在工程队不能凭借自身能力解决直径近3米超大灯笼制作之时,他们找到了生于清末还健在的灯笼老工匠。老工匠通过细致地甄选原材料和借鉴自家传承数代的制造经验最终将灯笼制作成功。

请根据上述材料及教材内容,说说中国古代官营手工业具有哪些特点,具体例说古代匠籍制度对工匠技艺传承、劳动创造性的影响。

三、有人说,中国文化讲究的是混沌,中国人讲话往往是"话里有话",表达往往具有模糊性与多重含义,这被视为中国文化与欧美文化的显著区分点之一。因此,中国文化缺少数字量化标准。秦始皇统一中国做的其中一件大事就是统一度量衡,统一标准,尤其是数字量化标准。曾有考古学家以兵马俑出土的秦代青铜剑来做研究,得出的结果让人惊诧不已:出土的同一型号青铜剑之间的误差仅在毫米级别。当年秦国军队后勤部门的工匠们不仅体现的是高超技艺,同样体现了对于量化标准以后的质量体系严格执行和遵守。所以,不同文化、不同制度铸就了不同的思想,而思想又造就了不同的行为习惯,最后产生不同的结果。

请结合本章的内容,研讨上述材料与观点之间是否具有充足的逻辑性,讨论文化、制度与精神三者之间究竟是怎样的关系。

四、我国著名哲学家冯契对庄子《庖丁解牛》这则寓言十分欣赏,多次用它来阐明什么是"自由劳动"。他强调,按照马克思的学说,人最本质的力量就是自由劳动,人最本质的要求就是自由,而一个合理的价值体系基石就是自由劳动。真正的自由,一个关键之处就在于,劳动要成为一种"目的"、一种"乐生要素"。在庖丁那里,劳动已经不再是在外部力量的支配或强制之下进行的劳动;劳动已不再是单纯的谋生手段,而是目的本身。历史上,大凡对人类文明做出贡献的工匠,都怀有一种对自己劳动成果踌躇满志的心态,乐趣执着于一件技艺,毕生奉献给了一门职业。这是工匠精神一个不可或缺的含义。

从产品角度而言,自由劳动就是要创造对人类有价值的文化。广义的文化不仅是指脑力劳动者创造的东西,也包括体力劳动者制作、创造、发明的各种器物和工具。而这些被创造出来的东西,都是人的本质力量的体现,都是自由劳动的产物。

因此,我们"可以将工匠精神视为劳动者的本质力量的发挥和人的才能的充分展现"。请细读本章相关内容,谈谈自己对此观点的看法。

五、工匠是既有规矩,又巧成器物的人。在中华两千多年的帝制时代,建筑、舟车、武备、器物等主要制造者是工匠。但遗憾的是,中国封建文化史重道轻器、厚士薄工,翻开"二十四史"和《清史稿》,除《元史·工艺列传》外,工匠入传,一概鲜有,如明朝杰出的石工陆祥

(1376？—1469)、木工蒯(kuǎi)祥(1398—1481)，为人宽厚，技艺卓绝，虽官至工部侍郎，《明史》却未入传。我们仅从《明实录类纂·宪宗实录》中获得记载工匠的雪泥鸿爪。

苏州园林的建造者——江苏吴县"香山帮"匠人自明朝永乐年间传承至今，已有600多年历史，其"精神领袖"蒯祥曾设计营造了紫禁城太和殿、午门、端门、承天门（天安门）等不朽的中国建筑，其后人也主理了颐和园以及苏州园林的营建工程。

"香山帮"是以木匠领衔，集泥水匠、堆灰匠（泥塑）、雕花匠（木雕、砖雕、石雕）、叠山匠及彩绘匠等古典建筑全部工种于一体的建筑工匠群体。古语云："煞费匠心者，必然神工天巧，备出天造。""香山帮"翘楚于业源自蒯祥之传奇。蒯祥，人称"蒯鲁班"，据《明实录类纂·宪宗实录》记载，"凡百营造，祥无不与"，手艺精绝，木匠、泥匠、石匠、漆匠、竹匠五匠全能。其事迹也零星录于地方志中。《康熙吴县志》中赞他"能主大营缮"，精于建筑构造，擅长榫卯技巧，"略用尺准度……造成以置原所，不差毫厘"；"能以双手握笔画龙，合之如一"。《光绪苏州府志》中又载："永乐间召建大内，凡殿阁楼榭，以至回廊曲宇，祥随手图之，无不称上意。"蒯祥擅长宫殿装鉴，把具有江南特色的苏州彩画、琉璃金砖引入皇宫建筑，使整个建筑群气势恢宏、色泽绚丽。蒯祥不仅技艺超群，还创新发明了可以装卸的活络门槛——"金刚腿"。现位于苏州市吴中区香山渔帆村的蒯祥墓园内，有二副楹联："宫阙巍巍共仰雷山鼻祖，园林处处不忘胥水良师"；"技艺精湛二品致工部，蜚声遐迩千秋继鲁班"。这是后人对一代哲匠的最高缅怀。

阅读上述材料，请从"香山帮"不朽的建筑工程分析其背后蕴含的工匠精神，同时，结合本章《梓庆为鐻》《佝偻承蜩》等匠人故事，谈谈你对"技""艺""道"三者辩证关系的理解。

第三章
世界工业强国的工匠精神：品质、细节与创新

世界工业强国的形成与它们对工匠精神的重视密切相关。"劳动精神"是德国制造业过去 100 多年成功的钥匙。这种精神让"德国制造"声名显赫，让德国百年工业品牌屹立不倒，也让德国在欧洲经济一片困顿时保持一枝独秀。"匠人精神"在日本也被称作"职人气质"。日本超过 200 年的企业居全球之首，这些"百年老店"都不急着"做大做全"，而是几代人专注一种商品或者一种技术。而美国的"职业精神"更注重自由和创新，工匠是一群不拘一格，依靠纯粹的意志和拼搏的劲头，做出了改变世界的发明创新的人。这种自由、创造的职业精神，既是美国精神的反映，也丰富和发展了美国文化。这些工业强国不但保持较高的工业技术水平，而且逐步打造出本国工业产品的口碑。制造业的高质量发展，是中国经济高质量发展的重中之重。在由制造大国向制造强国跨越这样一个大的背景下，我们有必要从文化、制度等层面对日、德、美三国的"工匠精神"加以解读，从而在全社会厚植工匠文化，打造一批批先进的制造业产业集群，为夯实迈向制造强国的底气，奋力谱写中国式现代化的新篇章提供参考。

第一节　德国：注重质量与标准的劳动精神

说起德国，你会想到它是欧洲中部最大的国家，这片土地饱受古典音乐的浸润滋养，散发着古典哲学的理性光芒。这里曾经是第二次工业革命的发祥地，以现代大学和科技发明闻名于世。第二次世界大战后，德国分裂为德意志联邦共和国（西德）与德意志民主共和国（东德）两个国家。1989 年 11 月 9 日，横亘在两国之间的"柏林墙"被推倒；1990 年 10 月 3 日，分裂长达 45 年之久的德国重新统一。统一之后的德国仍以"德意志联邦共和国"为国名。

说起德国，你也会想到它的领土面积为 35.7 万平方千米，相当于我国云南省（39.4 万平方千米）再减去我国台湾地区（3.6 万平方千米）那么大小，然而，它是目前欧洲的第一大经

济体、世界的第四大经济体;它是一个由16个联邦州组成、拥有人口约8400万的联邦议会制国家,北邻丹麦,西部与荷兰、比利时、卢森堡和法国接壤,南邻瑞士和奥地利,东部与捷克和波兰接壤,首都为柏林,以温带气候为主,以德意志人为主体民族。

德国作为一个国家在1871年前是不存在的。自公元962年"神圣罗马帝国"建立以来,在长达900多年时间内,德意志仅仅是一个民族、地理概念,而不是一个完整的国家,它始终没有一个稳定的都城和集权的中央。1815年拿破仑滑铁卢惨败,欧洲政治格局随之改变,"维也纳会议"议定,将同属于德意志人、各自独立的34个邦国和4个自由城市构造成一个德意志同盟(1815—1866),然而"同盟"仅仅是一个继续保持政治分裂的松散的"邦联"。邦国中最强大的王国就是普鲁士,它于1834年建立了德意志关税同盟,取得了德意志境内经济统一的支配权。1862年普鲁士国王威廉一世任命俾斯麦为宰相,采用"铁血政策",通过三次王朝战争,即1864年的普丹(丹麦)战争、1866年的普奥(奥地利)战争以及1870年的普法(法国)战争,于1871年完成了除奥地利以外的德意志民族的统一大业,建立了德意志帝国。德意志帝国成立的时候,这个世界是怎么样的呢?

1868年日本明治天皇建立新政府,以"富国强兵""殖产兴业""文明开化"为追求,开始推行具有资本主义性质的全面西化与现代化改革运动——明治维新;几乎同一时期,中国则在恭亲王奕䜣和李鸿章等人的主持下发动了一场以"自强""求富"为旗号的洋务运动(1861—1895),也就是说当德意志帝国成立的时候,像日本、中国等国家正走上了自己的"求富"道路。当时,整个欧洲地区最先进的国家是英国。从17世纪中期开始,英国诞生了近代科学的巨人——艾萨克·牛顿(Isaac Newton);1687年牛顿最重要的科学著作《自然哲学的数学原理》出版,他用数学方法证明了万有引力定律和三大运动定律,为工业革命找到了一把的钥匙。詹姆斯·瓦特(James Watt)拿着这把钥匙开启了工业革命的大门;在对纽可门蒸汽机进行重大改进的基础上,1782年瓦特发明了"万能蒸汽机"(联协式蒸汽机)——能在工业生产中广泛应用的动力机器,解决了工业化的核心问题,被称为"工业革命之父"。亚当·斯密(Adam Smith)则是挥动了一只控制经济生活的看不见的手——市场供求规律,为工业革命的推进创造了一个新的经济秩序;1776年亚当·斯密《国富论》出版,为社会发展提供了一台真正的思想的发动机,使得工业化不再停留于发明机器和制造产品的阶段。在各种合力下,英国引导了世界第一次工业革命,成为世界上第一个工业化国家。因此,在德国经济崛起之时,它第一个要模仿的对象就是当时引领着世界发展的英国,在追赶的过程中,模仿便成了创新的基础,或者说模仿就是德国最大的创新。

在19世纪上叶英、法完成工业革命时,德国还是个农业国,绝大多数人口从事农业生产,制造业主要存在于手工作坊,大型工厂寥寥无几,与英、法相比,德国只在人口数量和劳动力成本上具有优势。1871年实现统一后,德国开始利用贸易保护政策,全力扶植以劳动密集型为主的外向型经济。当时世界市场几乎被列强瓜分完毕,在夹缝中求生的德国人,一开始也经历了"山寨"的阶段:向英、法学习,偷人家的技术,仿造人家的产品,并以低价冲击市场。比如，双立人(ZWILLING J. A. Henckels)、博克(Böker)、三叉(Wüsthof)等国际顶级刀具品牌均诞生在德国西部北莱茵-威斯特法伦州的索林根(Solingen)小镇。索林根在130年多前是整个欧洲地区的五金城，也是在整个欧洲假冒伪劣刀具的最大集散地。出于对"山寨货"的恐惧，英国议会为此于1887年8月23日通过《商标法》修改法案(Merchandise Marks Act 1887)，规定所有进入英国本土和殖民地市场的德国商品必须标明原产地，注明"德国制造"，以此来区分劣质的德国货与优质的英国产品。"Made in Germany"在当时实际上是一个带有侮辱色彩的符号。

德国人由此深刻反思，急起直追，坚定地走上了一条"质量立国"之路。德国工业依托雄厚的基础科学，弘扬严谨、踏实、理性的工业文化，强化产业工人队伍建设，制定全球化标准，完善与实施各类制度等，实现了跳跃式的发展，"德国制造"成为质量和信誉的代名词。

一、坚定走"质量立国"之路

美国历史学家斯塔夫理阿诺斯(Stavrianos)在其名著《全球通史》(The Word Since 1500: A Global History)中认为："德国的工业化……开始时发展速度很慢。但是，1871年后，德国工业以巨人般步伐前进……"[①]统一促进了德国大工业的迅速发展，到19世纪70年代末，德国就基本上完成了产业革命，工业化程度足以与英、法匹敌。德国的工业品在与英、法工业品的激烈竞争中，不断提升质量，德国在以"电气化"为代表的第二次工业革命(19世纪70年代—20世纪初)中，取代英、法，成为这场新工业革命的领头羊。世界第一台大功率直流发电机、第一台电动机、第一台四冲程煤气内燃机、第一台汽车等发明创造均诞生于德国。第二次工业革命之后，德国的机械、化工、电气、光学产品乃至厨房用具、体育用品，均已成为世界上质量最过硬的产品。戴姆勒—奔驰、宝马、奥迪、大众、西门子、拜耳、博世、克虏伯、施耐德、阿迪达斯等公司，一直在全世界享有极高的声誉。

专攻德国现代化问题的武汉大学李工真教授对德意志民族对质量的追求做了深入的梳理：德国人奉行着"要么最好，要么没有"的原则，始终将质量置于数量之前，将品质置于利润之前。德意志民族是一个有哲学传统的民族。这种传统不仅造就了康德、黑格尔、马克思等众多饮誉世界的大哲学家，而且也深深影响了德意志人的行为，即"讲求逻辑、追求完美、追求彻底性"。这种哲学禀赋在德意志人的生活中表现为"探求事物的本质、确定长期的战略、适应外部的环境"，具体来说，德国人常常从三个层面来看待质量问题。一是从经济学上来看，"只有一种充分自由竞争的市场，才是衡量产品质量优劣的最好裁判者。""卖不出去的产品，就是质量低劣的产品，也是实现不了它的使用价值与价值的产品。""唯有产品的优质性才是它最好的广告。""质量意味着产品的生命，因此，在任何情况下，质量都是企业的生命，因而也是职工的生命。"二是从生产理论上来讲，"靠检查来提高产品质量并不是最好的途径，因为检查不会改变产品质量，只有搞好设计和制造这两大环节，产品质量才能得到保证。

---

① [美]斯塔夫理阿诺斯. 全球通史：1500年以后的世界[M]. 吴象婴，梁赤民，译. 上海：上海社会科学院出版社，1999：297.

质量是掌握在广大职工手中的,质量的好坏关键在于设计水平和制造工艺,也就是说,产品制造本身的质量才是产品质量的根本要素。"三是从道德层面上来说,"任何产品都是由人生产出来的,从某种意义上讲,产品质量所涉及的问题,往往不是技术问题,而是责任心的问题。"因此,回到哲学上,还是那句话:"没有质量的数量是毫无意义的,唯有以质量为基础的数量才构成真正意义上的数量。"①

德意志人的这种意识绝非只是在嘴上说说,而是充分体现在德国企业对完美的追求上。这种"追求完美"的哲学,体现在产品与服务上就是"质量永恒",体现在技术上就是"技术至上",体现在人才上就是"专业技术人员的高标准"。正是这种对"质量立国"的坚持,对"工匠精神"的坚持,使得"德国制造"完成了由劣变优的转变,自20世纪中叶以来,成为全球市场上毫无争议的"质量和品质"的代名词。

二、独特的双元制职业教育体系

德国人认为工人的素质是产品质量的保障。因此,教育尤其是职业教育,成为德国的立国之本。他们认为要做一个好的商品,就必须要培训好工人。正因为如此,在德国整个产业工人队伍中,高级技工的占比为50%,高于日本的40%,更远远高出中国目前8%的水平(2005年占比为5%,2022年上升至8%)。德国的职业教育是培育严谨、细致、踏实、注重品质的劳动精神的教育,是支撑德国强大制造业的"秘密武器",也是打造德意志工匠精神的"法宝"。

在德意志帝国成立之初,德国因产品质量低劣受到其他国家的嘲笑,他们把愤慨化作培养熟练技术工人的动力,从国家层面建设高质量的职业教育。1884年德国把职业教育的职能从教育部剥离出来,由主管经济的贸易部负责,在此后的20年里,德国大力投资技工教育,一线的熟练技工的培训上岗规模增加了20倍,这些精良的技术蓝领,为德国制造奠定了基础。德国前总统罗曼·赫尔佐克(Roman Herzog)曾说:"为保持经济竞争力,德国需要的不是更多的博士,而是更多的技师。"德国从战略层面,高度重视培养高技能人才,形成了独具特色的双元制职业教育体系。

所谓双元,是指技术工人须在两个场所接受培训,一元是指职业学校,另一元是行业协会下属的大型企业或跨企业培训中心等校外实训场所。在双元制职业教育中,不同机构遵循不同的法律——职业学校的教学受州政府《职业学校条例》保障,企业的培训受联邦政府《联邦职业教育法》(1969年颁布,2005年、2019年两次修订)保障;接受两项培训规范——由联邦教育与研究部(BMBF)、经济与能源部(BMWi)、劳动与社会部(BMAS)协同决策,联邦职业教育研究所(BIBB)实施制定的《职业教育条例》(又译《企业职业培训条例》)以及州文教部长联席会议(KMK)制定的《职业学校教学标准》(又译《框架教学计划》);受政府和行会协会(简称行会)两方监督——州政府具体负责学校的组织管理和教学监督,行会具体负责监督企业培训并组织最终考核。尤其值得一提的是,行会扮演着特别重要的角色。按照

---

① 李工真.德意志道路——现代化进程研究[M].武汉:武汉大学出版社,2005.

德国宪法规定,双元制教育中的企业培训的管辖权在联邦而不在州政府,由《联邦职业教育法》授权给各行会负责,所有企业必须加入相关行会。在德国涉及职业教育的行会主要有隶属于联邦经济和能源部的德国工商业大会(DIHK)——82 个德国国内商会(IHK)及分布于 90 个国家与地区的 130 个德国海外商会(AHK)以及德国手工业行会(HWK)等,涵盖 349 个职业工种。行会按"与经济技术发展、社会实际需求同步"的原则,牵头组织考试委员会制订考试大纲,对学生进行最终考核,学生必须通过行会组织的考试,方可获得整个欧美"雇主可以充分相信的职业资格证书"。同时,行会严密监控成员企业的培训。如发现哪家企业不执行政府的框架计划,培训质量不高,行会就会收回培训权。这在德国算是很重的处罚了。

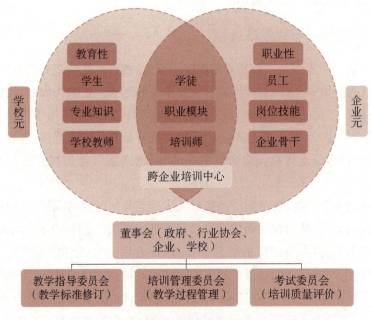

▲ 德国双元制职业教育模式图

双元制(Duales System)职业教育的精髓在于校企合作共同培养技术工人。德国的教育基本分两条线:一条是"小学(Grundschule)→文理中学(Gymnasium)→综合大学",主要培养从事科学和基础理论研究的人员,约占 30%;另一条是"小学→主体中学(Hauptschule)或实科中学(Realschule)→职业院校",主要培养技术工人,约 70% 的德国青少年会主动选择职业教育。他们自己或通过劳动局的职业介绍中心选择一家企业,按照有关法律的规定同企业签订培训合同(约定培训目标、培训起始时间、培训年限、生活津贴数额等),得到一个培训岗位,然后再到相关的职业学校登记取得理论学习资格;他们具备双重身份,在学校是学生,在企业是学徒;有两个学习受训地点,培训企业和职业学校。2.5~3.5 年的职业教育与培训,贯穿"为行动而学习、通过行动来学习、行动即学习"的理念,一周有 3~4 天时间在企业,跟着师傅按教学计划掌握生产流程,通过实操来学习技术技能和解决生产中的难题;1~2 天时间在学校,学习文化知识与专业理论。学徒通过"传统技术基本功训练→分项专门化训练→综合训练"等三阶段培养,按"明确任务/获取信息→制订计划→做出决策→实施计划→检查控制→评价反馈"等行动导向六步法,学习掌握与工作过程相关的知识技能,学会从工作过程的全局出发分析问题和解决问题,从而获得与工作岗位更贴近的职业能力。当然,德国各类教育立交桥完备,有很多"蓝领变白领"或"白领变蓝领"的机会——在基础教育结束后的每一个阶段,学生都可以从普通学校转入职业学校;接受了双元制职业培训的学生,也可以在经过一定时间的文化课补习后进入高等院校学习,职业类博士与学术类博士也同样并存。况且,通过双元制培养出来的高级技工社会声望不低,人均年薪能达到3.5万欧元左右,与博士毕业生不相上下。高级技工经过不懈努力,最高可获得"工业大师"称号。"工业大师"既是对技艺的认可,也是荣誉的象征,马路旁的专用停车泊位甚至也免费向其开放。

德国双元制职业教育有"两突出":学校和企业合作,突出企业培训;理论和实践结合,突出技能培训。这种对基本功的夯实、对实践的重视和对动手劳动的崇尚,成了德国工匠培育体系的重要支撑。它为德国制造业源源不断地输送着高质量的人才,使得德国制造业如虎添翼。在2015年华为年终总结会上,任正非总裁对德国应用科技大学的双元制教学进行了描述:"德国斯图加特工程院院长带我去参观一个德国工学院,大学一年级入学的学生,他们都在车间里面对着图纸做零件,把这些零件装到汽车上去跑,跑完回来再评价多少分。经过这一轮,再开始学习几何、理论力学、结构力学等学科,所以德国制造的汽车永远是无敌天下。"为了把每个学徒打造成真正的工匠,双元制职业教育还特别要求学徒具有严密的逻辑思维和严谨细致的工作方法,做每一项工作前必须事先做好周密的安排,并设计出最有效、最省时、最符合逻辑的流程,必须明确完成一项工作所需的工具、材料以及整个流程,所以德国工匠几乎不会出现在工作过程中忘带了一个工具、必须重新返回企业去取的现象,这一切就归功于他们所接受的严谨而又有逻辑的职业教育。

在2016年汉诺威工业博览会上,德国一家齿轮轴承公司的总裁曾说:"中国父母大都希望子女从事白领工作,把靠体力劳动吃饭当作没本事,子女成绩实在不好时,才考虑职业学校。而我们德国的父母自身不会看不起产业工人,反而把靠劳动生存当作美德传递给子女。唯有在家庭教育中倡导劳动改变命运的理念,才能形成一个勤劳的国家。""中国制造想要崛起,设备、技术是一方面,更重要的是对蓝领工人的培训。"因为他在珠三角和长三角设立的工厂里的设备已遥遥领先于德国本土工厂,但是次品率却是德国本土工厂的8~10倍。原因就是工人技术水平低下,且经验不足。可见,借鉴德国双元制职业教育的精髓,强化技术工人、高技能人才的培养是中国制造必须夯实的塔基。

三、无处不见的标准化与精细化

人们常说,三流企业做规模,二流企业做技术,一流企业做标准。让德国制造全球领先的首要因素,当数标准化。早在1917年德国就成立了国家标准化协会(Deutsches Institut für Normunge,DIN),专门制定行业标准,开启了世界标准化的先河。德国所制定的标准涉及建筑、采矿、冶金、化工、电工、安全技术、环境保护、卫生、消防、运输和家政等各个领域。截至2012年底制定颁布的标准达33 149个,如今每年还发布1 500项标准,其中80%以上被欧洲各国采用,从而掌握了行业话语权。数据显示,全球 2/3 的国际机械制造标准来自德国标准化协会。德国人制订的标准涵盖方方面面,从公共字体的运用到螺母的形状,从无外窗的厕所如何通风到修整的窨井盖旁应该放几个警示牌,事无巨细。以大家习以为常的工作用纸为例,一张 A4 纸、A3 纸的长、宽尺寸分别是 297 毫米×210 毫米和 420 毫米×297 毫米,也是由德国人于 1922 年制定的;ISO2000、ISO3000、ISO9000 等这些全球标准化的制定也是由德国人开始的。

对于标准的依赖、追求和坚守,必然导致对于精确的追求。而对于精确的追求,又反过来提高了标准的精度。德国人的精确主义,在生活与工作中演化为注重细节、苛求质量的"完美主义"。

德国人铺贴地砖时会使用五花八门的工具:一是佩戴专业护膝。与国内施工时不是蹲着就是弯着腰不同,德国人普遍跪着施工,长此以往,容易造成膝关节的劳损和病变,所以他们设计并使用了专门的护膝,来提高施工时的舒适感。二是配备下部有脚轮的小滑车。有时会跪在小滑车上,随着施工工作面的变化来回移动;有时是将部分瓷砖叠放在小滑车上,通过拖动小滑车搬运瓷砖,既方便又省力。三是配备搅拌器。根据瓷砖大小、厚度选择瓷砖胶的型号和用量并搅拌均匀。四是使用齿刮板。用齿刮板把瓷砖黏合剂均匀抹好之后,可避免铺贴的时候产生空鼓,会贴合得更好。五是使用瓷砖找平器。即使有了水平测量器进行实时监控,他们还是会用各种瓷砖找平器来确保万无一失。尤其在铺贴大块瓷砖时,他们会选择楔子找平器。每铺贴完一块瓷砖之后,就会在瓷砖间插入一个楔子来进行固定。这样可以预留出一定的空间,防止瓷砖起鼓,还能保证地面的平整度。等到瓷砖干燥定型之后,再取掉楔子并进行彻底清洁。又如,德国马桶的水箱是镶嵌在墙里的。这意味着,马桶水箱里的零件必须泡在水里几十年不能坏,水箱一旦出问题,必须把墙拆掉,然而德国人就这么自信。再如,德国的窗户有两种打开方式,一种是常规的横向内拉全开,一种是纵向小角度内倾,后者相当于在窗户上端开了个大缝,既透气又不会漏雨。为何德国的窗户都是向内拉开的?这里面蕴含一个奥秘。德国人说,窗户向内拉开擦玻璃时既方便又安全;如果窗户向外开,你必须将胳膊甚至大半个身体探出窗外才能擦到玻璃外侧,这对住高楼的人来说是很危险的。德国人对细节的追求不仅蕴藏于日常生活之中,在各种大型工程项目中也体现得淋漓尽致。看看"德国人设计建造的德塞公园与南非人自行修建的克克娜公园"的差距,或许更能帮助我们理解德国品牌为何长盛不衰。

南非的德塞公园是在国际上招标的,中标的是一家德国设计院。建成后,市民们并不满意,找出许多不尽如人意的地方。后来南非人再建公园,就不用外国人了。20 世纪 70 年代,南非人自己动手,修建了一个很大的公园——克克娜公园。克克娜公园建好后,南非人一片叫好,它漂亮、气派。但两年后,南非人的看法却发生了惊人的变化。

在雨季到来时,克克娜公园被大水所淹,德塞公园却没有一点积水。德国人不但给整个公园建了排水设施,还垫高了两尺。这是当初人们不理解的地方,直到大水到来,人们才明白其用意。

在举行集会时,克克娜公园的大门因为过于"秀丽",而让人感到十分拥挤,甚至造成了安全事故。这时人们才想到了当时对德塞公园过大的大门给予了批评,认为它有点傻。

等到了炎热的夏季,到克克娜公园的人们更为愤怒,因为它遮阳的地方太少,所谓的凉亭只是"花架子",容纳不了多少人。而德塞公园纳凉的亭子,棚檐宽大,能容纳许多人。

又过了几年,克克娜公园的石板地磨损严重,不得不返修。而德塞公园的石板地却完好如初。当初因为德塞公园的石板路造价过高,南非人差点叫德方停工。当时的德国人非常固执,一定要坚持自己的做法,双方争得脸红脖子粗。当地人曾一度认为,德国人太死板、太愚笨。结果却证明,德国人是对的。

真正的高品质就来自人性化、精细化!德国人在设计时,就充分考虑了天气与季节、地理与环境等方方面面。而南非人自己却没有顾及这些。于是,德塞公园建完后,多少年没有变样,而克克娜公园总要修修补补,已经花掉了建德塞公园两倍的费用。

四、小公司、慢公司铸就隐形冠军

是什么造就了德国制造业,让"Made in Germany"成为高质量的代名词?有人认为,德国制造业具有很强的国际竞争力,关键就在于形成了非凡的技术创新能力,涌现出一大批以宝马、西门子、博世等为代表的国际化的巨型企业。但是,更多的研究认为,德国经济的真正实力源自被统称为 Mittelstand 的中小企业。德国目前有 370 多万家中小企业,占德国企业总数的 99%。据德国联邦经济技术部的报告显示,500 人以下、年营业额不超过 5000 万欧元的中小企业为德国经济提供了约 60% 的就业岗位和 55% 的经济附加值。

阿盖什·约瑟夫(Ugesh Joseph)所著《德国制造》(*The "Made in Germany" Champion Brands: Nation Branding, Innovation and World Export Leadership*)曾对德国中小企业中的 177 个"冠军品牌"做了白描式的介绍①,并以此为线索来考察这些企业的企业文化,抽绎出德国"工匠精神"五方面的内容:一是天职理念。德国是著名的马丁·路德宗教改革的发祥地。德国的工匠受基督教的影响,把自己的职业视为上帝授予的"天职",做好工作不仅是为了赚钱,还是对上帝最好的一种侍奉,信仰变成了根深蒂固的理念,他们用宗教般的虔诚来看待自己的职业,严谨、认真地来生产自己的产品。德国人对造物的偏爱已融入了文化,德国自中世纪以来手工业就很发达,直到 1983 年手工业还占到 GDP 的 11%。德国人动手能力强,很多人喜欢制作手工艺品、自己盖房子,并为此为荣。二是长期战略。德国的家族企业占德国企业总数的 85%,比如在化工医药界耳熟能详的拜耳(Bayer)、汉高(Henkel)、默克(Merck)等都是家族企业。德国最大的 100 家家族企业的平均年龄为 98 岁,可谓百年老店。他们将优良的家族品质作为代代传承的珍宝,将家族的荣耀作为企业发展的内在驱动力,在经营上稳健第一、速度第二;舍得为了提升品牌的品质而投入,很少追求

---

① [印]阿盖什·约瑟夫. 德国制造:国家品牌战略启示录[M]. 赛迪研究院专家组,译. 北京:中国人民大学出版社,2016.

利润最大化和快速致富。德国的家族企业平均将销售额的 4.6% 投入研发。根据欧洲专利局统计,德国的人均专利申请数量是法国的 2 倍,英国的 5 倍,西班牙的 18 倍。三是专注精神。德国中小企业的规模不大、资源有限,要想在行业中站稳脚跟,必须把产品和服务做"深"而非做"广",深耕于一个很小的门类,精益求精,久久为功。如拥有全球可伸缩牵狗绳 70% 市场份额的福莱希(Flexi)的口号就是"我们只专注一种产品,但我们做得比谁都好"。四是完美情结。为了保持行业领跑者的地位,掌握行业内最顶尖的技术,打造质量最高的产品是它们矢志不渝的信条;它们善于从很多微小的改进做起,通过无处不在的质量管理和日积月累的进步塑造产品和服务上的绝对优势。五是以人为本。德国的中小企业形成了自己的企业责任观,如保证员工就业和企业延续是极为严肃的使命;它们视员工为企业的宝贵财富,视老技工的技艺(know-how)为核心竞争力,把培育精诚的员工看作企业"做久"的重要元素;信奉善良的力量,认为它是使企业获得更长久发展的力量;企业应该积极回馈社会,并与客户保持密切联系等。

专注于一个产品或一类市场,在某一个细分领域深度耕耘,是德国企业的一个传统。据德国管理学大师赫尔曼·西蒙(Hermann Simon)的研究:支撑德国经济发展的除了西门子、宝马、奔驰、博世、巴斯夫等超大型企业外,还有那些"闷声发大财的行业冠军"——隐形冠军(Hidden Champions)。隐形冠军需达到三个标准[①]:第一,它长期专注于某些单一产品,在行业内处于领先,或拥有数一数二的市场份额,或具备一马当先的技术优势,是实力居"同行业世界前三或所在大洲第一名的企业";第二,是"营业额在 50 亿欧元以内"[②]的中等或小型企业;第三,其在专业领域尽管鼎鼎大名,但并"不为普通公众所知晓",也就是说它并不是一个大家在广告、公共媒体上经常看到的企业。据统计,目前,全世界约有 3 000 家这样的隐形冠军,其中有超过 1 500 家在德国,它们无疑是德国中小企业中的典范。比如,伍尔特(Würth)公司,只生产螺丝、螺母等连接件产品,却在全球 80 多个国家设有 294 家销售网点,上至太空卫星,下至儿童玩具都应用了其产品;专业生产 X 光机的海曼(Smiths Heimann)公司全球领先,150 多个国家的海关和机场都采用其安检设备。又比如,在 2016 年汉诺威工业博览会上,美国前总统奥巴马没去奔驰、宝马,也没有去大众,却专访了菲尼克斯(Phoenix)公司的展位,这家企业就是一家深耕于电气接口技术的隐形冠军,世界上第一片组合式接线端子就是菲尼克斯发明的。它专注于这一领域 80 年,已经成为电气连接、电子接口技术和自动化领域的领袖。

---

① [德]赫尔曼·西蒙.隐形冠军:未来全球化的先锋[M].张帆,吴君等,译.北京:机械工业出版社,2015:35.
② "隐形冠军"是赫尔曼·西蒙于 1986 年首次提出的概念,通过 30 多年对全世界 3 000 家"隐形冠军"的数据分析,他对"隐形冠军"的营业额只设上限,不设下限。其上限的划分主要参考全球行业的发展规模,在其《隐形冠军:全球 500 佳无名公司的成功之道》(1996)、《21 世纪的隐形冠军:中小企业国际市场领袖的成功策略》(2009)及《隐形冠军:未来全球化的先锋》(2014)三本专著中,营业额的上限分别为 10 亿美元、40 亿美元和 50 亿欧元。也就是说,当下全球"世界 500 强"企业最低的年收入为 250 亿美元,50 亿欧元不足"世界 500 强"级别的 1/5;以此为尺度,纵然是最大的"隐形冠军"充其量只能归属于中型企业。

这些成功的德国企业，往往隐身偏僻乡间，默默地坚持着自己的目标，稳定而专注地在一个产品、一个领域发展，通过好品质、高性能在市场上占据着领导地位。它们可能是"小公司"，也可能是"慢公司"，甚至还可能看起来是"笨公司"，但稳定的业绩和持续的成长表明它们绝不是"差公司"。这就是德国工匠精神的来源。反观国内愿意单一化经营并成功的企业越来越少。产品刚有起色，就只身冲入房地产市场和资本市场已成常态。当中国企业真正理解隐形冠军与工匠精神之间的等号，制造业的出路才会敞亮。

五、完备的售后管理和召回制度

在德国人的观念中没有"物美价廉"一说。"德国制造"的优势并不在价格上，而在于它的生产标准。比如，德国所有供3岁以下儿童食用的产品不得含有任何人工添加剂，必须是天然的；所有奶粉被列为药品监管；所有母婴产品只允许在药店出售，不允许在超市出售；所有巧克力都被规定要使用天然可可脂作为原料；所有保健护肤品牌都必须要有自己的实验室和植物种植园，以保证天然有机。

德国的产品也不打价格战，一是由于有行业保护，二是由于价格战可能会让整个行业都陷入恶性循环。德国企业不会贪得无厌无休止地追求利润的，而是考虑企业的长远发展。

在1992年西门子（Siemens）公司的一次记者招待会上，有外国记者问彼得·冯·西门子总裁："为什么一个8000万人口的德国，竟然会有2300多个世界名牌呢？"这位西门子家族第5代掌门人是这样回答的："这靠的是我们德国人的工作态度，对每个生产技术细节的重视，我们德国的企业员工承担着生产一流产品的义务，提供良好售后服务的义务。"那位记者反问："企业的最终目标不就是利润的最大化吗？管它什么义务呢？"总裁回答道："不，那是英、美的经济学，我们德国人有自己的经济学。我们德国人的经济学就追求两点：一是生产过程的和谐与安全，二是高科技产品的实用性。这才是企业生产的灵魂，而不是什么利润的最大化。企业运作不仅仅是为了经济利益，事实上，遵守企业道德、精益求精制造产品，是我们德国企业与生俱来的天职和义务！"

青岛啤酒是德国人在中国开设的第一家啤酒公司，1906年创建时德国人在工厂里修造了一部电梯，如今在青岛啤酒博物馆依然能看到这部110多年前的德国电梯。2006年青岛啤酒厂突然接到德国的一个电子邮件，说100年前我们曾在贵公司建造过一部电梯，根据当年的协议，每隔50年我们都需要询问这部电梯是否运转正常！100年前建造电梯的德国工程师肯定不在人间了，至于建造电梯100年后这个德国工厂会不会还在，当时他们肯定也是无法预料的，但当初签订协议时，德国人有两点是确定的：第一，这部电梯可以运转100年；第二，100年后如果他们工厂还在，他们的子孙一定会重新找到这部电梯，来履行售后管理的契约。除了青岛啤酒厂的电梯外，人们还会谈到同样由德国人建造的宁波灵桥。

据民国《鄞县通志》记载，灵桥历时两年建成，1936年6月通车，是我国最大的新型独孔大环桥,也是我国唯一幸存的三铰拱钢结构桥梁。灵桥竣工翌年,全面抗战爆发,灵桥成了敌军轰炸的目标,多次轰炸,也只在桥上留下一些小坑,现在这里每天仍然车水马龙。当年,宁波乡绅们在宁沪两地募捐筹款,建桥事项由德国西门子洋行总承包,钢梁则由德国另一家名叫孟阿思的桥梁公司提供;打桩和混凝土工程分包给康益洋行;油漆工程由信昌洋行承包。可以说最成熟的欧洲技术与中国最传统的乡绅文化在灵桥的修建过程中有机结合。2007年下半年,宁波市政府外事办的工作人员收到了西门子寄来的售后信函,它提醒灵桥70年的使用寿命已到,应对其进行精心保护;如果修缮与维护措施到位,灵桥仍可继续使用。

在"德国制造"里还有一个非常严苛的召回制度,也就是当消费者和有关法律部门认为某个产品的质量出了问题,生产厂家必须要把其召回。汽车一直是德国经济的支柱产业,在过去的十几年里面,人们时常听到德国汽车被成批召回的新闻,其中规模最大的一次是奔驰汽车一次性召回了150万辆。这样的事件会让你认为奔驰是一个粗制滥造的公司吗?不会的。因为人们会认为它是一个负责任的企业。尽管近年来我国加快了缺陷产品召回制度的立法,如《中华人民共和国消费者权益保护法》(2013年10月25日第二次修正)和国家质检总局发布的《缺陷汽车产品召回管理条例实施办法》(2016)等,但这些规定过于笼统、难于操作,约束力不强。从德国制造由劣变优的嬗变,我们会发觉真正改造产品的并不是道德说教,而是长期的制度熏陶。从独特的双元制职业教育制度到标准化制度,再到完备的售后服务和召回制度等,这一系列从人才培养到标准化生产、从销售到售后服务的体系化建设,使得德国产品后来居上,赶法超英,成为了精良品质的一个代名词。

学习德国的工匠精神,不仅要学习他们勤于思考、追求完美、崇尚科学、乐于动手的社会氛围,学习他们严谨细致、认真负责、精益求精、止于至善的工作态度和敬业精神,更要从制度层面去把握德国建立的这些教育制度、标准制度和售后服务制度,这些才是德国工匠精神的精髓。

视窗

工匠精神成就"瑞士制造"

有人说她物资匮乏,又有人说她得天独厚,她是欧洲的高原雪地,也是品质高地。她代表的是欧洲文化的聚合,在一定意义上,甚至等于德国、法国、意大利外加联合国,堪称"浓缩式欧洲"。她,叫瑞士。诸多跨国公司将全球总部安家落户到了这里,这个只有819万人口的国家却拥有14家"世界500强"企业,如全球大宗商品交易巨头嘉能可(Glencore)、世界上最大的食品制造商雀巢公司(Nestlé)、世界制药业巨头罗氏公司(Roche)与诺华公司(Novartis),以及全球工业机器人"四大家族"之一ABB集团等。

诸多的超级品牌使瑞士成了一个"超级品牌之国",而同时它也是一个"工匠精神之国"。他们懂得从匠心出发,从产品发力,建立品牌领导力并实现企业转型。

瑞士钟表,如劳力士(Rolex)、历峰(Richemont)以及斯沃琪(Swatch)等享誉世界。在世界级品牌的背后,是整个瑞士民族"对技能的崇拜",是历代钟表工匠们的精雕细琢,这种"工匠精神"早已根植于瑞士钟表业中。钟表业是前工业革命时期最精密的手工行业,"二战"爆发前,全世界90%的手工钟表都来自国土狭小、自然资源贫瘠的瑞士。20世纪70年代,在更便宜、更轻便的日本石英表的冲击下,瑞士的传统钟表业曾遭遇"寒冬"。此后,瑞士钟表业守正出奇,坚持用"工匠精神"制造手工机械表。经历了20多年的转型发展后,瑞士钟表业再次迎来繁荣。

时代可以淘汰一种产品,却无法淘汰一种坚定执着、勇于创新的精神。瑞士的"工匠精神"首先是坚定执着。从钟表业到精密机械,高品质必须依托枯燥的制造流程。瑞士人拒绝"朝三暮四",专注于升级与创新,靠着坚定执着在"欧洲屋脊"上创造巅峰。其次,瑞士的"工匠精神"是一丝不苟、精益求精和对完美的极致追求。每一块顶级钟表的零部件,都是由钟表工匠们精心打磨而成的。在工匠们眼中,仿佛每一件顶级钟表都是一件传世之作。

瑞士是创新能力最强的国度。据世界知识产权组织(WIPO)发布《2022年全球创新指数》(GII)排名:瑞士创新能力位居全球之首,并连续12年蝉联冠军。同时,世界经济论坛《全球竞争力报告》也将瑞士评为世界创新竞争力最强的国家之一。瑞士的"工匠精神"的核心当属开拓创新。开拓创新与坚定执着并不矛盾,开拓创新更是精益求精的必然结果。对于瑞士钟表工匠而言,"只有更好,没有最好"绝非一句空洞的口号,工匠们仍旧在提升工艺、雕琢产品的道路上不断前行。瑞士之所以成为"钟表之国",正是因为历代钟表工匠们所秉承的坚定执着、开拓创新的"工匠精神",既创造了无限商机,更打造出享誉全球的品牌。

瑞士品牌尤其重视实现品牌领导及企业转型,使本土产品成长为全球化的超级品牌。例如,食品业的超级品牌雀巢,目前拥有8500多个品牌,它采取的是合并收购的战略。仅仅依靠收购就能让品牌获得成功吗?雀巢告诉你:远远不够!雀巢认为比价格更重要的是消费者的信赖,拥有经过时间考验、深入人心的品牌,才能确保市场占有率。在收购某个品牌之后,雀巢会让其保持原有的状态,按照"地区品牌战略",将品牌使用的权限最大程度让渡给地区分公司。这一"应地适宜"的经营策略,使得雀巢在2017年以644.58亿美元的品牌价值名列全球食品行业第一。又如,20世纪90年代瑞士的巧克力市场容量接近饱和,巧克力生产商之间激烈竞争,不断大打价格战。为了在逆境中求生存,瑞士莲(Lindt)CEO安斯特·唐纳决定重新规划品牌战略,让瑞士莲品牌传达一致的信息,表达同一种价值观,那就是"手工制造,专注细节与匠心激情"。就这样,瑞士莲公司用最短的时间实现了股价每3年就翻一番,在品牌重塑15年后的2007年达到了85亿美元,2020年名列福布斯全球企业2000强榜第1438位,在高端巧克力领域处于世界领先水平。

第二节 日本：注重细节与传承的匠人精神

美国文化人类学家鲁思·本尼迪克特（Ruth Benedict）在其经典名著《菊与刀》（*The Chrysanthemum and the Sword*）中，以"菊"之"纤细柔美"和"刀"之"好勇斗狠"的组合来概括日本民族的矛盾的文化性格——好斗与和善、蛮横与文雅、勇敢与胆怯、保守与求新、尚武与爱美、刻板与适应等。这种矛盾性格使得日本人在保持传统，追求传统审美、技艺的同时，不断突破现有技术，追求技术的创新。因此，日本国民性格在一定程度上成了我们把握日本匠人精神的背景。

一、日本匠人精神的崛起

无论是江户切子（东京都）、南部铁器（岩手县）、芳贺郡益子烧（栃木县）、日本刀（埼玉县）、黄杨梳子（鹿儿岛县）、宫岛细工（广岛县）等传统工艺品，还是沙漏、日式饭桶、鲤鱼旗、南部扫帚、印章、木屐、剪刀、棒球手套等日常生活用品，抑或是现代制造业的各种生活家电、汽车、建筑等，皆制作精美，令人赞叹。很多人包括日本人自己，将日本制造傲视全球的原因归为日本的匠人精神，日本工匠做事认真仔细，一丝不苟，锲而不舍，精益求精，赢得了世人的尊敬。

然而，日本的制造水平并非自古就如此高，相反在16世纪末之前，其在东亚诸国里是较为落后的。在日本，工匠、技师等职业都被称为"职人"或"匠人"。所谓"匠（たくみ）"，日本《大辞林》字典的解释有二：一是运用手的技巧或工具做出用品或建筑物，以此为业的人；二是做出美观物品的技术。日本匠人阶层形成于江户时期（1603—1867）。战国末期，日本的城市只有领主居住的地方才有"城"（城堡），领主住城内，武士和市民住城下（町）。人口集中于都市之后，为满足上流社会的需要，日本的手艺人阶层逐渐从农民中分化出来，与商人混居在一起，并称"町人"。现代日本的许多都市都是由那时的"城下町"发展而来的，不少还保留了町名，如衣橱町、桶屋町、丝屋町、木工町等。随着资本的积累，町人成为日本社会结构的重要组成部分。在江户中期，町人文化形成，他们恪守职业道德，平等意识强烈，看重实力，甚至有"职业皆佛行"（日本思想家铃木正三之语）的职业伦理，且有着极强的自尊心，视产品质量如生命。在整个江户时代，匠人阶层逐渐发展壮大，形成了自己的规则和习惯。技艺高超的匠人，通过两种方式实现技术传承：一是师徒制——学徒一般10岁左右进入店铺，会经历"丁稚"（小伙计）、"手代"（领班者）、"番头"（掌柜）、"支配人"（经理）等阶段的学习。学徒尽管须从事繁杂的工作，但可以换取学习技艺的良机，等到习得技艺后，得到师傅的许可，徒弟便可在外开业，日本称之为"分暖帘"。二是家族的"一子相传"——通常是长子，也可以是其他的儿子或女婿继承技艺与家产，若都不长进，亦可收养徒弟为养子来继承。如被丰臣秀吉掳劫到日本的朝鲜工匠李参平，开创了有田烧瓷器，至今已传至第14代；位于京都南禅寺边上的米其林三星美食餐厅——瓢亭，从江户初期创立至今已传至第14代高桥英一。这些匠人从上一代承受技艺,一生以"目无旁视"的专注精神从事其职,完善技艺,然后传薪给下一代。他们安于本分、耐得住寂寞,不见异思迁,以精纯匠艺守护自己的行当;他们不厌其小、不厌其烦、不厌其精、不辞劳苦,对于自己的手艺要求苛刻,每一件作品都力求尽善尽美,并以创造出优秀作品作为实现人生价值的方式;对于自己的手艺,他们拥有一种近乎自负的自信,这就是日本匠人最典型的气质。

从17世纪的江户时期起,日本匠人精神崛起,日本工艺品的水准在多方面赶上中国,甚至超越中国;到了18世纪末,不少工艺技术已经推陈出新,比中国更为出色。如由朝鲜工匠李参平开创的伊万里烧或有田烧瓷器,从17世纪开始出口欧洲,到了18世纪便成了日本具有代表性的艺术品,在技术上亦不输清代斗彩瓷;在画风上比斗彩更高尚有格调,既有近似中国宋代院体画的画风,又有日本桃山时期黄金华丽之气,别出心裁,令人刮目相看。印刷技术也日益精进,书籍多为彩色印刷,字体排版多样,版权意识渐浓,装帧质量上乘,直追中国宋版,远远将明版清版抛在后头。在德川幕府时代之后,特别是在明治维新以后,匠人在日本的发展历史中起到了至关重要的作用,他们所建立的经营思想和伦理道德为近代日本企业的崛起提供了坚实的基础。

二、日本匠人文化的本质

华夏的典章制度在飞鸟时代传入日本之后,日本社会也分成"士农工商",但是劳心者和劳力者之间并非等级森严,"工"即匠人相当受到尊重。司马辽太郎在其《日本的原型》中指出,"日本保存了世界上少有的尊重职人的文化",这种文化就是"重职主义",即劳身的手工艺匠人同样受到社会的敬重。匠人也往往把自己的职业视为"神业",尤其是承自祖上的家业,更是先祖神灵的托付,必须持有十二分的虔敬,秉持敬畏的态度,就像对待神祇一样。日本手工艺职业至今依然受到高度尊崇。日本的职业调查机构专门调查了13岁以下儿童的职业梦想,其统计显示,历年最为儿童憧憬的职业是"蛋糕师",领先于专业运动员、医师和公务员。

日本匠人文化的本质,可用两个词来概括:一曰敬业,二曰认真。日语中的两个成语,很能说明问题:一个叫"一生悬命",即一生把命都悬在所从事的职事上,是敬业精神的具体写照;另一个叫"一筋",有点类似中国的"一根筋",即认真于一道、专注于一艺,从一而终,绝不变心。它们被化入日本人的骨髓中,从广泛受人尊敬的医师到普通的拉面师傅,各行各业的从业者都透出对职业的骄傲和对技艺的痴迷。假若你观看一下日本电视节目《迷人的工匠》(Fascinating Craftsman),就有机会见到30多年来只做一件事——旧书修复的小工匠冈野畅夫。在别人看来,旧书修复实在枯燥无味,而他却乐此不疲:任何污损严重、破烂不堪的旧书,只要经过他的手即光复如新,就像被施了魔法。在日本,类似冈野畅夫这样的工匠灿若繁星,竹艺、金属网编、蓝染、铁器等许多行业都存在一批对自己的作品几近苛刻,对自己的手艺充满骄傲,对自己的工作从不厌倦并永远尽善尽美的匠人。

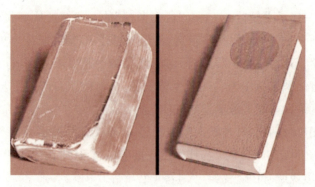

▲ 修理前的旧书，修理后的成果

日本民艺学家柳宗悦曾花费 20 年时间，踏遍日本的全境，写成《日本手工艺》①一书。这本出版于 1943 年的书详尽记载了他在宇都宫看到的木漏斗的制作过程——木漏斗是装酒或酱油用的，因为木材不会像金属那样改变食物的味道。就是这样一个不起眼的木漏斗，在制出原型后需要用四年时间晾干，待木质稳定后才能做进一步加工。日本 TBS 电视台的"未来遗产"节目，曾介绍过南部扫帚的做法。岩手县九户村的匠人高仓德三郎种植的扫帚草，从不使用任何农药。将每年收割的扫帚草脱粒、晒干，再一一甄选，从中选出合格的材料。他制作的扫帚多达 60 种，其中制作高级扫帚需要花去三年的时间。这些扫帚持久耐用，拥有惊人的清扫能力。一把看似普通的扫帚在"高仓工艺"店里的售价从 5 000 日元至 50 万日元（合人民币 300 元～30 000 元）不等。一把扫帚能做到这种程度，已远非"执着"二字能够形容。

日本匠人有三大境界：首先为"达人"，即技艺精湛，达到对本业无所不知的境界。其后技艺更为精进者为"名人"，即以一艺之秀声名远播，成为本业的代表人物。技艺最高者为"国宝"，或称"人间国宝"，是国家"文化财"或者"无形文化财"的创造者和保有者；他们掌握着行业的最高技术，拥有炉火纯青、出神入化的技艺，因成为行业之"神"而受到全社会的尊崇。日本政府于 1955 年建立了"人间国宝"认定制度，将这些匠人保护起来；到 2010 年 9 月为止，在"工艺"一项，共认定全国陶艺、漆艺、织染、竹木金石等 165 名手工艺匠人为"人间国宝"，对他们给予每年 200 万日元的特别资助，用以磨炼"技艺"，培养传人。

一个顶尖匠人要经历技艺和感情的双重修炼。"寿司之神"小野二郎对寿司的理解充满了哲学的意味——握寿司的生命有如樱花般短暂，要用最好的食材，在最佳的时间内，用最精准的操作，让客人最享受地吃掉。日本匠人甚至用生命为品质负责。在日本，木工师傅是令人敬佩的职业，在日本男孩的理想职业中，木工师傅能排进前 5 名。出生于江户时代末年的幸田露伴在其所撰的《五重塔》中就深刻地描绘了一位日本木匠以身殉职的故事——五重木塔在落成仪式的前夕，特大暴风雨忽然降临，负责造塔的木匠十兵卫在暴风雨中怀揣六分凿登上塔顶，一旦塔损就自杀殉塔，以捍卫木匠的荣誉和尊严。

据日本中小企业厅 2013 年的统计数据，日本共有中小企业 385.3 万家，占全部企业数

---

① ［日］柳宗悦.日本手工艺[M].张鲁,译.南宁：广西师范大学出版社,2011.

的99.7%,共创造价值147.2兆日元,其中超过10万家百年以上的"老铺"企业,几十万职人为其主要构成。因此日本被称为"老铺大国""职人国家"。近几十年来,日本以尖端制造业领先全世界,但在世界知名的大型制造商如丰田、本田、索尼、松下等的背后,支撑日本制造帝国,引领科技创新,让"日本制造"成为高品质象征的,正是许多流淌着职人血液的中小企业。在材料、化工、精密仪器等行业,日本中小企业显出强大的制造能力。这些企业大的也就几百人,一般只有几人到几十人,但却拥有身怀绝技的技术工匠,善于把各类产品做精、做细、做专和做深。这些并不起眼的中小企业掌握着大企业难以企及的顶尖技术,并默默为大企业提供支持和援助。比如,苹果公司的音乐播放器iPod风靡全球,它的卖点之一就是,光滑如镜的机身。iPod在美国设计,核心部件采购自世界各地,组装于中国大陆和台湾。而这道镜面抛光的工艺,全球只有数家中小企业能完成。这几家企业都位于有"金属加工之城"美誉的日本新潟县燕市,其中最小也最有名的便是只有5个工匠的"小林研业",它为苹果"iPod"背板进行的镜面加工能达1000号级别的顶级水准,与真正的镜子一样,把精细研磨做到世界第一。

世界上存在可以进行的竞争和不可以进行的竞争,中小企业不应该在价格、规模、品种上争胜负,而应重视技术、品质、财务。日本的树研工业株式会社于1965年创立,20世纪70年代的石油危机之后,公司就聚焦在小零件的研发生产上。到了80年代,公司开发出了千分之二克的零件,成为理光、卡西欧等钟表公司的供应商。20世纪末,索尼开发8毫米小型摄像机,开创了家用摄像机的新时代,树研工业领先一步,着手进行超小齿轮的技术攻关,在供应商的竞争中脱颖而出。

在一粒米上放置上百颗齿轮?这听起来像天方夜谭,但树研工业花了近十年的时间做到了。1998年树研工业生产出世界第一个十万分之一克的齿轮,为了实现这种齿轮的量产,他们深耕了整整6年时间;2002年树研工业又投入2亿日元,研发并批量生产出重量为百万分之一克的超小齿轮,这种世界上最小最轻的、有5个小齿、直径0.147毫米、宽0.08毫米的齿轮被称为"粉末齿轮"。没有人要求树研工业一定要做最小的齿轮,但是它为何要不断挑战自我,超越自我呢?社长松浦元男在其《小,我是故意的》一书中向人们展示了他的匠人理念:"为什么投入2亿日元去开发目前没有实际用途的产品?我们公司有70名员工,年销售额28亿日元……如果不能研发出世界上独一无二的产品,就毫无意义……我们公司一直都在主动寻觅别人感到棘手和无法应付的工作。"[1]

在他看来,研发百万分之一克齿轮的目的就是要向世人展示"树研工业高超、独一无二的技术"。也就是说,树研工业要向世人展示他人无法模仿的高精技术。所谓的"无法模仿"就是know-how,设计力量是一种know-how,独特的操作技术也是know-how。他说,目前树研工业的粉末齿轮已占全球超小齿轮市场70%以上的份额。产品可以模仿,但匠心却是永远无法模仿的!

---

[1] [日]松浦元男. 小,我是故意的:做世界第一的小企业[M]. 李叶玲,译. 北京:中信出版社,2011.

沉静务实的定位方能让企业走得更稳更远。这就是日本匠人文化、匠人精神在制造企业的体现,专注于一个领域,并做到极致。

三、注重组合与细部的技术特长

日本人很善于用匠人思想来发展自己的技术。过去对于从外国引入的先进技术,日本人只需要大约40年的工夫就可以超过"老师"。也就是说,日本人不仅有"照葫芦画瓢"的本事,而且画出来的"瓢"比原来的"葫芦"还漂亮。比如,日本从1868年明治维新开始从法国引进制丝技术,1871年建成样板工厂。当时从设计图纸、机械设备到桌椅等办公用品全部从法国购买,并且还从法国雇用了十几名技术人员,建成的工厂也是模仿法国的。但是到40年后的1910年,日本已经超过法国成为世界第一的生丝出口国。同样,日本在引进英国棉纺技术40年后也成为世界最大的棉纺品出口国。又如漆器——将漆树的汁液涂抹于器物胎体上的工艺品,由中国唐朝传入日本后,日本匠人开发了"沈金""莳绘"等高超装饰技法,而今漆器已俨然成大和民族的象征,连"japan"都是漆器的意思。

日本著名科学家竹内均、上山春平在其合著的《第三世代的学问》一书中认为:人类的学问,第一代是博物学的,第二代是分析的、专业化的,第三代是综合。在他们看来,"日本人的创造是第三代的"。也就是说,日本人的创造是综合的。而所谓的"综合"就是一种构造性的思维方式——把物品的功能进行深层组合。比如,现在日本人的强项——石油化工。美国的聚苯乙烯技术、英国的高压聚乙烯技术、德国的低压聚乙烯技术和意大利的聚丙烯纤维技术等,综合成"日本的东西",释放了更大的生产力。目前日本合成纤维的产量居世界第一。又如,半导体技术是1948年美国贝尔实验室发明的,50年代初美国人又发明了半导体收音机,但因成本和价格太高、成品率太低,无法商品化。1952年索尼公司到美国考察时,敏锐地意识到半导体技术的发展前景。1953年,日本引进了这项技术,并成立了近千人的研究所,全力研发提高成品率的有关技术。于是,日本人终于把半导体技术变成实用的产品。之后,他们又制成半导体电视机、录音机、录像机、洗衣机等多种产品。同时日本人用半导体技术制成的电子表打入长期被瑞士人垄断的手表市场;用半导体技术制成的"傻瓜"照相机挤入德国人控制的照相机市场;把半导体技术应用于机器工业,生产出机器人,并打入机器人的故乡美国。其他还有荷兰人发明的激光唱盘,美国人发明的磁带录音机、录像机、复印机、传真机等多项技术,经过日本匠人改良后,都在世界市场上占据主导。

日本人最喜欢讲的一句名言就是"佛心鬼手",意思是说日本人注重细部,不放过任何一个细节,有时到了近乎"偏执"的程度。这不限于日本手艺人,体现在日本的各个阶层。日本职业军人日野强为完成日本参谋本部搜集新疆政治、军事情报的任务,在1906至1907年一年多的时间内完成的《伊犁纪行》,便足以让人们惊叹与叹服。

日野强在这本《伊犁纪行》中,记载了每个地方,小到村的驻军人数、驻军武器与战斗力、城池大小、布局、行政设施、交通、地形、地貌、地质土壤、气候气温、物产植被、水源、燃料情况……内容之详尽,几乎可以作为军事指南。然后,他又写了《地志》部分,详列地势、风土、居民、风俗、宗教、教育、产业、历史概要等。日野强在书中体现的深厚文学和历史功底让人惊叹,除了引用中国的诗词、正史、《大清会典》等典章志书外,还参照了19世纪后期欧洲探险家、汉学家们的有关著述。日本人做事的严谨与细致也得到了淋漓尽致的体现,书中内容皆是在访寻当地各方人士,包括官宪、将校、平民百姓、少数民族人士,还有外国官员和侨民的基础上完成的,出处和依据详尽无比。

就像本节开篇提及的《菊与刀》。日本刀则反映着日本人对细节的高度重视以及长期专注。聚焦细部,是日本匠人向世间所展示的一种技术与精神,也是日本工业产品傲视全球、具有强大竞争力的秘密所在。

制造业里最重要的概念是精度。精度有两个含义,一个是加工精度,另一个是测量精度。如何反映出设计者所要求的尺寸是加工精度,如何知道加工所完成的尺寸则是测量精度。这两个精度都直接依赖于加工机械或者测量机械的精度。

机械设备的加工精度只会损失而不会增加,1/100毫米精度的机械只能加工出误差在1/100毫米以上的工件,所以,即使在不考虑组装误差的前提下,中等加工精度的机械生产出来的零件,也只能达到较低的精度,要生产出中等精度的零件,只有高精度的加工机械才能做得到。根据这个道理,要制造高精度的零件,只能采用超高精度的加工机械。那么所谓"超高精度的加工机械"又是如何加工制造出来的?全世界无一例外,是人手工打磨出来的。

对加工机械的精度影响最大的是导轨部分。机械的运动部分是被导轨限制的,导轨的精度就直接决定了机械运动的精度。超精密机械导轨的滑动面被称为"绝对平面",要求精度在1/10 000毫米以上,没有任何机械能够加工这种绝对平面,只能用手工的方式。现在加工绝对平面的公司主要在德国、瑞士和日本,这就是这几个国家能够生产高精度机械设备的原因。

时下"创新"和"创造"被国人广为提及,但我们必须清楚,制造是创造的基础,创造是高层次的制造,没有匠人精神做支撑,强大的制造业就无从谈起。如果说"创新""创造"是发展的动力,那么"制造"则是立命之本。

四、淬炼心性的匠人研修制度

有研究指出,从江户时代起,日本的匠人就已经形成了精益求精的精神。这种精神最终体现为三大法则:一是"荣誉法则",即将产品好坏与个人的荣辱紧密地联系在一起,以制作一件优良的产品为自己极大的荣耀;二是"成功法则",即认为能够把一件小事做到极致就是人生的成功,就是生命的意义;三是"企业法则",即坚持数十年如一日生产一种产品、专攻一门技艺是企业特别是中小企业价值的体现,也是"本分"。正是这种价值认同,让日本的匠人不仅穷其一生,专念于一件事,而且具有高度的组织性和纪律性。如果把日本匠人的培养系统看作一套课程,除了专业技术课之外,至少还有这么几门必修课:"提高眼力"的哲学课、"君子务本"的思想政治课以及"专注细部"的职业教育课。另外还可以加上一门基础选修课:"祖宗崇拜"的传统文化课。①

正如《匠人精神》的作者秋山利辉所言,匠人精神是"日本之魂"。要让日本的制造业永续繁荣,就要把"日本之魂"一代一代传承下去,"无论技术多么优秀,都很容易被超越,而精神是无法很快被模仿的;如果精神一流,技术肯定是一流的"。② 当然,在秋山利辉看来,所谓的匠人绝不仅限于那些手工艺人,实际上,从事任何一项职业的人,商务人士、教师、医生、农民等都是匠人,都需要匠人精神。

出生于日本奈良县的秋山利辉,中学毕业后就步入了"家具职人"之路,26岁开始接受为日本皇室制作家具的任务,27岁在神奈川县创办"秋山木工"。"秋山木工"作为专门从事定制家具业务的小型企业,所生产的家具全由技术一流的工匠亲手打造,能够使用百年甚至两百年以上;日本宫内厅、迎宾馆、国会议事堂、知名大饭店等都使用了他们的精良之作。同时,"秋山木工"也被外界认为"仿佛是训练一流高僧"的"清修寺庙"。秋山利辉推崇学徒制,并对学徒提出诸多立身准则,成为日本"匠人精神"的代言人。

为把年轻的学徒培养成一流的匠人,"秋山木工"实施的是一种历时8年的工学合一的"匠人研修制度"。到"秋山木工"学习的年轻人,要有8年的寄宿制经历:第一年要完成学徒见习课程,主要学习基本生活习惯和基础知识;满一年后,才能被录用为正式学徒,在接下来四年的学徒生涯里,主要学习木工的基本技能、工作规划和"匠人须知";满四年后,技术和心性磨炼成熟者,将被认定为"工匠",得到一件印有姓名的"法被"(日式短上衣);第六年伊始,他们将作为工匠,在公司一边带徒工作,一边继续精进。这样3年后,经过总共8年的磨砺,最终成为合格的匠人。稻盛和夫对此高度认同并由衷盛赞:"秋山木工依然保留着日本江户时代的日式工作方法,这是一种通过磨砺心性,使人生变得丰富多彩的工作方法,非常了不起。"

"秋山木工"针对见习者和学徒,颁布了十条规则:一是不能正确、完整地进行自我介绍者不予录取——要不断地练习,直到能在一分钟之内,将自己的姓名、出生地、毕业学校、家庭成员、为何要进"秋山木工",以及将来的奋斗目标等介绍清楚;二是被"秋山木工"录取的学徒,无论男女一律剃光头——让学徒们下定成为工匠的决心,在之后的五年时间内,全身心地投入严酷的学习训练中,坚持到底;三是禁止使用手机和电子邮件进行对外联络,以书信取而代之,因为习惯了用手机短信交流,就会不习惯与客户面谈,不会给客户写感谢信,这对工匠来说是致命的伤害;四是只有在八月盂兰盆节(亡人节)和正月假期才能见到家人,除了上述共十天的假日之外,即使父母来了也不准见面,因为精神松懈会妨碍学习;五是禁止接受父母汇寄的生活费和零用钱——只有用自己辛苦赚来的薪水,购买工具,才会将其视为生命,如果用别人的钱购买工具,就不会珍惜;六是研修期间,绝对禁止谈恋爱——一旦被发现谈恋爱,立即开除,为了习得一生赖以生存的技艺,在五年学徒期间,必须心无旁骛;七是每天早晨,所有人都要跑步,花十五分钟沿着街道跑一圈,让大家振作精神,同时培养集体意

---

① 孔祥旭.樱花与武士:那些决定日本的细节[M].北京:同心出版社,2007:168.
② [日]秋山利辉.匠人精神:一流人才育成的30条法则[M].陈晓丽,译.北京:中信出版社,2015:131.

识；八是大家一起做饭，准备饭菜和饭后收拾的工作，主要由入校第一、第二年的弟子承担，此外禁止挑食，因为往往挑食的人也会挑工作，克服不喜欢的食物也很重要；九是工作之前先扫除——打扫街道、打扫厂区、清扫机械、清扫车辆、清扫仓库；十是朝会上，齐声高喊"匠人须知30条"，通过这种反复朗诵，让一流匠人的标准，渗透到他们的潜意识中。毋庸置疑，秋山利辉绝对是严格的导师。每一条乍看之下有些"不近人情"的规范背后，其实都体现了他的教学理念："爱管闲事""厚脸皮""纠缠不休"。

秋山利辉把他心目中的"工匠精神"称作"木之道""一流之根"，将其归纳为"匠人须知30条"：

①进入作业场所前，必须先学会打招呼；②进入作业场所前，必须先学会联络、报告、协商；③进入作业场所前，必须先是一个开朗的人；④进入作业场所前，必须成为不会让周围的人变得焦躁的人；⑤进入作业场所前，必须要能够听懂别人说的话；⑥进入作业场所前，必须先是和蔼可亲、好相处的人；⑦进入作业场所前，必须成为有责任心的人；⑧进入作业场所前，必须成为能够好好回应的人；⑨进入作业场所前，必须成为能为他人着想的人；⑩进入作业场所前，必须成为"爱管闲事"的人；⑪进入作业场所前，必须成为执着的人；⑫进入作业场所前，必须成为有时间观念的人；⑬进入作业场所前，必须成为随时准备好工具的人；⑭进入作业场所前，必须成为很会打扫整理的人；⑮进入作业场所前，必须成为明白自身立场的人；⑯进入作业场所前，必须成为能够积极思考的人；⑰进入作业场所前，必须成为懂得感恩的人；⑱进入作业场所前，必须成为注重仪容的人；⑲进入作业场所前，必须成为乐于助人的人；⑳进入作业场所前，必须成为能够熟练使用工具的人；㉑进入作业场所前，必须成为能够做好自我介绍的人；㉒进入作业场所前，必须成为能够拥有"自豪"的人；㉓进入作业场所前，必须成为能够好好发表意见的人；㉔进入作业场所前，必须成为勤写书信的人；㉕进入作业场所前，必须成为乐意打扫厕所的人；㉖进入作业场所前，必须成为善于打电话的人；㉗进入作业场所前，必须成为吃饭速度快的人；㉘进入作业场所前，必须成为花钱谨慎的人；㉙进入作业场所前，必须成为"会打算盘"的人；㉚进入作业场所前，必须成为能够撰写简要工作报告的人。

秋山利辉坦言，"匠人精神不是我独创的"，"它的源头可以溯源到中国。古代中国的儒家文化和禅宗传到日本，被日本人运用到各行各业以及日常生活中。匠心在于精、诚，从'匠人须知30条'到日常工作，都是把人聚焦在当下，唤醒本心良知。东方的创造是内向的，精神内守，借由诚意的功夫，长期在事上磨砺，就能大放异彩。"正如古大德云："成人成小人全看发心，成大事成小事都在愿力。""发心"解决"为何"的问题，大到"人为什么活着"，小到"我为什么做当下这件事"。"发心"怎么教？"秋山木工"的方法直溯人伦本源，教爱教敬，首先要孝敬父母、爱护家人。因为"人品中最重要的是孝心，不孝之人是绝不可能成为一流匠人的"。"愿力"解决"如何"的问题，即对自己"发心"去做的正确之事，应坚持一辈子，久久为功而臻于至善。"愿力"如何培养？秋山利辉通过40多年的探索，把做人的基本功，总结成

"匠人须知30条"。每一条都是生活中的"琐事",但若能日日践行,就能磨炼心性和品格,就能通父母、通师傅、通同事、通邻里、通客户、通工具、通制作、通徒弟,事事修通,直通"达人",最终成为一生的宝贵财富。

"秋山木工"的匠人修炼方法和匠心培育之道可以概括为"守破离":首先是"守"——跟着师傅修业,要学习师傅的基本技术、工作程序以及生活态度等。在此阶段,要原原本本地吸收师傅所传授的知识和经验。其次是"破"——努力下功夫将师傅传授的经验,变成自己的本领,加入自己的想法。但是离开扎实的基本功,自己擅加修改也是行不通的。最后是"离"——从师傅那里独立出来,开创自己的新境界。也就是说,一开始要忠实"守护"师傅传授的"形式",然后"打破"这个"形式",自己加以应用,最后"离开""形式",开创新境界。匠心之道,看似无着处,实则有迹可循。守,意味着坚持不懈;破,意味着在坚守中突破;离,意味着在颠覆成见中寻求新发现。

秋山利辉认为匠人精神的本质就是悟道:"我们的制服背后印着'木之道'三个字,它也是天道,是人道,是心道。心性修养的根底,表现在做事的过程当中,看起来是在事上磨炼,实际也是在心上做功夫。木工社组成了一个修行的道场,工作就是修行,匠人精神是修行指南。真正的匠人不仅具有一流的技术,更有一流的心性,匠人要通过做事成就自己,也就是儒家所说的尽己。"正是本着不是培养"会做事"的工匠,而是培养"会好好做事",为社会、为他人"每天能尽101%的努力去拼命工作"的工匠,秋山利辉创办的"秋山木工"才培养出一批批一流的匠人。

当然以秋山利辉为代表的匠人精神,也遇到一些诟病,如曾在日立工作16年、现任京都大学教师的汤之上隆,在其《失去的制造业:日本制造业的败北》一书中,总结了日本制造业错失互联网时代的四大教训,其中有两条剑指"匠人精神":"过度依赖匠人精神与手工艺者的技艺,而忽视了产品的标准化与通用化,严重缺乏低成本量产能力;过于苛求于性能与指标的极致,而忽视了市场实际需求水平,投入不必要的成本,致使市场出现变化的时候在研发上不能及时调整产品。"秋山利辉对此予以回应①:"匠人的存在是日本在全球引以为豪的资本之一,真正走向心性的匠人和普通流水线上的工人大不一样,当今时代更需要一流的工匠。""真正的匠人精神与大规模的工业化生产是龃龉的,最近的日本企业都在降低成本,只重视CP值(性能价格比),所以制造业都转移到材料费、人工费较便宜的中国和越南。这样也许能暂时赚钱,但金钱换来的,会不会使日本的人才培养没落,亦未可知。"

第三节 美国:注重自由与创新的职业精神

人们谈及世界上最具工匠精神的国家,往往先想到德国和日本,崇尚他们"执着、专注、追求极致"的工匠文化,而常常会遗漏美国这个国家。美国人重新定义了工匠的含义,认为

---

① [日]秋山利辉. 匠人精神Ⅱ:追求极致的日式工作法[M]. 陈晓丽,译. 北京:中信出版社,2017:162-164.

"任何人只要有好点子并且有时间去努力实现新的突破,就可以被称为工匠"。优秀的工匠就是别出心裁、不拘一格、自由创造的人。他们不愿沿着现成的道路前行,往往另辟蹊径。这种自由、创造的工匠精神,既是美国精神的反映,也丰富和发展了美国文化。美国人的诸多发明高度融入当代生活,成为所有人离不开的日常用品:飞机、电灯、电视机、洗衣机、通信卫星、集成电路、流水装配线、晶体管、激光、电脑、互联网、手机、微波炉、复印机、塑料、尿不湿、拉链等。

一、工匠们建立的国家

美国人认为,工匠是一群不拘一格,依靠坚定的意志和拼搏的劲头,做出了改变世界的发明创新的人。在历史上,本杰明·富兰克林(Benjamin Franklin)、伊莱·惠特尼(Eli Whitney)、塞勒斯·麦考密克(Cyrus McCormick)、萨缪尔·摩尔斯(Samuel Morse)、查尔斯·古德伊尔(Charles Goodyear)、托马斯·爱迪生(Thomas Edison)和怀特兄弟(Wright Brothers)等都是美国工匠的杰出代表。尤其令他们骄傲的是,美国就是由一群杰出的工匠建立的国家,这个国家最有影响力的人,包括政治领袖,都有改变了美国,甚至改变了世界的发明。

本杰明·富兰克林被公认为美国第一位著名的工匠,他担任过美国首位驻外大使,当过宾夕法尼亚州州长,也曾是美国首位邮政局局长。富兰克林在雨天用风筝做试验的故事早就传遍全球,几乎家喻户晓。科技史认为他第一次定义了正电荷与负电荷,发现了"电荷守恒定律"。富兰克林还有些趣味性十足的发明,比如玻璃口琴、富氏壁炉、富氏避雷针、远近视双用眼镜。他当邮政部长时,还给四轮马车设计了一款"里程表"用以计算路程数;他还用一组玻璃碗制作了一种新型乐器。

▲ 富兰克林风筝引电实验

开国总统乔治·华盛顿(George Washington)和富兰克林一样充满激情和创造力,他的政治成就为人们所熟悉,但他对农业以及工程的热忱却鲜为人知。华盛顿热衷于搞实验。他在自己的弗吉尼亚弗山庄,尝试栽培一些当时并不普及的作物,如苜蓿、黑麦、斯佩尔特小麦、三叶草,用牛粪、羊粪、泥灰、黑曲霉等来进行肥料试验,发现效果最佳的配比,他是美国最先开展农场实验的农业工作者之一。从总统职位退下来后,华盛顿成为波多马克公司的总裁,在建造运河方面他做出过很多大胆决策,尽管最后未取得成功。

很多美国开国元勋都是各个领域的发明家。托马斯·杰斐逊(Thomas Jefferson)发明了坡地犁、旋转椅和通心粉机。詹姆斯·麦迪逊(James Madison)发明了一个观察地面上生物的内置显微镜的手杖。亚历山大·汉密尔顿(Alexander Hamilton)是当代金融的鼻祖,他建立了联邦公共信用体系和美国造币局。

在美洲这片新大陆,很少有人会满足于现有的资源,总是千方百计地开发新土壤、新资源。"冒险""开发"和"创造"渐渐地浸入他们的骨髓，形成了独有的美国文化。而在当代，美国的创新者层出不穷，像创建了被称为"工匠工厂"、拥有100位顶级发明家的高智公司的纳森·梅尔沃德(Nathan Myhrvold)，发明了低成本眼镜片制造机、电子传感绳、便携发电机、设立乌贼实验室的索尔·格里菲斯(Saul Griffith)，被称为MP3之父的卡尔海因茨·勃兰登堡(Karlheinz Brandenburg)，发明提取青蒿素技术的杰伊·科斯林(Jay Keasling)，芝加哥Aqua公寓、洛克古学院剧院设计者珍妮·甘(Jeanne Gang)。作为美国工匠的典范，他们共同特征是博学，充满好奇心，勇于打破陈规。

美国科幻小说家大卫·布林(David Brin)2010年在其以工匠为主题的小说——《新未来的原创故事》(*An Original Tale of the New Future*)中是这样评价工匠的："美国在第二次世界大战中的胜利不仅归功于它的勇气和生产力，还应归功于其工匠队伍，那些玩着汽车和收音机长大的数量众多的年轻人，正是他们掌握着打赢战争所需要的机器。"美国人对世界充满着好奇心和求知欲，也富有较真精神，百折不挠地寻求事物的真相。在2003年至2014年一档专门验证各种流行说法的科普节目——《流言终结者》(*Myth Busters*)在探索(Discovery)频道播出。该节目验证了769条流言，如"大象会怕老鼠吗"(流言证实)，"坐飞机上厕所，坐在马桶上就冲水的话屁股会被吸住"(流言破解)，"富兰克林的风筝实验有可能发生吗"(有此可能)。可见，这种好奇心和求知欲对人们的生活影响巨大，即便不能产生伟大的发明，也可启迪心智，增长智慧。

二、美国工匠精神的特质：创新

自从工业化以来，制造业一直是美国经济的支柱产业。"二战"后，美国制造业在与日、德等国的竞争中，经历了一个"绝对强大——渐次衰落——重塑优势"的过程。现在，美国依然是无可争议的制造业最为强大的国家，其制造业综合指数遥遥领先于其他国家。在2014年公布的世界500强品牌中，美国以227席的绝对优势占据着统领地位；而在产值产量方面美国也是一枝独秀，尤其在以信息、生物技术为代表的高端前沿技术上具有明显优势，高新技术产业出口约占世界高新技术产业出口总额的1/5。人们普遍认为，重塑美国制造业优势的是它的创新能力。有"天生的工匠"美称的美国当代最著名的发明家迪恩·卡门(Dean Kamen)认为：美国一直在引领着世界进行科技创新，是一个创造财富的伟大国家。而在他看来，美国的工匠精神一直都是这个伟大国家发展前行的重要推动力，"工匠的本质——收集改装可利用的技术来解决问题或创造解决问题的方法从而创造财富，不仅仅是这个国家的一部分，更是让这个国家生生不息的源泉"。

1951年生于纽约的迪恩·卡门是美国当今最伟大的发明家。他拥有超过440项个人专利，身价超过5亿美元，曾与比尔·盖茨(Bill Gates)、史蒂夫·乔布斯(Steve Jobs)一同入选全球"十大辍学亿万富翁"。卡门把自己的全部心血投入到发明之中，被誉为美国"工匠精神"第一人。

青少年时期的卡门非常喜欢数学和物理，喜欢阅读牛顿的《自然哲学的数学原理》和伽利略的相关书籍,但因为只关注自己感兴趣的课程而成绩不佳。16岁时在叔叔的帮助下,卡门到美国海登天文馆兼职,看到天文馆老式烦琐的照明系统,他即刻萌生了改善照明系统的愿望。他从无线电器材公司买来零部件,窝在自家地下室里"大战"几周,制作了一个复杂的灯光设备。他拿着员工通行证悄悄地进入博物馆,试图把他的设备接到馆内设备上,没想到电路板居然爆炸了。馆长虽然很愤怒,却对他的设备很感兴趣,愿意让他再试一试,经过半个多月的改进,居然真的成功了。最后,芝加哥科学博物馆等4个博物馆都用了他的设备——馆长为每个设备支付了卡门2 000美元。

1971年,卡门高中毕业后进入了马萨诸塞州的伍斯特理工学院学习,但除了物理和工程之外,他对其他课程没有兴趣,也不在意自己的成绩。每到周末,他便赶紧开车回家,向当地的摇滚乐队推销他的灯光设备,打理他的灯箱业务。1972年,读大二的卡门年收入约为6万美元,并且业务量还在不断增长,赚到的钱比他父母的工资加起来还要多。由于卡门想专注于发明创造,两年之后便中途退学了。退学之后,卡门成立了自己的公司。公司刚刚成立,在哈佛医学院做实习医师的哥哥便向弟弟求助:"婴儿服用的药物剂量都非常小,而且必须定时给药,但有些药物毒性颇大,如果过量会有致命的危险,你能帮忙解决吗?"经过多次的尝试,卡门成功地以微处理器来控制马达,定时释放定量的药剂,临床试验效果相当理想,简直创造了儿童医疗史上的奇迹!几个月后,卡门的公司就接到大批订购单。"糖尿病患者要定时定量输胰岛素老得跑医院怎么解决?"卡门发明了可随身携带的胰岛素泵;"尿毒症患者总得去医院做肾透析怎么办?"卡门又花了5年时间发明了便携式肾透析机。就这样,卡门将廉价的技术,重新组装成令人惊奇的新产品,不断地满足了病人各种各样的需求。不知不觉间他竟有了200多项医疗设备专利。

当然,再伟大的发明家,也不可能是一帆风顺的,爱迪生发明电灯时,也是尝试了1 600多种材料,经过了7 000多次试验。卡门也一样,他认为工匠需要火样的热情和冒险精神,即使经历了无数次的失败,还应该持乐观的态度。看到联合国公布的数据——每天有6 000人由于饮用了不干净的水而死亡,卡门有了根除水源性疾病的想法,经过好几年的试验,终于在2003年研发了"弹弓"水净化系统,"无论把这根进水管插进哪一种水体里面——是含砷的水、咸水、厕所流出来的水,还是化学废物处理厂储水池中的水,从出水管里流出来的都绝对是百分之百纯净的、达到药用级别、可用于注射的水。"目前,可口可乐公司已在全球200多个国家布置卡门的该项发明。最新型号的这种机器每台每天能够净化1 000升的水,而净化一升水只需要2美分。

卡门一直有一个梦想,用自己的发明改变残疾人的生活。经过10年的潜心研发,1999年卡门终于推出了一种多功能轮椅——能把用户抬到1.8米高,能轻松爬坡,能在沙子、碎石甚至8厘米深的水中轻松行走,甚至还能爬楼梯。2000年一项划时代的科技发明——赛格威(Segway)问世,卡门成了当之无愧的"平衡车之父"。

亚力克·福奇(Alec Foege)所著的《工匠精神》(*THE TINKERERS: The Amateurs,*

DIYers, and Inventors Who Make America Great)[①]一书，通过一大批具有求实才干、富有创新精神的工匠对推动美国社会进步所做出的贡献，向人们表明：工匠精神是一种心态，是一种信仰；工匠精神塑造了美国，成为美国社会生生不息的重要源泉。

福奇认为，美国的工匠们具有三个基本特征：一是"用我们周围已经存在的事物制造出某种全新的东西"，而创造这些全新的东西的目的是"让事情变得更好""让人类有更好的未来"。这里需要注意的是制造不是复制，不是从1到N(从少到多)，而是创造，从0到1(从无到有)。例如，天才创业冒险家埃隆·马斯克(Elon Musk)创造无数的传奇，他创立了多个高科技公司——发射火箭、制造电动汽车、打造网络支付平台，其辉煌的人生履历被写成了一部名字极为震撼的自传，叫《这个星球不配我死》。他的"猎鹰9号"火箭首次成功实现了回收，同时也是人类第一个实现一级火箭回收的轨道飞行器；他重新定义了汽车并开创了电动汽车特斯拉(TESLA)；他是"硅谷钢铁侠"，是"将世界甩在身后的人"。二是"他们的创造行为在最初没有明确的目的性，就算有也和当时确定好的目的有很大不同，能够激发人们的激情和对它的迷恋"。在美国很多伟大发明诞生于车库。这些发明一开始不是纯粹出于商业目的，通常仅为实现某个有意思的想法。"通常大肆宣扬他们的方法、工作过程，以及他们创造的令人难以置信的产品"不是真正的工匠，而"深层的工匠们不在乎传播媒介""不受奖励的驱使""更专注于通过思想创新改变我们对事物的思考方式。"谷歌公司的创立只是基于拉里·佩奇(Lawrence Page)和谢尔盖·布林(Sergey Brin)的一个想法：在"信息爆炸"的网络时代怎样更好地查找信息；苹果公司开创的个人电脑也是史蒂夫·乔布斯和史蒂夫·沃兹尼亚克(Stephen Wozniak)在车库里完成的。三是他们的行为是一种"破坏性行为"。因为发明创造常常是颠覆性的，是对现状的一种破坏。爱迪生发明了留声机，就是对电话产业的一种颠覆。"可以突破界限"是美国工匠精神的本质。突破界限的精神就是创新创造的精神，也是美国的文化底色。

通过上述考察可以看到，构成美国工匠精神的基本要素有：一是务实。美国是个务实的民族，美国人本能地热衷于发明创造，并愿意付出长期的努力。二是乐观。美国人愿意从零开始，对新思想新技术始终抱着浓厚的兴趣，并以创新为快乐。三是合作。随着时间的推移，协作变得至关重要，一大群具有不同技能的人须要在一起协同合作。四是市场。美国高度成熟的市场经济，保证了创新成果能够成功推向市场，通过商业运作产生巨大能量。

三、美国工匠精神的另一重要内涵：实用主义

实用主义根植于美国社会和文化之中，从新大陆的开拓到美国国家的创立，从工商业革命到信息化时代，它塑造了美国人的生活方式和思维方式。

实用主义的根本纲领是：把确定信念作为出发点，把采取行动当作主要手段，把获得实际效果当作最高目的。实用主义哲学的创始人查尔斯·皮尔士(Charles Peirce)说："一种理论(法则)，只有做得出来，清晰而明确地达到了所需要的效果，才是科学的。否则，只是一种

[①] 亚力克·福奇.工匠精神：缔造伟大传奇的重要力量[M].陈劲，译.杭州：浙江人民出版社，2014.

虚无。"美国实用主义者的著名论断是"有用即真理"（威廉·詹姆斯，William James）、"真理即效用"（约翰·杜威，John Devey），它强调认识中主客体的互动作用，重行动、重效益，强调改变，关注实际效果。当然，实用主义远非一种完善的学说，它把功用和效果提到了第一位，必然促使美国整个社会的商业化。

美国经济学作家查尔斯·莫里斯（Charles Morris）在《创新的黎明：美国第一次工业革命》（*The Dawn of Innoration: The First American Industrial Revolution*）（2012）一书中写道，"如果 19 世纪的美国发明了可窥视英国工厂的魔术望远镜，他们肯定会使用它"。他说的就是美国的"山寨史"，那时美国人特别热衷"山寨"英国纺织技术。美国独立之后，政府曾公布了很多法令，鼓励美国人去英国考察。而英国为了严密防范，则设下各种限制，实验室想尽办法不对美开放，也以"动机不纯"为由拒绝美国的企业家和工程师移民。1790 年，美国国会通过第一部"专利法案"，该法案规定"任何人或团体"都可以申请专利，但 1793 年，法案被修改为仅美国公民可申请。根据美国商务部下属的美国专利与商标局网站公布的数据，从 1790 年美国第一部专利法公布到 1835 年，美国颁发的 9 225 项专利中，没有一项是授予外国人的。这与当时英国在世界工业技术中的领先地位是不相称的。实际上，这一时期美国授予的专利中，相当大的部分是对英国等工业发达国家同类技术的"山寨"。也就是说，美国也经历了很长一段时间的"抄袭"。

发端于英国的第一次工业革命（18 世纪 60 年代—19 世纪中期）中，奏响前奏曲的是从事手工业的工匠群体。16 至 18 世纪之间，德国、尼德兰、安特卫普、胡格诺工匠大量涌入英国，带来了催生工业革命的关键产业和技术。1733 年，钟表匠约翰·凯伊（John Kay）发明了飞梭，织布效率大幅提高；1765 年，织布匠詹姆斯·哈格里夫斯（James Hargreaves）发明了珍妮纺织机，大规模的织布厂得以建立；1785 年，瓦特万能蒸汽机首先在一家纺纱厂投入使用，很快又推广到纺织、冶金及采矿等领域。从此，人类社会进入了"蒸汽时代"。研究表明，17 世纪英国的工匠传统和实验科学，有力地推动了近代科学发生实质性变革，使科学更有实用价值；而到 18 世纪下半叶，英国已无比强盛。当时英国的治世能臣们明白，大不列颠王国的体面和威严，离不开纺织工人那双沾满油污的手。所以，王国宣布了一条禁令，严禁纺织机出口，也不许熟练的机械师移居国外。他们要通过技术和人才的垄断，保证英国独享第一次工业革命的成果。当时英国最大的纺织中心在曼彻斯特，曼彻斯特一个能操作当时世界上最先进的工作母机——英国阿克莱特纺织机的青年技术能手塞缪尔·斯莱特（Samuel Slater），被美国梦"忽悠"到了罗得岛，于 1793 年帮助美国"复制"了第一家装有阿克莱特纺织机的纺织厂，随后指导马萨诸塞州建立了 50 多家纺织厂，打造了美国最早的机械纺织帝国。美国总统安德鲁·杰克逊（Andrew Jackson）称斯莱特为"美国工业革命之父"，但英国人叫他"叛徒斯莱特"。今天作为技术输出大国的美国在当年就是这样依靠"复制"别国技术起步的。在此后很长一段时间里，美国的发展依旧依赖欧洲的技术发明，在南北战争（1861—1865）前，80% 的美国机械设备都从欧洲进口。有资料称，19 世纪中期，美国人还想复制英国的谢菲尔德钢铁厂，该厂当时被公认为世界一流。然而，美国聘请了最优秀的谢菲尔德工匠,都未复制成功。后来发现,冶炼谢菲尔德钢铁的关键在于用英国本地黏土制造的加热容器,这一点连英国人都不曾认识到。针对美国动辄指责中国企业侵犯知识产权,频繁挑起贸易争端的"科技霸凌"行径,查尔斯·莫里斯曾在美国《外交政策》刊文——《我们也是剽窃者——为什么美国在19世纪就像中国一样》。文章称,"今天,中国就是那个新兴的上升力量,而美国却成了防范年轻崛起者的霸权。对中国而言,美国扮演的角色同两百年前的英国毫无两样……而当年美国的野心比今日的中国大得多……指责中国缺乏道德并无意义——国与国之间的游戏根本没有道德可言"。

南北战争后的30年对美国来说,是勇于创新的时代,也是开始腾飞的时代。在美国工业革命初期,美国人一方面积极引进、复制英国的技术,另一方面实行专利制度,鼓励技术创新,各项发明创造不断涌现。在美国,工匠的发明创造受宪法和专利法的保障,正如美国国家专利商标局那扇厚重的大门上印着的林肯总统的名言:"专利制度就是将利益的燃料添加到天才之火上。"据美国专利局记载,19世纪后期是美国专利技术突飞猛进的阶段。在1789—1800年的11年中,政府颁布了276项专利;在1850—1860年的10年中,增加到25 200项,平均每年有2 000多项;而到了1879年后的20年,每年登记的专利已达到2万多件,增长了10倍多。据统计,从1865年至1900年,被正式批准登记的发明专利就达64万多种。这些发明改变了人们的生活,并推动了美国制造业的迅速发展。一生中拥有2 000多项发明专利的"发明大王"爱迪生,更是将美国的工匠精神推向了高峰。他组建了合作研究团队,创新了工作模式——将一群人的多个发明组合于一体。1879年电灯出现了,1882年世界上第一个火力发电站开始工作。可以说,在爱迪生之后,美国才有了自己的技术。爱迪生将电应用于照明和动力,使美国开启了"电气时代",成为电力工业的故乡,率先进入了第二次工业革命,并在资本主义世界的竞争中,很快取代了英法,占握领先地位,以领头羊的姿态走在了世界的前列。1894年,即中日甲午战争爆发的那一年,美国的工业总产值达到95亿美元,相当于英国的两倍、法国的三倍,跃居各大国之首。也就是说,从斯莱特在马萨诸塞州建立第一个工厂到成为世界第一经济强国,美国整整用了100年。

1870年之后的第二次工业革命伴随着"镀金时代"——南北战争的结束和太平洋铁路的开通使美国成为一个统一的经济体,随之而来的就是商业投机猖狂,政治腐败严重,大量财富集中于少数垄断资本家手中,大财团、大富豪不断涌现,不少人以正当或不正当的手段发了大财。这一切使得美国的工业化极速发展,国家财富迅速增长。人们习惯上借马克·吐温(Mark Twain)1873年发表的《镀金时代》(The Gilded Age)来形容1870—1920年的美国。尤其是20世纪初期,与西奥多·罗斯福总统(Theodore Roosevelt)反垄断、反欺诈腐败等一系列"新政"和社会进步运动同时展开的,还有一个又一个的科技发明和体制创新。

1903年,莱特兄弟制造了4缸12马力的汽油发动机飞机,宣布了人类历史上第一架动力飞机的诞生;1913年,美国政府主导的巴拿马运河正式凿通,大西洋和太平洋从此联为一体;1927年,美国影片《爵士歌手》第一次成功使用了新的电影技术,电影产业开始进入有声时代。在这期间,美国人在工业领域最富革命性的创造,是"福特式生产方式"的出现——将标准化、流水线和科学管理融为一体的现代大规模生产。福特一生中,有四件大事:1908年生产出第一辆T型汽车,T型汽车彻底改变了美国人的生活方式;1913年引进生产流水线,为大规模生产提供了基础;1914年首次向工人支付每日5美元的工资,改变了美国工人的生活方式;1924年,第一千万辆T型汽车正式下线,售价从最初的800美元降到了290美元,汽车开始进入美国的千家万户。福特成了整个20世纪将大规模生产和大规模消费相结合的第一人。汽车的普及使美国成为一个安装在飞轮上的国家。

▲ 福特T型汽车

  镀金时代和第二次工业革命,带来的一个客观结果就是中产阶级成为美国的消费主力,他们愿意为高品质买单,也愿意付出更多金钱来满足自己的个性化需求。为解决这些消费痛点,企业不得不进行创新。而创新本来是属于大企业的,一直到1960年,美国每年70%的高科技产业研发投入,来自排名前100的大型甚至垄断公司。但如果一个国家的技术进步仅与寡头企业有关,无疑是没有持续力的。20世纪80年代,美国国会通过了诸如《史蒂文森-魏德勒技术创新法案》《拜杜法案》《综合贸易与竞争力法案》等一系列促进科技创新的法案,联邦政府推出了一大串以字母简称命名的项目——"小企业创新研究计划"(SBIR),"国家技术情报局—扩展"(NTIS),"小型商业投资公司—改革"(SBIC)以及"合作研究与发展合约"(CRADA)等。如1980年修订通过的《拜杜法案》(Bayh Dole Act)规定,只需要约50万美金就可将买到专利进行商业化改造,但后期的销售收入需要与专利发明者分成。它彻底改变了专利的分配属性,调动了科研人员的研究热情,激发了中小企业进行升级的动力,将美国彻底转变为散点状创新国家。到90年代中期,美国的风险投资就已达到高潮,有了资金的滋润,创新的土壤才能更加肥沃。近十年,美国排名前1 000的公司中,有700多家已经不见了。产业更新的节奏之快,以及"小年轻"干掉"老家伙"之残酷,是美国式创新之体现。而中产阶级的出现、知识产权的完善和风险投资的支持正是美国彻底告别"山寨"王国、进军创新帝国的三大保证。美国又用了近百年的时间集齐了这三个条件,完成了转型。

  在发展的过程中,美国人将创新精神与实用主义不断融合,既借鉴欧洲文明的样本,又根据实际情况进行创新,摆脱绝对权威和经验主义的束缚,形成了独特的实用主义风格。实用主义也成为美国工匠特有的一种性格和气质,深刻影响着美国的过去、现在和未来。

  迈克尔·沃克(Michael Walker)是美国当今最著名的定制刀匠之一,被誉为地球上最杰出的制刀师,许多大师级刀匠都曾受到他的指点和提拔。1975年沃克20岁时,决定把制

▲ Michael Walker 制作的刀具

刀当成一辈子的职业,只是因为女朋友送给了他一本刀具收藏者喜爱的杂志《美国刀锋》。这本杂志的内容使他毅然决然离开当时能带来巨大财富的珠宝世界,全身心投入到制刀行业中去。仅仅5年时间,沃克就在制刀行业里做得风生水起,他制作刀子,最高可以开价到10万美金。不过沃克的成就并不止于此,在他的制刀生涯中,取得的专利和商标超过20项,其中包括现已成为折叠刀标准规格的衬锁(Linerlock)。

谈及衬锁,不得不说一件趣事。当时有顾客在沃克这里订购了十把直刀,制作好之后又向他订购了刀鞘。可沃克将刀鞘做好后,却总觉得不够满意,于是他尝试着把直刀改造成折叠刀,这样就用不到刀鞘,而这也开启了他的发明生涯。早期的折叠刀是通过弹力压杆来压住刀刃的,为了固定住刀刃,在刀柄内侧藏了一个内衬锁片,当折叠刀被展开时,内衬锁片就可以顶紧刀的根部,固定刀刃。由于锁片被藏在刀柄内,故称为衬锁。然而沃克发现,旧式的衬锁中,大部分锁定功能都被弹簧抵消,因此沃克决定拿掉弹簧,直接让弹簧和锁定装置成为一体,形成新的衬锁,以加强衬锁的"锁"力。根据实测,沃克设计的新款衬锁的"锁"力比原来的标准锁定装置增强了4倍。此外,沃克还为衬锁设计了自动调整的机制,以确保刀刃不会随时间推移而慢慢松脱。

沃克的刀使用美国最先进的材料,如钛、防锈大马士革钢等,许多设计都富有创意,他的"Zipper"刀最受刀友的追捧和钟爱。每一个真正意义上的刀具收藏家,都应该至少拥有一把沃克的刀。

美国一直以来是技术创新的沃土。有学者认为,技术的创新给美国带来了前所未有的快速发展,然而经济的迅猛增长使美国从一个充满实干家的国家转变为一个充满消费者的国家,美国人正在丢掉神圣的工匠传统,这是很危险的。马修·克劳福德(Matthew Crawford)在《摩托车修理店的未来工作哲学》(*Shop Class as Soulcraft: An Inquiry into the Value of Work*)一书中,强烈主张重新培养动手能力,提醒人类反思:当今社会,人们主动使用工具来修理或制造东西的机会越来越少,与物品之间的关系越来越生疏,人们因此变得更加消极被动,更加具有依赖性,这种变化是否意味着危险。① 美国当代著名的社会学家和思想家理查德·桑内特(Richard Sennett)也在《匠人》(*The Craftsman*)中指出,现代人正在丧失"为了把事情做好而把事情做好"的匠人精神。"匠"的艺术是手与脑的结合,现代机器和先进设施的使用,虽然提高了效率,提升了精准度,但是并没有提升和精进人的技艺。如

---

① 马修·克劳福德.摩托车修理店的未来工作哲学:让工匠精神回归[M].粟之敦,译.杭州:浙江人民出版社,2014:5-6.

CAD的出现,就常常导致建筑设计师缺乏对全局的考量,人类在好好利用技术时,还是应该像匠人那样思考,因为这种思维对工作和生命有着重要的意义。①

为使美国不失去其全球领导者的地位,在新一轮科技革命和产业竞争中占领先机,美国提出了"回归制造业"的战略,其中加快创新、保证人才流动、改善商业环境是振兴美国制造业的三大支柱。为加快培育大批既具有求实才干又富有创新精神的"工匠",美国劳工部还设立1亿美元的"美国学徒奖金竞赛"基金,以促进新的学徒模式发展;在各地建立"加工试验室",大力兴办"工匠空间",试点"工匠学校",开展"工匠运动",就连白宫也举办了"工匠嘉年华"活动。美国兴起的"工匠运动"被誉为一场"新工业革命",前总统奥巴马说,"今天的DIY,就是明天的美国制造!"

意大利:"纯手工打造"的执着

意大利是欧洲的文明古国,曾经拥有罗马帝国的伟大辉煌,它也是欧洲文艺复兴运动的摇篮。文艺复兴思潮在文化、艺术、科学等诸多方面对意大利产生了深远影响,不仅为意大利留下了诸多美轮美奂的文物古迹,同时也让意大利手工艺得到了巨大的发展。

在意大利,"豪华游艇""超级跑车""奢侈品""数控机床""高端厨具""服装定制"等产业非常发达。其共同特点为小批量制造,甚至是单独定做并且十分强调"纯手工打造",以此打造意大利产品的高端形象,但这种生产方式对工人的要求极高。

意大利是一个拥有6 000万人口的小国,却是拥有国际知名服饰品牌最多的一个国家,也是目前拥有传统男装裁缝匠数量最多的国家。高级男装手工定制代表着高品质,备受世界各地精英人士的青睐。据美国奢侈品研究机构所做的抽样调查,美国富豪青睐的十大服饰品牌中意大利品牌占到八席,如布里奥尼(Brioni)、阿玛尼(Armani)、杰尼亚(Ermenegildo Zegna)、菲拉格慕(Ferragamo)、康纳利(CANALI)、杜嘉班纳(Dolce & Gabbana)等,而与范思哲(Versace)打成平手的汤姆·福特(Tom Ford)背后站着的也是一位来自意大利的裁缝。

古城佩内(Penne)距首都罗马车程3个小时,这里的裁缝全意大利闻名。十大高端服饰品牌之一布里奥尼就是于1945年在此地创立的。目前,布里奥尼的制衣工坊里有1000名裁缝,一年可以生产6万套西装。就单件西服而言,7000针的手工缝线里,只有15%是外面看得见的,其他85%的针脚都隐藏在里面,以保证穿着的舒适性。一件西服的生产流程被分解为220个步骤,由220位高级裁缝接力完成:从手工绘图,手工做板和剪裁,到手工缝纫,这期间需要熨烫80次,花费22个工时。其中,扣眼需要用楔

---

① 理查德·桑内特.匠人[M].李继宏,译.上海:上海译文出版社,2015:31-39.

子打眼,缝好一个扣眼需要缝100针,耗时30分钟。

当"量体裁衣"成了一种奢侈,这里的裁缝在一针一线间也成了"摩登匠艺"(Modern Craft)。只有高端品牌才有资本开学校、培育匠人,这是一种昂贵的人才储备方式。布里奥尼于1985年创立了裁缝学校(Scuola di Alta Sartoria),每隔4年招生一次,每次只有16个名额,在15到17岁的少年中选择最有天分的。学生在学校学习意大利语、英语、历史、数学、计算机科学以及裁缝技艺,一周有40个小时的课程。学生们会从画图开始逐一学习缝纫技能,之后还要在裁缝工坊实地操练1年。之所以让他们这么小就开始学手艺,是因为在这个年纪,手指还很柔软、灵活,触感最好,是训练对布料第六感的最佳时期。课程结束后,约80%的学生会留在公司工作,或留在生产部门,或被派驻到全球各地的专卖店。在布里奥尼看来,工匠精神能够拉伸缝纫这门艺术的维度。他们坚持手工制作西服,是因为一套纯手工缝制的西服无法通过工业流程复制,这就是工匠存在的意义。

意大利的西服定制店为众多名人提供过服务,其中不乏政治巨人、商界寡头以及顶级巨星。裁缝往往需要针对客户进行单独设计,除了考量个人身形和品位外,还要注重客户的职业、个性及种种无以言说的细微需求。小到纽扣,大到面料的整体成色,一缕一线都竭力追求完美。条纹和格子面料的西服非常讲究对条对格,西服上衣兜盖上的条纹和兜盖上方的条纹必须对齐,身上的格子和袖子上的格子应该高度一致。此外每位裁缝的性别、年龄、体力,会影响缝线的松紧程度,这将直接影响到顾客的穿着感受。因此,每道工序又配有一名经验丰富的裁缝作为"质量监督人",确认没有质量问题才可以进入下一个工序。由于每位裁缝都经过严格的培训,而且有很多年的实际操作经验,因此实际返工率能做到不超过1%。

意大利企业精益求精,不惜耗费大量的时间和高昂的成本,打造了本行业最优质的、同行无法匹敌的卓越产品,这些产品已经属于艺术品的范畴。

思考与研讨

一、有人说,仅仅把"工匠精神"归因于民族特性则有失偏颇,一个国家的管理体制与治理机制才是决定"工匠精神"的更重要因素。

请思考,工匠精神是否与民族特性高度关联?谈谈你对工匠精神"生于制度,孕于文化"的理解。

二、当今世界,全球制造业有很多的流派,比如美国制造、日韩制造、德国制造。有专家比较分析后提炼出了他们各自的三大特点。就美国制造而言:一是引领潮流。美国是很多产业的创造者和产业的潮流、时尚方向的引领者,尤其是互联网行业、新能源行业、医疗行业。二是全球化。比尔盖茨说我做 IT 行业,要让全世界每一张办公桌上都有一台电脑,电脑所用的桌面系统都是 windows 系统;麦当劳说我要让全世界所有的十字路口都有一家麦当劳;星巴克说我要让全世界所有的时尚青年,早上都到星巴克来买一杯咖啡。三是快速更迭换代。在美国,变是唯一的不变。一个行业的前十名,十年以后再来看,能够保持下来的只有二三。日韩制造带有很强的后发展国家的特征:一是年轻。它伴随着"二战"后婴儿潮的成长而崛起。二是低成本。通过精细化的生产、原材料的改造来大规模地降低成本。三是大规模制造。通过规模化的优势进一步地降低成本在全球化格局中与欧美强大的制造业竞争。而德国制造似乎要沉默、老成得多:一是简洁。从汽车到一杯饮料再到服装再到建筑物,均非常简洁。二是精密。产品的精密程度均超越其他国家。三是耐用。任何一件产品都希望能够经得起长久使用。

工匠精神在不同的国家有不同的称呼。如德国称"劳动精神"、日本称"匠人(职人)精神"、韩国称"达人精神"、美国称"职业精神"。工匠精神在不同国家表现出来的特质也不尽相同,如在德国更多表现为注重标准与品质,在日本更多表现为注重细节与传承,在美国更多表现为注重自由与创新等。

请用德国制造、日本制造和美国制造的具体事例,来说明这三个国家的工匠精神在特质上的差异。

三、瑞士的钟表名闻天下。作为世界钟表业最重要的发祥地之一,被誉为"钟表谷"的汝拉山谷在钟表爱好者的心中,犹如圣城麦加。出生于汝拉山谷的青年人有九成以上加入钟表学校学习技艺,这里的冰雪常年不化,静得仿佛只剩下时间流逝的声音,一代代制表工匠便是在这与世隔绝的环境中凝神专一地工作,创作出一件件令世人惊叹的作品,成就了一个个百年钟表品牌:百达翡丽、伯爵、爱彼、名士、劳力士、萧邦。在宝珀公司,有一款名为"1735"的经典机械表,研发时间长达 6 年,全球限量生产仅有 30 枚,内有 744 个零件,最小的细如毫发,一位顶级制表大师全心投入,一年只能制造出一只。

请结合教材相关材料,谈谈你对瑞士工匠精神及其特质的理解。

四、德国经济腾飞的秘密武器,便是"双元制"职业教育。德国"双元制"教育体系最初在 1969 年就被写入了《联邦职业教育法》,培养了一代代技术过硬、作风严谨的技工和工程师。瑞士固宝琳(Gübelin)集团总裁拉菲尔·固宝琳在谈到国家竞争力时,首先提到的就是瑞士的"双元制",在学校里学习理论,并在工厂里进行实践;之后就可以把理论和实践相结合。这种双元制教育是瑞士经济的重要支撑,它把工匠精神一代传一代。

在 2016 年、2017 年两届"全球社会企业家生态论坛"上,德国前总统克里斯蒂安·伍尔夫在谈论德国"工匠精神"的炼就时,多次力挺学徒制。他非常自豪地说道:在德国社会中出身学徒而有大作为的人有很多,比如,汽车之父戈特利布·戴姆勒,博世公司创始人罗伯特·博世,德国前总理格哈德·施罗德等。

当前,深化产教融合,扎实开展"现代学徒制""企业新型学徒制"人才培养模式改革,已成为中国发展职业教育的必然趋势。请认真思考在学徒制教育中你准备如何去锤炼自身的工匠精神。

第四章
工匠精神的重拾：衰弱与呼唤

工匠精神具有重大的时代价值，重拾工匠精神是我国经济社会发展的时代要求。"只有回看走过的路、比较别人的路、远眺前行的路，弄清楚我们从哪儿来、往哪儿去，很多问题才能看得深、把得准。"[1]工匠精神，生于制度，孕于文化，厚植工匠文化是一个企业乃至一个国家和民族生存、发展的必经之路。重拾工匠精神，是新常态下推动中国制造"品质革命"的精神动力和力量源泉。一个拥有工匠精神、推崇工匠精神的国家和民族，必然会少一些浮躁，多一些纯粹；少一些投机取巧，多一些脚踏实地；少一些急功近利，多一些专注持久；少一些粗制滥造，多一些优品精品。在实施制造业强国战略、深化供给侧结构性改革的时代，重塑工匠精神，是推动整个经济转型升级和长远发展的国家战略。

第一节 工匠精神缘何衰弱

随着公共环境、食品安全、质量问题日益凸显，对产品质量的要求，对职业精神的追求，从来没有像今天这么强烈过。工匠精神衰微已是不争的事实，我们缺乏主动做事、自我驱动的精神；我们缺乏把简单的事情做到极致的耐心；我们缺乏追求卓越、做出精品的长远愿景等。造成这种现象，既有传统文化的消极影响，又有客观现实的制约，需要从多维度进行考量。

一、传统"士农工商"等级观念的影响

从史籍看，自传说中的圣王时代至夏商周，工匠及其制造的器物在国家政治生活中一直占据重要地位，并在西周一代至于鼎盛。像《尚书·尧典》提到的共工，被视为尧帝时期最重要的政务官。舜帝时期，任命禹、弃、契、皋陶、垂、益、伯夷、夔、龙等九人担任主官，分别负责

---

[1] 习近平.习近平谈治国理政(第三卷)[M].北京：外文出版社，2020：70.

司空、后稷、司徒、典狱、共工、山林、祭祀、典乐、纳言工作。其中，垂作为掌管百工的官员，排在第五位。在第一章我们提及了帮助齐桓公成就"春秋五霸"之首的重要政策之一就是"四民分业，士农工商"。《管子》云："士农工商四民者，国之石民也。"尽管对于"士农工商"提出者管仲，"士农工商"均是国家的柱石，并没有尊卑之分。在漫长的前工业时期，各个朝代经政治理的思想无非两种流派，一个是重农主义，一个是重商主义。无论是重农抑商，抑或是贵商贱农，"工"在中国文化里是有过地位的。《周礼·考工记》的开头便说："国有六职，百工与居一焉。"又说："知者创物，巧者述之，守之世，谓之工，百工之事，皆圣人之作也。"可见当时并没有贬薄"工"的做法，对技巧更无成见，有之乃是后世的事。

春秋战国以降，随着儒家思想的传播，尤其是汉武帝采纳大儒董仲舒"罢黜百家，独尊儒术"的建议之后，儒家思想逐渐占统治地位，对中国乃至远东文明产生重大影响。据《论语·子路》："樊迟请学稼""请学为圃"。"樊迟出。子曰：'小人哉，樊须也！'"《论语·为政》又云："君子不器。"在孔子看来，只有拥有驾驭各种复杂事件的能力，才能担当修身、齐家、治国、平天下的重任；君子追求的是"形而上者"之道，而非"形而下者"之器，若专攻一才一艺，不可称为君子；亲力亲为做实际事情，都是小人之事，君子耻之。以至在中国古代，即使拥有天工奇技，也难登大雅之堂；虽有众多杰作流传于世，也难在史上留名。如建造了举世闻名赵州桥的隋代造桥匠师李春，其生平、籍贯及生卒至今无法得知。人们仅能从唐代中书令张嘉贞所撰写的《石桥序》"赵郡洨河石桥，隋匠李春之迹也，制造奇特，人不知其所以为"中，窥得一二。

儒家宗师、有"亚圣"之称的孟子在其《滕文公》篇又云："劳心者治人，劳力者治于人；治于人者食人，治人者食于人，天下之通义也。"在儒家的传统里，"士农工商"便成了尊卑之序，以士为首，农次之，以工、商为末。

若将"士农工商"的等级观念放到更宏大的中国传统文化中去考察，或许更能洞察导致"工"衰落的内在逻辑。按潘光旦先生发表于1943年的力作《工与中国文化》[①]的说法，主要原因有三：

其一，儒道这两种最有影响力的思想对中国人价值观的作用。儒家的人文思想原是相当的完整的，但一变而为人本论，再变而为唯人论，在认知上重人事、轻天地，结果是终于把天地人三才中的天地两才搁过一边，置之不闻不问。搁过了天，是慢乎了哲学和一切形而上的东西；搁过了地，是遗忘了科学和一切形而下的东西。工和技巧的视同敝屣，是思想中搁过了地的必然的结果。道家的思想似乎是自然主义，却同样阻碍中国人认识自然。道家反对人类的故作聪明、妄加创制，固然不利于工的发展。但何以对于比较抽象与理论的哲学科学也不能有多大的贡献呢？……其目的在接纳自然，顺适自然，而所接纳、顺适的自然是整个的，不是经由人力而肢解了的。在这种自然主义之下，要干涉自然而有所利用，固然事所不行，就是要分析自然而有所了解，也是理有未可。中国人对于自然的态度是：只求欣赏，不

---

① 潘光旦.潘光旦教育文存[M].北京：人民教育出版社，2002：263-273.

求认识,只问完整的外形,不问内容的节目……这样一路的自然主义绝不能产生科学的理论,更不能孕育工学的技术……儒家也未尝不接受一部分的道家的自然主义,因而对于人为的技巧的东西心存歧视。

其二,科举制度与士农工商的社会定位,导致的人才走向与基因筛选。人与职业有三种因缘:根据自己的才能,察看哪些职业用人,参考不同行业在社会上的地位。社会职业地位的标准是:士农工商。一个人能力上擅长为士、不擅长为工,或者能力可以为士、可以为工,都会选择科举的道路。只有那些做工的潜力好,其他都不行的人,或者一切能力都不行的人,才选择工的职业。这就导致:第一流第二流的技能人才,初则因社会的歧视而沦于下贱,继则因日久陷于下贱而渐趋减少,则最后能安于技工的分子势必是一些技能比较微弱,兴趣比较淡薄,而情绪也比较粗疏的人……对犹太民族的成就与智力,一直解释纷纭。当代生物学家另辟蹊径,认为该民族的多数人口自古代就开始经商,头脑好使与商业成功相关系数较大,而成功的商人在生育和养育上优势巨大,后代继承了父母的基因,久而久之,该民族获得了智力上的优势。这就可以解释中国人在先天素质上为何擅于考试,拙于奇技淫巧。

其三,技术的传承。一种事物的失传不外两种原因:一因缺乏传习的人,二因缺乏传习的工具。传习的工具不一,最重要的是文字。文字几乎是士的行业所独占的东西,士与工既是两个不相为谋的行业,而中间又隔着一道很深的鸿沟,工的行业也就和文字的教育不发生关系。中国文献中关于工的部分少得可怜,它和医卜星相以至于堪舆的文献比起来还差得多。医卜星相堪舆往往是读书人的副业,或至少是读书不成而借以糊口的一些手段,不能不用少量的文字做传习的媒介,因此还有不少的文献流传下来。而工则不然。当其初,它和文字教育既无关系,一切的技能只好口授;而当其后,技能既缺乏进步,甚至于反趋单纯,并且是始终的那么单纯,师徒间的一些耳提面命也就于事已足,自无须乎特别的记载。工的文献无征,这当然是最大的原因了……《天工开物》一类的著作我们举不出第二部来。

封建统治阶级出于巩固统治的需求,不断推崇"重道轻器"的思想,不断强化"士农工商"的等级制度,致使社会对工匠、制造技术、工艺技艺也越来越不重视。拥有四大发明,且在工艺制造领域领先于世界的中国,逐渐被世界其他国家赶上、超过并一度甩在身后。

传统等级观念的影响仍然存在,当今社会我们推崇的往往是"学而优则仕",信奉"万般皆下品,唯有读书高""唯文凭论英雄",这种"重学轻术"的错误价值观,在社会文化层面上阻碍了工匠精神的进一步传承与发扬。

二、"差不多就行"的生活态度

按著名的文化人类学家马林诺夫斯基(Malinowski)"文化三因子论"①:文化是三个层次的有机结合。最低的层次是器物,即能看到的各种有形物质,或者说生产、生活工具和生产方式;第二个层次是制度和组织,社会、经济、政治组织,或者说经济体系、教育体系、政治

---

① [英]马林诺夫斯基.文化论[M].费孝通,译.北京:中国民间文学出版社,1987.

体系等都属于这个层次;第三个层次是精神层次,即人的伦理、价值取向等。换言之,文化可划分为三个层面,即表层的物质文化、中层的制度文化以及深层的精神文化。深层文化是文化的核心,最能体现一种文化的特质,是最难改变的层面。文化变迁也是由表层开始的,随后表现在中层,最后反映在人们的观念上,导致深层文化的改变。另一方面,观念的变革又会加速表层文化的改变。表层文化总隐藏着人们的一定观念、思想和感情等,是深层文化的器物化。不注重细节,不追求完美,"差不多就行"的态度背后是根深蒂固的思想观念。

早在1927年,中国正在进行北伐战争之时,美国就开始宣扬"almost right is wrong",即"差不多就是错"的思想。反观当下,"差不多""还可以""过得去"这样的口头语比比皆是,"那有什么关系""这又不要紧""不就是一件小事嘛"这样的话也频频出现,马马虎虎的工作态度,"差不多就得了"的工作标准,甚至投机取巧、耍小聪明……无疑都是缺少一丝不苟、精益求精的工作态度,孜孜不倦、精雕细琢的职业精神的现实写照。早在1919年,胡适先生就写过一篇《差不多先生传》,讽喻那种马马虎虎、糊里糊涂的生活态度。

你知道中国最有名的人是谁?提起此人,人人皆晓,处处闻名。他姓差,名不多,是各省各县各村人氏。你一定见过他,一定听过别人谈起他。差不多先生的名字天天挂在大家的口头,因为他是中国全国人的代表。

差不多先生的相貌和你和我都差不多。他有一双眼睛,但看的不很清楚;有两只耳朵,但听得不很分明;有鼻子和嘴,但他对于气味和口味都不很讲究。他的脑子也不小,但他的记性却不很精明,他的思想也不很细密。

他常常说:"凡事只要差不多,就好了。何必太精明呢?"他小的时候,他妈叫他去买红糖,他买了白糖回来。他妈骂他,他摇摇头说:"红糖白糖不是差不多吗?"他在学堂的时候,先生问他:"直隶省的西边是哪一省?"他说是陕西。先生说,"错了。是山西,不是陕西。"他说:"陕西同山西,不是差不多吗?"后来他在一个钱铺里做伙计;他也会写,也会算,只是总不会精细。十字常常写成千字,千字常常写成十字。掌柜的生气了,常常骂他。他只是笑嘻嘻地赔小心道:"千字比十字只多一小撇,不是差不多吗?"

有一天,他为了一件要紧的事,要搭火车到上海去。他从从容容地走到火车站,迟了两分钟,火车已开走了。他白瞪着眼,望着远远的火车上的煤烟,摇摇头道:"只好明天再走了,今天走同明天走,也还差不多。可是火车公司未免太认真了。八点三十分开,同八点三十二分开,不是差不多吗?"他一面说,一面慢慢地走回家,心里总不明白为什么火车不肯等他两分钟。

有一天,他忽然得了急病,赶快叫家人去请东街的汪医生。那家人急急忙忙地跑去,一时寻不着东街的汪大夫,却把西街牛医王大夫请来了。差不多先生病在床上,知道寻错了人;但病急了,身上痛苦,心里焦急,等不得了,心里想道:"好在王大夫同汪大夫也差不多,让他试试看罢。"于是这位牛医王大夫走近床前,用医牛的法子给差不多先生治病。不上一点钟,差不多先生就一命呜呼了。

差不多先生差不多要死的时候,一口气断断续续地说道:"活人同死人也差……差……差不多,……凡事只要……差……差……不多……就……好了,……何……何……必……太……太认真呢?"他说完了这句话,方才绝气了。

▲ 漫画:差不多先生即将现身

再具体看看党报"关注'工匠精神'缺失问题"专题系列报道①,着实吓了一跳,"差不多先生"的"差不多家风"传世绵长。

◆ **不认真**——毕业论文靠"加工"。每年4、5月份,是毕业生们"白加黑"的时段,他们为"论文查重"忙得焦头烂额。所谓"论文查重"是指利用"中国知网""万方""维普"等查重软件对论文进行检测,看看提交的论文是否有抄袭的内容。如果一篇论文跟已公开发表的文章有30%左右的重复就会被认定抄袭,需要重新修改,再提交答辩。"论文查重"是一个好事情,它可以有效地避免论文抄袭,但一大批准毕业生却只是利用查重软件的规则,对文字进行颠来倒去的处理。这样的做法对论文本应体现的创新精神、学术价值而言,真是一文不值。更令人担忧的是,此种论文的"加工"方法竟然有一些是导师教给学生的。

◆ **不专注**——"老字号"后继乏人。"老字号"是一个地方的"金字招牌"。作为千年古邑、江西省最早建县的18个古县之一,南城县拥有丰富的"老字号"资源,"建昌帮"中药、"洪门"蛋品、"麻姑"水粉等都是"老字号"的典型代表,涌现出许许多多的"非遗"技艺。但近年来,这些"老字号"大多陷入了青黄不接、人才断档、后继乏人的境地。以被誉为中华药业明珠的南城"建昌帮"中药为例,其炮制技艺讲究"形、色、气、味",饮片外形讲求"斜、薄、大、亮",制作工序基本靠手工完成,对于制作者要求极高,一个工人最少需要3年的练习才能做

---

① 黄庆畅. 我们的"工匠精神"去哪儿了[N]. 人民日报,2016-4-19(20);赵蓓蓓. 社会急功近利,"工匠精神"何以生长? [N]. 人民日报,2016-4-26(20).

出像样的中药饮片成品,这种情况导致了不少年轻人不愿从事这个行业。而另一方面,一些掌握炮制技艺的老药工还秉持"以师带徒,口传心授"的传统,需要花费大量的时间成本和经济成本去培养一个徒弟。由于手艺行流传"徒弟出山,师傅讨饭"的陋习,大多数师傅都不愿倾心带徒。

◆ **不诚信——皮具市场"李鬼"多**。打着"大促销"的幌子,原价680元的皮衣,"秒杀"只需68元。但是,经过行家鉴定,所谓"皮衣",其实只是仿皮而已。上海某轻纺市场皮具店一款380元牛皮背包,店主拍着胸脯保证:"肯定真皮,假一赔十!"但是只用了几个星期,背包下角就磨破了,露出了人造革的白色底线。同样,一条100多元的"真皮"腰带,用不过几月,就拦腰断裂,里面露出"人造皮"的真面目。现今皮货市场鱼龙混杂,商家将仿羊皮、仿牛皮当成真羊皮、真牛皮兜售给消费者——这是典型的欺诈行为。

◆ **不敬业——机器相同,产品有异**。一家日本面料整理工厂规模很小,只有50多个工人,但该厂不少一线操作师傅在厂一干就是20年、30年。工厂的社长说,他们厂的工人从进厂那天开始,就很少有跳槽的,在工厂一干就是一辈子。这些经验丰富的老师傅,确保了工厂产品质量的稳定。他们对工作极其负责,有时仅仅是因为生产工艺上的细微偏差,一些已经整理好的面料也要返工。其生产的面料出口到很多国家,受到消费者的青睐。这些年,我们国家一直是世界第一的面料生产大国。但令人遗憾的是,一些高档面料还要从国外进口。国内一些厂长道出心里话,我们现在使用的机器和国外的已无差异,但产品质量差距还是很大,关键还是缺少爱岗敬业、精益求精的工人。

◆ **不创新——耍"小聪明"丢了客户**。多年前,王某在苏州开办了一家刺绣坊,很快由原来只有几人的手工作坊发展到拥有30多人、注册资金达几百万元、年销售额达2000多万元的公司。其刺绣产品销入日本普通家庭,展现在和服、和服腰带上,或作为工艺品放置家中。有老订户针对苏州刺绣中单一的针法,向王某提出改进建议:"采用多种针法,以保证其手绣产品不为机绣产品所替代。"王某不仅没有采纳客户的建议,反而为片面提高效率,在部分地方用机绣代替了手绣。更为糟糕的是,没有按照预先的方案完成产品,而是耍了"小聪明",偷工减料,于是产品被对方退回,且永远失去了老客户,最终无奈倒闭关门。

◆ **心太浮——得陇望蜀,一事无成**。祁某高中毕业后回乡学习瓦工手艺。因聪明勤奋,很快成为瓦工中的佼佼者。其师傅很是高兴,准备将自己的绝活传授与他。可干了几年之后,耐不住寂寞的他,发现开"小四轮"拖拉机运砖到建筑工地比做瓦工赚钱,于是放弃瓦工活,买来"小四轮"。开上"小四轮"不久,又发现开汽车运石子到建筑工地比开"小四轮"运砖赚钱,一咬牙,他又卖掉"小四轮"买回了汽车。开上汽车运石子之后,又发现创办石料加工厂比开汽车运石子更来钱,他心里很是痒痒,又将汽车卖掉,从银行贷款,把石料加工厂办了起来。在加工石料过程中,他又看到开山卖石料给加工厂可赚取更多的钱,于是变着法子继续贷款创办了一个石料厂。可是,石料厂开张不久,因为污染环境、破坏生态,被当地政府依法关闭。如此来回地折腾,一晃到了不惑之年,他不仅一事无成,而且无事可干。而当年与他一起学手艺的人,大都已成为能工巧匠,有的还成了建筑商、开发商。

◆ **太马虎——质量纪念碑出了质量问题。** 某市为创建质量示范市可谓"匠心独运",不仅花巨资打造了质量主题公园,而且还在公园广场中央建造了一座高耸气派的质量纪念碑,以彰显在提高产品质量方面所取得的成绩。然而,具有讽刺意味的是,那座质量纪念碑建成后不久,碑体上方的花岗岩装饰材料整体脱落,差点砸伤夜晚在此跳广场舞的大妈,不得不进行返工。为一心创建质量示范市所立的质量纪念碑,却偏偏出了质量问题,真令人汗颜。

时代的发展要求我们与"差不多先生"划清界限、彻底决裂,大力弘扬精益求精的态度。精益求精就是追求质量无止境、服务无止境、努力无止境,以追求完美的工作态度,肯下苦功夫,讲求慢工出细活,不断推出更高质量的产品和服务。学习精益求精的工匠精神,就是要干一行专一行,重细节,追求完美,通过高标准的工作模式和严格科学的工作方法,致力于生产质量过硬、口碑出色的产品。

三、消费者至上理念的缺位

从技术层面讲,工匠精神最基本的要求是注重细节,不断提高产品质量,真正做到精益求精。在这方面,德国、日本、瑞士制造无疑是典范。但真正的工匠精神,远非如此。真正的"工匠精神"实质上是一种消费者至上的理念。为什么一些国家的产品质量确实要领先一步?重要原因在于他们时刻把消费者摆在首位,无论是产品设计、制造还是服务,都时刻以消费者的需求为基本出发点。

苹果的创造人乔布斯就是一个代表。他让一个濒临破产的公司,在短短15年的时间里一跃成为全球市值最大的公司。美国前总统奥巴马盛赞:"他改变了我们的生活,重新定义了整个世界,并取得人类历史上极为罕见的成就。他改变了我们看世界的方式。"

乔布斯对产品的要求极为苛刻,被称为"残酷的完美主义者"。他追求打造出"比最好还要好一点"的产品,比如,在苹果初创时期,乔布斯负责麦金塔(Macintosh)电脑项目时,他会因为机箱底盘上留下的细纹,而直接飞去加工厂,说服铸模工人重铸。对于一般人来说,电脑开机时间多10秒钟或少10秒钟,并没有什么关系,但是乔布斯却用自己独特的方法,向他的团队展示10秒钟对消费者的意义:"如果能救人一命的话,你愿意想办法让启动时间缩短10秒钟吗?""如果有500万人使用Mac电脑,而每天开机时间要多用10秒钟,那加起来每年就要浪费大约3亿分钟,而3亿分钟相当于差不多6个寿命100岁的人终身时间。"乔布斯会因为苹果手机的设计不够美观和人性化,而"残酷"地决定"砍掉重来"!推倒原来的设计,就意味着之前9个月加班加点的努力全部付之东流,但设计团队显然也已经习惯了乔布斯消费者至上的理念。他们毫不犹豫地重新设计手机的外形和内部的电路板、天线和处理器。最终确定下来的设计,就是我们今天看到的:正面覆盖的玻璃一直延伸到边缘,与不锈钢斜边相接,整个手机都是为屏幕而服务的。

苹果产品的横空出世是后工业时代对完美主义的诠释,在理解人性、满足顾客方面,乔布斯远比那些紧跟商学院教科书的同行更执着、更开放。他站在消费者的角度对产品研发、设计做出判断,不达到预期的研发和设计均被打回。这种匠人的心态使其产品不是立足于技术,甚至也不是设计,而是如何更好地满足人的需求。也就是说,没有对消费者的高度重视,就不可能有工匠精神。谁欺骗了消费者,偷工减料,粗制滥造,谁就要在市场竞争中被淘汰出局。

中国作为一个拥有"四大发明"的文明古国,具有历史悠久而技艺高超的手工业,能工巧匠们留下了数不胜数的传世佳作。中国历史上并不缺工匠精神,远的像鲁班这样的大家,近的如同仁堂、云南白药这样的"百年老店",都是工匠精神的杰出代表。为什么工匠精神逐渐淡化甚至在某些领域消失?从根本上看,这与经济体制直接相关。在计划经济时代工厂服从的是行政命令,基本不参与市场竞争。加上那时物资短缺,生产出来的产品供不应求,消费者能买到就不错了,哪敢提出改进意见?生产者哪来的动力去改进生产、提高质量?缺乏竞争的市场环境,就直接削弱了工匠精神赖以生长的土壤。

改革开放以后,借着政策的东风,享受着人口的红利,一些企业尝到了甜头,盲目追求规模效应,摊大求全、率性扩张,还有一些企业习惯了走捷径、赚快钱,粗制滥造、山寨抄袭,根本无暇潜心提高质量、专心塑造品牌。与此同时,技术工人逐渐丧失了主人翁精神,越来越少的人肯花时间和精力去琢磨技术、钻研工艺。虽然我国制造能力迅速提高,在相当多的领域不是第一就是第二,但产品质量不高、细节不优、服务不周等问题仍然普遍存在。对消费者来说,不少产品只能说"凑合用",远达不到"快乐用""享受用"的程度,有的甚至引发了一场场信任危机。

2008年秋天,一起重大的食品安全事件——"三鹿奶粉"事件轰动全球。这一年的6月至9月,甘肃、江苏、陕西、宁夏、湖北、湖南、山东、安徽、江西、河南等至少10省(区)出现数十名婴儿患肾结石的病例,这些婴儿均有食用三鹿牌婴幼儿配方奶粉的历史。经国家质检总局、工商总局、卫生部等相关部门调查,查明了三鹿牌婴幼儿配方奶粉受到三聚氰胺污染。三聚氰胺是一种化工原料,可以提高蛋白质检测值,人体如果长期摄入会导致泌尿系统膀胱、肾产生结石,并可诱发膀胱癌。截止到2008年11月27日,全国共有29.4万名婴幼儿因食用问题奶粉出现泌尿系统异常,死亡6人。2008年12月23日,石家庄市中级人民法院宣布河北三鹿集团破产。2009年1月22日三鹿集团董事长田文华被判生产、销售伪劣产品罪,判处无期徒刑,剥夺政治权利终身,并处罚金人民币2468.74万元。

"三鹿奶粉"事件重创了中国制造的信誉,不但多个国家禁止进口中国乳制品,还引发了我国消费者对国内乳制品安全乃至食品安全的持续性不信任。3年后的2011年,据央视《每周质量报告》的调查,仍有七成中国民众不敢购买国产奶。这一事件带来的是整个中国奶制品产业链的萧条,终端市场消费购买的减少,使得国产乳制品企业连续减产;奶制品企业收购鲜奶下降,造成鲜奶价格一路下跌,奶农养殖入不敷出,奶牛存栏年年下降。诸如此类的还有2009年"瘦肉精"事件、2011年"地沟油"事件、2012年"毒胶囊"事件、2013年"毒生姜"

事件、2015年假冒"五常大米"等食品安全问题,"楼脆脆""房歪歪""桥塌塌""路陷陷""水漫漫"等"豆腐渣工程"事件……

品牌的积累需要一个长久的过程,其毁灭却只要一瞬间。这些严重违背工匠精神的事件给中国品牌甚至"中国制造"的整体形象蒙羞,以至于很多人形成了偏见——"中国制造""Made in China"就是低质低价的代名词。在这样的环境下,许多中国消费者失去了对中国产品起码的信任,人们纷纷"用脚投票",转而投向国际市场和国外品牌,中国游客在世界各地扫货和海外代购的新闻屡见不鲜。再不跨越这个阶段,"中国制造"很难上台阶。

第二节 时代呼唤工匠精神

改革开放以来,我国GDP以年均9.9%的增长率保持了32年的高速发展,2010年超过美国,成为世界第一制造大国。21世纪第二个十年,世界科技酝酿新突破,全球经济步入转型期,中国经济发展进入新常态①。新常态下对工匠精神的呼唤显得更加强烈与急迫,究其原因,主要有两:一是在大力推进供给侧结构改革的当下,需要倡导工匠精神、推动一场"品质革命",带动整个经济转型升级和长远发展。二是随着国内中等收入群体规模的日益庞大,"中国制造"所能带来的创新体验、品牌认知和附加值还不能满足消费者的需求。这种差距的本质是产品制造、流通、服务各领域从业者的素质的差距。提升人的素质,恰在培育工匠精神。

一、实施制造业强国战略亟需工匠精神

中华人民共和国成立后特别是改革开放以来,我国制造业持续快速发展,建成了门类齐全、独立完整的工业体系,总体规模大幅提升,创新能力不断增强,"中国制造"成为支撑我国经济社会发展的重要基石和推动世界经济发展的重要力量。据统计,自2010年以来,我国制造业增加值已连续13年世界第一。我国是全世界唯一拥有联合国产业分类中所列全部工业门类的国家,有220多种工业产品的产量位居全球首位。

---

① 在2013年12月10日的中央经济工作会议上,习近平总书记首次提出"新常态"。2014年11月9日,习近平总书记在亚太经合组织(APEC)工商领导人峰会上发表题为《谋求持久发展,共筑亚太梦想》的主旨演讲,最早系统阐述了什么是经济新常态、新常态的新机遇、怎么适应新常态等关键点。中国经济"新常态"的主要特点有三:速度——"从高速增长转为中高速增长",结构——"经济结构不断优化升级",动力——"从要素驱动、投资驱动转向创新驱动"。在2014年12月9日的中央经济工作会议上,习近平总书记从消费需求、投资需求、出口和国际收支、生产能力和产业组织方式、生产要素相对优势、市场竞争特点、资源环境约束、经济风险积累和化解、资源配置模式和宏观调控方式等9个方面分析了我国经济发展进入新常态的趋势性变化,强调认识新常态、适应新常态、引领新常态是当前和今后一个时期我国经济发展的大逻辑。

然而与世界制造强国相比,我国制造业"大而不强""全而不优"的问题仍然突出,尤其是在品牌、质量和创新等方面还有很大差距。从全球看,随着新一轮技术革命和产业变革的孕育兴起,新技术替代旧技术、智能型技术替代劳动密集型技术趋势明显,国际产业分工格局也正在重塑。传统制造业强国凭借技术、人才等优势在先进制造、工业互联网等高端领域抢占先机,并纷纷制定以重振制造业为核心的再工业化战略。2015年前后,高端制造领域已出现向发达国家"逆转移"的态势。与此同时,越南、印度等一些东南亚国家依靠资源、劳动力等比较优势,也开始在中低端制造业上发力,以更低的成本承接劳动密集型制造业的转移。中国制造面临着发达国家先进制造与发展中国家低成本制造的双向挤压。据中国工程院的研究报告,当前在制造业综合指数分布中,美国遥遥领先,处于第一方阵;德国、日本处于第二方阵;中国、英国、法国、韩国等处于第三方阵。中国与第一、第二方阵国家的差距主要是全员劳动生产率低、增加值率低、创新能力薄弱、知名品牌缺乏。[①]

从制造业产品的品牌来看,主要问题是缺乏世界知名品牌。我国制造业自主品牌达到170万个,但进入世界前300位的数量仅5个。部分企业以代工制造为主,缺乏自主知识产权,缺乏自己的营销渠道与品牌管理体系,难以把所具备的能力和优势转化为品牌价值。从制造业产品的质量来看,国产基础件产品使用寿命仅为国外同类产品的1/3~2/3;通用零部件产品寿命一般为国外同类产品寿命的30%~60%;液气密产品研发周期是国外同类产品的2~3倍,使用寿命是国外同类产品的30%~50%;模具产品一般使用寿命较国外低30%~50%,精冲模寿命一般只有国外先进水平的1/3左右。

中国经济发展进入新常态,制造业发展面临新挑战。要形成经济增长新动力,塑造国际竞争新优势,重点在制造业,难点在制造业,出路也在制造业。在此背景下,国务院印发《中国制造2025》(国发〔2015〕28号),明确通过"三步走"来实现制造强国的战略目标:第一步,到2025年迈入制造强国行列;第二步,到2035年制造业整体达到世界制造强国阵营中等水平;第三步,到2045年乃至新中国成立一百年时,制造业大国地位更加巩固,综合实力进入世界制造强国前列。

工匠精神在生产方式的变革中至关重要,因为由过去的粗放式的"浅层加工"转变为时代发展急需的精细化"深度雕琢"。制造业是国民经济的主体,是科技创新的主战场,是立国之本、兴国之器,而制造强国从何而来?纵观世界历史,各国成为制造业强国的路径虽各不相同,但他们的共同特征是具有追求卓越、严谨执着的工匠精神。德国、日本等国之所以成为制造强国,不仅在于其制造技术的先进,更在于其社会所具有的执着专注、精益求精、一丝不苟、追求卓越的价值观。

重拾工匠心,重塑匠人魂,是助推"中国制造"向"中国创造"转型的先决条件。如果每个岗位的工作者都能怀有纯粹从容的工匠之心,恪守匠道,淬炼匠艺,雕琢每一个细节,把最普通的事情做到最好,必然有力推进"中国制造"转型升级。

[①] 周济.智能制造——"中国制造2025"的主攻方向[J].中国机械工程,2015,26(17):2275.

现在，不妨让我们来读一读伦敦威斯敏斯特碑文中的这段话：当我年轻时，我梦想改变世界；当我成熟后，我发现我不能改变世界，决定改变国家；当我进入暮年，我发现我不能改变国家，仅是改变我的家庭，但这也不可能。当行将就木时，我突然意识到：如果一开始我仅仅去改变我自己，我现在可能已经改变了家庭、教会、国家，甚至改变了这个世界。

二、推进供给侧结构性改革亟需工匠精神

供给和需求是驱动经济发展的主要动力，两者犹如"车之两轮、鸟之两翼"，只有协调配合才能产生最大合力。所谓供给侧①结构性改革，其重点是解放和发展社会生产力，就是从提高供给质量出发，推进结构调整，矫正要素配置扭曲，减少无效和低端供给，扩大有效和中高端供给，提高供给结构对需求变化的适应性和灵活性，提高全要素生产率，更好满足广大人民群众的需要，促进经济社会持续健康发展。

大家知道，投资、消费、出口是从需求侧拉动经济的"三驾马车"。过去中国经济的增长主要靠"三驾马车"来拉动，特别是投资。其实，"三驾马车"只是应对宏观经济波动的需求端短期动力。而与需求侧相对应，供给侧的四大要素——劳动力、土地、资本、创新，从很大程度上决定了经济中长期增长速度和发展质量。在"十三五"和"十四五"期间，我国经济发展面临的问题主要在供给侧。比如，我国钢铁、煤炭、水泥、玻璃、石油、石化、铁矿石、有色金属等行业产能严重过剩，同时，大量关键装备、核心技术、高端产品依然依赖进口，经常受到出口国限制甚至"断供"的威胁。又如，我国农业发展形势很好，水稻育种尤其是杂交水稻育种技术世界领先，但高端的种子企业不多，"多小散弱"成为我国种业发展不能承受之重。2023年全国持证种子经营企业7200多家，但同质化现象严重；"国外种子按粒卖，国内种子按斤卖"，"洋种子"垄断了中国高端蔬菜种子一半以上的市场份额。由于农药制造工艺低下，中高端农药也几乎全部控制在瑞士先正达（Syngenta）、美国陶氏益农（Dow AgroSciences）、德国巴斯夫（BASF）等国际农化巨头手中。另据报道，2023年，在我国的奢侈品消费中，境外消费占比达42%。"结构性失衡""供需错位"已成为阻挡中国经济持续增长的最大路障：一方面，过剩产能已成为制约中国经济转型的一大包袱；另一方面，中国的供给体系与需求侧严重不配套，总体上是低端产品过剩，中高端产品尤其是高端产品供给不足。因此，要打赢供给侧结构性改革这场硬仗，必须从生产端入手，促进产能过剩有效化解，促进产业优化重组，降低企业成本，发展战略性新兴产业和现代服务业，增加公共产品和服务供给。简言之，就是"三去一降一补"——去产能、去库存、去杠杆、降成本、补短板，调整供给结构，加快推进新旧动能转换，通过改革制度供给，大力激发微观经济主体活力，增强我国经济长期稳定发展的新动力。

---

① "供给侧"的"侧"字并不是"侧重"之意，而是"端""一端"的意思。供给侧结构性改革就是从供给这一端来进行改革，与之相对应的则是需求侧。

拓展阅读

圆珠笔之问：小小"笔头"拷问中国制造

据 2016 年 1 月召开的"全国钢铁煤炭行业化解过剩产能座谈会"透露的"秘密"："去年，在钢铁产量严重过剩的情况下，我国仍然进口了一些特殊品类的高质量钢材，其中包括圆珠笔头上的'圆珠'。"一石激起千层浪。中国宇宙飞船、高铁、大飞机都造得出来，竟然还不能生产圆珠笔珠？中国制造如何实现从"制造大国"向"制造强国"的跨越成了全社会关注的焦点。数据显示，中国拥有 3 000 多家制笔企业、20 余万从业人口、年产圆珠笔 380 多亿支……中国已经成为当之无愧的制笔大国，但一连串值得骄傲的数字背后，却是生产规模大、利润附加值低、核心技术和材料高度依赖进口的尴尬局面。

尴尬——"制笔大国"核心材料、设备长期依赖进口

笔头和墨水是圆珠笔的关键，笔头又分为球珠和球座体 2 个主要部分。其中，制作球珠所需的碳化钨材料，目前不仅能满足国内需要，而且可以大量出口。但至于托举这颗小球珠、直径仅为 2.3 毫米的球座体，无论是生产设备还是原材料，长期把控在瑞士、日本等国家手中，这其中就包括通常所说的"笔尖钢"——特种易切削不锈钢。

生产一个小小的圆珠笔头需要 20 多道工序，主要为：盘圆线材→校直→切料→滚光→机加工→冲五星槽→清洗→放球珠→检测→收口→压珠→出料→成品检验。为提高质量和生产效率，国内制笔企业大量采用瑞士米克朗公司（Mikron）的笔头一体化生产设备，进口一台生产不锈钢笔头的设备就要 400 多万元人民币。而国外生产设备对原材料的要求相对更高，国产不锈钢线材无法适用，必须从日本进口易切削不锈钢线材，同时，与之相匹配的墨水也要从德国、日本等国家进口，最终导致了我国当前圆珠笔产量第一，但核心材料和设备却大量依靠进口，制笔行业长期处于加工组装的产业链最低端的"尴尬"局面。

据调查，"中国制笔之乡"浙江省桐庐县分水镇，经过 40 多年的发展，共有制笔及配套企业 739 家，年产圆珠笔已达 180 多亿支，但目前大部分企业仍然从事产业链最低端的加工组装。

困局——仿制快、利润微，企业缺乏自主研发动力

圆珠笔的书写原理并不复杂：在重力作用下笔管内的油墨落在球珠的内侧表面；书写时球珠与纸面直接接触，产生摩擦力，球珠带着油墨旋转至外侧，带出笔管内的油墨，留下印记；在球座的保护下，着墨完毕的球珠转回内侧再度吸取笔管内的油墨，进行下一轮书写。但圆珠笔头的加工精度、材料选择却有很高的要求。笔头上不仅有小"球珠"，球座体里面还有五条引导墨水的沟槽，加工精度都要达到千分之一毫米的数量级。笔尖的开口厚度不到 0.1 毫米，此外考虑到书写角度和压力，球珠与笔头、墨水沟槽位必须搭配得"天衣无缝"，加工误差不能超过 0.003 毫米。每一个小小的偏差都会影响笔头的书写流畅度和使用寿命。

1948年，中国第一支国产圆珠笔在上海丰华圆珠笔厂诞生。改革开放以后，在巨大出口需求的带动下，制笔厂如雨后春笋一般出现。但缺乏科研平台、知识产权保护，一直制约着制笔产业技术创新、产业升级的步伐，导致行业成长"内力"不足。说实话，尽管被誉为不锈钢皇冠上明珠的笔尖钢生产难度很大，但凭中国的技术实力，不是不能突破。我国年产粗钢逾10亿吨，而400亿支圆珠笔需消耗的笔尖钢却不到2000吨。对于钢铁产业，制笔是个体量很小的行业。一家大型钢铁厂一天的产量，就足够制笔行业消化一年。因此，就算笔尖钢单价很高，大钢厂也看不上，而制笔企业自身没有足够的力量去研发，这就是笔尖钢长期依赖进口、受制于人的原因。

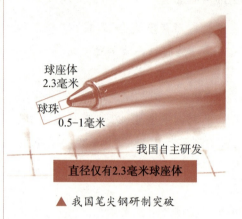

▲ 我国笔尖钢研制突破

攻关——政企协同、联合研发，从"卡脖子"到"掰腕子"

为走出困局，给数百亿支圆珠笔安上"中国笔头"，早在2011年国家科技部高新司就组织高校与龙头企业投入专款1.8亿元，启动"制笔用易切削不锈钢丝行业标准"的制定和"制笔行业关键材料及制备技术研发与产业化"项目科技攻关。2016年9月我国自主开发的配比多种特殊微量元素的炼钢工艺试验成功。2017年1月太原钢铁集团正式对外宣布，历时5年攻关，成功研发笔尖钢，填补国内空白。① 目前国内市场占有率已达45%。2019年底至今，位于福建宁德的青拓集团还成功研发了环保型笔尖钢，即环保型易切削超纯铁素体不锈钢QF24Sn，产品直径规格覆盖2.3毫米、1.6毫米、1.3毫米和1.0毫米，国内市场占有率也在25%以上。②

随着供给侧结构性改革的深入推进，"笔尖钢""手撕钢""抗菌钢"等一批"中国造"不断填补国内空白，成为市场新宠。以高端不锈钢箔材"手撕钢"为例，其厚度只有A4纸的1/4，广泛应用于航空航天、军工核电、新能源等关键领域以及折叠柔性显示屏、柔性太阳能组件、传感器、储能电池等高科技领域。手撕钢的生产工艺难度大、质量要求高，其核心技术仅被日本、德国等少数国家掌握，我国对手撕钢的需求量占全球市场的80%，但很长时间完全依赖进口。同样是太原钢铁集团，其2016年开始组建"手撕钢"攻关团队，在大国工匠段浩杰、王天翔等的带领下，从"山西人制作手擀面"中获得灵感，两年多时间里进行700多次试验，攻克170多个设备难题、450多个工艺难题，终于在2018年底成功研发出厚度0.02毫米、宽度600毫米的宽幅手撕钢；2020年团队再次突

---

① 曹阳.笔尖钢，中国造[N].人民日报，2017-1-11(10).
② 李倩.从"卡脖子"到"掰腕子"：青拓集团研发环保型笔尖钢纪实[N].中国冶金报，2022-3-31(1).

破轧制等工艺极限,又"擀"出 0.015 毫米的手撕钢,成为世界唯一能批量生产宽幅软态不锈钢箔材的企业。①

"百炼钢变成绕指柔",依靠创新驱动,笔尖钢等特钢的成功研制与优质量产,一举打破发达国家的行业垄断,从被"卡脖子"到突破"卡脖子",再到制定标准;从依赖进口到自主研发,总体性能达到国外同类型产品水平,乃至高于国际标准……我们正在从制造大国迈向制造强国;我们正在努力实现从跟跑到领跑。放眼世界,国际知名企业的工艺水平也在不断提升,隐形冠军企业的技术壁垒在持续高筑,我们要打赢"中国精造""中国创造"这场硬仗,还需在各个环节做实"工匠精神"。

要推动经济转型升级、提高制造业供给体系质量,促进中国制造不断迈向全球价值链中高端,就必须推动"中国制造"完成一场"品质革命"。2016 年 4 月 6 日的国务院常务会决定实施《装备制造业标准化和质量提升规划》,引领"中国制造"升级。随后根据国务院常务会决定,质检总局、国家标准委、工业和信息化部会同有关部门共同编制了《装备制造业标准化和质量提升规划》(国质检标联〔2016〕396 号)。规划聚焦机器人、先进轨道交通装备、农业机械、高性能医疗器械等重点领域,瞄准国际先进水平,实施工业基础、智能制造、绿色制造标准化和质量提升工程,坚持标准引领,用先进标准倒逼装备制造业转型和质量升级。其中的逻辑可理解为"顺势",即从装备入手,解决好"用什么造"的问题。标准的先进性、协调性和系统性决定了装备质量的整体水平和竞争力。5 月 26 日国务院办公厅发布《关于开展消费品工业"三品"专项行动,营造良好市场环境的若干意见》(国办发〔2016〕40 号),明确指出"牢固树立和贯彻落实创新、协调、绿色、开放、共享的发展理念,以市场为导向,以创新为动力,以企业为主体,以实施增品种、提品质、创品牌的'三品'战略为抓手",着力提高消费品有效供给能力和水平,更好满足人民群众消费升级的需要,实现消费品工业更加稳定、更有效益、更可持续的发展。9 月 6 日国务院办公厅又印发《消费品标准和质量提升规划(2016—2020 年)》(国办发〔2016〕68 号),即重点围绕消费需求旺盛、与群众日常生活息息相关的食品、家用电器、消费类电子、装饰装修、服装服饰、化妆品和日用化学品、妇幼老年及残疾人用品、文教体育休闲用品等一般消费领域,来实施品质提升专项行动,改革标准供给体系,优化标准供给结构,加强消费品品牌建设,保障消费品质量安全,夯实消费品工业发展根基。其中的逻辑则可理解为"倒逼",即从终端的消费品入手,解决好"为什么造"的问题。为什么造?消费品当然从根本上是为了满足消费者的需求而造。国人的消费需求已从温饱阶段,提升到追求品质的阶段。要制造出大批消费者愿意购买、乐于接受的产品,势必要求整个制造业相应地跟进,此之谓"倒逼"——以消费品标准和质量提升,倒逼制造业转型升级。

---

① 张曙红,王晋,李红光. 牢记总书记的嘱托·企业调研记:太钢制胜[N]. 经济日报,2022 - 5 - 13(1).

"顺势"与"倒逼",都意味着"中国制造"需要完成一场"品质革命"。完成"中国制造"这场"品质革命",实施供给侧结构性改革,把实业做实、把产品做专、把质量做精、把品牌做强,必然需要劳动者弘扬工匠精神,在技术、工艺等方面不断取得突破。

北斗卫星导航系统(Beidou Navigation Satellite System, BDS)是我国着眼于国家安全和经济社会发展需要,自主建设、独立运行的全球卫星导航系统,也是继美国GPS、俄罗斯GLONASS之后的第三个成熟的卫星导航系统。从1994年北斗1号工程立项到2020年北斗3号全球卫星导航系统全面建成,"中国北斗"探索出一条从无到有、从弱到优、从区域到全球的中国特色发展道路,成为继高铁和核电之后走向世界的"金牌名片"。北斗3号30颗卫星全球组网的成功为我们提供0.3米至5米精度的定位服务,摆脱了此前受制于他人的局面。

2008年"5·12"汶川大地震发生后,在我们最需要通信之时,当时全球最先进的美国GPS很"凑巧"地关闭信号长达10多个小时。里氏8.0级的大地震,其救灾强度不亚于一场局部战争,当10万解放军和武警部队火速奔赴灾区之时,北斗1号发挥了它"双向定位"(既能传播信号又实施实时定位)的功能。步行进入汶川的先头部队靠一个与大哥大差不多的北斗1号接收手机与外界联系,指挥部也通过北斗1号"短报文通信"清楚地知道部队的位置。北斗立下了汗马功劳,也第一次为国人所记住。

同样为四川地震灾区立了大功的,还有观典防务技术有限公司(简称"观典防务")研发的无人机。大地震发生后的第3天,灾区大面积通讯中断、道路毁塌,汶川、北川等重灾区几乎成为与世隔绝的"孤岛",里面究竟是什么情形,救援指挥部的每个人都心急如焚。那一天,"观典防务"20多位航拍技术人员赶赴灾区。由于连日的阴雨天气,雾气很重,卫星一时无法穿越厚厚的云层拍摄到灾区实景画面,而载人飞机在如此恶劣条件下,低空飞行进行航拍,很容易造成机毁人亡的惨剧。在抗震救灾最危急的关头,3架代号为"禁毒者A-3"无人机发挥了重要作用。当时,"观典防务"的这款无人机第一时间赶到地震一线,在历时10天的时间里,累计飞行里程3000千米,覆盖面积1000平方千米,获取了高分辨率遥感影像1.6万张,并识别出唐家山堰塞湖,为抗震救灾的指挥和决策提供了大量实时实景。

"观典防务"的成功与其始终坚持自主创新,不断提升无人机的性能、质量分不开。他们制定了严格的设计标准,每种型号的无人机都要有严谨的工艺标准,选择的配件也必须是国际领先的。此外,每架无人机下线前都要经过上万小时的飞行检验,出现的问题都须经过专家分析后进行改进,在确保万无一失的情况下,才能投入实战。为突破小型无人机飞行高度的极限,2005年,"观典防务"又发明了双发动机推进系统。经过近百次的试验和不断改进,这款无人机首破了海拔5000多米的世界屋脊小型无人机飞行禁区的神话,在海拔5000米以上高寒地区50多天的连续奋战,获取了西藏自治区和四川省21个高海拔县700余平方千米的高分辨率低空遥感影像,为填补我国西部高海拔地区超低空大比例尺精准地图的空白做出了重大贡献。

▲ "禁毒者-A5"小型无人机

2010年4月,玉树地震发生后,"观典防务"另一系列"防灾安全"小型无人机又成功飞行在海拔4000米130平方千米的灾区范围内,发现了居住区32处,锁定需救援的重点目标16个,并科学提供了关于地面搜救路线的规划建议,再一次出色完成了抗震救灾勘测任务,并赢得了抗震救灾重建家园工人先锋号的荣誉。

作为国内领先的无人机禁毒服务供应商,"观典防务"大力推进"智慧禁毒"等技术创新,满足了客户多样化需求,禁毒业务每年横跨20多个省份480万平方千米的国土面积,成为国家级专精特新"小巨人"企业,成功跻身"参与城市管理50强企业""中国创意产业高成长100强企业"。目前,"观典防务"无人机主打产品"禁毒者A-6"下线后,又推出了后续机型"禁毒者A-7",继续在气动设计与优化、机体结构设计、复合材料工艺、自动飞行控制、动力系统调试以及航测数据处理等方面不断深耕,如强化低雷诺数条件下的气动性能,加大过载能力并兼顾隐身性能,大幅提高适航能力。

我们必须清晰地看到,在新常态下中国制造要成功突围并迈上高质量发展的新台阶,就必须补上工匠精神这一课,让工匠精神成为中国制造"品质革命"之魂,引导企业树立质量为先、信誉至上的经营理念,推动质量提升,培育以质量为核心的经济发展新优势,建设质量强国;培养大批能支撑制造业创新发展的人才,包括大批技艺精湛的能工巧匠和高技能人才;以精益求精的匠心重塑"中国制造"新形象,在品种、品质、品牌等方面下功夫,真正满足用户对品种多样化、品质高端化、生产定制化的需求,真正引领"中国制造"更好更快地走向"优质制造""精品制造"。

三、顺应"中产阶级"的崛起亟需工匠精神

随着时代的发展,"中产"一词逐渐成为潮流词汇。对于"中产"的定义,一直众说纷纭,借用马斯洛的需求层次理论,其是指低层次的"生理需求和安全需求"得到满足,且中等层次的"感情需求和尊重需求"也得到了较好满足,但不到追求高层次的"自我实现需求"的阶层。

即无论从经济地位、政治地位还是从文化地位上看,他们均居于现阶段社会的中间水平。①

一场席卷全中国的消费升级盛宴已经陆续开启。仅以"她经济"为例,据埃森哲(Accenture)咨询调查的数据:2021年底中国拥有近4亿20岁至60岁的女性消费者,她们每年掌控着高达10万亿元人民币的消费支出,足以构成世界第三大消费市场——接近德国、法国、英国零售市场的总和。

在过去很长一段时间内,中国处于一个短缺经济的时代,社会生产能力不足,国家并不富裕,解决温饱是第一要务,资源、产品和服务经常"供不应求",只要廉价、实用,能够满足基本需求即可,制造业潜意识里"差不多"和"赚快钱"的浮躁症,高耗能、高排放的粗放型经济增长方式,"物美价廉"的低成本策略,导致工匠精神的缺失。在经过持续高速增长、告别短缺经济后,所谓的"价廉物美"不应再是"中国制造"的绝杀神技,更不可能把"中国制造"带到一个新的层次。

中国中产阶级的崛起,加速了新消费主流的形成,意味着一个消费升级时代的到来,为工匠精神提供了理想的生长土壤。中产阶级重视"细节""品味"和"创意",追求个性化和自我认同。财经作家吴晓波曾指出中产阶级这一族群有四个显著的消费特性②:

第一,他们是典型的性能偏好者。即便是去买一双运动鞋,他们也明确地知道自己需要的是慢跑鞋,还是休闲鞋,或是登山鞋。而拉开他们的衣柜,一打清清爽爽的衬衫,春秋两季各有不同,正式休闲必须分别,细分意味着品位,品位诉求于品质,品质指向于品牌。

第二,他们是精明的广告辨识者。粗鄙的、脑白金式的洗脑广告在他们看来是对智商的侮辱,他们迷信体验,更愿意相信来自同一审美水平的口碑传播。他们很难认同一个品牌,不过一旦入得法眼,却会成为持续的消费者和慷慨的分享者。

第三,他们愿意为高品质埋单。他们相信好的商品就应该有相匹配的价格,这既是对商品提供者的尊重与犒劳,也是对自我品味的一次认可,消费行为的必需性让位于审美性,他们愿意为服务埋单,为设计埋单,为技术埋单,为流行元素埋单,商品提供者的每一份用心都值得用更多的金钱予以肯定。

第四,商品的定价与成本无关,而是取决于消费者的价值认同。一只小坤包是用真皮还是人造革制成的,与它的标价是3万元还是1千元无关,那些订购12万元一只苹果智能手表的尝鲜者,对手表配件的制造成本毫无兴趣。

---

① "中产"(Middle Class)即中产阶层,通俗来说是指"比穷人富有,比富人贫穷"的阶层。目前官方还没有给出权威的定义。国际上比较通行的说法是,其指收入和财产处于社会平均水平或者中位数及其附近区间的人员的集合。如2019年美国"中产"的界定标准有9条:家庭年收入2.4万~16.2万美元(单身家庭2.4万~7.3万美元,五口之家5.4万~16.2万美元);有一份稳定的工作;能存下钱来;必须有房;拥有的最大资产也仅是房子;有大学学历;享有假期;只有1个或2个孩子;正在为退休储蓄但还远远不够。在吴晓波2023年的《新中产白皮书》中新中产要同时满足"个人年收入高于12万元""家庭年收入高于20万元"以及"拥有自己的住房和车辆"3条经济标准。
② 吴晓波,朱克力.读懂中国制造2025[M].北京:中信出版社,2015:18-20.

中产阶级的崛起、收入的快速增加、教育的不断普及带来了消费习惯和观念的改变。在新消费观念的影响下,物质消费升级为精神消费,"商品驱动型消费"逐渐转变为"体验驱动型消费"。如今,个性化定制①成为一种时尚与潮流,产品要个性化定制,服务要个性化定制。可以说,个性化定制本身也是特定的消费族群的生活方式的表达②。

身着正装、戴着白手套的裁缝到家中为主人一板一眼地量体裁衣,是影视剧里经常出现的场景之一。"私人定制"似乎与流水线生产大相径庭,而在青岛服装企业红领集团,繁忙的流水线却像"私人裁缝",为世界各地消费者"量体裁衣"。每一款衣服都与众不同,由用户自行定义。有的人在西装上镶一朵小花,有的人在西装里面绣着自己的名字,有的人把纽扣孔做成月牙形。

红领集团有很多量体大巴车,车内装饰精致,其核心是一个量体空间。消费者换上一次性紧身衣,站在相应的位置上,保持标准站姿一两秒钟,3D量体仪即可获得19个部位的22个数据。在计算机辅助排版区,10多位工作人员正在依托大数据系统为每件西装打版。过去工人一天最多只能打一到两个版,现在利用大数据系统匹配客户需求,打版仅需5分钟。这个辅助制版系统的建立非一日之功。在过去10多年,红领积累了超过200万名顾客的个性化定制数据,包括版型、款式和工艺数据,如领型数据、袖型数据、扣型数据、口袋数据和衣片组合等。自动生成版型很复杂,除了大量数据,还要运用很多运算规则。一个采集数据的变化会驱动模型库中9 666个数据同步变化,以确保衣服贴身合体。

在缝制车间,不同单元负责西装不同部件的加工,第一眼看上去这里和普通服装工厂流水线没有什么区别。但仔细一看,每个工人眼前都有一个显示器。拿到加工部件后,工人扫描一下附带的条码,显示器马上会显示这件衣服的相关数据以及工人在这个环节需要完成哪些工作。即使在熨烫环节,通过扫描衣服条码,熨烫机也能自动识别并确定熨烫参数,实现个性化的熨烫。

1995年红领集团成立时以服装代加工起步,2003年开始踏上转型之路,专注于服装个性化定制。过去10多年间,红领集团投入数亿元用工业化手段解决服装定制的效率和成本问题,形成了一套自主研发的C2M(Customer to Manufacture)服装定制生产线,其整合数据驱动、3D打印、智能制造、精益管理、全球化产业链协同和实时交易等于一体,运用互联网思维打造全价值链IIM(International Industry Model)管理模式,真正实现了一人一板、一衣一款、一件一流,"让定制不再奢侈",产量每天可达1 500套。除了西装个性化定制、大规

---

① 个性化定制是指用户介入商品的生产过程,用指定的图案、文字和材料打造商品,用户由此获得个人属性强烈或与其个人需求匹配的商品或服务。
② 据艾瑞咨询(IResearch)《2019中国中产女性消费报告》:2018年中国中产女性群体约为7 746万,占女性总人口11.3%。另据平安新银保联合《经济观察报》发布的《2023中国中产女性财富管理及幸福指数报告》:中国中产女性普遍高学历、高职位、高收入,其中36~45岁年龄段占45%,本科及以上学历占85%,企业管理人员近60%。在保障子女未来、改善生活质量、满足养老需要和帮助赡养父母等方面,她们普遍期待更加专业化、差异化的财富服务。

模生产,该集团目前正在研发个性化穿着方案——从内衣到外衣甚至包括鞋子、箱包等在内的整套服饰解决方案。2022年红领集团被山东省工业和信息化厅命名为"山东省服务型制造示范企业"。

全世界各地的顾客都可以通过青岛红领集团的智能系统,在客户端上定制服装,根据自己的喜好来设计,从款式、面料、色系到肩型、口袋、绣字等诸多细节。订单生成后,系统实时传入工厂进行排单生产,每一件衣服都有一个伴随生产全流程的电子芯片,从自动排版、自动剪裁、工业化生产、智能入库,到包装发货,送到客户手里,整个过程只需7天时间。所谓的"'匠心'就是你要知道消费者需求是什么,你为谁服务,要为你服务的对象不断地提供更好的价值。"这便是"红领人"解读的工匠精神。2017年春天,厂区大楼顶端的"红领·魔幻工厂"字样被"酷特智能"取代。这个变化的背后,是一场持续14年的引领传统制造业的嬗变。期间,致力于消除"撞衫"、紧盯"个性化定制"的红领集团创始人张代理被股东、员工骂了10多年的"一根筋",直到2015年,"酷特智能"被工信部列为46家智能制造试点示范企业之一。正如张瑞敏参观红领后所言:"从大规模制造转为大规模定制,以满足用户个性化的最佳体验,红领做到了,这是其心无旁骛,几年磨一剑的结晶。"

在互联网时代,消费者从一个产品移动到另一个产品,只需要滑动一下鼠标。只有超出消费者预期、将产品做到极致,才有可能留得住消费者,才有可能在激烈的竞争中战胜对手,成为"通吃"的赢家;否则,就会成为别人口中的"食物"。

 思考与研讨

一、《考工记》云:"烁金以为刃,凝土以为器,作车以行陆,作舟以行水,此皆圣人之所作也。"这是战国时代对能工巧匠的作用与地位的充分肯定。然而,自从中国封建社会正式确立"士农工商"的社会等级制度,"内圣外王、修身齐家平天下"的传统主流价值观后,尽管社会也有对能工者、善工者的勇敢歌颂,如唐代后期的敦煌文献《二十五等人图并序》:"工人者,艺士也,非隐非仕,不农不商……虽无仕人之业,常有济世之能,此工人之妙矣",可工匠精神的衰弱却是不争的事实。

请结合本章相关内容,从历史发展、文化传统、社会客观现实等多个角度探讨工匠精神缘何衰弱?在当今社会我们如何"拯救""工艺"?

二、一家卓越的企业往往离不开一个卓越的创始人。就如华为离不开任正非、微软离不开比尔·盖茨一般,腾讯公司的成功也离不开马化腾。腾讯(Tencent)于1998年"光棍节"成立,至2018年短短20年已成长为拥有3400多个产品、市值全球第三(3816亿美元)、用户数最多(月活用户:微信10.98亿,QQ为8.07亿)的著名互联网企业。2019年《财富》未来50强榜单排名第12,"2021年中国民营企业500强"榜单排名第6。可以说迄今为止马化腾是中国互联网公司进化论的代言人之一,也是中国第一批最优秀的产品经理。马化腾对优秀产品经理做如下定义:将产品核心能力做到极限,围绕专注遵循三个法则。一是"瞬间变成白痴"法则。把自己当成一个"最挑剔的用户",极致关注用户体验,推行产品极简主义,能够让自己瞬间变成一个"白痴级"的用户,变成一个挑剔的"白痴"用户。二是"小步快跑,试错迭代"法则,对于产品有处女座式的完美情结。互联网产品都是不完美的,但坚持每天发现并修正一两个小问题,就能不断把产品打磨好。三是10/100/1 000法则。产品经理每个月必须做10个用户调查,关注100个用户博客,收集反馈1 000个用户体验。

正如亨利·福特所说:"成功的秘诀,在于把自己的脚放入他人的鞋子里,进而用他人的角度来考虑事物,服务就是这样的精神,站在客人的立场去看整个世界。"请从我们日常所用的"微信"出发,收集相关资料,通过其2011年初推出至今迭代近100个版本的例子,探讨如何从用户体验出发不断优化功能?

三、"中国制造"与世界先进水平究竟差在哪?据《人民日报》记者2017年6、7月间对江苏、湖北、四川等中国东部和中西部地区100多家实体企业的调查,除了技术、质量、品牌等有形因素,一些无形的压力更让企业深受困扰:首先,"流动"的工匠无法支撑"铁打"的企业。如在江苏一些精密制造企业工人常年流失率高达20%,员工流动过于频繁给产品稳定性与质量提升带来很大障碍。同时,愿意投身实体制造业的高级人才越来越少,企业招人特别难。其次,打造百年老店需要专注和深耕,但很多企业认为赚钱最重要,房地产热、互联网热、股市热让大量资金"脱实向虚";许多企业总是想做大,而不是做精做专,把"转行"当"转型",用这种"赚快钱"的理念怎能做强制造业?最后,招投标制度"简单粗暴"。许多国企和地方政府的招标项目都长期沿用"最低价中标"的做法,助长以次充好、偷工减料的风气,导致产品和工程建设质量下降,甚至埋下安全隐患,打击企业创新研发的积极性。这种"重价格、轻质量"的指挥棒,不符合新发展理念。

从以高铁、电气设备为代表的装备制造业,到以华为、大疆为代表的高科技企业,再到格力、海尔为代表的家电品牌,"中国制造"正从"代工+低价"的模式向"核心技术、人性设计、品牌打造"的模式转变。在这一过程中,重塑"中国制造"的价值显得尤为紧迫。当前中国制造业面临的许多困扰,都与工匠精神的缺失相关。从"将就"到"讲究",这是中国企业打造百年老店必须要迈的一道坎。

请思考,在中国制造向中国创造、中国速度向中国质量、中国产品向中国品牌迈进的过程中,我们要涵养的工匠精神有哪些?

四、据阿里巴巴官方数据,2018年淘宝"双11"交易额为2 135亿元,刷新了2017年1 682亿元的纪录,相比前年多了928亿元。"双11"购物狂欢刚过,"黑色星期五"又掀起国内消费者的"海淘"热情,国内知名的跨境进口电商平台——天猫国际、洋码头、亚马逊海外购、京东全球购、网易考拉海购、苏宁海外购、唯品国际、丰趣海淘、小红书等齐集发力,仅2017、2018两年中国进口跨境电商交易规模就分别达到1.76万亿元、1.9万亿。另据艾瑞咨询等第三方机构发布的中国跨境电商市场研究报告:中国跨境电商快速发展,其交易规模2013年为2.9万亿元,到2016年猛增至6.3万亿元,2017年突破7.6万亿元,2018年达到8.8万亿元,2020年则达到12.5万亿。数据分析表明:"海淘"的主要群体集中在25~35岁;典型用户角色有四:都市精英、时尚乐活族、文艺小清新、全职辣妈;具有个性化、品质化和非生活必需品等消费特征。"海淘"商品从奢侈品到日常消费品，全面开花，尤其与居民日常生活息息相关的食品、医疗保健品、酒类、化妆品等需求持续明显增长，消费外溢情况日益突出，"中国制造"受到"海购"的冲击。

业内人士认为，热度不减的"海淘热"折射出我国部分制造业有效供给的缺失。专家建议，未来需要更好地发挥政府在促进制造业升级上因势利导的作用，加快推进供给侧结构性改革，鼓励企业"精致生产"，最大限度发挥"工匠精神"，通过"品质革命"引导境外消费回流。

"历史是最好的教科书，也是最好的清醒剂。"请收集 2013—2020 年"海淘"的具体案例与数据（如奶粉、尿不湿、智能家电等），思考当今社会应如何进一步推进"品质革命"。

第五章
工匠精神的培育：政府与企业

制造强国，必须首先是质量强国、品牌强国。中国制造的"品质革命"不仅肩负着产业提质升级的历史使命，也肩负着中国经济走向更高质量和效益的发展新模式、实现新跨越的重要责任。通过"品质革命"，培育弘扬工匠精神，唤醒质量意识、品牌意识，制造强国必将从梦想照进现实。那么，培育工匠精神的主体是谁？毫无疑问是企业；要让工匠精神渗入到企业的每个部门、每件产品、每道工序。但单凭企业恐怕还远远不够，需要政府及相关部门协力推进。准确地说，培育工匠精神、厚植工匠文化需要国家层面、企业层面和个体层面等各层面联动，需要全社会共同参与、人人尽责。

第一节　工匠精神之培育——政府

一、创设制度环境，建设透明市场

在物质生产能力大幅提高的背景下，人们逐渐转向追求产品与服务质量，社会对产业升级有着强烈的诉求，时代呼唤"工匠精神"来助推"优质制造"，由"制造大国"向"制造强国"迈进。培育精益求精、消费者至上的工匠精神，是中国制造转型升级、提质增效的关键所在。如何鼓励企业形成工匠精神？关键在于厚植市场土壤。

1. 加快市场化改革，打破市场垄断

随着市场化程度不断提高，市场竞争程度明显加剧，必须处理好政府与市场的关系，不断推动有效市场和有为政府更好结合，加快政府职能转变，建设职责明确、依法行政的政府治理体系；同时，发挥市场在资源配置中起决定性作用，通过市场化改革，引入竞争机制，推动与鼓励企业在产品质量上下功夫，在满足消费者需求上下功夫。

以我国铁路的运输与管理为例，作为全国性公共事业的铁路，在过去很长一段时间内，一直是"门难进、脸难看、事难办"的"铁老大"的形象。多少人为了买一张卧铺票，四处托关

系买票,或者亲自通宵达旦,夹着马扎、卷着铺盖"扎根"在售票处;多少人为了挤上火车,用尽浑身解数,将车厢的窗户变成了车门;多少人困得实在不行了,席地而躺,车厢的过道处、连接处、厕所里,甚至行李架上都是人,拥挤的车厢和"沙丁鱼罐头"差不多。为适应时代的变迁,提升铁路的运输能力,加快解决人们出行需求多元化的问题,2007年中国铁路进入高铁时代——引进加拿大庞巴迪、日本川崎重工、德国西门子、法国阿尔斯通四种不同技术平台研发的"和谐号"动车组列车正式投入运营。随着大量新型客车车体投入使用,人们感觉出行变得更加灵活方便、更加自由畅通。

2013年3月17日挂了64年的"铁道部"的牌子被撤下,铁路系统一分为二、政企分离,其安全生产监管职能由"国家铁路局"承担,纳入交通运输部管理;"中国铁路总公司"承担原铁道部的企业职能。从此开始,中国铁路实现了重大跨越,到2014年底全国铁路营业总里程比新中国成立时的2.2万千米增加了9万千米,达到11.2万千米,其中高铁运营里程达到1.6万千米,位居世界第一。2015年、2016年高铁运营里程均以每年3000千米的规模增加。2017年6月25日更是中国高铁史上一个重要的日子,具有完全自主知识产权的两列标准动车组,在这天被正式命名为"复兴号"。"复兴号"标准动车组解决了"和谐号""融合再创新"时留下的兼容性难题,而且在标准动车组采用的254项重要国际国内标准中,中国标准已占84%;从外观到内饰再到软件,大到车体、转向架,小到网络覆盖,无一不出自中国之手。它彻底改变了"混血"基因,从此具有了"纯正中国血统"。

作为国民经济大动脉的高铁是一张实实在在的名片,是中国技术集成创新的产物——一个集高新技术于一身、复杂的超大规模集成系统。其中,线路轨道系统是高铁的"铺路石",高速列车要跑到哪里轨道就必须铺到哪里;牵引供电系统是高铁的"充电器",为高速列车提供足够的能量;列车控制系统是高铁的"中枢神经",控制列车运行并提供安全保障;高速列车系统是高铁的"飞毛腿",运送旅客安全快速到达目的地。而进一步去拥抱高科技,把技术集成的外延继续扩大,更好更主动地为乘客提供服务,不断提高人们出行品质,是铁路市场化改革的一个重要举措。2015年元旦起新版《铁路旅客运输服务质量规范》开始实行。2017年7月,旅客通过12306网站、手机应用程序等方式既可预订所乘列车餐车供应的餐食,也可预订沿途供餐站供应的其他品牌餐食。11月起网络购票、车站窗口及自助售票机购票等均可通过微信进行支付;北京、武汉等一些大站已开始推行人脸识别验票系统,旅客"刷脸"进站,最快5秒完成验票;京沪高铁"复兴号"高速列车实现了无线网络全覆盖,未来所有动车组将实现无线网络的全覆盖。人们开始为"铁老大"点赞!截至2019年底,全国铁路运营里程达到13.9万千米以上,其中高铁运营里程突破3.5万千米,京张高铁、京雄城际、昌赣高铁、成贵高铁等51条新线建成投产,"八纵八横"高铁网建设全面展开。改革创新与科技进步带来的是更加优质的运输服务。未来时速超400千米,集成北斗卫星导航、区块链、量子通信、5G等新技术以及新材料、新工艺的智能高铁也终将穿梭于祖国大地,一场"说走就走的旅行"会更好实现。

可见,工匠精神只有在市场环境下才能够得到发扬和传承。正如 2016 年 5 月在全国推进简政放权放管结合优化服务改革电视电话会议上时任国务院总理李克强所言:要以壮士断腕决心、坚韧不拔的精神,深化"放管服"(简政放权、放管结合、优化服务)改革,加快转变政府职能,为企业"松绑"、为群众"解绊"、为市场"腾位",也为廉政"强身",来激发市场活力。

2. 完善市场秩序,强化市场监管

工匠精神、工匠制度的确立,还取决于公平竞争的市场秩序。如果放纵破坏市场秩序的行为,最后会导致市场秩序混乱,"劣币驱逐良币"①,使市场中充斥造假、仿制、偷工减料等行为。例如,浙江一家制笔企业曾投入巨大的人力物力,研发出了一款新的圆珠笔,净利润为 0.68 元/支。然而产品投放市场仅一个月,40 多家企业都开始粗暴仿制,利润一下子降到 0.48 元/支,这种打击几乎是致命性的。可见,假冒伪劣商品是工匠精神的天敌,其带来的影响必然是鲜有企业再愿意投入资源和资金进行创新。如果制造与销售假货得不到应有的处罚,就没有人会愿意去精益求精,结果就是整个行业受到毁灭性打击。

为了给具有工匠精神的企业创造生存的土壤,鼓励技术创新和质量升级,政府必须强化市场监管,营造公平公正、开放透明的市场环境建立高效的知识产权②综合管理体制。一方面,贯彻落实《深入实施国家知识产权战略行动计划(2014—2020 年)》(国办发〔2014〕64 号)、《国务院关于新形势下加快知识产权强国建设的若干意见》(国发〔2015〕71 号)、《"十三五"国家知识产权保护和运用规划》(国发〔2016〕86 号)、《关于强化知识产权保护的意见》(中办发〔2019〕56 号)等部署要求,深化知识产权领域改革,严格知识产权保护,加强知识产权运用,提升知识产权质量和效益,加快建设中国特色知识产权强国,进一步健全知识产权"严保护、大保护、快保护、同保护"的体制机制,明确建立侵权的惩罚性赔偿制度,持续推动行政执法和刑事司法的有机衔接;进一步压缩商标、专利审查授权周期,有序布局国内知识产权保护中心,快速预审、快速确权、快速维权。另一方面要积极参与知识产权国际规则制定。加强国际知识产权交流与合作,完善知识产权保护的联动机制,将恶意侵权行为纳入社会信用评价体系,明确专利侵权等信用信息的采集规则和使用方式,让侵权者无处立身。比如,仿制早已是一个全球性的问题。随着市面上中国仿制产品减少,印度、德国仿制产品的市场份额却在迅速增加,仅 2013 年就分别达到了 16%、26%。中国更是仿制产品的最大受害者,全球 38% 的仿制产品都是在中国销售的。德国反剽窃行动协会于 1977 年创立了"金鼻子剽窃奖",以曝光那些仿制企业,奖杯是一个长着金鼻子的黑色小矮人。一年一度的颁

---

① "劣币驱逐良币"(Bad money drives out good)是经济学中的一个著名定律。该定律归纳了这样一种历史现象:在铸币时代,当那些低于法定重量或者成色的铸币——"劣币"进入流通领域之后,人们就倾向于将那些足值货币——"良币"收藏起来。最后,良币将被驱逐,市场上流通的就只剩下劣币了。"劣币驱逐良币"是由当事人之间信息不对称所引起。最早被英国的财政大臣格雷欣(Gresham)发现,故又称之为"格雷欣法则"(Gresham's Law)。

② "知识产权"(Intellectual Property)是指"权利人对其智力劳动所创作的成果和经营活动中的标记、信誉所依法享有的专有权利",一般只在有限时间内有效。其包括专利(发明专利、实用新型专利、外观设计专利)、软件著作权、作品著作权(版权)、集成电路布图设计、商标等 5 大类。

▲ 金鼻子剽窃奖奖杯

奖活动,对剽窃者产生威慑,使他们信誉受损,进而达到抑制剽窃活动的目的。2013年获得一等奖的是卡塔尔多哈市政工程局,其让企业仿制西班牙女建筑师贝特·加丽设计的路灯,并堂而皇之地用其装饰了多哈的一条街。2019年德国Steinel公司的"IS1"动作探测器,因同时被本土及英国、荷兰、土耳其、波兰、立陶宛等19家厂商仿冒,而获该年度特设奖项"鬣狗奖"。不幸的是,2019年、2020年两家浙江宁波的企业因分别涉嫌抄袭德国Bürkert Werke公司的"Typ 2000"角座阀、Genius GmbH公司的"Nicer Dicer Quick"厨房切菜器而位列抄袭名单之首。

3. 完善激励创新的产权制度

面对错综复杂的国际形势、艰巨繁重的国内改革发展稳定任务,必须把创新驱动发展作为国家的优先战略。针对"传统发展动力不断减弱,粗放型增长方式难以为继""科技人才队伍大而不强,领军人才和高技能人才缺乏,创新型企业家群体亟需发展壮大""适应创新驱动的体制机制亟待建立健全"等现状,2016年5月,中共中央、国务院印发《国家创新驱动发展战略纲要》(中发〔2016〕4号)。该纲要提出,"创新驱动是发展形势所迫",实现创新驱动是一个系统性的变革,要按照"坚持双轮驱动、构建一个体系、推动六大转变"进行布局。

双轮驱动就是科技创新和体制机制创新两个轮子相互协调、持续发力。抓创新首先要抓科技创新,补短板首先要补科技创新的短板。科学发现对技术进步有决定性的引领作用,技术进步有力推动发现科学规律。要明确支撑发展的方向和重点,加强科学探索和技术攻关,形成持续创新的系统能力。体制机制创新要调整一切不适应创新驱动发展的生产关系,统筹推进科技、经济和政府治理等三方面体制机制改革,最大限度释放创新活力。

一个体系就是建设国家创新体系。要建设各类创新主体协同互动和创新要素顺畅流动、高效配置的生态系统,形成创新驱动发展的实践载体、制度安排和环境保障。明确企业、科研院所、高校、社会组织等各类创新主体功能定位,构建开放高效的创新网络,建设军民融合的国防科技协同创新平台;改进创新治理,进一步明确政府和市场分工,构建统筹配置创新资源的机制;完善激励创新的政策体系、保护创新的法律制度,构建鼓励创新的社会环境,激发全社会创新活力。

六大转变就是发展方式从以规模扩张为主导的粗放式增长向以质量效益为主导的可持续发展转变;发展要素从传统要素主导发展向创新要素主导发展转变;产业分工从价值链中低端向价值链中高端转变;创新能力从"跟踪、并行、领跑"并存、"跟踪"为主向"并行""领跑"为主转变;资源配置从以研发环节为主向产业链、创新链、资金链统筹配置转变;创新群体从以科技人员的小众为主向小众与大众创新创业互动转变。

实施创新驱动发展战略,必须破除一切制约创新的思想障碍和制度藩篱。创新是知识产权的源泉,知识产权既是社会发展的"原动力",又是创新成果转化为现实生产力的"桥梁"。在经济新常态下,一方面,要提高知识产权的创造水平和运用效益,创造更多的核心专利、版权精品,以及知名品牌、知名商标,提振国内消费,带动技术创新,从而更好地推动经济的发展。另一方面,切实实施《企业知识产权管理规范》(GB/T 29490-2013)、《工业企业知识产权管理指南》(工信部科〔2013〕447号),提高企业知识产权规范化管理水平,推动技术创新示范企业和企业技术中心普遍建立知识产权管理制度。依据2021年6月1日起施行的《中华人民共和国专利法》(第四次修改),尽快推动《专利法实施细则》修订与《职务发明条例》出台,完善知识产权保护与激励制度,让工匠之独特创造及其付出的劳动纳入法律法规保护之下,让那些非物质文化遗产享有法定的专享权、传播权、赠予权与继承权。只有珍视工匠创造、重视工匠作品,才能使工匠精神发扬光大。

二、突破发展瓶颈,标准引领质造

"十三五""十四五"时期是我国实施制造强国战略的第一个十年。其目标是:到2020年,基本实现工业化,制造业大国地位进一步巩固,制造业信息化水平大幅提升;到2025年,制造业整体素质大幅提升,创新能力显著增强,全员劳动生产率明显提高,"两化"融合迈上新台阶。为实现中国制造由大变强的历史跨越、从"中国制造"向"中国创造"的华丽转身,专家们普遍认为,必须细化落实各类工程规划与行动方案,围绕重点、破解难点,突破瓶颈、补足短板,着力打造"中国制造"的质量新优势,并在制造业的各个类别、每个环节落细落实落地工匠精神,高质量达成"进入世界制造业强国第二阵列"的发展目标。

1. 前瞻布局,系统谋划

智能制造是制造强国建设的主攻方向,其发展程度直接关乎制造业的发展水平。发展智能制造对于巩固实体经济根基、建成现代产业体系、实现新型工业化具有重要作用。2016年9月工信部、财政部联合印发《智能制造发展规划(2016—2020年)》(工信部联规〔2016〕349号),围绕智能制造装备创新发展重点、关键共性技术创新方向、智能制造标准体系建设、工业互联网基础构筑、智能制造新模式试点示范、重点领域智能转型、中小企业智能化改造、智能制造生态体系培育、区域智能制造协同发展、智能制造人才队伍打造等十大重点任务,分类分层布局、分行业谋划、分步骤推进。随着新一代信息通信、生物、新材料、新能源等技术不断突破,全球科技和产业竞争更趋激烈,大国战略博弈进一步聚焦制造业,美国"先进制造业领导力战略"、德国"国家工业战略2030"、日本"社会5.0"等,均以智能制造为主要抓手,力图抢占全球制造业新一轮竞争制高点。在此背景下,为解决我国智能制造发展仍存在的供给适配性不高、创新能力不强、应用深度广度不够、专业人才缺乏等问题,2021年12月工信部、国家发改委、教育部等八部委又联合印发《"十四五"智能制造发展规划》(工信部联规〔2021〕207号),坚持问题导向、目标导向、效果导向,强化精准分析研判,着力积势蓄势谋势,系统推进智能制造技术攻关行动、智能制造示范工厂建设行动、行业智能化改造升级行动、智能制造装备创新发展行动、工业软件突破提升行动、智能制造标准领航行动等六大行动,立足制造本质,紧扣智能特征,以工艺、装备为核心,以数据为基础,依托制造单元、车间、工厂、供应链等载体,构建虚实融合、知识驱动、动态优化、安全高效、绿色低碳的智能制造系统,推动制造业实现数字化转型、网络化协同、智能化变革。

我国于2013年首次构建制造强国指标体系,自2015年起"制造强国发展指数"每年持续发布。"制造强国发展指数"由规模发展、质量效益、结构优化、持续发展共四个分项数值构成,综合反映了制造业发展的强弱水平,旨在为我国制造强国战略提供量化参考与决策支撑。国家制造强国建设战略咨询委员会、中国工程院等单位联合发布的《2021中国制造强国发展指数报告》显示:2020年,参与评估的九个国家制造强国发展指数从高到低依次为美国(173.19)、德国(125.94)、日本(118.19)、中国(116.02)、韩国(74.39)、法国(69.35)、英国(61.45)、印度(44.56)、巴西(27.38);2015—2020年间,中国制造强国发展指数由105.78增长到116.02,年均增幅2.05,总体趋势稳中向好,仍居全球制造强国第三阵列。我国制造强国发展的主要支撑力仍为"规模发展";在另外三项指标的合计值排名中,我国位列第六。其中,"质量效益"分项数值仅高于印度和巴西,位列第七,对制造强国发展指数的贡献率仅为14%,远低于美国30%和日本27%的较高水平。多年统计表明,"质量效益"在长时间内仍是我国制造业的最大弱项,主要体现在"制造业全员劳动生产率"指标上。另据《2023中国制造强国发展指数报告》,2022年在"新三样"(电动载人汽车、锂电池、太阳能电池)成为中国经济高质量发展新动能的同时,制造业全员劳动生产率却首次微跌至39 385美元/人,由此反映出我国制造业整体仍处于提质增效的关键时期,加快制造业高素质劳动者队伍建设也显得尤为迫切。

> **拓展阅读**
>
> ### 提升制造业人才关键能力和素质
>
> 2016年12月,按照国家制造强国建设领导小组的统一部署,教育部、人社部、工信部共同编制了《制造业人才发展规划指南》。该指南提出:面对新的形势和挑战,必须把制造业人才发展摆在更加突出的战略位置,加强顶层设计,抓好体制机制改革、强化人才队伍基础、补齐人才结构短板、优化人才发展环境;亟需推进制造业人才供给结构改革、加快实现产业和教育深度融合,努力提升制造业人才关键能力和素质,为实现中国制造"三步走"战略目标奠定坚实的人才基础。
>
> **大力培育工匠精神。** 倡导以工匠精神为核心的工业精神,出台推动工业文化发展的相关指导意见,弘扬优秀工业文化,提升我国工业软实力。制造业企业要把培育精益求精的工匠精神作为职工继续教育的重要内容,增强职工对职业理念、职业责任和职业使命的认识与理解。不断深化"中国梦·劳动美"教育实践活动。推进工匠精神进校园、进课堂,帮助学生树立崇高的职业理想和良好的职业道德,培养崇尚劳动、敬业守信、精益求精、敢于创新的制造业人才。

注重创新能力培养。 引导制造业企业深入开展劳模创新工作室创建活动。为职工创新搭建平台、提供政策扶持,鼓励制造业从业人员立足岗位创新,重点提升关键核心技术研发能力、创新设计和改造能力、科技成果转化能力、精密测量计量能力、标准研制能力。加强应用技术推广中心和众创空间等平台建设。把创新创业教育融入人才培养全过程,面向高校学生开发开设研究方法、学科前沿、创业基础、就业创业指导等方面的必修课和选修课。改革考试考核内容和方式,注重考查学生运用知识分析、解决问题的能力。发展创新设计教育,在工业设计等专业教学中加强创造性、综合性设计能力培养。

增强信息技术应用能力。 在制造业企业推进首席信息官制度建设,推进信息技术与企业各项业务融合,在制造业国有大中型企业全面实行首席信息官制度。强化企业专业技术人员和经营管理人员在研发、生产、管理、营销、维护等核心环节的信息技术应用能力,提高生产一线职工对工业机器人、智能生产线的操作使用能力和系统维护能力。加强面向先进制造业的信息技术应用人才培养,在相关专业教学中强化数字化设计、智能制造、信息管理、电子商务等方面内容。

提升绿色制造技术技能水平。 在制造业行业开展绿色制造教育培训,引导制造业人才树立绿色观念,增强绿色制造技术技能,养成绿色生产方式和行为规范。鼓励高等学校、职业学校根据绿色制造发展需要积极开设节能环保、清洁生产等相关学科专业,与行业企业联合加强实习实训基地建设、研究开发课程教材,减少或取消设置限制类、淘汰类产业相关学科专业,推动制造业传统学科专业向低碳化、智能化发展。鼓励学校参与传统制造业绿色改造、参与绿色产品研发和相关标准制(修)订等。

提高全员质量素质。 鼓励制造业企业加大质量培训力度,全面提高企业经营管理人员和一线职工的质量意识和质量管理水平。引导和鼓励大中型企业实施首席质量官制度。在中小学开展质量意识普及教育,在高等学校、职业学校加强质量相关学科专业建设,在相关专业教学中增加国家质量技术基础和质量管理知识教育内容。加强质量专家库建设。组织制定企业全员质量素质教育和评价标准。开展全国"质量月"等活动,加强消费者质量知识宣传和教育,推动形成具有中国特色的质量文化。

2. 用先进标准倒逼"中国制造"升级

标准化对经济增长的作用主要体现在四个方面。一是计量,计量对进出口、投资影响很大。目前全球80%以上的贸易是通过计量来计算的。据加拿大的一项研究,对周期检定每投入1美元可减少因计量不准造成的损失11.4美元,对重点抽查每投入1美元可减少因计量不准造成的损失28.7美元。二是标准,标准是经济活动的技术支撑。数据表明,中国、德国、法国、英国、奥地利标准化对本国经济增长的贡献分别是7.88%、27%、23%、12%、25%。三是认证认可,2005年国家认监委的研究表明,认证认可对经济增长的贡献率为0.671%、拉动率为0.32%,对社会发展的贡献率为0.314%。英国认可工作每年可产生6亿英镑的附加经济效益。四是检验检测,检验检测是控制质量的技术关口,是实现计量、标准和认证认可的手段。质量的提升得益于测量技术、检测技术的改进。检验检测是创新重点,是一个国家的核心工业"秘密"。

过去,我国工业产品面临的问题是"有没有",主要是数量不足的问题;现在,工业产品面临的主要是"好不好"的问题,这对产品质量提出全新要求。据2018年1月国家质检总局发布的数据,2011年至2017年国内产品质量国家监督抽查合格率分别为87.5%、89.8%、88.9%、92.3%、91.1%、91.6%、91.5%,已连续四年稳定在91%以上;2017年全年日用消费品国家监督抽查合格率达到91.6%,汽车制造、专用设备、化学制品、仪器仪表等行业产品质量合格率保持在95%以上,欧美对我国出口商品通报召回数量较5年前下降22.7%,充分说明中国产品质量有了显著提升。但同时目前,我国质量技术基础(包括计量、标准、认证认可、检验检测等)仍然比较薄弱,产品质量标准体系尚不完善,在产品的质量、建设工程的品质、优质服务的供给上离高质量发展的要求还有很大差距。因此,我们必须调整思路,加快修订完善产品质量法、计量法、标准化法、认证认可条例,加快培育以诚实守信、严谨求实、创新发展、追求卓越为主要内容的质量价值观,着力开展质量提升行动,全面提升质量水平,推动"中国制造"向"中国创造"转变,"中国速度"向"中国质量"转变,"中国产品"向"中国品牌"转变。

习近平总书记指出:"标准决定质量,有什么样的标准就有什么样的质量,只有高标准才有高质量。'取法于上,仅得为中;取法于中,故为其下。'"可见,标准和产品质量紧密相连,要制造高质量的产品,建设制造强国,必须有先进的标准作为支撑。反过来,推进装备制造业标准化,也是为了提升消费品质量,拓展国内国际市场。

标准化发展意味着制造业领域要严格遵循标准,消除低标准甚至无标准的"粗制滥造"。例如,我国锻造菜刀的历史悠久,在2015年、2016年时年产粗钢均逾8亿吨,但一提及高品质菜刀,国人可能首先想到的就是德国的双立人(ZWILLING)、福腾堡(WMF)、三叉(Wüsthof)以及日本的旬刀等品牌,高端菜刀市场基本被外国货占据。一把优质的德国进口双立人菜刀,市价可高达几千元,而普通国产菜刀一般仅几十元,这反映出我国菜刀在质量和品牌上的劣势。市场调研表明,影响菜刀质量的主要因素有三个:材料、工艺和设计。与国外相比,我国在这三个方面都还是粗放式的,甚至有些刀厂还在延续旧时铁匠锻打的粗放工艺,缺少工业化的精细标准。制造业要转型升级,就要在设立标准的环节将那些低标准的产品工艺排除在外,即设立低劣产品的淘汰标准;库存产品的升级标准;民生、重点领域的国际标准;核心领域如第五代移动通信(5G)、高铁等的创新标准。尤其在消费品制造领域——空气净化器、电饭煲、智能马桶盖、智能手机、玩具、儿童及婴幼儿服装、厨具、家具等,政府需要创新管理模式,采取负面清单,除涉及人身安全、国家安全和生命健康,需设置强制性标准的方面外,其他方面要更多让市场发挥作用,引导企业采用先进标准,进而推动整个制造业的升级发展。

高质量必须用"高标准"来引领,若无标准先行,难免走弯路。比如制作菜刀要经过选料、切割、锻造、淬火热处理、研磨抛光、平衡点定位、刀柄配制、开刃、开锋等40道工序,每一步都需要极其严格的质量把控。在选料上,日本优质刀具多采用最优级别的VG-10不锈钢材或青纸钢,德国主要采用1.4116马氏体不锈钢材;德国双立人前两年又推出了高氮马氏体不锈钢Cronidur 30,这是一种优良的航空发动机主轴轴承用钢,具有很好的耐腐蚀性能、耐磨性能以及韧性等,用该钢材制造的菜刀在国内每把售价接近5 000元。而我国主要是采用成本较低的3Cr13(420)、4Cr13等马氏体不锈钢材,低质钢材造出的刀肯定卖不出好价钱。工业产品的"品质",首先就体现在高标准之上。据媒体披露,2015年春节中国游客从日本疯抢带回的智能马桶盖,其实是在中国杭州下沙生产的,只是它们遵循的是日本的标准和技术要求。"墙内开花墙外香,国货国外被抢光。出口内销不一样,此中缘由费思量。"它触及了"中国制造"的一大痛点:"中国制造"不缺能力,缺的只是"最后一厘米"——制造高质量的产品的标准。

标准决定质量,标准考验能力。2018年《政府工作报告》呼唤打造工匠精神,"来一场中国制造的品质革命",就是要坚持高起点、高质量、高标准,让品质成为各行各业共同追求的目标,对从产品生产到售后的每一个环节都要高标准、严要求,一把尺子量到底,为用户创造尽善尽美的产品。

没有标准就没有品质,没有品质就形成不了品牌。制造业的升级,若光有标准的提高,无法将高标准落实到生产制造工艺当中,也将出现"有心无力"的尴尬。而弥补质量短板,锻造质量长板,提高生产工艺水平,最重要的一点就是要有精益求精的工匠精神,这一点已被工业发达国家的经验证明。例如,总体而言,日本在技术水平上不如德国,但他们对行业标准的执行非常严格,这就造就了日本的"工匠精神"。反观我国的制造业,赴国外抢购智能马桶盖、智能电饭锅的事件发生后,我们痛定思痛,练好质量内功,到2020年底国产智能电饭锅已占据69.7%的市场份额,智能马桶市场占有率前十的品牌中本土品牌已占7席;但大批量生产还无法保持整体高水准,据国家市场监管总局的数据,目前一些重要民生产品合格率不足90%,大量新兴消费品合格率低于70%,国人"不敢用""不愿用"国产品牌的现象依然大量存在。因此,要打造制造强国的核心竞争力,实现从制造大国到质量强国的质变,急需一份份对完美和极致的追求、一门门求新和求精的手艺,还有一颗颗忍得住清贫、耐得住寂寞的强大心脏。

三、完善匠人体制,提升技工待遇

工匠精神为什么在中国一度衰微了呢?有人说过:中国不是缺乏技术工人,缺的是让这些人发挥聪明才智的机制。因此,国家应强化技能人才的培育体制,在全社会弘扬尊重匠人的文化。

1. 健全技能人才的上升通道,提高技术工人的薪酬待遇

为何在大力推进传统制造业转型升级的当下,企业面临"设备易得、技工难求"的尴尬局

面,不断发出高技能人才短缺的呼喊?又为何在技能人才如此紧缺的当下愿当工人的越来越少?从根本上看,这是和过去我们实行的技能人才分级制度直接相关。

改革开放前,东三省、天津、上海等为地的工厂,在国家劳动部门的统筹下着手建立与完善新型的工资分配制度,建立与工资分配制度相适应的考工定级与考工晋级制度。1952—1955年底,党和国家根据按劳分配的原则在全国范围内进行了第一次工资改革,依据产业在国民经济中的重要性、生产劳动的复杂程度和技术的熟练程度(会→熟→精→绝→化),将产业工人分为八级,其中"八级"为技术与收入最高者。这就是技能人才的"八级工资制度"。1956年全国开展第二次工资改革。按照国务院第32次全体会议通过的《关于工资改革的决定》[①],八级工资制正式建立并实行——通过工资改革将工资等级与工人技术等级相结合,实现常态化考工升级。1963年又进行第一次全国性工人技术等级标准的修订,除了技术等级标准外,还增加了生产工作需要、业务技术熟练水平、生产成绩和劳动态度等维度。历史的发展证明,这种八级技术等级制得到企业和全社会的普遍认可,那时的一个"八级工",威望很高,连厂长、总工程师都要敬他三分,因为重要攻关项目,最终都要在这些"老把式"的监督和亲自操刀下才能完成;其工资甚至能超过厂长,和大学教授、县委书记比肩,社会地位也很高,受到人们的普遍尊敬。当年以"倪氏钻头"著称的著名劳动模范倪志福,就是"老八级工"出身的工人工程师,他后来成为国家领导人。当时,"当学徒的拜师傅,往往先打听这个师傅是几级工",工厂里的年轻学徒工们很少有"赶紧脱下脏兮兮的工作服"进办公室的念头,常常将成为八级工作为自己的职业目标。这些几十年专心从事技术工作、掌握核心技术和关键技术的老师傅可称得上那个年代"最吃香、最受人尊敬的职业"。

八级技术等级制度的标准明确、清晰、可考核、可操作,实施效果也较好,体现出熟练劳动者与非熟练劳动者、简单劳动与复杂劳动的差异,更有利于引导中国工人追求高层次、高水平的劳动技能。当时,机械工业部直属企业八级工的工资为一级工的3.2倍,工人们只要立足岗位、拼命钻研,就有可能达到技能人才的塔尖。按考工要求,一级工、二级工分别为学徒和帮工;三级工能独立完成一部分熟练操作;四、五、六级工能独立完成整套熟练操作,这三个等级已算是非常了得;而到了七级,不仅要掌握熟练的技术,还要具备一定领导能力,还要懂数学。一段对八级工师傅的回忆录里提及,八级工×师傅"有一个绝活儿,全厂上万个零配件,×师傅不看图纸、不看账本,能够随口说出这个零配件的安装位置、规格尺寸、加工要求、库存数量、库存位置、生产厂家等"。在当时很多工厂中,具备很强的学习能力和钻研精神的八级工们,实际上承担了现场工程师的职能。在以精益制造闻名的日本工厂中,正是

[①] 《国务院关于工资改革的决定》((56)国调周字第53号)和《国务院关于工资改革中若干具体问题的规定》((56)国议周字第51号)提出:"改进工人的工资等级制度,在工资标准上明显体现熟练和不熟练劳动、繁重和轻易劳动的区别""为了使工人的工资等级制度更加合理,各产业部门必须根据实际情况制定和修订工人的技术等级标准,严格地按照技术等级标准进行考工升级,使升级成为一种正常的制度"。

现场工程师这一角色确保了产品设计中各种苛刻的技术要求得以实现。可以说,在那段对外封闭的时期内,内燃机、汽车、自行车、手表、缝纫机、机床仪表……都是靠这些一至八级工制造出来的。

1984年10月党的十二届三中全会决定实行有计划的商品经济体制,随后在1985年国家进行了第三次工资改革,许多企业开始试行浮动工资制、结构工资制、岗位工资制等,技术工人考核制度也随之变化,主要表现在技术等级由八级变为初、中、高三级(原二、三级对应初级,四至六级对应中级,七、八级对应高级)。1990年,经国务院批准,原劳动部颁布实施《工人考核条例》,又将3个等级的技术工人考核制度修改为初级工、中级工、高级工、技师和高级技师5个等级的技术工人考核体系,到1994年我国正式推行五级职业资格证书制度,八级工制彻底退出历史舞台。1995年后,国企大幅度群体买断工龄与"关停并转"(关闭、停办、合并、转产),工厂师徒制淡出,再加上1998年精简干部队伍时,在农村隐性废止了"农业八大员制度"(乡镇农机、畜牧、水利、农技推广管理员等),导致延续50年的中国工农业工匠团队机制中断,造成高级技师群体后继乏人的现状。正如中国科技大学原校长朱清时的感言:当今在大学的实验室里面,很难招到高级实验人才。比如生物实验室,很容易招到生物学博士,却招不到懂得鉴定虫子的人。许多学校想尽办法,甚至承诺解决正高职称,也不行,因为高级实验员与教授在经济待遇、社会地位等各方面差距太大,很难留住优秀人才。

八级工制虽然是中国建立现代企业制度的一个缩影,然而从昔日代表着高技术和高收入的"八级工"身上,可见一种今天技术工人日渐稀缺的优秀特质——视手艺为一生归宿。有专家[①]认为,从实际效果看,新的五级职业资格制度缺乏对一线劳动者的尊重,并不成功。八级技术分层比当前的五级技术分层,更能提高一线的高水平劳动者的自豪感,鼓励人们更加积极地追求更高的技术地位,也让社会公众对高技术人才产生尊崇之心。因此,在我国经济转型升级、产业迈向中高端的当下,国家应当及时完善多等级的职业技术分层制度。

德国技工的薪酬体系尤其具有借鉴意义。在德国,技工工资高于全国平均工资,技校毕业生的工资几乎普遍比大学毕业生的工资高,白领的平均年薪在3万欧元左右,而技工的平均年薪则是3.5万欧元左右,不少行业的技工工资远远高于普通公务员,甚至高过大学教授。同时0—14级的技术工人分级,打通了德国技工的职业上升通道,技术分级越高,不仅工资越高,而且也越受企业重视。德国企业家认为,一流的产品需要一流的技工,再先进的科研成果,没有技工的工艺化操作,也很难变成有竞争力的产品。

技能强则国家强。尽管近年来我国在技能人才的培养体制机制上取得了局部的突破,但不争的事实是,职业发展空间狭窄、待遇过低,是实现技能成才的重要阻碍。要推动从制造业大国向制造业强国的转变,急需加强技能人才制度建设和体制创新。

---

① 李强.中国应恢复"八级工"制度[N].环球时报,2011-5-26.

其一,创新技能导向的政策支持体系。贯彻落实《新时期产业工人队伍建设改革方案》(中发〔2017〕14号)、《关于提高技术工人待遇的意见》(中办发〔2018〕16号)精神,按"政治上保证、制度上落实、素质上提高、权益上维护"的要求,以全面提升6类高技能领军人才[①]支持政策水平为引领,健全高技能人才培养、评价、使用、激励、保障等相结合的政策体系和统筹协调机制,完善产业工人终身职业技能培训制度和高技能人才赋能成长工程,对技能人才实施精准激励。

其二,完善技术工人薪酬激励机制。要加快建立技术工人序列的薪酬体系,优化职业技能等级设置,增加技能人才发展职级,延长技能人才晋升链条。将技术工人劳动报酬同其岗位价值、能力素质和业绩贡献紧密相连,合理确定其薪酬水平,并建立薪酬增长机制。加大对技能要素参与分配的激励力度,设置体现技术技能价值的薪酬单元,工资总额分配向高技能人才、关键技术岗位及紧缺人才等倾斜,支持技能人才分享品牌增值收益。健全技能专家、首席技师、特级技师制度,进一步加大财政投入力度,提高优秀技能人才的津贴(特岗津贴、带徒津贴等)水平。注重建立长效激励机制,鼓励企业采取协议薪酬、持股分红等方式,推行年薪制和股权制、期权制,充分体现多劳者多得、技高者多得的时代诉求。

其三,畅通技术工人成长发展通道。进一步整合体制机制,打造协调统一的职业教育国家管理体制。落实技工教育和职业教育享受同等地位,强化技工院校与职业院校协调发展,推进高层次技术工人的培养。加快制定符合国情的国家资历框架,实现学历证书和职业技能等级证书互通衔接。彻底破除学历壁垒,打破"唯身份、唯出身"的限制,突破年龄、资历和比例等限制,畅通技能人才与管理、专业技术人员之间的转换路径,贯通高技能人才与工程技术人才的职业发展。搭建劳动竞赛、职工技术创新、班组长培训和技师家园等平台,形成"技能培养、技能鉴定、岗位使用、竞赛选拔、表彰奖励、技能进阶"的技能人才培养体系,让新时代产业工人拥有无限发展可能。

2. 积极推进技能强国战略,切实提升技工的社会地位

当今世界,国家间的竞争其实就是人才的竞争,可以说,没有高技能人才,创新驱动转型、智能制造转型、绿色低碳转型、服务化转型等工业发展方式的转变就很难实现。制造业强国的背后都有一支强大的高技能人才队伍做支撑,如日本高技能人才在技能人才中的比例为40%,德国达到50%,而我国的产业工人整体素质和技能水平还亟待提高。以衡量劳动力要素的投入产出效率的"全员劳动生产率"为例,据国家统计局公布的数据,我国的"全员劳动生产率"2016年为94 825元/人,2018年为107 327元/人,2020年为117 746元/人,2022年为152 977元/人;到2023年又上升至161 615元/人,但在全球排名仅居57位,这说明我国下一阶段经济的可持续发展必须靠创新驱动,靠全要素劳动生产率的提升,尤其是技能劳动者素质的提升。"墨子"传信、"神舟"飞天、"北斗"组网、"嫦娥"奔月、"祝融"探火、"羲和"逐日、"蛟龙"入海、"天眼"巡空……我国的顶尖技能人才可与任何一国媲美,但手表、汽

---

① 获得全国劳动模范、全国五一劳动奖章、中华技能大奖、全国技术能手等荣誉以及享受省级以上政府特殊津贴的人员,或省级政府认定的"高精尖缺"高技能人才。

车、机床等量产产品的质量却令人汗颜。其中一个重要原因,就是技能人才金字塔的塔基不稳:从原料生产到制作加工成形环环相扣,每一道程序、每一个部件、每一项操作出问题就会满盘皆输。尽管我国技能人才队伍正在不断发展壮大,但总量严重不足、结构问题突出、人才断档等现象依然严重。近年来,技能劳动者的求人倍率(岗位数与求职人数之比)一直在1.5以上,高级技工的求人倍率甚至达到2以上,供需矛盾十分突出;掌握"高、精、尖"技术的高技能人才数量更显不足。

在工业领域,科学家、工程师、高技能人才的合理比例应该是1:10:100。然而受传统观念影响,目前社会上普遍存在着重学历轻能力、重知识轻技能的现象;人才评价、选人用人、福利待遇等主要还是和学历挂钩。"唯学历论"把劳动者划成了脑力劳动者和体力劳动者:脑力劳动高于体力劳动,体力劳动者成了低工资、低待遇、脏累苦等的代名词。这种价值认同的错位不仅造成技能人才短缺,同时也造成普通高等教育毕业生"过剩"的现象,正如习近平总书记2016年5月16日《在中央财经领导小组第十三次会议上的讲话》所批评的那样:"有人说,我国制造业高级技工缺口达400余万人,像模具钳工这样重要的工种,人才几乎断档。这也是一种供给侧失衡,需要的培养不出来,培养出来的不需要。"①中国有如此庞大的劳动力资源,但不少雇主依然很难找到合适的人才。高等教育与市场需求严重脱节,大学毕业生普遍"眼高手低",偏好"铁饭碗",安心"生产第一线"、愿意在"劳力上劳心"者少之又少。而在日本、德国,情况恰恰相反。

在日本,技术学校的毕业生就业率都在98%以上,远超大学生,甚至蓝领工人的收入也超过白领工人,这都使得蓝领工人有着不断钻研的动力。在日本,只有在一个行业内做到出类拔萃的人才能被称为匠人。那些被称为匠人的人不仅受到社会各界尊重,而且经常见诸媒体。同时,由文部科学大臣认定的传统手工艺的传承人,被称为"人间国宝",会获得内阁大臣表彰和地方政府表彰,甚至授勋,更是社会地位尊崇。在德国许多年轻人喜欢当"蓝领",只有25%的初中毕业生升入高中、进入大学深造,而多达75%的初中毕业生选择接受职业教育。德国双元制职业教育举世瞩目,并始终处于世界领先地位,它也是德国制造的基础。一个人从十几岁开始学手艺,学成后得到国家认可的学历,然后几十年如一日专研一门工艺,再将自己的技术一代代薪火相传。工厂车间里、施工工地上,处处可见五六十岁还在就就业业工作的工人,这些人将自己的一生贡献给一门手艺,他们的经验无疑是巨大的财富。德国人认为一个专注的技术工人和科学家没什么两样,这无疑给了他们极高的社会地位。

青年技能人才队伍壮大与否,直接决定着中国制造以及中国经济能否成功转型升级。因此,要积极推进技能强国战略,就必须破除"学而优则仕""文凭至上"的思想与政策障碍,在全社会鼓励、弘扬工匠精神,切实提升技工的社会地位。

---

① 中共中央文献研究室.习近平关于社会主义社会建设论述摘编[M].北京:中央文献出版社,2017:56.

其一,完善技能人才评价体系。牢固树立新发展理念,贯彻落实《关于分类推进人才评价机制改革的指导意见》(中办发〔2018〕6号)、《关于改革完善技能人才评价制度的意见》(人社部发〔2019〕90号),加快建立科学化、社会化、市场化、多元化的技能人才评价机制。健全就业准入类(国家职业资格目录制度)、用人评估类(职业技能等级认定制度、专项职业能力考核制度)和激励表彰类(职业技能竞赛制度、高技能人才表彰制度)等分类评价体系。完善评价标准与内容,坚持德才兼备,注重凭技能水平、业绩贡献(专项业绩、综合业绩、创新业绩等)评价考核人才;对不同类型技能人才实行差别化技能评价——技术技能型人才突出实际操作能力和解决关键生产技术难题的要求,知识技能型人才突出掌握运用理论知识指导生产实践、创造性开展工作的要求,复合技能型人才突出掌握多项技能、从事多工种多岗位复杂工作的要求。优化人才管理服务制度,建立有利于技能人才成长的,更加全面、完善的职业生涯发展保障体系。

其二,营造崇尚技能的社会氛围。全面落实《关于提高技术工人待遇的意见》(中办发〔2018〕16号),以重点支持高技能领军人才为引领,落实政治待遇、经济待遇、社会待遇和服务保障"同步四提高"。设立"中国工匠日"并定期组织开展全国性或区域性技术技能大赛或岗位练兵,大力宣传劳动模范、大国工匠和拥有绝招、绝技、绝活的技能人才的劳动成果和价值,不断增强他们的荣誉感。鼓励地方对重点领域紧缺的技术工人落户、购租住房、子女上学等方面予以支持,让技术工人获得职业尊严感。建立并完善"工匠制度",形成工匠职级晋升、荣誉授予、国际交流及带薪休假机制,使他们有充分的成就感和获得感。

其三,建设支撑工匠精神的价值观。从普通技能人才到高技能人才,从工人到工匠,需要时间的沉淀,工匠精神的培育需要长期的实践磨砺以及环境熏陶。在全球产业变革以及中国人口结构加速变化的背景下,培育青年技能人才这支有生力量,是一场与时间的赛跑。要构建"工匠"型人才培养体系,引导广大青年学习技能、拥有技能、投身技能,走技能成长成才之路,强化"技能成就梦想,拼搏铸就荣光"的社会导向,重塑"劳动光荣、技能宝贵、创造伟大"的职业价值观。

第二节　工匠精神之培育——企业

一、转型升级提技术,静下心来做品质

工匠精神作为一种在制造、服务上追求独具匠心,质量上追求精益求精,技艺上追求尽善尽美的精神,蕴含着严谨、耐心、踏实、专注、敬业、创新、拼搏等可贵品质。当今的中国,无论是纺织、服装、皮革、化工、化纤、造纸、橡胶塑料制品、非金属矿物制品、有色金属加工、农副食品加工等传统制造业改造提升,还是信息技术、物联网、人工智能、高端装备制造、新材料、生物医药、新能源汽车、新能源、节能环保、数字创意等战略性新兴产业的培育发展,都需

要以创业创新为驱动,以工匠精神为支撑。

1. 以创业创新为动力,以工匠精神为支撑

传统产业、传统企业需要工匠精神,新兴产业、创新型企业更离不开工匠精神。传统产业是稳定经济增长、改善民生福祉的主体力量,也是当前和今后一个时期我国工业结构调整的重点;要通过引入新技术、新管理、新模式,使之焕发巨大生机和活力。新兴产业是经济体系中最有活力、最具增长潜力的部分,是我国抢占未来竞争制高点、实现引领型发展的关键;要推动重点领域率先突破,促进新产业、新模式、新业态健康成长。近几年来,我国数字经济、智能制造蓬勃发展,新产业、新业态、新模式正成为国民经济的新支柱,创新对经济发展的引领力正在不断提升,2023 年研究与试验发展(R&D)经费总投入 33 278 亿元,占 GDP 比重 2.64%;2023 年中国 PCT 国际专利申请量达 6.96 万件,居世界第一。

创新是社会进步的灵魂,创业是推进经济社会发展、改善民生的重要途径,创新和创业相连一体、共生共存。2014 年来,大众创业、万众创新(简称"双创")蓬勃兴起,催生了数量众多的市场新生力量,促进了生产经营管理观念、制度和方式的深刻变革,有效提高了创新效率、缩短了创新路径,已成为稳定和扩大就业的重要支撑、推动新旧动能转换和结构转型升级的重要力量,正在成为中国经济行稳致远的活力之源。

要不断拓展"双创"空间,打造发展新引擎,增强发展新动能,我们必须完整、准确、全面理解和贯彻新发展理念,努力消除前阶段"双创"工作中,有些行业企业在理解上的偏颇和在具体执行上的误区:有的在"双创"中过于偏重新点子,甚至认为"双创"就是"大脑风暴+互联网",而不是每天想着怎样踏踏实实做好产品;有的过分追捧新经济,一味片面追求新兴产业,盲目淘汰一切传统产业;有的仅仅强调创新、鼓励创造,很少强调"精工制造",往往不重视工艺和质量。这些做法极有可能引起产业、就业结构性失衡,导致"只有破坏而没有创造",使实体经济空心化、"品质革命"流于形式,最终反而危及整体经济。诚然,创新是企业发展的核心动力,也是实现"中国制造"向"中国创造"转变的必由之路。但我们必须清楚地认识到,制造是创新的基础,创造是更高一层的制造,如果没有过硬的制造水准,再好的创新也无用。在很多时候我们的企业缺少的不是创新而是"精工制造",缺少的是一丝不苟的精神。

源于工匠精神的创新是实践出真理的创新,是厚积而薄发的创新,而非毫无目的、毫无内涵的改变。创新中要有一以贯之的理念,那就是工匠精神。工匠精神与创新精神最终统一于具体的产品之中。在产品的制造过程中,工匠精神是基础,创新精神是引领。一件质量上乘的产品既是企业抓住市场的新需求而不断创新的产物,也是企业追求细节而精致创造的结果。以工匠精神,打造真正经得起检验的产品和服务,在生产加工上要"精",实现品质制造;在研发设计上要"新",实现品质创造;潜心做好每一个细节,真正关注客户,回归用户价值的本质。

新东方教育集团创始人、创业导师俞敏洪建言：创新创业关键在于"守正出奇"。"守正"就是坚持底线，坚持做能够给社会带来正面影响的事情；"出奇"就是要用一些最新的、最让人意料不到的方法把你的事业做成功。的确，不管是创新一个领域，或是创造一番事业，都是极其艰苦的。但是，一些坚持"工匠精神"的企业，依靠信念、信仰，通过不断改进、不断完善产品，最终成为众多用户的骄傲；相反，如果以"创新"为名，急功近利，心浮气躁，为追求眼前利益而忽略了产品的品质，难免名誉扫地，不会有长久的生命力。无论国内国外，百年名企抑或世界500强企业，均概莫能外。近年来，从日本制造到德国制造，丑闻频发。2015年的"大众排放门""东芝财务造假"事件，2016年的三菱汽车和铃木篡改汽车燃油及经济性测试数据事件，2017年的日本"神户制钢造假""碳纤维巨头东丽造假"事件，以及2023年的东芝退市、丰田汽车测试造假丑闻同日爆发事件等，都向我们警示：一个不择手段的企业很难建立信誉，一个只重视眼前利益的企业也不会得到社会的尊重。企业唯有树立了硬招牌，时刻注重自身的信誉方能在竞争中立于不败之地。正如"魏则西事件"发生后，百度公司董事长李彦宏对"百度广告竞价排名机制"的反思：不改变对钱的认识，公司永远不会伟大。

2. 把握德国工业 4.0 精髓，提升中国制造产品品质

"工业 4.0"是德国政府于 2011 年在汉诺威工业博览会①上提出、2013 年正式发布的一个高科技战略计划。与"工业 1.0"的机械化、"工业 2.0"的电气化、"工业 3.0"的自动化相比②，"工业 4.0"更强调和突出的是智能制造。制造业竞争力的核心要素有四——效率、成本、创新和质量，在德国制造业的发展中，创新与质量一直保持着非常大的优势。随着中国制造业的兴起，德国制造业在效率和成本方面逐渐走向劣势，在很大程度上利用先进技术的"工业 4.0"，可以弥补德国企业在这方面的劣势。"工业 4.0"的核心是建设"有智商的工厂"，其目标是基于信息物理融合系统（Cyber-Physical Systems，CPS），在满足市场日益个性化的产品需求的同时，缓解这种奢侈的个性化生产所带来的成本飙升问题。

---

① 汉诺威工业博览会（Hannover Messe）始创于 1947 年，经过不断发展与完善已成为当今规模最大的国际工业盛会，被认为是联系全世界技术领域和商业领域的重要国际活动。汉诺威工业博览会每年 4、5 月在德国下萨克森州的首府汉诺威举办，展出主题有：动力传动与控制技术，工业零部件与分承包技术，工业自动化，数字化工业，能源、环保技术和设备，风能技术，空压与真空技术，电厂技术，表面处理技术，新能源汽车技术，研究与技术，线圈及绕线技术等。

② "工业 1.0"的特征是机械化，以蒸汽机为标志，用蒸汽动力驱动机器取代人力，从此手工业从农业分离出来，正式进化为工业。"工业 2.0"的特征是电气化，以电力的广泛应用为标志，用电力驱动机器取代蒸汽动力，从此零部件生产与产品装配实现分工，工业进入大规模生产时代。"工业 3.0"的特征是自动化，以可编程逻辑控制器和计算机的应用为标志，从此机器生产不但取代了人的大部分体力劳动，同时也取代了一部分脑力劳动，工业生产能力也自此超越了人类的消费能力，人类进入了产能过剩时代。

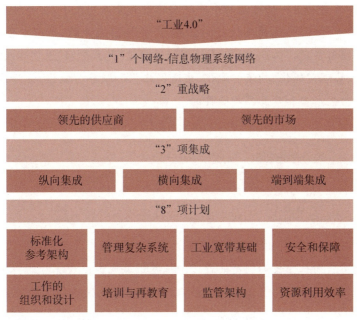

▲ 德国工业4.0实施战略框图

如果说,"工业2.0"的最大特征是借助电气化降低成本、提高劳动生产率和保证产品质量。那么,"工业3.0"的最大特征是计算机在各行各业、各种产品上的广泛应用,"工业3.0"时代的工厂就是精益化的工厂。可以说,德国制造业已经拥有了成熟的"工业3.0"技术。"工业3.0"时代的自动化工厂有"三层"建构:①工厂的最底层是"加工单元",包括了3个环节,即传感器(相当于眼睛)、可编程控制器(Programmable Logic Controller, PLC,相当于大脑)和执行器(相当于手足);②在加工单元的上层是"车间",主要是生产过程执行管理系统(Manufacturing Execution Systems, MES)——这个系统负责拿到任务,并进行任务的分配;③再到上层是"管理系统",包括企业资源计划系统(Enterprise Resource Planning, ERP)——负责企业内部资源的配置和协调,产品生命周期管理系统(Product Lifecycle Management, PLM)——负责产品从开发到报废的"管理",供应链系统(Supply Chain Management, SCM)——负责企业资源和外部的对接,客户关系管理(Customer Relationship Management, CRM)——负责企业和消费者的沟通等。而到"工业4.0"则将上述这些"老技术"更加集成化,从而实现更智能、更敏捷。目前,德国"制造-X"计划,其实是一个典型的"工业4.0"的延伸。

德国人有一个根深蒂固的观念:是人都会犯错,误差的产生不可避免,但是在生产环节,这些误差经过流水线的每个环节逐级放大,必然会最终影响产品的品质。因此,在整个生产过程中,人产生的影响越大,最终产品出问题的可能性越大。所以他们在生产过程中引入了大量的反馈回路来将产品品质的波动控制在很小的范围内,这是保证产品品质的重要前提。德国人这种非常直接的提高品质的思路,可以很好地帮助我们理解其提出的"工业4.0"的逻辑：就是在生产环节要动用一切可能的手段把人的影响降低到最小，把每件事情都分解成机器（或者人像机器一样动作）能简单执行的任务，只要机器能做的，在成本合理的范围内，就坚决不让人做。换句话说，"工业4.0"，是德国制造通过"范式转移"来实现生产过程智能化、生产产品智能化、管理智能化、物流智能化、渠道网络化和服务智能化，最终达到最高程度地提升其生产的自动化水平和产品品质的目的。

> **拓展阅读**
>
> **中国版"工业4.0"，应先从最基础的事做起**
>
> 　　改革开放以来，我们用几十年时间走完西方发达国家几百年走过的工业化历程，创造了经济快速发展和社会长期稳定的奇迹。从基于低成本比较优势的传统工业化道路转向基于技术创新优势的新型工业化道路，把我国超大规模市场优势转为高水平自主创新优势，是构建新发展格局的本质要求。回顾我国工业化的行进追赶过程，尤其是21世纪初的十几年"弯道超车"过程，敢于直面问题，并由难题倒逼，推动矛盾解决，对持续推进制造强国建设具有重要意义。
>
> 　　百年风云激荡，科学技术迅猛发展。在19世纪后半叶，中国的洋务运动发生在蒸汽机发明后差不多100年，几乎是跳过了"工业1.0"时代，直接进军了"工业2.0"时代。1949年之后，由于中西方对峙的原因，中国错过了"工业3.0"时代"第一波"，特别是自动化、信息化浪潮的洗礼。在苏联"老大哥"的帮助下，中国人构建了自己完善的工业体系。换言之，直到洋务运动后差不多100年，中国才真正补完了"工业2.0"时代的"功课"。在这一时期，上海这样的轻工中心甚至可以生产出接近于德国、瑞士品质的手表、自行车。
>
> 　　改革开放之后，中国的工业则进入了一个"新旧交织"的大时代。在20世纪八九十年代，中国沿海的加工企业以劳动密集型为主，港资、台资的制造企业并未大规模采用自动化技术，"中国制造"大厦是由年轻人用双手构建的。事实上，这一时期，中国的工业几乎一直在吃"工业2.0"时代的"老本"：高识字率的年轻劳动人口、发达国家的技术"外溢"以及亚洲"四小龙"淘汰的工业技术。进入21世纪以来，由于劳动力成本的飙升，"中国制造"的自动化程度开始不断提高。在珠三角的工厂，特别是在一些电子元器件企业，来自德国、日本的"机器换人"机械手、机器人随处可见，其生产效率高于女工的双手数倍。对市场和企业家而言，选择成本更低的"技术"是必然的，当人工便宜就用人工，当机械手便宜则用机械手。在这个意义上说，"中国制造"之所以开始大规模自动化，重要原因在于德国、日本自动化工业的不断成熟，使得"工业3.0"时代的技术和设备变得越来越便宜。可以说，在21世纪初的这些年，中国开始在"工业3.0"时代的道路上奋力狂奔。不过，中国的"工业3.0"时代也留下了很大的遗憾。"工业3.0"的特征是工

业化和信息化"两化融合",使信息化深入制造业的"底层"真正与工业化结合。有了信息化系统的嵌入,工厂即可在生产过程中实时监控和在线测量,更早发现质量问题,从而降低残次品带来的成本损耗。但这一时期,多数制造业企业并没有意识到"两化融合"的重要性,其最终结果是"信息化"过量,而"工业化"不足。有的企业甚至陷入"IT黑洞",企业管理和产品质量并未改善,反倒陷入经营困难。

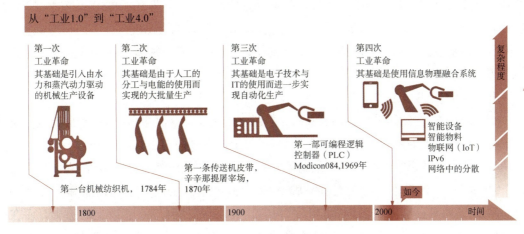

▲ 工业革命的四个阶段

《2023中国制造强国发展指数报告》显示,2022年,我国制造业加大宏观调控力度,经受住了超预期因素的大冲击,制造强国发展指数稳定居于超过120的较高水平,制造强国建设稳中有进。2020—2022年,中国制造强国发展指数年均增幅超过4个点,与美国同处世界主要国家最高水平,虽在个别年份出现波动,但整体实现平稳增长,展现出中国制造业较强韧性。但另一方面,与发达国家相比,我国制造业稳增长仍存在诸多不确定因素。美国持续强化供应链产业链,聚焦高端制造;德国不断强化其深厚的制造业基础,加速培育龙头企业与各类"隐形冠军";日本大力推动制造业基础技术的产业振兴和前沿技术研发创新等,我国在创新效能、产业基础、装备制造等方面与上述制造强国还存在较大差距,尤其是在基础软件及工业软件、高性能医疗器械、农业装备、食品、仪器仪表等关键核心技术上须不断夯实根基,固本兴新。

当人工智能、5G、人机协作机器人、前瞻性维修、数字双胞胎等"热词"不断映入眼球之际,是否意味着工匠精神就过时了?历史的教训证明,捷径是最大的弯路。"工业4.0"是循序渐进的结果,盲目跳跃只能令自己消化不良;"工业4.0"是持续改善的必然,颠覆常理只能令自己无所适从;"工业4.0"是理性精益的产物,狂热追随只能令自己更加浮躁。对中国制造业而言,应该把握技术革新的机会,以"智能工厂"来提高"中国制造"的品质,而不是对"互联网热"①的无限膜拜之中。企业不仅需要坚守信仰、不忘梦想的初心,顽强执着、拼搏进取的决心,坚韧不拔、锲而不舍的耐心,更需要精益求精、追求卓越的匠心,才能真正挺进"工业4.0"时代。

二、专一专注专业,沿强项深耕精进

据日本经济大学教授后藤俊夫的调研数据②:截至 2014 年,日本连续经营超过 1 000 年的企业有 21 家,超过 500 年的企业有 147 家,超过 300 年的企业有 1 938 家,超过 200 年的企业有 3 939 家,超过 100 年的企业有 25 321 家。日本为什么会出现这么多的长寿企业?研究发现这些基业长青的企业都拥有一个共同特点:专注于某一领域,不断精进,也就是说它们都传承着一种精神——工匠精神。

1. 聚焦和专注就是生产力

小小的日本,竟然是世界上拥有长寿企业最多的国家。这其中包括,被吉尼斯世界纪录认定为全球最古老的企业的"金刚组"(578)、世界上最古老的酒店"西山温泉庆云馆"(705),以及日本花道的鼻祖"池坊"(587)、最高龄的纸制品作坊"源田纸业"(771)等,它们的寿命都在 1 000 年以上;世界第一精密夹具品牌"锅屋"(1560)、国宝级床上用品品牌"西川产业"(1566)、酿造酱油品牌的代名词"龟甲万"(1661)等,也都拥有 350 年以上的历史。而在中国,最古老的企业是成立于 1530 年的六必居,之后是诞生于 1600 年的陈李济,再加上剪刀老字号张小泉(1663)、同仁堂药业(1669)、王老吉(1828)以及全聚德烤鸭(1864)4 家企业,中国仅存 6 家超过 150 年历史的老店。有资料显示:中国企业的平均寿命 7~8 年,中小企业的平均寿命 2.9 年,每年有近 100 万家企业倒闭,与日本企业平均 30 年的寿命、欧美企业平均 40 年的寿命相比相距甚远。很显然,很多企业都是生于机会,死于变化。在现实生活中,人们常会发现中国的企业往往患有下列"流行病":轻许诺、夸海口、拍胸脯、凭感觉做事,心浮气躁,追求"短、平、快"(投资少、周期短、见效快),等到上了一定规模,就想方设法挤进上市的班车、轻率决策、盲目投资、四处出击,最终酿成了一幕幕悲剧。

乔布斯说:成功创业者和失败创业者的差别就在于坚持。很显然,被美国布莱恩特大学的名誉校长威廉·奥哈拉(William T O'Hara)称为"终极生存者"的日本专营古建筑的"金刚组",衣钵相传 40 代的经历可以给我们带来启示。

据《日本书纪》所载,佛教于公元 552 年始由朝鲜半岛百济传入日本。围绕是否要接受

---

① 其实,我们应正确理解"互联网+"的概念。通俗来说,"互联网+"就是"互联网+各个传统行业",但这并不是简单的两者相加,而是利用信息通信技术以及互联网平台,让互联网与传统行业进行深度融合,创造新的发展业态。制造业才是"工业 4.0"的本体,而互联网只是手段。互联网最有价值的不是自己在产生很多新东西,而是对已有行业的潜力再次挖掘,用互联网的思维进行重新审视来改造提升传统行业。
② [日]后藤俊夫.工匠精神:日本家族企业的长寿基因[M].王保林,周晓娜,译.北京:中国人民大学出版社,2018:2.

佛教，朝廷形成"崇佛"与"排佛"对立的两派，并展开了长达35年的激烈争斗。公元593年，为庆祝6年前灭掉排佛派官员物部守屋，祈求法神四天王庇佑佛法及信众，笃信佛教的圣德太子批准从百济招请来三位"宫大工"，即专门修建神社、佛寺的名匠金刚（金刚重光）、早水、永路，兴建日本第一座官寺——四天王寺。寺院建成之后，金刚重光受圣德太子之命，创立了金刚组，继续留在日本负责四天王寺的修缮。自圣德太子摄政后的116年在日本建筑史上被称为"飞鸟时代"（593—710），佛教建筑备受尊重。而金刚组则世代将守护四天王寺作为使命，在之后的悠悠1400多年里，承担着其所有的修补工作。四天王寺曾七度因天灾或战乱被焚毁，金刚组凭借着祖上传承的技艺，一次次完成新建、改建、修补等各项工作，使四天王寺至今依然坚固如新。

金刚家族于公元607年建造的法隆寺，被称为日本古代木造建筑的巅峰之作。1583年，即将统一日本的丰臣秀吉将大阪城修建成地势险要的军事要塞，金刚组是工程的组织者。德川幕府时代，金刚组先后为德川家族建成了日本三大名园——偕乐园、兼乐园、后乐园。如今，这三大名园已被指定为"日本重要文化遗产"。

自古至今，金刚组一直推崇的是他们的"职人技"和"工匠精神"。他们坚持手工打磨寺庙的大梁、立柱、雕花和楔子，整个四天王寺建筑上，木柱和横梁的接驳关节就没用一颗钉子；在木柱和横梁连接的内侧，几乎都刻有"坚固田中"等字样。这是金刚组世代传承的古法。

金刚组为何能够传承千年，当然与特有的组织结构有关。作为家族企业，被称为"栋梁"的总首领由金刚家族世袭，下辖畑（tián）山组、木内组、土居组、加藤组、木口组等8个组，约120人。金刚组开明地不采用长子继承制，而是选择有责任心和智慧的儿子。同时，金刚组奉行"实力主义"，8个组既密切配合又互相竞争。每次接业务时，总部会评估各组的能力，决定由哪一组来负责，这也成了组员们时刻不忘磨炼技艺的动力。当上组长后也不代表可以不干活了，组长被要求亲自动手，甚至专干重活难活。毫无疑问，这些人才是真正的"工匠精神"的化身。

分析人士认为，金刚组始终秉持本行、专注本业是其成功的主要原因。在重视佛教的日本，金刚组从事的寺院建筑是任何朝代都需要的行业。在漫长的岁月中，金刚组历经磨难，却始终坚持初心，抵制住诱惑，是非常难得的。比如，1868年明治元年，明治天皇推行"神佛分离论"，废佛毁寺，四天王寺失去了原有的领地，一直受其庇荫的"御用木匠"金刚组也失去了原有的俸禄与地位。面对困局，工匠们开始在其他寺庙工作，并从事商业建筑的建造与维修，不断吸收中国、西方的新建筑手法，凭借对技艺精益求精、孜孜不倦的追求，将先进技术与家族传统工艺相结合，最终度过了这次危机。金刚组的家训为《工匠心得之事》（15条）：谨遵儒教、佛教、神明三教之思想；一心一意，习练技艺之道；节制、专注本业；坦诚谦和，周全正直等。

20世纪80年代，金刚组看到房地产业发展红火，没能抵住诱惑，购买了大量土地。但随着90年代日本经济泡沫破灭，房地产遭遇重创，金刚组资产严重缩水，债务缠身。第39代传人金刚利隆为此十分自责：造成金刚组困局的原因，"在于没能恪守祖训，插手了不擅长的领域"。2006年1月,金刚组在第40代传人金刚正和手中宣布清盘,结束了家族式经营,被高松建设收购重建。在新社长小川完二的带领下,它又回到原点,心无旁骛地专注于寺庙建设。在小川看来,金刚组除了祖传的技艺,其千年如一日对事业的专注和对传统的尊重,已经成为日本社会文化的一部分,必须完整保留。金刚组曾这样介绍自己:"传统是需要很长时间慢慢建造起来的,就算是很小的一步,也会在历史上留下确实的痕迹。作为世界上最古老的企业,今天我们所拥有的,只是认真走过这一步步,以后也将继续这样前行。"

后藤俊夫通过20多年的系统研究,认为金刚组等日本长寿企业的成功要素有六:其一,立足长远的企业经营规划;其二,谨防短期的急速增长,实行"量力经营";其三,强化核心能力,构筑并发挥自身的强项;其四,长期重视保持与利益相关者(员工、顾客、供应商、股东、社区等)的良好关系;其五,风险管理,确保资本独立与经营安全;其六,让家业世代相传的强烈意愿。长寿企业的经理人也有7个特质:一是热爱自己的工作,绝无高低贵贱之虑;二是每临工作现场,必有庄敬之意;三是长期探寻此业之精髓,力求达到更高之境界;四是产品和服务讲究品质,质量是生命,也见人品;五是以主业为生,但不为钱而放弃标准;六是一旦结识高手,必敬慕之,学习之;七是祈望自己作品能比自己的寿命更长。

2. 精进和深耕成就品牌力

在工业生产及日常生活中,一个突出的问题一直困扰着我们,那就是原本很紧固的螺丝螺母,却因为长时间的震动而越来越松,导致安全隐患。比如高铁运行时,时速最高可以达到605千米/小时,平均时速也在250~350千米/小时。高速行驶的列车长期与铁轨摩擦,造成的震动非常大,一般的螺母经受不住,很容易松动脱落,那么满载乘客的列车没准会有解体的危险。为避免事故发生,必须时常检查并重新拧紧螺母,这需要花费令人难以想象的时间和费用。世界上有没有企业能生产一种真正"很难松动"的螺母呢?有!那就是哈德洛克(Hard Lock)螺母,它曾垄断了世界高铁市场42%的份额,中国高铁也使用过这种螺母①。经过30多年的专研与探索,Hard Lock若林克彦社长,在小小的螺母世界创出了一番广阔的天地,将一家只有49名员工的小企业锻造成世界顶级公司。

日本引以为自豪的高铁"新干线"上,16节车厢编组的列车使用了2万个螺丝。"永不松动"的Hard Lock螺母,坚实可靠地支撑着新干线的安全行驶。

若林克彦与螺母结缘,是在1961年大阪举办的国际工业品展览会上,当时他只有27岁,还是一个在阀门厂工作了5年的小职员。他受展览会上一种"防回旋螺母"样品的启发,

---

① 2004年,我国铁道部决定,按"引进—吸收—消化—再创新"战略从国外引进高铁技术,来逐渐实现高铁的国产化。采取的策略是同时引进加拿大庞巴迪、日本新干线、德国西门子、法国阿尔斯通四家的技术,让其同台竞技。其中,加拿大庞巴迪、日本新干线技术,主要由中车青岛公司承接;Hard Lock螺母属于日本新干线的配套零部件之一,自然也被引进国内。而承接法国、德国技术的中车长春客车、中车唐山公司,就从来没有用到过Hard Lock螺母。Hard Lock螺母在我们高铁上应用,其实只局限在早期从日本引进的型号以及后续的改进型号上,实际占比还不到1%。

苦心钻研,最终于1962年发明了一种结构更为简单的不会回转的螺母——"U螺母",并创立了第一家公司——富士精密制作所,开始生产、销售这种螺母。20世纪60年代后半期日本经济高速成长,U螺母借助时代东风畅销一时,每月的销售额达到1亿日元。随着销售额的增加,若林信心大增,打出了"绝不松动的螺母"的口号。然而装配在挖掘机、打桩机上的U螺母因为震动太大而出现了松动的现象。一些客户就来投诉,若林也深为自责——既然公开声明这种螺母是绝不松动的螺母,那就应该做到在任何条件下都不会松动。为了兑现自己的承诺,若林不得已离开了自己创立的公司,带走的只是U螺母的专利。1973年底,若林从古代木结构建筑中的榫头上得到灵感,经过反复尝试,最终发明了增加了榫头的"永不松动"螺母。翌年若林又开始白手起家创立了第二家企业——Hard Lock工业株式会社。但是等待他的竟然是和第一次创业时一样的漫长而痛苦的推广之路。Hard Lock螺母结构复杂,成本也高,销售价格比普通螺母高30%,不易被客户认可,若林甚至还不得不兼职去做其他工作来维持公司运营。此后的20年中他不断改进技术,Hard Lock螺母最后被日本最大的JR铁路公司全面使用。

若林怀揣一颗匠心,把产品做到极致。Hard Lock螺母尽管价格比一般螺母高出4到5倍,但一旦拧紧无须维修,可节省庞大的保养检修费用,迄今已被澳大利亚、英国、波兰、韩国等国的铁路采用。除铁路外,世界最长的吊桥日本的"明石海峡大桥"、世界最高的自立式电波塔"东京天空树"、美国的航天飞机发射台、海洋钻探机等都采用了Hard Lock螺母。尽管今天Hard Lock坐稳了螺母界老大的位子,但若林依然埋头于技术革新,相继开发出提高操作效率的SLN(单一螺母)、防止轴承松动的HLB(轴承专用螺母)等专利新产品。此外,他还与世界最大的飞机制造商美国的波音公司、欧洲的劳斯莱斯公司①合作,开发用于飞机的轻量产品。

值得一提的是,防止螺母松动的做法其实就是在螺母和螺栓之间揳入楔子。但是,在施工现场将楔子一一揳入要使用的螺母,既没有效率也不现实。而"Hard Lock螺母"的巧妙构思在于改进常见的双螺母形式,采用偏心挤压原理,使一个螺母凹进去,另一个螺母凸出来,其中凸出来的螺母凸出部分是偏心的,在拧紧时,偏心部分会接触凸起的螺母,起到了楔子的作用,从而起到防松动的作用。换言之,即在一个螺丝上使用呈"凹""凸"形状的两种螺母:下方呈凸状的螺母,在加工时中心稍许错动(偏心加工),起到楔子的作用;上方呈凹状的螺母,则不做偏离中心的加工(圆形加工),于是形成了锤子揳打楔子的功能。Hard Lock的成功自然吸引了诸多模仿者,然而成功者几乎没有,这就是技术的关键。Hard Lock公司在网页上特地注了一笔:"本公司积累了独特的技术和诀窍(know-how),不同的尺寸和材质对应不同的偏心量,这是Hard Lock螺母无法被模仿的关键所在。实际的生产还需要特殊的经验,这就是技术,这就是诀窍(know-how)。"足见其对自身独一无二的技术的自信。机械

---

① 劳斯莱斯(Rolls-Royce)既是世界顶级超豪华轿车的生产商,也是世界上最优秀的发动机制造者,著名的波音客机用的就是劳斯莱斯的发动机。

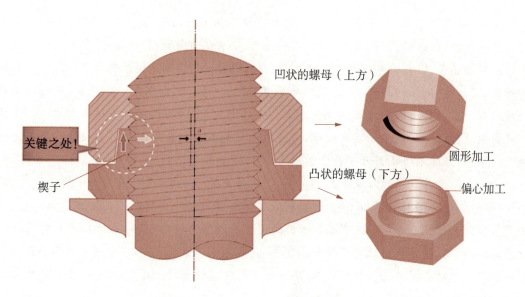

▲ Hard Lock 螺母防松动结构原理图

专家在研究若林 40 多篇涉及偏心螺母结构的专利时得出如下结论:双螺母凹凸的夹角似乎有诀窍,但如今的 3D 打印等技术应该很容易解决这个问题。最有可能成为"诀窍"的是一个复合问题:螺母的材料、冶金工艺及其与倾角角度或者偏心率的对应关系,简而言之,就是加工技术和各个参数的配合。

Hard Lock 螺母给我们的启示是,只要做到行业顶端,生产出不可替代的产品,即便是一个小螺丝,也可以成为巨人。

三、提升企业技术含量,开发员工内在潜力

员工的创造性是企业生生不息的动力。美国兰德公司曾花了 20 年时间跟踪 500 家世界大公司,发现百年不衰的企业有一个共同的价值观:人的价值高于物的价值,共同价值高于个人价值,社会价值高于利润价值,用户价值高于生产价值。可见,长寿企业的一个重要特点就是重视人才。真正出色的企业,将是能够设法使各层次人员全心投入,并有能力不断学习的组织。

1. 创建学习型组织

当代管理大师之一、"学习型组织"概念的重要创始人阿里·德赫斯(Arie de Geus)认为:"长寿企业唯一持久的竞争优势,或许是具备比你的竞争对手学习得更快的能力。"大部分公司之所以失败是因为管理者过分致力于制造商品和提供服务,而没有意识到企业是活的有机体,需要在环境中觅食。为应对经营中环境的变化,企业必须改变自己,通过改变自身的小环境来适应大环境的变化。这就要求企业必须转变为学习型组织。学习型组织是 21 世纪组织管理创新的方向。随着市场竞争的加剧和技术更新、需求变化的加快,企业生存与发展的关键要素,已经不是单纯的成本与效率,而是能否拥有足以满足顾客需求的创新能力。这种创新能力包含三个方面:企业能否领先竞争对手发现顾

客的潜在需要；企业能否针对顾客的需要，找到更有效的解决办法；企业能否更有效地提供顾客所需要的产品或服务。企业要发展这三种创新能力，就不能将创新仅限于某个部门或活动，如研发等，而必须将创新作为企业的整体活动，也就是必须组建"学习型组织"。

通过对杜邦(DuPont)、葛兰素(Glaxo)、柯达(Kodak)、三井(Mitsui)、住友(Sumitomo)和西门子(Siemens)等30家具有100年以上历史的长寿公司的研究，德赫斯发现，它们都有以下人格化的特征：第一，能对周围环境保持敏锐。第二，凭着强烈的认同感达成公司上下的一致。第三，为积蓄财力而在财政上采取保守政策。第四，允许打破常规和进行不落俗套的思考和尝试。因此，企业管理者的优先任务有四：

其一，重视员工胜于重视资产。长寿公司至少有一次彻底改变其投资组合的行为。例如，杜邦大约有200年的历史，开始时是一家火药公司，到20世纪20年代成为通用汽车的主要股东，而现在它已经成为一家专业的化学公司。在任何一种转变中，优化员工比优化资产更重要。

其二，放松控制，给予员工空间。对创新的关注超过了对遵守规则、政策和程序的关注。长寿公司中的员工在采取冒险行动时，不用担心因失败受到惩罚。这与"宽容"的区别在于，"宽容"更多地强调激发新思想、鼓励创新，是企业文化问题；而"放松控制"与制度相关，强调惩罚与奖励间的平衡。

其三，组织学习。公司鼓励组织在互动合作中不断创造出新知识，以更快地适应新的环境。组织到底是如何学习的呢？借用加州大学伯克利分校阿伦·威尔逊教授(Allan Wilson)的"代间学习"理论：整个物种要提高自身利用机会的能力，必须满足3个基本条件——物种成员拥有并使用四处成群移动的能力；某些个体必须拥有发明或发现新技能、新行为的潜力；必须要有一个完善的程序使技能可以从个体向整个物种传播，这类传播是通过直接交流而不是遗传。

其四，构建人际社区。在长寿公司中员工们拥有共同的价值观，相互信任、关心，融为一体。在每一名员工身上，壳牌公司每年要花费2400美元，来对其进行培训，以帮助雇员提高绩效。但在培训时充分提供人际交往的平台或渠道，鼓励不同背景、不同学术领域，具有不同经验的员工进行交流。学习型组织不只强调学习，更注重对知识的整合。假如一家小企业要想长寿，就必须成为学习型组织，因此，企业需要建立长期的员工培训计划，这一工作应该由专门的人力资源部统筹安排。

美国管理学家彼特·圣吉(Peter M. Senge)在《第五项修炼》(*The Fifth Discipline: The Art & Practice of the Learning Organization*)提出：建立学习型组织的关键包括5个方面，即自我超越、改善心智模式、建立共同愿景、团体学习和系统思考。如果企业的每位员工都能够打破思维定式，从旧观念中跳出来，理清思路，制订出各自的愿景目标，实现自我超越，就能够改变自卫、从众与盲目的心智模式，积极地发挥聪明才智，进而主动有效地改变现状，然后把个体的自我超越聚合成团队的、组织的整体超越，成为推动团队组织学习的原动力，同时使组织演化为学习型组织，使群体智力得到提升，并保持持久的竞争优势。

长寿公司之所以能够在激烈的竞争中独占鳌头，很大程度上在于他们能够充分发挥员工的潜力，而不是只追求新的生产线、新的先进设备。但在一些中国企业家眼里，技术基本上等同于设备，所以设备一个比一个先进，却舍不得花钱培训技术工人，重视全员培训的企业则更是少之又少。某位家具公司的老板愿意花 750 万元买了一台日本的设备，却舍不得花 40 万培训一批技师，以至于机器被不懂操作的人搞坏，只有再花 50 万元去修。这样的现象在中国的中小企业中相当普遍。只要设备好，做出来的东西就是一流的，这个观点显然滑稽而又愚蠢。其实，设备并不是最主要的，技术才是最重要的。

在倡导技术立国的日本，却是另一番光景：日本人买设备精打细算，却舍得花钱学习技术，更舍得花钱和精力消化技术。打个不太恰当的比方，我们的设备是 100 分，他们的设备可能是 80 分，但我们技术可能只有 30 分，人家 95 分，这样 100×30％，只有 30 分，而 80×95％有 76 分。80 分的设备却胜过 100 分的设备。这就是技术造成的差距。所以，保障员工终身学习的机会是对企业未来的投资。事实上，如果一个企业长期从事某一种产品的设计和生产，员工通过学习型组织所掌握的信息、资源和技术就一定越来越系统和深入，优势也就越来越明显，任何一个新的进入者要想在短期内赶超是根本不可能的。

2. 推进技术层次

众所周知，中国曾长期遭受西方发达国家的禁运制裁和技术封锁。为扼杀新中国，1949 年 11 月由美国、英国、法国、联邦德国（西德）、日本和澳大利亚等 17 个"二战"后的西方发达国家正式成立"输出管制统筹委员会"（Coordinating Committee for Multilateral Export Controls），通常称为"巴黎统筹委员会"（简称"巴统"），限制成员国向社会主义国家出口战略物资和先进技术。为专门执行对中国的禁运，巴统专设"中国委员会"，列具禁运清单，该禁单所包括的项目比苏联和东欧国家所适用的还要多 500 种。冷战结束后，巴统于 1994 年解散，其所制定的禁单被后来的《瓦森纳协定》继承，该协定不仅未解除很多原有的封锁和禁运，而且又加入了新的物项，尤其是对于国防、航空航天、电子信息、冶金材料、数控机床等高精尖领域的技术，西方诸国更是"小院高墙""损招迭出"，即使在正常的国际技术交流合作中，也对中国人进行"特殊照顾"，刻意设置重重障碍，生怕中国人接触到他们的"核心机密"。

以被称作"工业之母"的数控机床为例，过去我国机床工业落后，在制造许多高端产品方面不能完全自主。高效的坦克引擎、飞机发动机涡、飞机机身、高速列车头、核武器构件、核潜艇螺旋桨等，都不同程度地依赖国外的机床。比如，飞机发动机、核潜艇的螺旋桨叶片呈现出复杂的曲面，必须要高速、超精密和功率强大的五轴联动机床来加工。随着我国经济的高速发展，在 20 世纪 90 年代我国就已成为全球数一数二的数控机床进口大国，但由于西方国家一直在"卡我们的脖子"，我们的采购渠道不畅，难以获得高端设备——欧洲就严禁五轴联动数控机床技术外泄，引进国必须保证不将之用于军事目的，而且必须接受外国厂商所谓"最终用户访问"的苛刻条件，外方可借此获得数控机床的最终用途、使用情况等重要情报，极易造成泄密。2014年前后,我国消费了全球数控机床的一半,单是2016年我国高端数控机床进口额近30亿美元,平均单价高达23万美元/台。① 然而,令人气愤的是,德国和日本等技术大国对于我国的技术控制到了极其龌龊的地步。例如,他们会在卖给我们的六轴数控机床上安装一个垂直重力感应器,一旦未经他们的允许挪动设备,设备将自动锁死,数百万元的设备立刻变为一堆废铁。

数控机床是各项技术的融合。有人说,国内企业与国际顶尖企业相比,在该领域还差20年。国产功能部件无论在品种、数量、档次上都不能满足主机配套要求,高性能数控系统产品还较大程度上依靠进口,数控机床在制造工艺、可靠性和精度保持性、工程化方面仍需不断提升。

为摆脱我国智能制造关键技术装备与系统受制于人、智能制造系统解决方案提供能力不足等短板,国家除继续实施高档数控机床与基础制造装备等国家科技重大专项,深入实施增强制造业核心竞争力行动计划,启动实施智能制造与机器人等科技创新重大项目及创新型产业集群试点②推动策略外,还应对基础材料、基础工艺、核心软件这类瓶颈组织力量"集中攻关"。中国企业也绝不能只做智能装备市场的旁观者,不能再度踏入"引进—消化—吸收—落后—再引进"的怪圈。核心技术是国之重器,是企业的命门所在。多年来无数的事实和经验告诉我们,核心技术是求不到、买不来、讨不来的。一旦依赖别人,就容易遭受"断供"之痛,陷入"卡脖子"困境。即便在经济全球化的背景下,核心技术也不可能"伸手即来","市场换技术"的老路更是越走越窄。在现实面前,我们应该保持清醒的头脑,丢掉幻想,走自主创新之路。正如习近平总书记2016年4月19日《在网络安全和信息化工作座谈会上的讲话》所洞见的那样:"什么是核心技术?我看,可以从3个方面把握。一是基础技术、通用技术。二是非对称技术、'杀手锏'技术。三是前沿技术、颠覆性技术。""互联网核心技术是我们最大的'命门',核心技术受制于人是我们最大的隐患。一个互联网企业即便规模再大、市值再高,如果核心元器件严重依赖外国,供应链的'命门'掌握在别人手里,那就好比在别人的墙基上砌房子,再大再漂亮也可能经不起风雨,甚至会不堪一击。"

很多人都羡慕华为拥有一流的技术,却不知道这一切得来的有多难。早在1997年圣诞节前,任正非访问了美国休斯公司、IBM公司、贝尔实验室和惠普公司。访问结束后,他就写了一篇《我们向美国人民学习什么》③的文章,对比了中美两国高科技公司在技术开发上的

---

① 王政,白天亮,陆娅楠,等.制造业升级莫成"洋装备"盛宴——对百家实体企业经营情况的调查之三[N].人民日报,2017-7-3(19).
② 创新型产业集群是指产业链相关联企业、研发和服务机构在特定区域集聚,通过分工合作和协同创新,形成具有跨行业跨区域带动作用和国际竞争力的产业组织形态。自2013年,国家科技部出台《创新型产业集群试点认定管理办法》以来,先后于2013年、2014年和2017年分三批认定了生物医药、智能制造、集成电路等行业61个创新型产业集群,2021年、2022年又分别认定43个、46个,以有序推动创新链产业链资金链人才链深度融合,打造自主可控、安全可靠、竞争力强的现代化产业体系。
③ 任正非.我们向美国人民学习什么[J].中国企业家,2013(11):34-35.

差距:"IBM每年约投入60亿美元的研发经费。各大公司的研发经费都在销售额的10%左右,以此创造机会。我国在这方面比较落后,对机会的认识往往在机会已经出现以后,做出了正确的判断,抓住机会,形成了成功,华为就是这样。"在任正非的眼里,真正的核心技术,是那些可以创造机会的技术,而不是那种抓住机会的技术。那些世界著名的技术公司,靠研发创造机会,在"机会窗口期"赚取利润,然后又通过投入创造更大的机会。正基于此,华为才把每年销售收入的10%~15%投入研发,其中的10%~15%又用于基础研发。数据显示:2017年、2018年,我国规模以上工业企业投入的研发经费分别为1.2万亿元、2万亿元,但基础研究经费仅占0.2%左右,远低于美欧日韩等发达国家的水平;而同期华为投入的研发费用分别为800亿元(居全球企业第六)、1015亿元(居全球企业第四)。2019年增加至1317亿元(约合185亿美元),占营业收入15.3%,在全球企业排名第三;近十年来累计投入超过6000亿元。

从基础研究到应用研究需要一个团队花费几十年的精力,甚至几代人坚持不懈的努力。例如,麦克斯韦通过对电动力学的数学研究,于1864年确立了电动力学的基本方程式并预言了电磁波的存在;然而一直到1887年,赫兹才成功地证实了电磁波的存在,直到1895年马可尼才将电磁波用于通信。而其后短短几年内,电报这项技术便改变了人类的政治、经济、生活、军事。

华为发展到今天,在ICT领域已经成为一家世界级企业。作为一家在ICT无人区领先的公司,华为和此前的行业领导者思科、爱立信、苹果等一样,在面对不确定的前景时产生了迷茫。对于未来,没有领路者,所以需要共同探索,探索的前提是基础研究。因此,任正非宣布将华为基础研发费用,逐步增加到20%甚至30%。在欧洲华为成立了美学研究所、数学研究所,集聚了欧洲一流的数学家和美学家。面对当今5G商用领域领导权的竞争,华为将具有自主知识产权的关键技术牢牢把握在自己手里,"产品做得比别人都好,让别人不想买都不行";同时"坚持自主而不自闭、开放合作",与德国"最牛"的机器人公司库卡、法国"最牛"的智能交通公司阿尔斯通等结成合作伙伴,立志成为新一代全球标准的制定者,成为真正超一流的全球公司。

对于华为目前取得的这些成绩,任正非清醒地指出:"深圳经历了两个泡沫的时代,一个是房地产,一个是股票。而华为公司在这个领域里面,一点都没有卷进去,倒不是什么出淤泥而不染,而是我们始终认认真真地搞技术。房地产和股票起来的时候,我们也有机会,但是我们认为未来的世界是知识的世界,不可能是这种泡沫的世界,所以我们不为所动。""我们有许多员工都在盲目地自豪,他们就像井底之蛙一样,看到我们的产品偶然地领先西方公司,就认为我们公司是世界水平了。他们并不知道世界著名公司的内涵,也不知道世界发展的趋势,以及别人不愿公布的潜在成就。"

思考与研讨

一、培育精益求精、消费者至上的工匠精神，是推进制造业高质量发展、建设制造强国的关键所在。一些有识之士指出，中国缺少的不是"工匠精神"，而是"工匠制度"。但"工匠制度"是在经济社会体制中内生而成的。由此看来，缺少"工匠制度"还是表面现象，支撑工匠精神的文化，才是我们真正缺乏的东西。没有建立起支撑工匠精神的文化体系，中国制造业也就无法转型升级，无法从一个制造大国顺利地走向全球制造强国。因此，工匠精神的培育既需要"工匠制度"支撑，更需要蕴含于制度背后的工匠文化的支撑。

也有一些学者指出，对于文化的构成，最常见的是"物质文化、制度文化、精神文化"的"三层次学说"。制度文化作为精神文化的产物和物质文化的工具，一方面构成了人类行为的规范，另一方面也制约了或主导了精神文化与物质文化的变迁。制度文化与精神文化的关系是：制度文化是精神文化的基础；制度文化必须与精神文化相配套；精神文化指引制度文化。现阶段我们真正要配套的、迫切需要建设的是"工匠制度"，应该用"工匠制度"养成"工匠习惯"，再把"工匠习惯"升华为工匠精神。别让工匠精神的浪漫，掩盖"工匠制度"的缺失，应该全力补上制度缺失的短板。

请结合事例，说说全社会如何合力建设支撑工匠精神的五大文化。

二、工业是强国之本，文化是民族之魂。建设制造强国既是国家战略，也是一项系统工程，既需要技术的刚性推动，也需要文化的柔性支撑。2016年12月工信部、财政部联合制定了《关于推进工业文化发展的指导意见》（工信部联产业〔2016〕446号），明确通过产业层面、制度层面、精神层面三大层面、五大任务、二十项措施来推动中国工业文化发展，塑造国家工业新形象。意见提出，要传承和培育中国特色的四大工业精神：一是弘扬工匠精神；二是践行创新精神；三是倡导诚信精神；四是培育企业家精神。

请认真阅读《关于推进工业文化发展的指导意见》《制造业人才发展规划指南》，说说你对工业文化、工业精神、工匠精神内涵的理解及三者关系的认识。

三、简而言之，"工业1.0"是机械化，"工业2.0"是电气化，"工业3.0"是自动化，"工业4.0"是智能化。有人说，"工业2.0"的核心是IE（Industrial Engineering，工业工程）——它是TPS（Toyota Production System，精益生产）、6Sigma（六个西格玛）、TOC（Theory of Constraints，瓶颈理论）、5S（源自日本的现代工厂管理理论）等成熟的制造业管理理论的基础。又有人说，模具是工业之母，IE是工业之父。在"工业3.0"时代的时候，模具和IE是工业制造的核心关键能力。

请认真查阅有关IE与TPS的材料，并研讨："工业2.0"与"工业3.0"有何异同？你认为在中国版"工业4.0"时代，企业应如何培育工匠精神？

四、据相关报道，2001年青藏铁路二期工程开工建设，青藏高原上恶劣的自然环境，对螺丝、螺母等紧固件的要求堪称苛刻。然而，开工第二年我国就攻克了螺母核心技术，成功研发了自锁螺母。2006年7月1日青藏铁路开通至今从未发生过一起因螺母松动导致的事故,足以证明自锁螺母优异的性能。此外,2014年唐氏螺纹获全国"发明创业奖"。2015年8月中国自紧螺母又在深圳亮相。中国自紧螺母仅需一个螺母和一个垫圈,用材、工艺、精密度要求不高,高中低档皆能生产。更为关键的是,自紧螺母内含活性自紧力,而回转则会产生更大的反向自紧力,其安全性更好。据实验公布的数据,Hard Lock "凸""凹"螺母拧紧时的扭矩分别为163牛·米和180牛·米,拧松时的扭矩为165牛·米。中国自紧螺母拧紧时才用扭矩121牛·米,200牛·米都拧不下来,防松脱性能完胜Hard Lock螺母,而价格仅为Hard Lock螺母(国内市场价20元/只)的一半。又据媒体披露,在中国"复兴号"高铁项目即将完工之际,日本突然断供1000万螺母,妄图扼住中国高铁命脉,但中国制造狠狠"打脸"了日本工业。

请研讨,中日"偏心螺母"与"自紧(锁)螺母"的这场PK,究竟留给我们有哪些启示。

五、工匠精神的培育是一项社会化、系统性、长期性的工程。大力弘扬工匠精神,不仅需要政府的鼓励、推动,企业的践行、落地,也需要社会各界的积极努力。近年来各地陆续设立"工匠日",开展系列宣传活动,讲述历代工匠故事,选树当代工匠标杆,以一城之名助匠心传承,向工匠致敬。比如,钱塘江,古称浙,全名"浙江",又名"折江""之江"等,是浙江省境内最大的河流。江水奔腾汹涌,江底流沙层细厚,自古就流传着"钱塘江上架桥——办不到"的谚语。1934年8月开始,茅以升团队创造性地采用"射水法"蒸汽锤打桩、"气压沉箱法"江底施工砥墩、"浮运法"架设钢梁,历经3年零2个月创造了险江造桥"传奇",我国自行设计和建造的第一座双层式公铁两用桥——钱塘江大桥终于在1937年9月26日通车。这座凝结着工匠精神,全长1453米的大桥,自此就成了桥梁史上的标志性杰作。为进一步弘扬"执着专注、精益求精、一丝不苟、追求卓越"的工匠精神,杭州市人大常委会审议决定,自2019年起将每年的9月26日设立为"杭州工匠日"(全国首个工匠日)。

据不完全统计,迄今已有11个城市专为劳模工匠群体设立了自己的节日:2021年苏州,2022年柳州、咸阳和无锡,分别将每年的4月28日,4月26日、4月27日、4月27日设立为"苏州工匠日""柳州工匠日""咸阳工匠日""无锡工匠日"。

扬州历来为百工集聚的"工匠盛地",2023年扬州市政府将扬州玉局在两淮盐政署内有记载的最早日期——5月9日,定为"扬州工匠日"。青岛孕育出郝建秀、许振超、管延安、郭锐等著名劳模工匠;1952年7月26日,新中国第一台解放型蒸汽机车就诞生在青岛四方机厂;2023年起每年的7月26日被设立为"青岛工匠日"。"潮城"海宁走出过王国维、徐志摩、金庸等名人;我国第一台1.2万吨水压机的总设计师、3万吨模锻水压机等"九大设备"的主持者——沈鸿院士,1906年5月19日就出生于海宁硖石镇;从2023年开始每年的5月19日设为"海宁工匠日"。为了与"世界青年技能日"同步,嘉兴市秀洲区自2023年起将每年的7月15日定为"秀水工匠日"。

"百工之神"鲁班,出生在山东滕州,为枣庄所辖;俗传农历五月初七为鲁班先师诞。枣庄市人大决定,自2024年起将每年6月11日设立为"鲁班工匠日"。甘肃玉门依矿而建、因油而兴,因铁人而名。1923年10月8日为铁人王进喜诞辰日;1949年10月8日,中共玉门县委、玉门县人民政府成立;1957年10月8日,新中国第一个天然石油基地在玉门建成。玉门市人大决定，自2024年起将每年10月8日设立为"玉门企业家日""玉门工匠日"。

请从制度层面思考，设立"工匠日"对激励更多青年人做"匠人"、守"匠心"、传"匠艺"、扬"匠魂"的时代意义。

第六章
工匠精神的锻造：高素养与高技能

习近平总书记多次强调："当今世界，综合国力的竞争归根到底是人才的竞争、劳动者素质的竞争。""工业强国都是技师技工的大国，我们要有很强的技术工人队伍。""要健全技能人才培养、使用、评价、激励制度，大力发展技工教育……要在全社会弘扬精益求精的工匠精神，激励广大青年走技能成才、技能报国之路。""要大力培育支撑中国制造、中国创造的高技能人才队伍。"

技工教育作为我国职业教育重要组成部分，在我国国民教育体系和人力资源开发中发挥着重要作用，它承担着为社会发展培养高素质技能人才的重要任务。《人力资源社会保障部、国家发展改革委、财政部关于深化技工院校改革大力发展技工教育的意见》（人社部发〔2021〕30号）指出："以促进就业创业、服务企业行业、服务经济高质量发展为目标，深化技工院校改革，落实立德树人根本任务，坚持专业化、规模化培养高技能人才，坚持德技并修、多元办学、校企融合、提质培优，实现创新发展""完善技工院校高技能人才培养体系""推动形成技师学院、高级技工学校、技工学校梯次发展、有序衔接、布局合理的技工教育体系。技师学院是优化技工教育结构和培育大国工匠、能工巧匠的重要载体，重点培养技师、预备技师、高级工等高技能人才。高级技工学校主要承担高级工、中级工培养任务，技工学校主要承担中级工培养任务。""实施学制教育①和职业培训并举的法定职责，组织开展第二轮职业训练院建设试点，拓展评价鉴定、职业技能等级认定、公共实训、技能竞赛、师资研修、就业服务等功能"，切实提升高技能人才培养能力。人社部《技工教育"十三五"规划》（人社部发〔2016〕121号）、《技工教育"十四五"规划》（人社部发〔2021〕86号）等文件均明确指出："推动

---

① 技工院校招收初中毕业生，培养中级工、高级工、预备技师的学制教育期限分别为3年、5年、6年。高级技工学校、技师学院招收高中毕业生，培养高级工、预备技师的学制教育期限分别为3年、4年。高级技工学校、技师学院招收对口专业中等职业学校（包括技工学校）达到中级技能水平学生，培养高级工、预备技师的学制教育期限分别为2年、3年。技师学院招收达到高级技能水平学生，培养预备技师、技师的学制教育期限分别不少于1年、2年。此外，技师学院开展"本科起点一年制技师""专科起点两年制技师"正在深圳等地试点。

技工院校毕业生按规定享受就业创业、参军入伍等相关政策,中级工班、高级工班、预备技师(技师)班毕业生按规定分别按照中专、大专、本科学历落实职称评审、事业单位公开招聘等有关政策。""坚持培育弘扬劳模精神、劳动精神和工匠精神。""把培育工匠精神作为技工院校重点教学内容,融入公共课程、专业教学、实习实训、就业指导和考核鉴定体系,贯穿技工教育全过程,使弘扬和传承工匠精神成为技工教育的鲜明特征。"

可见,技师学院的莘莘学子牢记成为高技能人才的使命,时刻"正心诚意"以工匠精神练就人生,走上成为"大国工匠"的自我重塑之路,既是新时代发展的要求,也是实现自我价值的基础。

第一节 革除马虎之心 提升行动品质

一、把握 3Q7S 管理思想,培养良好行为习惯

"没有一流的技工,就没有一流的产品。"技工院校作为培养高技能人才的重要平台和构建技能型社会建设的重要载体,在推进产业转型升级、企业自主创新方面具有不可替代的重要作用。当前技工院校已从规模扩张向高端引领、内涵发展快速迈进。如何提高学校教育的市场针对性以及与经济社会发展的适切性,按现代企业人力资源的需求打造育人模式,是新形势下技工教育"做优做特"的必然选择。所谓 3Q7S 管理①模式,即以优美学校、优秀教师、优质学生(Quality School、Quality Teachers、Quality Students)为办学目标,以现代企业现场管理制度为参照,以教育教学全过程的 7S 管理——Seiri(整理)、整顿(Seiton)、清扫(Seisou)、

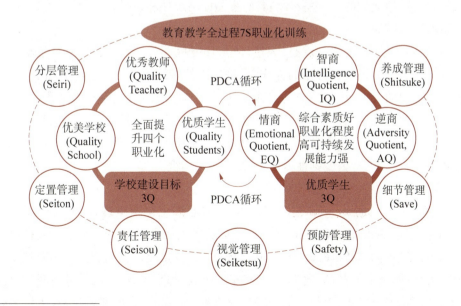

---

① 王雪亘. 职业院校 3Q7S 管理[M]. 杭州:浙江科技出版社,2010.

清洁(Seiketsu)、安全(Safety)、节约(Save)到素养(Shitsuke)为抓手,以全面提升学生"四个职业化"(职业化工作技能、职业化工作形象、职业化工作态度与职业化工作道德)为核心,强化工作价值观教育,并将优秀教师(Q1)落实为"双师四维九能"一体化教师队伍建设,将优美学校(Q2)落地为职业化环境的营造和工学结合一体化课程教学改革,从而致力于优质学生(Q3)"手脑并用""敬业创新"能力培养和"硬技能""软技能"形成。可以说,3Q7S管理是为培育"大国工匠"奠定了坚实的基础。

1. 3Q7S管理是营造良好育人环境的基础

1969年,美国斯坦福大学心理学家詹巴斗(Philip Zimbardo)曾做过这样一项有趣的"偷车试验":他找来两辆一模一样的汽车,一辆停在较为杂乱的街区,一辆停在中产阶级社区。他把停在杂乱街区的那一辆的车牌摘掉,并且把顶棚打开,结果这辆车一天之内就被人偷走了。而停在中产阶级社区的那一辆过了一个星期也无人问津。后来,詹巴斗用锤子把这辆车的玻璃敲了个大洞,结果呢,仅仅过了几个小时,它就不见了。后来,政治学家威尔逊(James Q Wilson)和犯罪学家凯琳(George L Kelling)根据这项试验,于1982年提出了著名的"破窗理论"。这一理论认为:如果有人打坏了一个建筑物的窗户玻璃,而这扇窗户又没得到及时维修,别人就可能受到某种暗示去打烂更多的窗户玻璃。久而久之,这个建筑物所有窗户的玻璃可能会全部被打烂。

例如,18世纪的纽约以脏乱差闻名,环境恶劣,犯罪猖獗,地铁的情况尤为严重,甚至成为罪恶的延伸地。平均每7个逃票者中就有一个通缉犯,每20个逃票者中有一个携带武器者。1994年,新任警察局局长开始治理纽约。他从地铁的车厢开始:车厢干净了,站台也跟着变干净了;站台干净了,楼梯也随之整洁了,随后街道也干净了,然后旁边的街道也干净了,后来整个社区干净了,最后整个纽约也变样了,成了全美最整洁漂亮、治理最出色的都市之一。"破窗理论"给我们的启示是:环境具有强烈的暗示性和诱导性,应该及时修好"第一扇被打碎的窗户玻璃"。

3Q7S管理的核心理念之一就是"人造环境,环境育人"。通过改善环境,带动人的素养的提高;并通过素养的提高和习惯的养成,促进环境的持续改善,创造美好生活。人们常有这样的感受:在窗明几净、优雅整洁的工作场所,很少有人会随地吐痰、你推我拥、大声喧哗甚至损坏公共财物;相反,假若环境脏乱不堪,随地吐痰、乱丢乱扔、出口不逊、打闹吵架等不文明的举止就会滋生。这就是日本管理大师安冈正笃所说的"环境变则心态变,心态变则意识变,意识变则行为变,行为变则性格变,性格变则命运变"。

2. 3Q7S管理是打造执行力文化的有效载体

3Q7S管理的基础是5S。5S起源于日本,其核心理念包括整理(Seiri)、整顿(Seiton)、清洁(Seiso)、清楚(Seiketsu)和素养(Shitsuke),是在生产现场中对人员、机器、材料、方法、环境等生产要素进行有效管理的一种思想与方法。日本企业以整洁、有序、高效的生产现场闻名于世。厂外的环境如花草、通道,包括汽车的停放,都是整齐划一、井井有条。进入厂内后同样发现,不论办公场所、工作车间还是储物仓库,从地板、墙板到天花板,所见之处均是整洁无比。人们井然有序地在工作,物品也井然有序地在流动……

5S的本质是一种强调纪律性和执行力的企业文化,不怕困难,想到的就要做到,做了的就要彻底做好。没有执行力,企业就没有竞争力。日本企业把5S作为工厂管理工作的基础,作为推行各种品质管理的抓手,第二次世界大战后,产品品质迅速地得以提升,奠定了日本经济大国的地位。而在丰田公司的倡导推行下,5S在改善生产作业环境、减少浪费、降低成本、消除故障、保证安全、提高效率、保证质量等方面发挥了巨大作用,逐渐成为工厂管理的一股新潮流,在全世界受到重视,不仅在制造行业得以普及,成为制造企业的必修课,而且向零售业、餐饮业等服务业以及建筑业等行业渗透。

在我国香港地区则将5S管理称为"常组织、常整顿、常清洁、常规范、常自律"的"五常法"。我国内地企业将其与安全生产相结合,以海尔为代表的著名企业在5S的基础上又增加了"1S"(Safety,安全)形成了6S;为实现经济效益和社会效益的最大化,有的公司在6S的基础上又增加了"1S"(Save,节约),形成了7S。根据企业的类型、企业管理要求及各阶段重点目标不同,在5S的基础上可以不断追加"S"。如服务性行业或事业单位,在7S之上又加上了服务(Service)、坚持(Shikoku)和习惯化(Shiukanka)要素,形成10S。但从现场管理的角度而言,最核心的内容还是5S。只有在现场把5S做好了,推行其他延伸的"S"方能取得良好效果。

3Q7S管理是一项系统工程,其原则是"以系统作保证,以标准谋细化,以数字达精确,以专业臻卓越,以持续求精进";其成功实施的关键在于"人"与"制度"的有机结合,必须建立一个良好的、全方位的过程控制、层层推进制度。由表及里、由粗到精,从形象改观到内涵提升,持之以恒、常抓不懈,"长期按制度办事就会变成习惯,长期的习惯就会变成文化,长期的文化又会变成人的素养"。

因此,在实施3Q7S管理整个过程中,我们不仅要树立"小题大做""杀鸡须用牛刀""简单不等于容易""规则胜于一切""布置不等于完成"和"知道不如做到"的思想;而且要全员参与,高效执行,从身边小事易事做起;同时,要处处用心、精益求精,通过量化目标、规范流程、明确责任,逐步落实管理目标。通过强化训练,为提升职业化工作技能、职业化工作形象、职业化工作态度与职业化工作道德,切实提高技能型人才综合素质打下坚实的基础。

3. 3Q7S管理是培育良好行事习惯的法宝

在浙江分布着许多日本企业,如日本电产新宝、芝浦等公司。它们倡导三大精神,即"热情、热心、执着""智慧型的艰苦奋斗"和"立即做、坚决做、做到底";其生产现场管理的方法及目标可以概括为"3Q6S"——"6S",即整理(Seiri)、整顿(Seiton)、清扫(Seisou)、清洁(Seiketsu)、行为(Saho,又译"作法")、教养(Shitsuke,又译"修养""素养");"3Q",即好员工(Quality Worker)、好公司(Quality Company)、好产品(Quality Produces)。3Q6S的核心思想是:秩序就是效率,素质造就效益。如果一个企业的车间始终是整齐干净的车间(Seiri)、一切安排有序的车间(Seiton),保持清洁、清爽的车间(Seisoh);员工始终是保持衣冠整洁、维护公共卫生的员工(Seiketsu),举止文明、有礼貌的员工(Saho),受人欢迎、有修养的员工(Shitsuke),那么这个企业就会造就好员工、生产好产品、成为好公司。他们的人事总务部主任常说:3Q6S作为日本人推崇的品质管理技术,其核心不单是营造整洁安全的工作环境,减少故障、提高效率,更是提高人员的素质,养成严格遵守规章制度的行事习惯、思维习惯。

大教育家叶圣陶说得好:"教育是什么?往简单方面说,只须一句话,就是要养成良好的习惯。"俄国教育家乌申斯基(Ushinsky)也言:"良好的习惯是人在其思维习惯中所存放的道德资本,这个资本会不断增长,一个人毕生可以享受它的'利息';坏习惯在同样的程度上就是一笔道德上未偿清的债务,这种债务能以其不断增长的利息折磨人,使他最好的创举失败,并把他引到道德破产的地步……"在实施 3Q7S 活动时,如果事前规划准备不足,或虎头蛇尾、一紧二松,说起来重要、做起来次要、忙起来不要,容易反复,也很难奏效,因此,要咬定青山不放松,持之以恒,抓反复、抓重点,反复抓、抓难点。做到"事前计划,事中控制,事后检查,事完评价""即时纠偏,即时激励",因为良好习惯的养成需要反复训练,长期养成的不良习惯需要不断矫正。只有时时 7S、事事 7S、处处 7S,建有一个全方位的过程控制、层层推进制度,才能从"形式化"到"行事化",最后达到"习惯化"。

二、把握真义,实战提升

在你的学习、工作和生活中是否遇到过这些问题:着急要的东西找不到,心里特别烦躁;没有用的东西堆了很多,想处理掉又舍不得,不处理又占用空间;工作台面上有一大堆东西,理不清头绪;每次找一件东西,都要打开所有的抽屉、箱柜狂翻;环境脏乱,使得自己情绪不佳;长期不用的物品堆放在一起,占用大量空间,碍手碍脚,形成安全隐患。如果存在这种情况,你就需要学习与实践 7S(检查标准详见《附录五》)。

(一) 整理(分层管理)

1. 领会真义

整理就是将必需品与非必需品区分开,在岗位上只放置适量的必需品。也就是说,把必需品与非必需品明确地、严格地区分开来;并尽快处理掉非必需品。

整理的目的是腾出空间;防止误用、误送;营造清爽的工作场所。它是从"作业机能"的角度来考量的,其本质是组织化——组织机器设备、物料、模具、工具,使其发挥应有的机能。

整理,首要的是"断舍离"①的智慧和勇气,摒弃"敝帚自珍"的情结,"仅重视那些在必要的时候需要的物品"。"必需"与"非必需"之间的界限是

▲ 整理原则:小就是美,简单最好

---

① 俗语说"破家值万贯",如今"断舍离"却变成了网络热词,成为一种生活时尚。"断"是断绝不需要的东西,"舍"是舍弃多余的物品,"离"是离开"多就是好"的执着,只留下自己真正需要的东西。"断舍离"一词来源于日本杂物管理咨询师山下英子所著畅销书《断舍离》,它将让人放下心中执念的瑜伽修行哲学"断行·舍行·离行",用于日常生活的"整理"之上。它通过为生活做减法,让内心变得轻松自在。

不能含糊的。所谓"必需"是指物品在现场具有使用价值,强调的是使用价值,而不是原购买价值;是客观上的"需要"(Must)而非主观上的"想要"(Want)。

要随时区分出哪些是必需品,哪些是非必需品,对于非必需品及时清除出现场。整理是一个永无止境的过程,贵在日日做、时时做,每天都要循环进行,养成一种好的习惯。

2. 活动要领

(1) 现场检查。整理的艺术就是分层管理。分层管理首先要对现场的所有物品进行检查、汇总,然后制定合理的"'需要与不需要'的标准"、"放置'场所'的标准"和"'不需要品'的处理标准",分层处理与管理,改善现场。

(2) 区分必需品与非必需品。可以通过判断物品的使用场合及使用频率进行区分,一般某物在某场所每周、每天或者每个小时都在用,它就是必需品。对现场的必需品,依据JIT(Just In Time)原则,只留下需要的数量。

(3) 清理非必需品。长时间不用或已不能使用的工具、设备等,如货架、抽屉、橱柜和工具箱中的杂物,应坚决清除出工作场所。

(4) 非必需品的处理。非必需品可分为两种:一种是有使用价值但使用周期较长的物品,即一个月、三个月甚至半年才使用一次的物品(如钉钉子的铁锤),这种物品应移至仓库;另一种是对目前的学习、生产或工作无任何作用的,即无使用价值需要报废的物品,这种物品应按有无回收价值进行相应处理。

(5) 每天循环整理。

(二) 整顿(定置管理)

1. 领会真义

整顿就是将必需品置于易找、易取和易放的状态,也就是说是把整理后的物品进行科学合理的、摆放和标记,使物品易于找到、易于拿取使用、易于归放原位,提高生产效率。

整顿的目的是让物品一目了然;打造整齐的工作环境;缩短找寻物品的时间;清除过多的积压物品。如果说整理工作的精髓是充分并有效地利用"空间",那么整顿工作的精髓是高效而规范地管理"时间",它是从"作业流程合理化"的角度来考量的。

整顿的要义是定置管理。所谓"定置"即对实训或生产现场进行作业分析,使物品按工艺要求,科学地固定在特定位置上,使人、物、场所三者的结合达到最佳状态。定置必须首先处理好场所与物的关系,解决好必需品在场所中科学放置的问题。整顿按"三定"原则进行,一是定位(定点),即根据物品的使用频率,依据"常用近放,少用远置"的方法决定物品所应放置的位置;二是定容,即指根据放置物品的空间的大小,解决用什么容器的问题;三是定量,即确定保留在工作场所或其附近的物品的数量。整顿包含着三个要素,即物品放置的位置、摆放方法和标记方法。整顿不仅讲究摆放整齐,更应围绕现场管理来展开,否则,仅进行表面上的定位、标识毫无意义。

2. 活动要领

(1) 分析现状。整顿是研究提高效率的学问。分析现状就是要分析取到物品和存放好

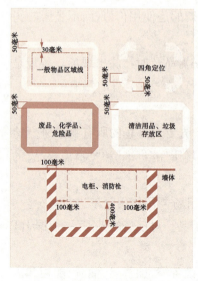

▲ 区域线、定位线标准示例

物品为何需要一些时间,它告诉我们多快才能取到物品,以及多久才能把它存放好。在加工操作时,如果工人需要每天取到与存放好物品 200 次,每次需 30 秒,那么每天就需 100 分钟。如果平均每次减少到 10 秒,一天就可以节省大约 1 小时。如果交货期限很紧,那么每秒都应计算之内,多花费 1 分钟来取放物品也会严重影响生产。

(2) 物品分类。在整顿时,要根据物品的特征进行分类,把具有相同特点或性质相同的物品划分到同一个类别,并制定命名和标记的规范。

(3) 决定储存方法。根据物品运动的规律,按照人的生理、心理、效率及安全的需求来科学地确定储存物品的场所和位置。对于物品的储存,要做到场所固定、存放位置固定、标识固定。常采用地板油漆作战法、引线作战法,即通过不同颜色的油漆、线条和胶带等来对各区域加以明确。一般作业区用白色或绿色,通道区用绿色或橙色,仓库用灰色,休息区用蓝色,不良品区、安全管制区用红色,以实现可视化的识别。

(4) 实施整顿。要按规则将物品进行分类,按区域存放各类物品,按规范标记各类物品,做到"有物必有位,有位必分类,分类必标识,标识必规范"。

(三) 清扫(责任管理)

1. 领会真义

清扫的目的是消除脏污,让工作场所保持干净、亮丽;保养设备;减少工业伤害。应随时进行清扫,只有在一件工作结束或者在污垢刚产生时就立刻打扫,方能打造"没有污垢""没有散落""没有杂乱"的干净整洁的现场。

▲ 没有问题就是最大的问题

清扫是从"发现问题点"的角度来考量的。清扫,英文为 Scrub & Check(刷洗及检查)。它不等于大扫除,其真实的含义是点检,即对机器设备、环境进行逐点逐点的检查和维护,除了让工作场所保持干净明亮以外,还要排除一切干扰正常工作的隐患,防止和杜绝各种污染源的产生。因此,清扫的过程就是一个发现问题进而解决问题的过程,要从脏污产生的根源入手,努力创造"无污物的清扫"局面。

2. 活动要领

(1) 建立清扫责任区。清扫是现场每个工作人员的职责,要做到日常化、随时化;实行区域责任制,责任到人。

(2) 消除死角。清理一切垃圾、灰尘,尤其是狭窄、阴暗、容易出现污垢,不易进行清理而又难以看见的"角落"和污染严重的地方等。

(3) 清扫点检机器设备,查明污染的来源。将设备的清扫与检查、保养结合起来;针对暴露出来的漏油、松动、裂纹和变形等问题,采取相应的补救措施,使设备处于完好的状态;查明"跑、冒、滴、漏"等污染发生的原因,落实改善措施。

(4) 制定清扫规范。就像医务人员进行诊疗操作前的"标准洗手法":"内"(掌心)→"外"(手背)→"夹"(指缝)→"弓"(指背)→"大"(拇指)→"立"(指尖)→"腕"(手腕),有明确的步骤和每步应持续的时间或进行揉搓的次数,以彻底清除手部污物和微生物,预防接触感染。也就是说,清扫工作必须标准化,明确对象、方法、重点、周期、使用工具、责任人等各项内容与标准,以保证清扫的质量。

(四) 清洁(视觉管理)

1. 领会真义

清洁就是将整理、整顿、清扫标准化、持久化和制度化。"清洁"一词并非表示某种具体的行为,而是指一种状态。它与整理、整顿、清扫在本质上是协调的,甚至是一致的。一方面,当前面"3S"执行不彻底时,清洁可以使现场恢复整洁的状态;另一方面,清洁的根本就是使前面"3S"变为习惯,并坚持不懈地贯彻下去。

2. 活动要领

(1) 每天保持清爽现场,坚持"三不主义"。要使常整理、常整顿、常清扫成为常态,以开放的心态,推行"透明化管理";坚守三项原则——不制造脏乱(维持)、不扩散脏乱(保持)、不恢复脏乱(坚持),将前面"3S"的实施过程纳入日常管理工作之中。

▲ 坚持"三不主义"的训练工场

(2) 改善管理。在面对物品摆放混乱、卫生条件差等问题时,要找到问题的根源并进行改善,形成"无废弃的整理""无混乱的整顿""无污物的清扫"的清洁状态。

(3) 建立一整套巡查制度、提案制度和考评奖惩制度。清洁要成为一个制度,还必须充分利用红牌作战、定点摄影、看板管理、颜色管理、3U-MEMO①等多种现场管理方法,从而维护前"3S"工作的成果,并持续改善以达到更好的效果。

(五) 安全(预防管理)

1. 领会真义

安全这里是指消除隐患,排除险情,预防事故的发生。它是指在"5S"管理所营造出良好的生产现场的基础上,建立健全各项安全管理制度并严格遵守,以预防为主,消除各种安全隐患,确保人身与财产不受侵害,以创造一个零伤害、无意外事故发生的工作场所。

提高安全意识的关键在于培养强烈的安全意识以及对个人行为的自我管理与控制能力,做到"三个坚决":一是违法的事坚决不做,在不清楚法律规定或明知违反规章的情况下,即使自己有能力完成的事,也坚决不做;二是合法而能力不可及的事坚决不做,法律规定虽然允许,但因自身能力或信心不足,没有把握完成的事,坚决不做;三是合法而能力又可及的事坚决去做,当法律规章允许而自己又非常有信心时,应该去完成该做的事。责任重于泰山,只有增强安全意识,恪守安全生产法则,提高防范意识,强化自我保护能力和养成安全生产的习惯,方能保障生命安全,为社会贡献自己的才智,工匠之路也方能走远。

2. 活动要领

"安全第一"是在生产劳动过程中,处理安全同其他要素的关系的准则,是现场管理工作的重中之重。现场管理中有一句名言:安全自始至终取决于整理、整顿和清扫(3S)。安全管理应坚持预防为主、安全第一的原则,通过制度来提高安全管理水平,追求零事故、零差错、零缺陷,防止事故和灾害的发生。

(1) 着装安全。工作服要合身,袖口、裤脚要系紧且无开线,上衣下摆不能敞开,衣扣全部扣好;操作钻床、普车、数车时严禁戴手套;不得在开动的机床旁穿、脱换衣服,或围布于身上,防止被机器绞伤;女生戴好安全帽,辫子应放入帽内,不得穿裙子、拖鞋或容易打滑的鞋;按要求使用护目镜、保护口罩、耳塞等护具,发现安全装置或保护用具不良时,应立即向负责人报告,立刻加以处理。

(2) 设备安全。必须保证开机前设备处于完好状态,机器内没有铁屑等杂物,机器运行正常,电源线接线正确、放置整齐、没有裸露。

(3) 操作安全。按操作要求正确穿戴护具,正确站位;按规定双手搬运材料、产品;按规定放置材料、产品;按操作规程操作机器;按操作规程更换刀具,按规定使用工具;非经允许严禁进入开机区域、危险区域。

(4) 场所安全。如保证灭火器、消防栓等消防器材放在指定的区域位置且无变形破损,

---

① 3U-MEMO 即改善备忘录,就是将现场发现的 3U 问题——不合理(Unreasonableness)、不均匀(Unevenness)、浪费和无效(Uselessness)及时有效地记录下来,并进行分析、处理。

地面无油渍、铁屑等杂物,及时擦干溅落的污渍,清理散落的铁屑等杂物,在定置区域按要求堆放材料、工具,材料、推车不占用过道空间,保持室内空气清爽、流畅,视线清晰等。

(六) 节约(细节管理)

1. 领会真义

节约就是合理利用时间、空间、能源等,以发挥它们的最大效能,从而创造一个高效率的工作、学习和生活环境。任何系统都要追求最大的投入产出效果,现场管理系统也不例外。节约可以增加产出,反过来又会促进对系统的投入增长,使系统得以进入良性循环。

节约就是消除浪费,降低成本,提高效率。节约从某种意义上来说就是一种目标的量化和细节化管理。现代企业往往通过目标量化来实现提质增效,具体来说,就是通过 IE(工业工程)运作、细节化管理来做到动作的规范、步骤的规范与做法的规范。

(1)"动作的规范＝动作研究＋省工原理"。动作研究,即是要研究怎么做最省力,怎么做最节省时间,怎么做能提高效率。如机器和工具都摆放在哪个位置,电脑摆在哪里,量具、容器摆在哪里,工艺文件、图纸放在哪里,电话摆在哪里等。省工原理是指日常的行为或流程怎样分解到具体操作,最省钱、省力、省时间。要降低成本,其实就是要节省费用,节省人工,节省时间,实现资源的最优配置。

(2)"步骤的规范＝标准步骤＋严格要求"。即制定标准作业规程,严格设计每一个步骤和每一个细节并一丝不苟、一步一步、脚踏实地地完成目标任务。

(3)"做法的规范＝科学的方法＋效率的改善"。即从细节上去寻求方法,比竞争对手多走一步,做好一点,多赢一点,占据优先地位。

2. 活动要领

牢固树立节约的意识,掌握节约的方法,坚决反对形形色色的浪费,时刻弘扬中华民族勤俭节约的传统美德。

(1) 细化 3Q7S 管理内容,制定节约型单位建设方案。

(2) 建立教育、监督机制,变外力督促为自觉行动。

(3) 制定奖惩制度,将浪费的积习转化成节约。

(4) 开展节约活动,逐步营造全员节约的风气。

拓展阅读

精益生产从消除七大浪费开始

精益生产(Lean Manufacturing),作为一种管理哲学诞生于丰田。精益生产之"精"表示精良、精确、精美;"益"表示利益、效益、增值。精益生产要求企业的各项活动都必须运用"精益思维"(Lean Thinking),其核心就是以最小资源投入,创造出尽可能多的价值;及时制造,消灭故障,消除一切浪费,向零缺陷、零库存进军。

按精益生产的理念,所谓浪费就是对优质的产品与良好的服务不增加价值的生产活动或管理流程。也就是说，花了时间、资源、空间，但未能在产品与服务上创造任何附加价值的人、事、物均可视为浪费。浪费在生产过程中主要表现为七种：

1. 等待的浪费

等待无庸置疑是种浪费。等待并非加工过程，不能通过改变物料的形状、尺寸、性质和状态从而改变物料的功能，所以等待不创造价值。待工和待料是两种最常见的等待，如物料供应或前工序能力不足造成待料，监视设备作业造成员工作业停顿，设备故障造成生产停滞，质量问题造成停工，型号切换造成生产停顿。

2. 搬运的浪费

搬运作为消除地域误差的手段似乎创造着价值，但从客户的角度看，搬运并没有给我们带来什么。搬运是一种无效的动作，但搬运又是必需的动作，因为不进行搬运，就无法进行下一个动作。减少浪费的关键是减少生产中不必要的搬运。例如，把四个车间合并成两个，在生产线旁进行一些零部件的加工，从而减少搬运。在不可能完全消除搬运的情况下，应重新调整生产布局，尽量减少搬运的距离。可以考虑一下，应该怎样改变自己所在车间、工段的布局，以最大限度地减少搬运？

3. 不良品的浪费

在产品制造过程中，任何不良品的产生，皆会造成材料、机器、人工等的浪费。在生产过程中，要尽早发现不良品，确定不良品的来源，从而减少不良品的产生。任何事情没有一步做到位都会导致返工。换言之，没有一次把事情做好就是最大的浪费。精益生产的核心之一就是推行"零返修率"，关键在于在生产的源头就杜绝不合格零部件、原材料流入后道工序，追求零废品率。

4. 动作的浪费

多余的动作会增加作业强度、降低生产效率，因此也是一种浪费。常见的12种动作浪费有：两手空闲、单手空闲、不连贯停顿、动作幅度过大、左右手交换、步行多、转身角度大、移动中变换动作、未掌握作业技巧、伸背动作、弯腰动作、重复不必要动作。优秀工匠应是工作过程的专家，通过"动作研究"不断改进工作模式，来实现更聪明地而不是更辛苦地工作。例如，要达到操作目的需要哪些动作？哪些动作是不必要的？哪些动作是不合理的？如何改进？能动手指完成的不用手腕，能用手腕的不用手臂，尽量减少动作的幅度，减轻操作强度。自主地对于可避免的动作、可重新组合、重新安排和重新排列的动作进行详细分析与优化设计，能很好提高工作效率。

5. 加工的浪费

加工的浪费是指与工程进度及加工精度无关的不必要的加工。实践表明，每提高一级加工精度将增加数倍甚至数十倍的费用。过高的加工精度会造成浪费，因为它需要花费额外的成本，或造成了不必要的高质量。常见的加工浪费有：加工余量过大、过高的精度、不必要的加工等，其造成的后果有：设备折旧、人工损失、辅助材料损失、能源消耗等。在制造过程中,为了达到作业的目的,有一些加工程序是可以省略、替代、重组或合并的。

6. 库存的浪费

精益生产方式认为"库存是万恶之源"。制造型企业通过物料的大进大出实现产品增值和资金流动,从而创造利润。现场物流直接服务于这一重要的目的,所以,使物流做到有序、顺畅、高效,是现场改善的重要方面。库存是一种等待状态,会产生额外成本。企业内常见的库存形态有:原材料、零部件、辅助材料库存,半成品、在制品库存,成品、在途品库存等。库存增加会导致不必要的搬运、堆积、放置、防护处理、找寻等,并给先进先出的作业带来困难。此外,库存增加会带来利息损失及管理费用增加;会减低物品的价值,使其变成呆滞品;会占用厂房空间,造成工场、仓库建设投资的浪费;会造成对设备能力及人员需求的误判等。

7. 制造过多(早)的浪费

制造过多、制造过早都会造成库存,违背"适品,适时,适量"的准时制生产原则。可能造成的浪费有:在库、计划外消耗或提早消耗,增加滞留在库的风险,降低应对变化的能力等。

以上七种浪费在日常的工作中都或多或少地存在,因此对它们了解得越多,研究得越深,对工作中的改善就越多,将来获得的利益也越多。如何消除身边的"七大浪费"不仅是企业长期的任务,也是每位技术工人贡献企业、自我成才的重要途径。

(七) 素养(养成管理)

1. 领会真义

素养是指严格执行规定,并使之成为一种习惯。素养一词在日语当中写成"和制汉字"为"躾"。据说它来源于缝制衣物时人们为了不让针脚走偏而粗缝的一些走针——绗缝。日语中素养与绗缝两词用罗马字表时,发音一样。为了使孩子们的举止、仪表不发生偏差,家长予以指点,这就是素养——养成时刻遵守既定事项(规则、标准等)的习惯。

素养是现场管理诸要素的核心,高素质的员工是现场管理的根本。因此要努力提高人员的素质,帮助其掌握礼仪礼节,建立良好的人际关系,养成严格遵守规章制度的习惯和积极主动的工作态度。没有人员素质的提高,各项活动就不能顺利开展。当一个完整的7S循环后,员工的素养得到进一步的提高,更为下一个循环打下了坚实的基础。因此,对7S管理的准确理解应是:7S起于素养,终于素养,不断循环,螺旋上升。

2. 活动要领

(1) 对规则进行逐步灌输,直到固化。其主要过程如下:充分说明规定→每个人按照规定进行自主实施→把握遵守的状况→对于无法遵守的人进行个别指导→检查实施状况,探讨无法遵守的原因→拿出对策→再次对规定进行说明和指导。如此反复进行直到彻底固化为止。如果想将规则固化下来，在最初阶段不强制实施是根本无法做到的。

（2）通过"报·联·商"的方法，及时反馈沟通。"报·联·商"（汇报、联络、协商）是现场沟通交流的基础，是贯彻执行规定的基础。因为如果没有汇报的话，也就无法把握问题；如果没有联络的话，也就无法采取行动；如果没有协商的话，也就无法确定方向。通过"报·联·商"及时反馈问题，有利于保质保量地执行规定。

▲ 报·联·商看板

（3）掌握规定的遵守状况，运用检查表进行指导。一是要营造有利的环境，做到一目了然地了解现场的状态。二是要通过检查表检查，掌握规定的实施程度，实现有针对性的指导。

（4）理性管教，促人成长。理性管教坚持"三现三即三彻"主义，即重视现场、现物和现实（感性的），对待事件要即时、即地和即处理（行动性），落实要彻头、彻尾和彻底（约束性）。具体有三种方式：对于同一种现象，当场、即时进行管教、批评（点）；对于同一种现象，逐一进行管教、批评（线）；将各种现象综合起来考虑，用以塑造人的品格（粗线条）。

可见，素养的形成是一个长期实践、不断修正的过程，如同体操运动员的技能训练一样，在经过无数次的前空翻、后空翻、侧空翻的矫正训练后，体操运动员才能最终在空中做出一套娴熟、完美的高难度动作。

总之,通过持续不断的3Q7S活动来实现对地、物、人的管理——创造干净舒适的工作环境,培养良好的行为规范,提升综合素质。

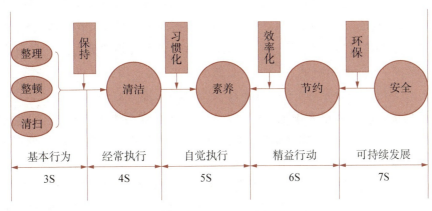

▲ 3Q7S综合推进示意图

第二节　投身匠首学堂　磨练精湛技能

中国近现代职业教育的发轫,或者说中国历史上第一所技工学校的诞生,可以追溯至1868年2月17日清朝船政大臣沈葆桢专为培养造船修船的技术工人而在福建船政学堂(初建时也称"求是堂艺局")内开设的艺圃。船政学堂初建时也称"求是堂艺局",分为制造学堂(前学堂)、驾驶学堂(后学堂)、绘事院和艺圃。当时定名"艺圃",意思是操作技艺之花圃,技艺人才的苗圃;学生叫作艺童,或者艺徒。"艺圃"设木匠、铁匠、船身、船机4个专业,采用厂校合一、工学一体、半工半读(半天堂课——课堂学习,半天厂课——下厂实习)模式,学制五年。1897年4月,"艺圃"进行学制改革,分为艺徒学堂和匠首学堂,学制均为三年。[①] 艺徒学堂培养中级技术工人,其优秀的毕业生则升入匠首学堂,被培养成高级技工或技师。其中,成绩突出者可任监工(工程师)职务。匠首学堂就是我们今天的技师学院。当今技工院校、职业院校学生应发扬当时的艺徒"虽出身清贫,但志向远大""风气严肃,个个奋勇争先"的优良传统,通过"匠首学堂"的锤炼,做出非凡的业绩,成为业界的中坚和骨干;以洪荒之力

---

① 时福州将军兼充船政大臣的裕禄在上奏光绪皇帝的《挑选生徒入堂肄业并定年限课程片》中云:"初入学堂,按照法国初学学堂办法,学习法国语言、文学、数学、几何入门、常用艺学浅义并画法等书。各徒均于每日下午赴学肄业(修习课业),上午入院学习船身、轮机各种绘事,并时时派赴各厂历练工作。三年之后大考一次,考校所习各业,并令试制匠人手艺器件。其所制精熟者,即予升为匠人赴厂办工,择其优者派入匠首学堂肄业三年,教以稍深艺学,并讲说制造、轮机、汽机、打炼钢铁法度,以为升补匠首管轮之用。技尚未精者,可以分派各厂充当小匠,俟其历练娴熟,再升为匠人。各生徒在学,或性情懒惰不肯勤学,或资质鲁钝于学难期心得者,均随时剔退,另行挑补。"

重塑自我,努力向辉煌的大国工匠之巅迈进。

一、手脑并用在劳力上劳心,立志走技能成才之路

倡导工匠精神就是重塑"做事文化"。伟大的人民教育家陶行知指出:所谓的"做"有个新而特别的定义,就是"在劳力上劳心"[①]。单纯的劳力,只是蛮干,不能算"做";单纯的劳心,只是空想,也不能算"做"。真正的"做",就是在劳力上劳心。"劳力而不劳心,则一切动作都是囿于故常,不能开创新的途径。劳心而不劳力,则一切思想难免玄之又玄,不能印证于经验。劳力与劳心分家,则一切进步发明都是不可能了。所以单单劳力,单单劳心,都不能算是真正之做。真正之做须是在劳力上劳心……在劳力上劳心,是一切发明之母。事事在劳力上劳心,便可得事物之真理。人人在劳力上劳心,便可无废人,便可无阶级。""人生两个宝,双手与大脑。用脑不用手,快要被打倒。用手不用脑,饭也吃不饱。手脑都会用,才算是开天辟地的大好佬。"[②]文明是人类用头脑和双手造成的。脑与手联合起来,才可产生力量,把"弱"与"愚"都可去掉。脑与手之所以没有力量,是因血脉不相联通之故。下两帖药使之贯通:第一帖针对"脑化手",另一帖药名针对"手化脑"。只会劳心而不会劳力和只会劳力而不会劳心的人,都是没有希望的。可见,在劳力上劳心,是陶行知教育思想的重要主张;知行合一,手脑并用,也是技能人才的成长阶梯,是技能成才的必由之路。

1. 既要习得操作技能,又要发展心智技能

我们都有这样的成长经验:上课记笔记时,专心想的只是记下听讲的内容,很少考虑写字本身。但在初学写字时,情况却大不相同。那时要一笔一画地照着写,有时还会写错。之后由于反复练习,写字的动作就达到近乎自动化的程度。这种由于练习而近乎自动化了的动作,称为技能。也就是说技能是指人们通过练习而获得的动作方式和动作系统,是一种主要表现为动作执行的个体经验。它是一个人能干什么、会干什么、干到什么程度的外在表现。技能具有如下特点:其一,技能是在后天的不断学习或练习过程中逐步形成和完善的,它不同于生下来就会的本能行为。其二,技能是一种活动方式,是由一系列动作及其执行方式构成的,属于动作经验,不同于认知经验,就像学习游泳一样,只看游泳技巧方面的书,而不下水训练是永远学不会游泳的。其三,技能中的各动作要素及其执行顺序要体现活动本身的客观法则,技能不是一般的习惯动作。习惯是自然习得的,它既可能符合规律,也可能不符合法则;而技能是通过不断实践和总结而形成的。按照广义的知识观,技能实际是个人习得的一套程序性(怎么做)知识并按照这套程序办事的能力。

人是技能的能动载体,因此拥有技能的人也称之为技能人才。所谓技能人才,就是通过学习、训练和习得掌握操作技能和心智技能,对技术成果进行消化、吸收和物化,使其转化为现实的产品或服务,并能够对产品或服务进行适时提升的高素质劳动者。在当今社会,"能

[①] 陶行知.在劳力上劳心//陶行知全集(第1卷)[M].成都:四川教育出版社,2005:128-130.
[②] 陶行知.普及现代生活教育之路//陶行知全集(第3卷)[M].成都:四川教育出版社,2005:261.

文能武"是高素质劳动者的必备素质。"能文"是指具备良好的科学技术理论知识和思考能力;"能武"是指具有较强的动手操作和解决现场实际问题、参与技术攻关的能力。也就是说,对技能人才来说,其操作技能和心智技能一个都不能少。这是技能强国战略下职业院校学生的历史使命所在,也是成为大国工匠的必由之路。

技能由操作技能和心智技能两种要素构成。所谓的操作技能(Motor Skill),又称动作技能或运动技能,是指通过练习巩固下来的、自动化的、完善的活动方式。人的行动是由一系列动作组成的。如骑自行车则是脚、腿和手臂的动作和整个躯体以及视觉、触觉等的联合活动。最初这些动作是不协调的、笨拙的。通过不断练习,某些动作就从意识中解放出来,变成自动化的动作。上车、手握车把、脚踏等动作,无需考虑就能轻松敏捷地一个接一个地实现。然而,自动化并非全无意识,当活动遇到障碍时,人就会有意识地调整动作,排除障碍。可见,自动化动作中的意识参预和控制到了极少的程度,操作技能中自动化的成分越大,动作就越完善。心理学家认为,动作技能的完善、自动化,是由于在大脑皮层建立了巩固的动力定型(Dynamic Stereotype),即在形成动作技能的过程中,外界刺激经常按一定顺序作用于大脑皮层,因此形成与之相应的条件反射系统。当然,这个条件反射系统并不是固定不变的,当情境变化时,它就会有相应的变化。例如,骑自行车时,有儿童闯入前方,能机智地避开,这说明人一旦掌握了骑车技能,即形成动力定型后,能随条件变化而调整骑车速度、方向等来适应新情境。

所谓的心智技能(Mental Skill),也称智力技能或认知技能,是人在头脑中完成的自动化的智力活动方式。它包括感知、记忆、想象和思维等认知因素,其中思维因素占据着首要地位。默读、写作、构思、心算、实验设计、数控编程等都属于心智技能。

操作技能和心智技能是一个整体,是形成技能系统的两个子系统。二者的区别在于:操作技能系统是通过外显的动作而实现的,而心智技能系统是通过内隐的思考来实现的。也就是说,操作技能的动作是由外显的机体运动来实现的,其运动的对象为物质性客体,即物体;心智技能的动作通常是借助于内在的智力操作来实现的,其操作的对象为事物的信息,即观念。操作技能的形成依赖于机体运动的反馈信息,而心智技能则是通过操作活动模式的内化才形成的。在实际活动中,心智技能系统对操作技能系统具有调控的作用,而操作技能系统则是心智技能系统活动的体现。

现代设备的高度机械化、自动化以及中、高端技术问题的解决,需要操作人员具备更加高超的动手能力,这种动手能力不再只是传统的"手艺""绝活",而更多的是利用心智技能的创造性活动,是现代技术和经验技术、动手和动脑能力的整合。操作技能和心智技能在生产劳动中同时发挥作用,即英国著名物理化学家、哲学家迈克尔·波兰尼(Michael Polanyi)所言的"人的行为是概念化(Conceptual)活动和身体化(Embodiment)活动两者的统一体"。因此,要想技能成才,我们一方面需要强化操作技能的训练,另一方面也必须重视心智技能的提高,通过刻苦学习、学会学习和终身学习等方式,不断提高创造性思维的能力。只有这样,才能达到"应知""应会"能力的深度融通。

2. 理解操作技能的获得阶段，把握动作熟练的五大特征

操作技能的获得是指通过练习逐渐掌握某种外部动作方式并使之系统化的过程，一般需要经历操作定向、操作模仿、操作整合、操作熟练四个阶段。弄清这一过程的各个阶段、各阶段动作的特点以及动作技能形成所依赖的条件，对提高操作技能具有重要意义。

第一阶段：操作定向阶段。 人在开始掌握一种操作技能之前，首先要学习与它有关的知识，了解完成这种操作技能的基本要求，在头脑中形成这种操作技能的最一般、最粗略的表象，这就是操作的定向阶段。也就是说，操作定向是了解操作技能的结构与要求，在头脑中建立起操作活动的定向映像的过程。操作定向是操作技能形成的首要环节。这个阶段的基本任务是对动作系统形成初步的认识，在头脑中形成动作表象，并掌握一个接一个的分解动作。比如，学习射击技能，人们是通过掌握举枪动作、调节呼吸、瞄准、扣动扳机等分解动作来学习的。

操作定向的重要性在于，它能把通过学习、模仿获得的动作要领形象化并让学习者保存在头脑中，这样他们才能不仅知道"做什么"，而且知道"怎样做"，积极、主动掌握有关的动作。就像学习驾驶汽车一样，刚上车的时候，我们会通过自己的观察和教练的讲解，学习汽车驾驶的基本动作要领。因此，在操作定向阶段，学习者要认真观察，揣摩老师、师傅对每个动作的示范，以便能尽快掌握操作的基本要领。

第二阶段：操作模仿阶段。 操作的模仿即实际再现特定的动作方式或行为模式。模仿的实质是将头脑中形成的定向映像以外显的实际动作表现出来。也就是说，模仿需要以认知为基础，通过模仿，把"知"转变为"行"，将头脑中各种认识与实际的肌肉动作联系起来。模仿是形成操作技能的重要环节，这表现在两方面：一是模仿可以检验已形成的动作定向映像；二是可以加强学习者的动觉感受。

在操作模仿阶段，学习者对被分解的动作还较生疏，还未在动作程序之间形成有机的联系，其注意只能集中于个别动作上，不能统观全局和控制动作的细节。因此，往往有如下动作特点：动作的稳定性、准确性、灵活性较差；相互衔接不连贯、不协调，常有多余动作产生；完成一个动作往往比标准速度要慢；精神紧张，肌肉紧绷，经常感到疲劳、紧张。以骑自行车为例，整个骑车动作可先分解为脚蹬动作和手握把动作，初学者只能逐个去练习。但这两个分解动作经常会连不起来，不是忘了脚蹬，就是忘了扭把，动作不协调，不能掌握平衡，而且精神紧张，双眼总是盯着前轮，不敢远视，控制不了自己的动作。

第三阶段：操作整合阶段。 操作的整合即把模仿阶段习得的动作固定下来，并将各动作成分结合起来，成为定型的、一体化的动作。只有通过整合，各动作成分之间才能协调联系，动作结构才逐步趋于合理，动作的初步概括化才得以实现。因此，整合是操作技能形成过程中的关键环节，它是从模仿到熟练的一个过渡阶段，也为熟练活动方式的形成打下基础。

操作整合阶段的动作特点有：动作的各个成分趋于分化、精确；整体动作趋于协调、连贯，各动作成分间的相互干扰减少，多余动作也有所减少；肌肉运动感觉变得较清晰、准确，并成为动作执行的主要调节器；疲劳感、紧张感降低；心理能量不必要的消耗减少，但没有完全消除。尤其在动作转换和交替处会出现短暂停顿；稍微分心，会出现错误动作。随着个别动

作向完整动作的转化,技能的局部动作被综合成更大的单位,最后形成一个连贯的操作技能。

第四阶段:操作熟练阶段。熟练是操作技能形成的最后阶段、高级阶段。在此阶段,学习者已将所学习的操作技能的各个动作联合成为一个有机整体并巩固下来,各个动作的相互协调已达到自动化,整体动作一气呵成。

操作技能形成的标志是达到熟练操作,其标志有五:一是立即反应代替了笨拙的尝试;二是错误被排除在发生之前;三是局部动作综合成连锁动作并受内部程序的控制;四是能有效地利用与任务有关的线索;五是在条件不利的情况下能维持正常的操作水平——它是检验个体是否具有最熟练的操作技能的最好办法。一般来说,在紧急的情况下,不熟练者可能会手足无措,但熟练者的技能却得以充分发挥,甚至做出从未有过的精湛动作。换言之,操作熟练阶段的动作特点主要表现有五:一是动作具有高度的灵活性、稳定性和准确性,在各种变化的条件下都能顺利完成动作;二是各个动作之间的干扰消失,多余动作消失,动作间协调一致,有连贯性、整体性与简易性;三是视觉的监督作用大大降低,而动觉控制的作用增强;四是知觉的广度和精确度大大提高,注意分配的可能性增加;五是心理消耗和体力消耗降至最低,表现在紧张感、疲劳感减少,动作具有轻快感。如熟练的驾驶员会把开车当成一次愉快的旅行,而不是体力活儿。

3. 把握技能自我评价的维度,克服操练中的高原现象

操作技能的习得是一个感知系统与运动系统从低层次的协调关系向高层次的协调关系逐渐发展,最终实现高度的自动化的过程,而促进这种发展的基本条件就是练习。而所谓的练习就是一种有目的地对某种动作进行多次重复以达到熟练程度的过程,其目的是改进动作,使动作趋于完善,提高其作业水平。在进行练习时,要按照技能形成的定向、模仿、整合、熟练的不同阶段,主动地在老师、师傅的指导下,明确练习的目标,灵活应用整体练习和分解练习的方法,合理安排练习时间,制订练习计划并充分有效地利用反馈,有针对性地、科学地进行练习,注重技能练习的速度、准确性、灵活性和协调完整性等四大要素,将自身的要素水平与同学、同行、大师及大国工匠水平进行比较,每天突破、进步一点点,驰而不息,久久为功。

在练习时,要有意识地把握、追求与评价个体技能操作所达到的速度、准确性、灵活性和协调完整性。

一是操作的速度。速度是指肢体在单位时间内所移动的距离或所完成动作的数量。单位时间内肢体移动距离长或所完成动作次数多表明动作速度快,操作熟练或技能水平高,反之则表明操作速度慢、不熟练。动作自动化程度越高,外部感觉省略得越多,动作的速度就越快,并能敏捷地从一个动作过渡到下一个动作。

二是操作的准确性。准确性是指肢体动作能达到预期目的和要求的程度。学习操作技能的初期主要是靠视觉控制的,主要通过观察和模仿老师、师傅或同伴的动作,把握各动作的顺序和联系。在建立了视觉和动觉的联系后,动觉控制才逐步代替了视觉的控制。多余动作和紧张情绪的消失是操作技能准确性提高的主要标志之一。

三是操作的灵活性。操作技能各要素具有随主客观情境变化而变化的特点,如滑雪运动员为了维持平衡而连续不断改变姿势。它是操作技能各要素在操作活动过程中的一种综

合表现,也是衡量操作技能水平的一个最主要指标。

四是操作的协调完整性。协调完整首先表现为实现了动作的联合,即局部动作联合成一个完整的动作系统;其次是不再出现动作之间的相互干扰现象;最后是动作简洁,多余动作消失。

绘画大师随心所欲地挥笔作画,钢琴家双手协调地精彩演奏,舞蹈家自由自在地翩翩起舞,调酒师在眼花缭乱的杂技中调制鸡尾酒,叉车搬运工能够利用叉车穿针引线,这些都是动作的速度、准确性、灵活性和协调完整性等四大要素高度和谐统一的表现。

技能的练习进程一般具有如下特点:第一,练习成绩随练习进程而逐步提高,提高的速度先快后慢,开始阶段进步很快。第二,中间有一个明显的、或长或短的进步停顿期,即高原期。第三,后期进步慢。在高原期后,仍会出现进步,但速度变得缓慢。第四,整个练习的效果是呈波浪式的,有时出现较大的上升,有时反而下降,同时练习中存在个别差异。

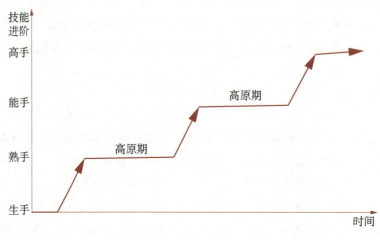

▲ 技能练习过程中的高原期

在复杂技能形成过程中出现的技能水平不随练习时间增加而上升的暂时停滞现象,称为高原现象(Plateau Phenomenon)。它在技能进阶的每个阶段的中后期普遍存在,在练习曲线上表现为两次上升之间出现的一段近似水平的线段。它由著名心理学家布瑞安(Bryan)在1897年对收发电报的动作技能研究中证明的。高原现象与生理的极限和工作效率的绝对顶点是不同的。产生高原现象的主要原因有:提高练习成绩的新的方法尚未形成;练习方法不当,一时无法突破困难;产生心理上和生理上的疲劳;动机强度减弱,兴趣降低,甚至产生厌倦等消极情绪;意志品质差,缺乏继续提高的勇气和信心;自满情绪,浅尝辄止,不再努力;正在进行潜在学习,其成绩未显现出来等。

高原现象是一种正常的学习现象,在复杂技能练习中人人都会遇到,它不过是练习过程中由一个阶段进到另一个较高阶段的小波谷。一旦遇到高原现象,练习者一定要做到斗志昂扬,不气馁、不急躁、不烦恼、不慌乱,相信"科学有险阻,苦战能过关"。同时,要用科学的策略突破"瓶颈"。一是查短板。很多人在练习的某一阶段出现高原现象,是因为原有技能基础有欠缺,支撑不了更高层次练习的需要,这时应该回过头来补课,把短板补齐。二是变式训练。发现自己"停滞"了,就要找准病因,对症下药:分析一下自己的练习方式、方法是否对头,冷静反思在练习中哪些习惯、方法是有效的,是可以继续保持和强化的;哪些习惯、方法是有害的,是必须克服和改进的。同时,调整和改变原来的练习方式和方法。一般来说,练习阶段不同,方法也是不同的。如在开始练习的阶段,只要不停地重复练习,就能达到肢体动作连贯、协调的程度,但高级工、技师、高级技师所需要的技能,则不是简单的熟练性技能,而是需要将相关知识、技能融会贯通的能力。如果这时还是采用过去的惯性思维与练习方法,效果肯定会大打折扣。因此,要根据不同阶段的练习内容对训练方式进行调整,采用变式训练以提高思维的广度和知识系的跨度。三是改组旧的技能结构。旧的技能结构的限制也是引起高原现象的一个最重要的原因。技能作为一种相对稳定的动作系统,其中的动作成分是按一定的结构联系在一起的,它使人们有可能按照某种比较固定的方式去完成任务,在一定范围内取得较好的效果。但是,由于技能的内部结构已经稳定下来,改组比较困难,因而会限制人们按照新的方式去组织动作成分,建立新的结构。在这种情况下,调整训练思路,根据新的技能结构进行"刻意练习",就能排除高原现象,取得新的进步。许多优秀运动员一次又一次地打破世界纪录,是和他们不断探索新的技能结构的巨大努力是分不开的。

二、遵循高技能人才成长规律,启动1万小时大国工匠计划

自2001年起"技工荒"一词开始频现于中国各大媒体,至2010年"技工荒"现象并未缓解,反而随着国家制造业的发展和技术工艺的不断提高,愈发严重。在我国劳动力供给较为充分的情况下,"技工荒"其实并非一般意义上的普通劳动力的短缺,而是那些生产和服务领域一线岗位上,具备一定的操作技能,并在工作实践中能够解决关键技术和工艺操作性难题的技术工人的紧缺,即高技能人才短缺。

在较长的一段时间内,我国高技能人才队伍的成长现状,可用"慢"(培养慢——主要靠自发分散成长,缺乏系统化、规模化和制度化的科学培养体系、"难"(晋升难——想当技师必须熬三龄:工龄、年龄、厂龄)、"缺"(缺乏有力的激励机制和保障机制)、"软"(政策力度疲软,没有形成有利的社会氛围)四字概括。高技能人才的短缺,极大地制约了国家人才强国战略的实施,引起了党中央的高度重视,2006年4月中办、国办联合下发《关于进一步加强高技能人才工作的意见》(中办发〔2006〕15号),用9条政策措施——对高技能人才的技能培养、考核评价、岗位使用、竞赛选拔、技术交流、表彰激励、合理流动、社会保障和财政投入全方位地做出明确规定。同年8月原劳动与社会保障部出台《关于推动高级技工学校、技师学院加快培养高技能人才有关问题的意见》(劳社部发〔2006〕31号),明确技师学院是"高等职业教育的组成部分",并将高技能人才院校培养[①]规划纳入高技能人才工作的总体部署,各地在高级

[①] 高技能人才院校培养目标主要有三类:一是高级技工。主要招收技工学校等中等职业学校毕业生,或具有中级职业资格的人员;学制教育期限一般为2~3年。鼓励国家重点技工学校在培养初中级技术工人的同时,积极开展高级技工培训。二是预备技师。主要招收已取得高级职业资格证书的职业院(转下页)

技工学校基础上创建技师学院,技师学院应运而生;2007年3月又制定《高技能人才培养体系建设"十一五"规划纲要(2006—2010年)》(劳社部发〔2007〕10号),启动"高技能人才培训基地建设项目",规划"在地级城市和国民经济主要行业依托1~2所高级技工学校建设高级技工培训基地""在经济发达的中心城市依托1所技师学院等职业院校建设技师培训基地",一批技师学院得以建成。经过评估与不断规范,截至2021年底全国共有技工院校2 492所(技师学院519所,占20.8%),在校生426.7万人,面向社会开展培训600.7万人次。

1. **体现高技能人才本质,厘清自己成长的适宜类型**

职业院校学生首先要明确高技能人才之"高"的本质体现,并以此作为自我锤炼的目标。

在现实生活中,人的技能客观存在着初级和高级之分,但是无论是初级技能还是高级技能都是对知识的应用。在心理学视角下,高技能人才的行为特征是在对陈述性知识"应知"的基础上,有意识地调节、修正熟练动作的"应会",即高技能人才不是简单地具有经验性技能,而是同时具备一定技术和工艺方面的创新能力。因此,从本质上看,高技能人才之"高",绝不仅体现在技能的熟练程度上,更多地体现在高素质上。由于高技能总是通过职业能力体现出来的,因此,我们可以从国际上通行的对职业能力等级的划分来把握高技能人才究竟"高"在何处。如《英国国家职业能力等级标准》划分如下:

(1)一级标准:具有在一定范围内从事常规的、可预测的工作活动的能力。相应职务为半熟练工。

(2)二级标准:具有在较大范围和变化条件下从事一些复杂的、非常规的工作活动的能力;负有一定的职责和自主权;能与工作群体中其他成员进行合作。相应职务为熟练工。

(3)三级标准:具有在广泛领域从事各种复杂多变的、非常规的工作活动的能力;负有相当的责任和自主权;经常需要对他人的工作进行监督和指导。相应职务为技术员、技工、初级管理员。

(4)四级标准:具有在广泛领域从事技术复杂、专业性强、条件多变的工作活动的能力;负有很大的个人责任和自主权;通常需要对他人的工作和资源的分配负责。相应职务为工程师、高级技术员、高级技工、中级管理人员。

(5)五级标准:具有在广泛的、通常是不可预见的条件下独立运用基本原理和复杂技术的能力;负有极大的个人自主权;经常对他人的工作和重要资源分配负有重大责任;有个人独立分析、决断、设计、规划实施和评估工作结果的能力。相应职务为高级工程师和工程师,中、高级管理人员。

(接上页)校毕业生,学习期限不少于2年;部分知识技能型职业,可以招收应届高中毕业生,学习期限不少于4年。预备技师在相应职业岗位工作满2年后(工作业绩突出的可适当缩短),可申报参加技师综合评审和业绩评定,合格者按规定核发技师国家职业资格(二级)证书。三是技师或高级技师。招收对象主要是企业在职职工中已取得高级职业资格证书,并在生产服务一线有一定实践经验的人员。

从以上职业能力层级的差异中可以看出如下规律:层级高低与技能的熟练程度、工作范围、适应岗位的级别、技术复杂性、心智技能的比重以及协调组织能力成正比;与工作的基础性、基层性、操作技能的比重成反比。换言之,随着职业能力层级的提高,不仅技能的熟练程度越来越高,更重要的是对工作的预见性和感知范围越来越大,适应不同岗位的迁移能力越来越强,技能中的科技含量越来越高,对心智技能的依赖性越来越重。高技能人才具有一般技能人才所不具备的精湛技艺以及解决复杂、关键和超常规实际操作难题的能力,而这些能力不只是反复训练使然,更重要的是创造性活动的结果。根据西方劳动力结构的演变历程,有学者引用"灰领"(Gray collar worker)这一概念,描述和界定这一新的、发展中的高技能群体,认为他们是介于"白领"(决策层)和"蓝领"(操作层)之间的中间层。也有人称这些既能动脑又能动手,还具有较高的知识层次、较强的创新能力、掌握熟练的心智技能的新型技能人才为"金蓝领"或"银领"人才。

可见,高技能人才最显著的职业特征有二:第一,"技艺高超""技能精湛"。第二,"手脑并用",具有素养高、创新能力强等特点。高技能人才"高"在有很强的动手能力和实践能力,这是高技能人才诸能力中最本质的能力,也是最基本的特征。高技能人才首先是技能人才,具有技能人才6个基本特征,即工作场所的一线性、工作活动的实践性、工作层次的基础性、工作要求的规范性、工作环境的复杂多变性和工作团队的合作性。

中组部、人社部联合发布的《高技能人才队伍建设中长期规划(2010—2020年)》(中组发〔2011〕11号)认为:高技能人才是指具有高超技艺和精湛技能,能够进行创造性劳动,并对社会做出贡献的人,主要包括技能劳动者中取得高级技工、技师和高级技师职业资格的人员。高技能人才是我国人才队伍的重要组成部分,是产业大军的优秀代表,是技术工人队伍中的核心骨干,在加快转变经济发展方式、促进产业结构优化升级、提高企业竞争力、推动技术创新和科技成果转化等方面具有重要作用。

在英、美、德等西方发达国家及部分亚洲国家的政府文件中,常常出现"技术工人""技能劳动者""高技术工人""高技能劳动者""高度熟练技能者"等术语,这些称谓界定的角度不同,内涵外延也并非完全重合。总体而言,技能劳动者(Skilled Labor, Skilled Workforce)与非技能劳动者(纯体力劳动者)相对;技术工人(Skilled Worker)的所指宽于我国的高技能人才,与技能劳动者大体相当;高技术工人(Highly Skilled Worker)、高技能劳动者(Highly Skilled Labor)与我国高技能人才的概念具有一定的一致性,但高技能劳动者所拥有的技术能力、技能熟练程度和知识水平要高于熟练工(Journeymen or Craftsman)。

在韩国,技能人才分为三类:工匠(Craftsman)、技师(Technician)、技能大师(Master Craftsman)。技师只有毕业于初等技术学院、综合技术学院、两年制职业培训机构或作为工匠工作一年以上的人员才具有申请资格;成为技师后工作满六年,才具有申请技能大师资格。其中,技师和技能大师与我国高技能人才相对应。

在日本,对技能劳动者和高技能人才也有很多称谓。具有一定技能的熟练工人或工匠,称为"技能者""技术工人";从事高密度、高质量制造业,达到20年以上从业经验并获得企业推荐,最终通过日本职业能力开发协会高技术能力认定的人群,才能成为"高度熟练技能者"。"高度熟练技能者"的技能与生产实践密切关联,他们"用身体习得技术、用头脑创造知识",大致相当于我国高技能人才中的技师和高级技师。

从严格意义来讲,高技能人才掌握的技能也有层次之分,并非仅仅是技能是否熟练、技艺是否精湛。以日本汽车产业中的技术工人为例,他们的技能又可细分为手法(灵活度)、检查(感知能力)、设备操作(机器控制)、知识和经验(制造原理)、现场应变(判断力)、改善和找窍门(创造力)等六项。技术工人首先要掌握"手法"等操作层面的技能,并不断积累实践经验,达到掌握知识性技术的水平,最终上升到"改善和找窍门"较高层次的技术活动。唯有达到如此的水平层次,才能称为"知识型技术工人"。

随着技术进步,社会的生产方式和企业的组织形式的迅猛变化,职业活动方式、职业结构体系、职业素质要求等也都在发生根本性变化。无论是在企业内部还是在企业外部,技能操作人员和生产技术人员的边界也逐步趋于模糊,学习能力、创新能力、参与研发和技术攻关的能力日益成为高技能人才的突出素质特征。根据我国产业发展水平和阶段,《高技能人才培养体系建设"十一五"规划纲要(2006—2010年)》(劳社部发〔2007〕10号)将高技能人才划分为三种类型:技术技能型、知识技能型和复合技能型。

第一类:**技术技能型人才**。"技术技能型人才"是指在企业生产加工一线中从事技术操作,具有较高技能水平,能够解决操作性难题的人员,主要分布在加工、制造、服务等职业领域,如高级焊工、高级钳工、中式烹调师等。他们是深怀绝技的一线操作能手,能够进行高难度的生产加工,包括生产精度较高的产品,操作和控制精密复杂的设备,安装、调试、维修精密复杂的仪器等,能够根据生产第一线的实际需要,有效带动和组织协调其他员工一起进行技术攻关,把精密的设计图纸变成一个个实实在在的高质量产品。

第二类:**知识技能型人才**。"知识技能型人才"是指既具备较高的专业理论知识水平,又具备较高的操作技能水平,能够将所掌握的理论知识用于指导生产实践,创造性地开展工作的人员,主要分布在高新技术产业和新兴职业领域,代表性的职业有信息安全员、IT硬件维护技术师、电子仪器制作师等。

第三类:**复合技能型人才**。"复合技能型人才"是指掌握一门以上操作技能,能够在生产中从事多工种、多岗位、跨专业、跨行业的复杂劳动,解决生产操作难题的人员,如数控操作技师、机电一体化人才、综合服务一体化人才,以及新兴的创意和操作一体化的人才等。他们能够面对高难度的技术工艺问题,同时调用自己的多种技能,其操作技术内容变化多,多样性比重增大。

每一个立志成为高技能人才的学生,都应该明了自己的职业性向,了解产业发展变化带来的对职业素质需求的变化,根据自己所学的专业与性格特长,在老师、师傅的指导下,合宜地制定自己的职业生涯发展规划,科学合理地确定职业努力方向与目标,以踏石留印、抓铁有痕的劲头苦练技能,善始善终、善作善成,成为国家、社会和企业需要的金蓝领人才。

2. 体会默会知识理论要义，把握高技能生成机理

1996年，经济合作与发展组织（OECD）在《以知识为基础的经济》的年度报告中将知识分为四大类：①知道是什么的知识（Know-what），即关于事实的知识；②知道为什么的知识（Know-why），即有关科学原理和自然规律的知识；③知道怎样做的知识（Know-how），即做某些事情、完成某种活动的技艺与能力；④知道是谁的知识（Know-who），即"谁知道什么""谁知道如何做"的信息。前两类知识主要通过书籍、报刊、光盘、数据库等载体，能够用语言、文字、数字和图表清楚地表达的知识，属明确知识或显性知识（Explicit Knowledge）；后两类知识往往难以编码和度量，是存储于人们头脑中的属于个人经验、诀窍、灵感的那部分知识，常隐含于人的行动之中，属难以量化处理的隐性知识或者默会知识（Tacit Knowledge）。这就是对哲学家波兰尼提出的默会知识理论的实践运用。波兰尼在其名著《个体知识》（*Personal Knowledge: Towards a Post-Critical philosophy*）中指出：人类的知识有显性知识和默会知识两种类型；人们可以识别出知识的明言（Articulate）状态和默会（Inarticulate）状态；知识的本质是默会的，且默会知识是自足的，而显性知识必须依赖于默会知识，因此，所有的知识不是默会知识就是植根于默会知识。默会知识是显性知识的基础，一切明确知识都有默会的根源——显性知识只是冰山的一角，而默会知识则是隐藏在冰山底部的大部分；默会知识是个人的智力源泉，是给大树提供营养的树根，显性知识不过是树上的果实。可见，波兰尼的默会知识理论的核心观点是：人们所知道的远远胜过可以言说的；默会知识意味着个体真正的理解。换言之，默会知识作为一种"缄默知识""内隐知识"，是一种经常使用却又不能通过语言文字符号予以清晰表达或直接传递的知识。它是我们在做某事的行动中所拥有的知识，即所谓的"行动中的知识"（Knowledge in action），或者"内在于行动中的知识"（Action-inherent knowledge）。它具有如下特点：①镶嵌于实践活动之中，非命题和语言所能尽，只能在行动中展现、被觉察、被意会；②不能以正规的形式（如学校教育、大众媒体等形式）加以传递，只能通过"师传徒授"的学徒制传递，需要在潜移默化中进行建构；③不易大规模积累、储藏和传播；④默会知识是通过人们的身体的感官或者直觉、领悟获得的，虽然是无法言传的，但却是可以意会的；⑤默会知识相对于明确知识具有逻辑上的在先性与根源性。

正如挪威哲学家哈罗德·格里门（Herald Grimen）所言："对知识的表达而言，行动是和语言同样根本的表达方式。"早在2300年前我国的工匠就总结出了默会知识"只可意会，不可言传"的认知规律。《庄子·天道》篇通过齐国工匠轮扁几十年砍制车轮的体会，向人们说明了三方面的道理：一是默会知识来自实践。"实践—认识—实践"的过程就是人类认识的辩证发展过程。不论做什么事都要注重理论和实践相结合，要靠自己从实践中摸索出规律。二是默会知识具有情境性、不确定性和不可言传性。实践时代不同，不能泥古不化，要懂得变通；无法言传的技能只能通过学徒制的方式代代传承下来。三是无论"得手应心"实践先行还是"得心应手"意念先行，要真正拥有实践智慧，都必须经由历练和用心体悟，方能进入知行合一、心手相应的状态。

齐桓公读书于堂上，轮扁斫轮于堂下，释椎凿而上，问桓公曰："敢问公之所读者何言

邪?"公曰:"圣人之言也。"曰:"圣人在乎?"公曰:"已死矣。"曰:"然则君之所读者,古人之糟粕已夫!"桓公曰:"寡人读书,轮人安得议乎! 有说则可,无说则死。"轮扁曰:"臣也以臣之事观之。斫轮,徐则甘而不固;疾则苦而不入。不徐不疾,得之于手而应于心,口不能言,有数存焉于其间。臣不能以喻臣之子,臣之子亦不能受之于臣,是以行年七十而老斫轮。古之人与其不可传也死矣,然则君之所读者,古人之糟粕已夫!"

可以说,"轮扁斫轮"的默会知识体现了智力的各种机能,如眼光、鉴别力、趣味、技巧、创造力等,它本质上是一种理解力、领悟力、判断力。

由于技能具有默会性和个体性等特征,高技能的生成机理还缺乏较为成熟的理论,因此要揭示高技能的获得过程,必须深入了解高技能人才的经历。通过近十年对全国钢铁、冶金、机械、信息、汽车、计算机、软件开发等行业120名高技能人才进行的访谈、问卷和跟踪分析,可以认为高技能的生成机理如下:技术技能主体在长期的技能操作实践过程中,其动作技能、智力技能与知识相互作用、相互影响、相互促进,学习—实践—转化—反省学习—整合—再实践,反复螺旋式上升,实现从初级技能向中级技能、中高级技能和高级技能提升。正是在这种转化和整合中,高技能逐步被主体获得并不断自我超越。①

(1) 实践(或训练实习)是技能获得的最基本条件。没有实践,无论多么有天赋的人,都不可能拥有高技能。这一点受到心理学家的普遍重视,如美国心理学家费茨(Fitts)提出的著名的技能形成的自动化理论认为,动作学习要经过认知②(Cognition)、程序化(Fixation)、自动化(Automation)三个阶段,是实践或练习推进了这一转化过程,是反复的实践使得彼此分离的操作单元越来越多地连接起来,并整合为一个整体,从而简化了操作程序,降低了难度,提高了速度和准确性。费茨等人进一步用练习递增律来解释这一过程:随着练习或实践次数的增加,操作改进的速度是递减的,但是改进的绝对水平却还是不断提高的。

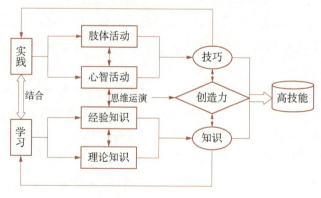

▲ 高技能的生成机理

---

① 王雪亘.3Q7S管理背景下技师学院质量评价的实践研究[M].杭州:浙江大学出版社,2014:30.
② 我国的教育心理学家针对操作技能形成过程中各阶段的动作特点,从缩小技能形成过程中的动作跨度,更有利于技能的教学与培训的角度,将动作技能的学习和形成分为操作定向、操作模仿、操作整合和操作熟练等四个阶段。其实,我们可以把定向、模仿两阶段整合看成为动作学习认知阶段。

（2）学习是获得技能的另一基本途径。学习获得的知识包括经验知识和理论知识。在发生学的意义上，经验知识归根结底来源于实践，但从个体对高技能的获得而言，除了从实践中获得个体经验以外，学习已有的经验是非常重要的。"经验知识通常具有'默会知识'的难言性，很难或不能用符号系统直接在个体和组织之间传播和扩散"。因此，对经验知识，更多是通过现场"身教"进行体验式学习，而不局限于"言传"。

（3）在高技能获得过程中，思维运演是另一个关键环节。进行实践操作的主体会对操作程序和操作中的感受进行概念化总结，从而形成特定的经验知识，这是一个从心智活动到经验知识的转化过程。借用瑞士心理学家皮亚杰（Jean Piaget）的概念，我们把这一过程中发生的思维活动与认识转化称为思维运演（Operation）。正是通过思维运演，实践个体逐步培养起了高技能人才具有的创造力，即综合调动所需的技巧和知识解决新问题的能力。由此可见，思维运演是把高技能三要素（知识、技巧、创造力）结合起来的桥梁。

3. 遵循高技能人才成长规律，善学习勤实践久久为功

高技能人才的职业成长是有规律可循的。美国心理学家德莱福斯（Dreyfus）和胡波特（Hubert）等的研究表明，人的职业成长遵循"从初学者到专家"的逻辑发展规律，其发展过程分为初学者（Novice）、高级初学者（Advanced Beginner）、有能力者（Competent）、熟练者（Proficient）和专家（Expert）等五个阶段，即人的技能提升经历了从"新手"→"生手"→"熟手"→"能手"→"高手"的渐进过程。每个阶段或过程都有对应的知识形态，其间，经验的积累具有特别重要的意义。职业成长不是简单的"从不知道到知道"的知识学习和积累过程，而是"从完成简单工作任务到完成复杂工作任务"的能力发展过程。职业能力的发展历经四个层次，每个层次的内容和特点分别如下：

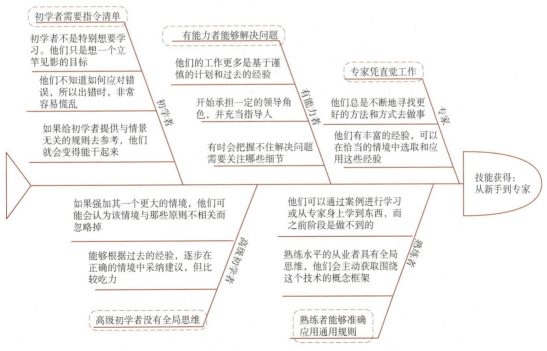

▲ 德莱福斯职业成长发展规律模型

第一层次：从"新手"到"生手"。由于"初学者"很少或根本没有经验，因此，需要指令清单，需要详细的指导。

在此层次上，学习的范围是概括性知识，核心是完成定向性任务。通过学习本职业（专业）的基本工作内容，了解职业轮廓，初步建立职业认同感；了解本职业的基本概念、标准化要求和典型工作过程，遵循完成该任务特定的规则和标准，逐步建立质量意识并学习反思的方法。

第二层次：从"生手"到"熟手"。"高级初学者"就像刚学走路的孩子，对基本步骤已经熟悉，但在很大程度上仍然是面向任务，还没有面向目标、没有全局思维；他们能够根据过去的经验，尝试独自完成任务，但仍较难解决问题；能逐步在正确的情景中采纳建议，但比较吃力。

在此层次上，学习的范围是职业关联性知识，核心是完成程序性任务。学习者已对工作系统、综合性任务和复杂设备建立整体性的认识，掌握与职业相关联的知识，了解生产流程和设备运作、思考人与人之间的关系以及技术与劳动组织间的关系、获取初步的工作经验并开始建立职业责任感。其特征是：在职业情境中完成有一定难度的专业任务，利用专业规律系统化地解决问题，针对部分任务或操作环节独立制订计划、选择工艺和工具并进行质量控制，在此过程中注意与他人合作，发展相应的合作能力，养成反思的习惯。

第三层次：从"熟手"到"能手"。"有能力者"抑或"胜任"水平的人，已走到面向目标的阶段，已经能够分解目标和组合一系列任务来完成目标，这是胜任的关键。大部分人在大部分技能上很难超越"熟手"水平，即使他们在每天的日常工作中使用这些技能。这是懒惰与懈怠——一旦有所收获就不想再投入精力来挑战自身瓶颈的缘故。

在此层次上，学习的范围是功能性知识，核心是完成特殊任务。学习者要掌握与复杂工作任务相对应的功能性知识，完成非规律性的任务（如故障诊断）并促进合作能力的进一步发展，成长为初步的专业人员并形成较高的职业责任感。完成这一层次的学习任务，学习者无法简单按照现有规则或程序进行，需要学习课本之外的拓展知识，并综合运用理论知识和工作经验，需要按照自己确定的标准、流程和进度独立或合作完成开放性任务，具备一定的质量、效益意识以及反思能力。

第四层次：从"能手"到"高手"。成为"熟练者"抑或达到"精通"水平，表明已经具备了在直觉中形成解决方案主要部分细节的能力，之后就可以根据自己先前积累的经验来对解决方案进行映射。从规则到直觉的质的变化，已经能够将显性的知识转化为自己的方法论。从"新手"发展到"熟手"基本上是线性的过程，而到"能手"阶段代表了台阶式的跃升。通过重复某件事情足够的次数是可以达到"熟手"的，但要发展成"能手"，必须要有积极的心理诉求和强烈的成就动机才行。而通过不断地历练，到达"高手"阶段，他们会变得更加谦逊，也喜欢通过与其他专家交流来校正和提高自己的技能，并真正达到了彻底地融会贯通，自觉自发，形成了自己解决问题的方法论和模式，往往已经是无招胜有招。

在此层次上，学习的范围是系统化的知识，核心是完成无法预测结果的任务。学习者具有完成结果不可预见的工作任务的能力、建立学科知识与工作实践的联系，并发展组织能力和研究性学习的能力,成为"实践专家"。从第三层次到实践专家的过程既是非线性的,又是漫长的,需要高度的敬业精神,高度的质量意识、环保意识、成本意识,较强的反思和革新能力。

从新手到高手,从初学者到专家是一个漫长的过程,受到岗位任务、知识学习、实践练习、职业环境、个人素质等五大因素影响,有研究表明,能跨越以上四个层次,成为真正的专家与卓越的高手的人只占1‰～5‰。可见技能个性化是高技能人才成长的核心要素,主观能动性是人才成长的决定要素。同时,技能的渐进性决定了人才是在岗位实践中日渐成熟的。大国工匠高凤林说:"并不是所有的操作人员都是工匠。工匠必须是持久地、专注地深耕某一领域,并能有所造诣,而且是领先的。"实验调查和经验表明,大多数凡人难以企及的人才,都没有特别的超乎常人的天赋,他们的秘诀唯有"勤奋"二字。

技能的练习没有捷径。古语云:家有千金,不如薄技在身。技能之事急不得,有的只有手艺人精神,用笨功夫扎扎实实练真本事。"两丝"钳工顾秋亮当初做学徒时,首先要学习的内容就是基本功。他将10厘米的一块方铁锉到0.5厘米,仅仅是从"生手"到"熟手",他锉了十五六块方铁,锉刀都用断了几十把。一遍遍地锉钢板,一遍遍地动脑筋琢磨。渐渐地,顾秋亮手里的活儿有了灵性,最后,所做的工件全部免检,成就了高手"顾两丝"的美名。

20世纪90年代,心理学家埃里克森(Ericsson)和他两个同事来到了柏林的一家顶级音乐学院进行心理学实验。他们把音乐学院中学习小提琴演奏的学生分为三组:第一组是"明星人物",他们被公认为具有成为世界级小提琴演奏家的潜力;第二组是"优秀人物",他们被大家认为比较优秀,将来可能成为二流、三流的演奏家;第三组是"一般人物",他们的演奏水平可能永远达不到专业水准,其目标也只是成为学校的音乐老师。这些学生大都从5岁开始练习小提琴,起初几年内,每个人练习时间几乎都是一样——每周练习2～3个小时,但从8岁起,差别开始显现出来。那些"明星人物"练习时间开始明显多于其他学生:他们每周练习的时间9岁时为6小时,12岁时为8小时,14岁时为16小时,以后逐渐增加到每周30多小时。结果是,到20岁的时候,第一组"明星人物"练习时间达到了10 000小时,第二组"优秀人物"练习时间为8000小时,第三组"一般人物"练习时间只有4000小时。之后,埃里克森又在钢琴业余演奏者和专业演奏家之间进行了比较,结果是惊人地相似:到20岁左右,钢琴业余演奏者的练习时间约为2000小时,而专业演奏家的练习时间约为10 000小时。

大量的研究表明:一个人的技能要想达到世界级领先水平,无论天赋怎样,他的练习时间必须超过10 000小时——任何行业都不例外,无论是作曲家、篮球运动员、滑冰运动员、操作工人、棋手乃至于小偷。换言之,卓越者并没有什么"与生俱来的天赋",他们不仅比他人勤勉,而且懂得肩负的重要使命,他们非常非常地勤奋刻苦,这不是一般人所能想象的。

中国自古就有"十年磨一剑"之说。曾被评为全国十大畅销书之一的《明朝那些事儿》作者——当年明月,5岁开始就研读历史,每天2小时,《二十四史》《资治通鉴》《明实录》《清实录》《明史记事本末》《明通览》《明汇典》等等,6000多万字的史料持续花了15年,大约10 800

小时。若每天苦练3小时,则起码需要10年。诺贝尔经济学奖得主瑞典科学家赫伯特·西蒙(Herbert Simon)也说:"要想在任何领域成为大师,一般需要10年的艰苦努力,这就是'十年法则'"。无数事实证明,一个人有这一万小时的苦练打底,10年的艰辛历练,即使你成不了大师、巨匠,至少也会成为本行业一个丰富经验的专家,这就是"工匠精神"的时间表达。

当然,我们不能将10 000小时的练习理解为低层次的不断重复。简单动作的机械重复是无法取得进步的。我们每天睡觉也没有成为睡眠大师,骑了十多年自行车也没能变成花样骑手。"一万小时法则"按埃里克森《刻意练习》(*Peak: Secrets from the New Science of Expertise*)①中的严谨表述:专家=刻意练习×时间。所谓"刻意练习"(Deliberate Practice)指的是具有特定目标、持续专注、能够及时获得反馈、修正并不得不跳出"心理舒适区"的有专家指导的高阶训练。刻意练习的本质就是创建有效的心里表征。高手都是通过刻意练习炼成的:他们经过年复一年的练习,已经改变了大脑中的神经回路,创建了高度精密、敏捷应对的专业化的心理表征。德国实践专家根据学习技术技能者长期刻意练习后心理表征的质量与数量研究,总结出成就一名技师的"万次定律":静心实干3 000次了解该专业技术技能;用心巧干6 000次能熟悉该专业技术技能;坚持苦干加强干10 000次能掌握该专业技术技能;超越万次同时能不断虚心学习,深刻领悟提升该专业技术技能就能成为一名名副其实的高技能人才。这就是成为大师先要做到的基本功,这仅仅是成就大师的基础。

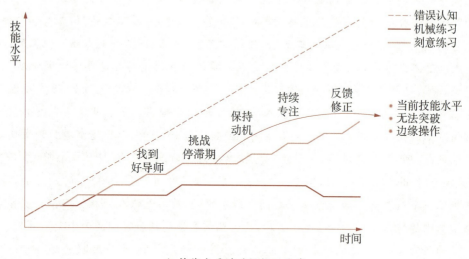

▲ 技能水平随时间投入曲线

要成为大国工匠,如果付诸行动,那就可以称之为梦想;如果仅仅是羡慕和向往,那就是幻想。心态积极的人既是梦想者又是行动者。如果你希望自己能够成为一名大国工匠,那么,你应该反思自己:你制订了实现大国工匠梦想的切实可行的计划了吗?你现在开始行动

---

① [美]安德斯·埃里克森,罗伯特·普尔.刻意练习:如何从新手到大师[M].王正林,译.北京:机械工业出版社,2016.

了吗？你持之以恒地行动了吗？

首先，要从今天就开始行动，而非希冀明天。美国著名作家霍吉（Hodge）在《习惯的力量》(The Power of Habit)中反复言说："明天是空想家最'强大'的武器；行动者的利器则是今天。""明天，既是懒虫们的工作日，也是傻瓜们的改革时，更是凡人们躺着梦想升天的好日子。"如果你还希望自己能够成为一名行动者，那么，你必须从今天开始做起，切勿依赖明天。如果你总是把问题留到明天，那么，明天就是你的失败之日。同样，如果你计划一切从明天开始，你也将失去成为行动者的所有机会。因此，有了明确的目标后必须立刻行动。

其次，要强化自我管理，克服懒惰和借口。要有"铁杵磨成针""十年磨一剑"的韧劲，坚持不懈才能熟能生巧，熟能生巧才能精益求精。《礼记·中庸》曰："人一能之，己百之；人十能之，己千之。果能此道矣，虽愚，必明；虽柔，必强。"意思是说，别人一次能做好，我就做百次；别人十次能做好，我就做千次。如果具有这样的勤奋精神，就是天资愚钝，也必定会变聪明；就是天生柔弱，也必定会变刚强。

最后，要制订详细的行动计划。结合自己的长期、中期和短期职业生涯发展目标，制订相应的长期、中期、短期行动计划。作为新时代技师学院技师班学生，如果你的目标是六年内成为技师（预备技师），就要从4年内成为高级工，2年内跨越中级工步步推进，一方面要学习书本知识、历练实操能力，另一方面踊跃参加省市和国家技能大赛，夺得名次，获得破格晋升的机会，这样就会加快你实现目标的进度和步伐。当然，这需要你拿出一个详细的学习计划、练习计划和赶超计划，并落实到每天的行动中。

第三节 获取职业资格 提升技能等级

一、把握国家职业标准内涵，理解职业资格制度沿革

国家职业分类、国家职业标准、职业技能评价（含职业技能鉴定和职业技能等级认定）和职业资格证书/职业技能等级证书是国家经济系统建设和职业教育系统建设的共同基础，是把职业教育活动与经济生产活动联结起来的纽带，也是国家对劳动力质量和劳动力产权检查、认证和监控的重要工具。

1. 了解我国职业分类体系，把握职业标准工作要求

"职业"一词，由"职"与"业"构成，所谓"职"，是指职位、职责，"业"是行业、事业。所谓"职业"是指从业人员为获取主要生活来源而从事的社会性工作类别。职业是社会分工的产物，具有如下特征：①目的性，即职业活动是以获得现金或实物等报酬，以及实现自我价值和为社会做出贡献为目的；②社会性，即职业是从业人员在特定社会生活环境中所从事的一种与其他社会成员相互关联、相互服务的社会活动；③稳定性，即职业在一定的历史时期内形成，并具有较长的生命周期；④规范性，即职业活动必须符合国家法律和社会道德规范，符合特定生产技术和技能规范的要求；⑤群体性，即职业必须具有一定的从业人数。

职业是具有一定特征的社会工作类别,它是一种或一组特定工作的统称。我们经常使用"工种""岗位"等概念,实质上就是将职业按不同需要或要求进行的具体划分。也就是说,"工种"是指根据劳动管理的需要,按照生产劳动的性质、技术工艺的特征、服务活动的特点而划分的工作种类;而"岗位"是指企业根据生产活动实际需要而设置的工作位置。一般来说,一个职业包括一个或几个工种,一个工种又包括一个或几个岗位。因此,职业与工种、岗位之间是一个包含和被包含的关系。换言之,职业、工种的划分是相对宏观的行为,与社会经济的发展,特别是就业紧密相连,而岗位的划分则属于微观行为,与具体单位内部的组织管理相联系。

职业是丰富多彩的。1992年,原国家劳动部组织46个行业主管部门编制并颁布了第一部《中华人民共和国工种分类目录》。目录包含46个大类,4 700多个工种,基本覆盖了全国所有工人从事的工作种类。为全面客观反映我国社会职业结构现状,1999年国家正式颁布了第一部《中华人民共和国职业分类大典》。它将我国职业划分为8个大类,66个中类,413个小类,1 838个(细类)职业。如导游这一职业属第四大类——"商业、服务业人员";中类——"饭店、旅游及健身娱乐场所服务员";小类——"旅游及公共游览场所服务员";细类,即导游这一职业——"为中外游客组织安排旅行和游览事项,提供向导、讲解和旅途服务的人员"。随着经济社会发展、科技进步和产业结构调整升级,我国的社会职业构成和内涵发生了很大变化:一是一些传统职业开始衰落甚至消失,如"餐具清洗保管员""唱片工""拷贝字幕员"等;二是一些新的职业不断涌现并迅速发展,如"碳排放管理员""二手车经纪人""职业培训师""光伏组件制造工"等;三是一些职业因社会发展、科技进步开始调整和转化,如"光盘复制工""市话测量员"等调整和转化为"音像制品复制工""信息通信网络测量员"。2015年《中华人民共和国职业分类大典》第一次修订颁布,将全国职业归为8个大类[①],75个中类,434个小类,1 481个细类(职业);与1999年版大典相比,新增347个职业、取消894个职业,共计减少547个职业。围绕数字经济、绿色经济、制造强国和依法治国等要求,经过第二次全面修订,《中华人民共和国职业分类大典(2022年版)》颁布,新版大典对2015年版大典确立的8个大类总体结构不作调整,净增了法律事务及辅助人员等4个中类(新增5个、取消1个)、数字技术工程技术人员等16个小类(新增21个、取消5个)、碳汇计量评估师等297个职业(新增377个、取消80个),全部职业归为8个大类、79个中类、450个小类、1 636个细类(职业)和2 967个工种;其中,数字职业(标注为S)97个,绿色职业(标注为L)134个,既是绿色职业又是数字职业(标注为L/S)23个。2022年版大典将是国家实施职业资格评价、职业技能等级认定以及专项职业能力考核的首要遵循。

---

① 第一大类——党的机关、国家机关、群众团体和社会组织、企事业单位负责人;第二大类——专业技术人员;第三大类——办事人员和有关人员;第四大类——社会生产服务和生活服务人员;第五大类——农、林、牧、渔业生产及辅助人员;第六大类——生产制造及有关人员;第七大类——军人(2022年版改为"军队人员");第八大类——不便分类的其他从业人员。
高技能人才主要分布在一、二、三产业中技能含量较高的岗位上,即《职业分类大典》中第三至第六大类,已取得高级工以上职业资格、职业技能等级及相应职级的人员。

值得大家认真把握的是,每一细类(职业)的内容,包括职业编码、职业名称、职业定义、职业描述及本职业包含但不限于下列工种等。如第六大类(生产制造及有关人员)、第18个中类(机械制造基础加工人员)、第2个小类(机械热加工人员)包括6个职业:铸造工、锻造工、金属热处理工、焊工、机械加工材料切割工和粉末冶金制品制造工。其第4个细类:职业编码——6-18-02-04,职业名称——焊工,职业定义——使用焊机或焊接设备,焊接金属工件的人员;职业描述——即"主要工作任务"有:①设定焊接参数;②安装和加固构件;③安装、调试焊接设备及工艺设备;④监控构件安装,进行构件预处理和焊材烘焙;⑤操控电焊、气焊的焊炬、焊枪或焊钳等,进行金属构件的焊接或表面堆焊;⑥操作机械化或自动化焊接设备,焊接金属构件;⑦清理焊缝,检测外观质量;⑧维护保养设备。本职业包含但不限于下列工种:电焊工、气焊工、钎焊工、焊接设备操作工、锅炉(承压)设备焊工。

职业分类是以"工作性质相似性为主、技能水平相似性为辅"为基本原则,对社会职业进行的系统划分与归类。所谓工作性质,即一种职业区别于另一种职业的根本属性,一般通过职业活动的对象、从业方式等的不同予以体现。尤其是细类(职业)的划分主要按"工作分析法(Job Analysis)"为依据。在小类中,将工艺技术相同、工作对象相同、操作流程和方法相似的工种合并为职业细类,因此工作分析在细类划分中起基础性作用。工作分析作为一种活动,其主体是工作分析者,客体是工作岗位,分析对象是工作内容、工作责任、工作技能、工作环境、工作强度、工作心理及其运作关系,分析的结果是工作描述或职位说明书。职位说明书界定的是"职位存在的价值""职位做什么事(有什么职责)"和"职位要求什么样的人来做",这实际上解决了以下四个问题:一是工作如何科学地组合成为一个整体;二是每一个环节(职位)的任职者应该如何规范地行动;三是如何选择适合于工作要求的人;四是如何评价开发工作的人的能力和绩效。职位说明书的具体内容可以根据企业的需要来具体规定。

国家职业分类既是反映我国经济社会发展状况的"晴雨表",引领产业转型升级发展的"风向标",规范人力资源开发管理的"标准尺",又是引领职业教育和职业培训、构建新型技能人才培养体系的"定位仪"。职业分类是制定和开发职业标准的基础,国家职业标准属于工作标准,所谓"工作标准"是指对工作的责任、权利、范围、质量、程序、效果及检查方法和考核办法所制定的标准。国家职业标准是根据职业(工种)的活动内容对劳动者从事某一职业所达到的专业知识和技能水平的规范性要求。它以职业活动为导向,以职业技能为核心,通过运用职业功能分析方法,研究确定职业教育培训和考核的内容新体系,有助于提高学习者和证书持有者的工作能力和适应职业变化的能力。截至2022年底,人社部单独颁布或与有关部门联合颁布了西式面点师、数控机床装调维修工、企业人力资源管理师、电子商务师、文物修复师、人工智能训练师、互联网营销师、无人机测绘操控员、养老护理员、信息安全测试员、建筑信息模型技术员、电子竞技员、智能制造工程技术人员、大数据工程技术人员、区块链工程技术人员、家庭教育指导师等1200多个《国家职业标准》。

国家职业标准编制遵循整体性、等级性、规范性、实用性和可操作性五大原则。其编制的技术规程以2012年人社部颁布《国家职业技能标准编制技术规程》(人社厅发〔2012〕72

号)为基础,经过对《国家职业技能标准编制技术规程(2018年版)》(人社厅发〔2018〕26号)的全面修订,现已施行《国家职业标准编制技术规程(2023年版)》(人社厅发〔2023〕31号)。新版规程主要变化有三:一是统一名称表述。将技能类职业的"国家职业技能标准"和专业技术类职业的"国家职业技术技能标准"统称为"国家职业标准",新增专业技术类职业标准编制有关内容。二是优化编制程序。将职业标准的开发程序优化为组织开发和公开征集两种方式,通过增加向社会征集相对成熟的标准稿的方式,缩短职业标准开发流程和时间,加快职业标准开发颁布速度。三是完善申报条件。涵盖各类有评价需求的人员,对企业职工、各类院校学生、技能类与专业技术类职业发展贯通人员、其他社会从业人员的申报条件予以明确,综合考虑促进就业需要和各类院校学生、专业技术人员技能评价需求,对申请条件进行优化调整。

国家职业标准的内容由职业概况(包括职业名称、职业编码、职业定义、职业技能等级/专业技术等级、职业环境条件、职业能力特征、普通受教育程度、职业培训要求和职业技能评价要求/专业技术考核要求)、基本要求(包括职业道德和基础知识)、工作要求和权重(包括理论知识权重和技能要求权重/专业能力要求权重)四部分构成,其中工作要求为国家职业标准的核心部分。

(1) 工作要求是在对职业活动内容进行分解和细化的基础上,从知识和技能/技术两个方面对从业人员完成各项具体工作所需职业能力的描述。具体职业(工种)的工作要求分等级进行编制,各等级的技能要求/专业能力要求及相关知识要求依次递进,高级别涵盖低级别的要求。对职业所包括的工作内容之间相似程度不高的,采用模块化编写方式。

(2) 工作要求包括职业功能、工作内容、技能要求/专业能力要求、相关知识要求4项内容。其中职业功能是指一个职业所要实现的活动目标,或是一个职业活动的主要方面(活动项目)。如维修电工(高级)的职业功能为:"继电控制电路装调维修""可编程控制系统装调维修""交直流传动系统装调维修""应用电子电路调试维修"3项工作内容。

工作内容是指完成职业功能所应做的工作,是职业功能的细分。每项职业功能一般包含2项或2项以上的工作内容,如"交直流传动系统装调维修"细分"交直流传动系统读图与分析""交直流传动系统装调""交直流传动系统维修"三个工作内容。

技能要求/专业能力要求是指完成每一项工作内容应达到的结果或应具备的能力;其描述应具有可操作性或者具有可识别性、可度量性,不可用"了解""掌握""熟悉"等词语或仅用程度副词来区分等级;其规范的表述形式是:"能(在……条件下)做(动词)……","能使用……工具或设备做……"。

相关知识是指完成每项操作技能要求/专业能力要求具备的知识,主要指与技能要求/专业能力要求相对应的技术理论、技术要求、操作规程、安全规范等知识点。它是具体的知识点,而不是宽泛的知识领域。

表 6-1　维修电工国家职业标准(高级)工作要求示例

职业功能	工作内容	技能要求	相关知识
一、继电控制电路装调维修	(一)继电器、接触器控制电路的分析和测绘	1. 能进行多台三相交流异步电动机控制方案分析与选择 2. 能测绘 T68 镗床、X62W 铣床等类似难度的电气控制电路的位置图、接线图	电气图测绘的步骤和方法
	(二)机床电气控制电路维修	1. 能进行单钩桥式起重机类似难度的电气控制电路故障检查及排除 2. 能进行 X62W 铣床类似难度的电气控制电路故障检查及排除 3. 能进行 T68 镗床类似难度的电器控制电路故障检查及排除	1. 单钩桥式起重机电气控制电路组成、原理及常见故障 2. X62W 铣床电器控制电路组成、原理及常见故障 3. T68 镗床电器控制电路组成、原理及常见故障
	……	……	……
……	……	……	……

国家颁布的职业标准为技师学院以及其他职业院校确定培养目标、设置教学课程、制定教学内容和开展校企合作培养技能人才具有重要的导向作用。尤其是技师学院的学生,在 6 年的学制教育中,其职业技能要实现"初级"→"中级"→"高级"→"技师"的不断跨越。前提是要认真把握相应专业的国家职业标准,把职业标准的工作要求了然于心,为不断提高自身素质,实现素质就业、技能就业、技能成才奠定基础。

2. 明了职业资格制度沿革,把握职业技能等级体系

职业资格是国家根据某一职业的工作目标和任务,对从事这一职业的人员提出的必备的专业知识、职业技能和工作能力的基本要求,反映了劳动者为适应职业岗位的需要而运用特定的知识、技术和技能的能力。职业资格与学历文凭不同,职业资格与职业岗位的要求结合紧密,能更直接、准确地反映特定职业实际工作的技术标准和操作规范。

职业资格包括从业资格和执业资格。从业资格是指从事某一职业所需的专业知识、职业技能和工作能力的起点标准;执业资格是指政府对某些责任较大,社会通用性强,关系公共利益,涉及人身安全、重大财产安全和广大消费者利益的职业实现就业准入控制,是劳动者依法独立开业或从事某一特定职业专业知识、职业技能和工作能力的必备标准。

1993 年 11 月,党的十四届三中全会审议通过《中共中央关于建立社会主义市场经济体制若干问题的决定》。决定首次提出了"要制定各种职业的资格标准和录用标准,实行学历文凭和职业资格两种证书制度",为我国全面推行国家职业资格证书制度做出了重大决策部署。随后,1994 年《中华人民共和国劳动法》(2009 年、2018 年二次修正))第六十九条规定:"国家确定职业分类,对规定的职业制定职业技能标准,实行职业资格证书制度,由经过政府批准的考核鉴定机构负责对劳动者实施职业技能考核鉴定。"1996 年《中华人民共和国职业教育法》第八条规定:"实施职业教育应当根据实际需要,同国家制定的职业分类和职业等级标准相适应,实行学历证书、培训证书和职业资格证书制度。"2022年新《职业教育法》第十一条修改为:"实施职业教育应当根据经济社会发展需要,结合职业分类、职业标准、职业发展需求,制定教育标准或者培训方案,实行学历证书及其他学业证书、培训证书、职业资格证书和职业技能等级证书制度。"又如,2007年《中华人民共和国就业促进法》(2015年修正)第五十一条规定:"国家对从事涉及公共安全、人身健康、生命财产安全等特殊工种的劳动者,实行职业资格证书制度,具体办法由国务院规定。"再如,《技师学院设置标准》(人社部发〔2014〕96号)第五条规定:"技师学院学生实行学业证书和职业资格证书'双证书'制度。"《技工教育"十四五"规划》(人社部发〔2021〕86号)明确:"在技工院校全面推行职业技能评价,支持帮助学生获取职业资格证书或职业技能等级证书"。

国家职业资格制度是指按照国家职业标准或任职资格条件,通过政府认定的考核鉴定机构,对劳动者的技能水平或职业资格进行客观公正、科学规范的评价和鉴定,对合格者授予相应的国家职业资格证书的一种制度。我国现行的职业资格证书制度是国家证书制度的重要组成部分,也是一种特殊形式的国家考试制度。它通过国家法律、法令以及行政规章等形式予以明确,并以政府职能部门作为管理主体,由政府认定和授权的机构来组织实施。也就是说,职业资格证书是劳动者具有和达到某一职业所要求的知识和技能标准并通过职业技能鉴定的凭证,是职业标准在社会劳动者身上的体现和定位。从技术角度看,职业资格证书是社会按一定的职业资格标准,对劳动力质量进行严格检测的结果;从经济关系看,职业资格证书是社会对劳动供给者拥有的劳动力产权的核定和确认。劳动者取得社会认可的含金量较高的资格等级证书,就能敲开进入劳动市场的大门,并通过就业或者转岗最终实现人生价值。

职业资格制度是国际通行的科学评价人才的重要制度。我国自1994年开始推行职业资格制度,20多年中,在促进职业教育培训发展、提高劳动者素质、加强人才队伍建设、提高人力资源配置效率等方面发挥了积极作用。但也出现了设置过多过滥、证出多门、考培不分、鉴培不分、监管不力、法律法规和技术体系滞后等突出问题。如屡遭诟病的建筑行业"八大员"(施工员、质量员、安全员、标准员、材料员、机械员、预算员、资料员)考证,考培捆绑,第三方认证原则缺乏独立性,证书含金量堪忧。为理顺体制、提高质量,降低就业门槛,激发市场活力,2013年以来,国务院将减少和规范职业资格许可和认定事项作为推进"放管服"改革的重要内容,按照"四个取消"原则——取消国务院部门设置的没有法律、法规或国务院决定作为依据的准入类职业资格;国务院部门设置实施的有法律法规依据,但与国家安全、公共安全、公民人身财产安全关系并不密切,或不宜采取职业资格方式进行管理的准入类职业资格,按程序提请修订有关法律法规后予以取消;取消国务院部门和全国性行业协会、学会自行设置的水平评价类职业资格;取消地方各级人民政府及有关部门自行设置的职业资格。经国务院批准,人社部自2014年至2016年先后分七批取消了434项国务院部门设置的职业资格许可和认定事项,削减比例达到原总量的70%以上[①]。2017年9月,人社部向社会公

---

① 截至2013年底,国务院部门共设置各类职业资格618项,其中专业技术人员职业资格219项、技能人员职业资格399项。

布了《国家职业资格目录(2017年版)》(人社部发〔2017〕2号),明确如下:

(1) 国家按照规定的条件和程序将职业资格纳入国家职业资格目录(共计140项),实行清单式管理,目录之外一律不得许可和认定职业资格,目录之内除准入类职业资格外一律不得与就业创业挂钩;目录接受社会监督,保持相对稳定,实行动态调整。

(2) 职业资格分为准入类和水平评价类两类。其中,专业技术人员职业资格59项,含准入类36项,水平评价类23项;技能人员职业资格81项,含准入类5项,水平评价类76项。

(3) 设置准入类职业资格,其所涉职业(工种)必须关系公共利益或涉及国家安全、公共安全、人身健康、生命财产安全,且必须有法律法规或国务院决定作为依据;设置水平评价类职业资格,其所涉职业(工种)应具有较强的专业性和社会通用性,技术技能要求较高,行业管理和人才队伍建设确实需要。

(4) 各地区、各部门未经批准不得在目录之外自行设置国家职业资格。行业协会、学会等社会组织和企事业单位可依据市场需要自行开展能力水平评价活动,但不得变相开展资格资质许可和认定,证书不得使用"中华人民共和国""中国""中华""国家""全国""职业资格""人员资格"等字样和国徽标志。

随后,人社部发布《关于改革完善技能人才评价制度的意见》(人社部发〔2019〕90号),提出:"建立健全以职业资格评价、职业技能等级认定和专项职业能力考核等为主要内容的技能人才评价制度"。2021年11月,人社部会同国务院有关部门对《国家职业资格目录》进行优化调整,形成《国家职业资格目录(2021年版)》(见附录二)。与2017年版《目录》相比,2021年版《目录》共计72项职业资格。其中,专业技术人员职业资格59项,含准入类33项,水平评价类26项;技能人员职业资格13项。技能人员职业资格呈现出"两退一进"的新格局:一是水平评价类技能人员职业资格全部退出国家职业资格目录,由政府认定改为实行社会化等级认定;二是人力资源社会保障部门退出技能人员职业资格的具体实施工作;三是涉及人员资格的行政许可事项作为准入类技能人员职业资格进入《目录》,新增"危险货物、化学品运输从业人员""道路运输从业人员""特种作业人员""建筑施工特种作业人员""特种设备安全管理和作业人员"等准入类技能人员职业资格。

可见,在新的历史条件下,职业资格改革的重大成果就是建立符合社会主义市场经济体制要求的新型技能人才评价制度——"以用人单位为主体,以职业技能等级认定为主要方式"的新型制度框架。技能人才评价体系改革的核心就是劳动者的职业技能等级由谁来认定的问题。企业是用人的主体,需要什么人,企业最清楚,技能劳动者的品德、能力和水平,企业最清楚,怎么评价、使用,企业也最清楚。在技能人才评价领域,所谓市场主体,包括用人主体和教育培训供给主体,应当将技能等级的认定权交给作为用人主体的企业和专业化的第三方技能评价机构。市场主体的自主性、积极性有了,供给和需求的信息对称了,供需关系才能理顺,职业技能等级制度才能真正有效率和有效度。也就是说,依据市场法则,建立相应的评价体系,评价的主体由市场主体承担,权威性由市场决定。只有这样,才能破除对技能人才成长和弘扬工匠精神的制约,促进产业升级和高质量发展。

为进一步破解技能人才职业发展中的"天花板",畅通技能人才职业发展通道,延伸拓展其成长进步阶梯,推动形成"人人学技能、有技能、长技能、比技能"的技能型社会,2022年3月,人社部发布《关于健全完善新时代技能人才职业技能等级制度的意见(试行)》(人社部发〔2022〕14号),形成了"新八级工"职业技能等级(岗位)序列。根据《国家职业标准编制技术规程(2023年版)》规定,各等级的具体标准及要求见下图。

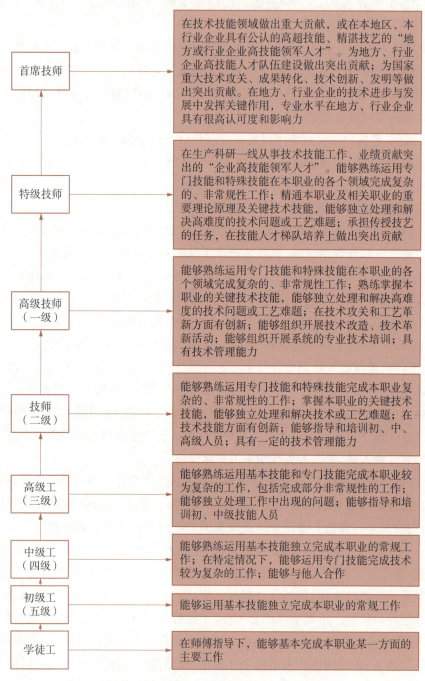

▲ 我国"新八级工"职业技能等级体系结构示意图

从结构示意图中可以得出,国家职业标准中对同一职业不同资格等级的技能要求分别区分为基本技能、专门技能到特殊技能,对三级(高级)以上等级规定还需具有综合工作能力的要求及技术管理能力要求;不仅有技能的高要求,还需要有一定的管理能力、对低一级人员的培训指导能力和较强的工匠情怀与敬业精神等。因此,作为技师学院的学生,未来的大国工匠与高技能人才,第一,要重视基本技能训练,应将中级等级技能作为高技能人才的技能基础。第二,专门技能是高技能人才的特色体现,中、高端技术问题的解决主要不是依靠动作技能,而是利用智力技能的创造性活动。相对于中级基本技能,专门技能的习得更需要有专业知识支撑,要用专门技能来解决现场技术问题,就需要具备运用专业理论知识去分析问题、解决问题的能力。这也是技师学院与普通技工学校培养人才的区别所在。第三,要注重自身知识、能力、素质全面发展,突出双核——核心从业素质、核心职业技能的持续提升,尤其是自身非规则性技能培养。从价值分析的角度,人的技能可分为规则技能和非规则技能两类;规则技能包括规则性操作技能(如开车、流水线上操作)和规则性认知技能(如记账、编报表);非规则技能包括非规则性操作技能(如乔丹、贝克汉姆抢球、踢球时与别人不同的肢体动作)和非规则性认知技能(如比尔·盖茨等的专业性思考和复杂性沟通)。尽管就每一个人来说,规则性和非规则性技能都是其不可或缺、非常重要的技能,但规则性技能不但可以被人取代,还可以被机器取代,而非规则技能难以替代,因此,它是人力资源市场上最有价值的技能。美国劳动经济学家弗兰克·利维(Frank Levy)和理查德·默南(Richard Murnane)的"规则技能"与"非规则技能"或许能给我们新的启示。

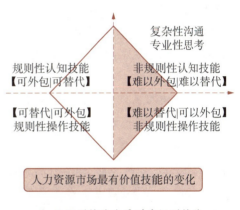

▲ 从规则技能发展到非规则技能

二、积极申请职业技能评价,踊跃参加各类技能大赛

如上所述,制定国家职业标准,并按国家职业标准编写教材、开发题库、开展培训、实施鉴定,是构建国家职业资格证书/职业技能等级证书制度的基础工作体系。依据国家职业标准,参加职业技能评价/认定,成功者获取相应的职业资格证书/职业技能等级证书;而积极参加技能大赛,就有可能在技能比武中脱颖而出,坐上了职业晋升的"直通车"。

1. 积极参加技能评价,把握等级申报条件

职业技能评价(职业资格评价或职业技能等级认定)是一项基于职业技能水平要求而进行的标准参照的考核活动,它是根据国家法律、法规,按照国家职业标准,由人力资源社会保障部门批准或备案的考核评价机构负责实施。对准入类技能职业资格必须按2021年版《目录》规定,由国家相关部委或部委的专门职业技能鉴定机构对劳动者进行职业资格评价,合格者取得相应的职业资格证书;对水平评价类的职业技能等级认定,必须经由人力资源社会

保障部门备案公布的用人单位和社会培训评价组织①，按照国家职业技能标准或行业企业评价规范，对劳动者进行职业技能等级认定，对合格人员颁发职业技能等级证书。

职业技能评价的本质是一种考试，具有学科考试所应有的共性特征，即通过一定手段对人们的心理素质、社会行为表现以及专业技能水平等方面，按一定参照，系统进行的检测、评估、考查或甄别，从而对人们的各项表现做出比较准确的评判或结论。但职业技能评价是以社会劳动者的职业技能为对象，以规定的职业标准为参照系统，通过相关知识和实际操作的考核作为综合手段，对劳动者的职业资格或技能水平进行客观公正的测量、评价和认证的活动，因此，职业技能评价必须体现"以职业活动为导向，以实际操作为主要依据，以第三方认证原则为基础"的三大特点。它不同于常模参照型选拔考试，而是属于标准参照型考试，即个人考试的结果是否符合要求，参照的是一个既定的标准，此标准一旦确定，与整体考试的水平无相关关系。此种考试结果具有绝对性，这种考试也称为水平考试或达标考试。

参加不同职业、不同技能等级评价的人员，其申报条件有所不同。申报者须根据相应职业的国家职业标准要求进行申报，申报者可以从国家职业技能鉴定中心或各省技能人才评价管理服务中心等发布的评价公告中查询获取有关信息。依据《国家职业标准编制技术规程（2023年版）》规定，对于具备以下条件之一者可申请参加相应等级的职业技能评价：

（1）可申报五级/初级工：①年满16周岁，拟从事本职业或相关职业工作。②年满16周岁，从事本职业或相关职业工作。

（2）可申报四级/中级工：①累计从事本职业或相关职业工作满5年。②取得本职业或相关职业五级/初级工职业资格（职业技能等级）证书后，累计从事本职业或相关职业工作满3年。③取得本专业或相关专业②的技工院校或中等及以上职业院校、专科及以上普通高等学校毕业证书（含在读应届毕业生）。

（3）可申报三级/高级工：①累计从事本职业或相关职业工作满10年。②取得本职业或相关职业四级/中级工职业资格（职业技能等级）证书后，累计从事本职业或相关职业工作满4年。③取得符合专业对应关系的初级职称（专业技术人员职业资格）后，累计从事本职业或相关职业工作满1年。④取得本专业或相关专业的技工院校高级工班及以上毕业证书（含在读应届毕业生）。⑤取得本职业或相关职业四级/中级工职业资格（职业技能等级）证书，并取得高等职业学校、专科及以上普通高等学校本专业或相关专业毕业证书（含在读应届毕业生）。⑥取得经评估论证的高等职业学校、专科及以上普通高等学校本专业或相关专业的毕业证书（含在读应届毕业生）。

（4）可申报二级/技师：①取得本职业或相关职业三级/高级工职业资格（职业技能等

---

① 截至2023年底，全国共有职业资格鉴定机构2606个，职业技能等级认定机构36914个，职业资格评价和职业技能等级认定考评人员74.5万人。

② 相关职业、相关专业的范围在具体职业标准中予以明确。可从国家职业分类大典修订专家委员会组织编制的《职业信息与教育培训项目（专业）信息对应指引（2023年版）》中查询。

级)证书后,累计从事本职业或相关职业工作满5年。②取得符合专业对应关系的初级职称(专业技术人员职业资格)后,累计从事本职业或相关职业工作满5年,并在取得本职业或相关职业三级/高级工职业资格(职业技能等级)证书后,从事本职业或相关职业工作满1年。③取得符合专业对应关系的中级职称(专业技术人员职业资格)后,累计从事本职业或相关职业工作满1年。④取得本职业或相关职业三级/高级工职业资格(职业技能等级)证书的高级技工学校、技师学院毕业生,累计从事本职业或相关职业工作满2年。⑤取得本职业或相关职业三级/高级工职业资格(职业技能等级)证书满2年的技师学院预备技师班、技师班学生。

(5) 可申报一级/高级技师:①取得本职业或相关职业二级/技师职业资格(职业技能等级)证书后,累计从事本职业或相关职业工作满5年。②取得符合专业对应关系的中级职称后,累计从事本职业或相关职业工作满5年,并在取得本职业或相关职业二级/技师职业资格(职业技能等级)证书后,从事本职业或相关职业工作满1年。③取得符合专业对应关系的高级职称(专业技术人员职业资格)后,累计从事本职业或相关职业工作满1年。

为实现推进职称制度与职业资格、职业技能等级制度有效衔接,进一步推动高技能人才与专业技术人才职业发展贯通,2023年版规程将专业技术等级划分为初中高3级:初级的依据是"能够运用基本技术独立完成本职业的常规工作。"中级的依据是"能够熟练运用基本技术独立完成本职业的常规工作;在特定情况下,能够运用专门技术完成技术较为复杂的工作;能够与他人合作。"高级的依据是"能够熟练运用基本技术和专门技术完成本职业较为复杂的工作,包括完成部分非常规性的工作;能够独立处理工作中出现的问题;能够指导和培训初、中级专业技术人员。"对于已取得相应等级培训学时证明,并具备以下条件之一者,可申请参加相应等级的专业技术等级考核:

(1) 可申报初级专业技术等级:①取得技术员职称。②具备相关专业大学本科及以上学历(含在读的应届毕业生)或学士学位。③具备相关专业大学专科学历,从事本职业技术工作满1年。④技工院校毕业生按国家有关规定申报。

(2) 可申报中级专业技术等级:①取得助理工程师职称后,从事本职业技术工作满2年。②具备大学本科学历,或学士学位,或大学专科学历,取得初级专业技术等级后,从事本职业技术工作满3年。③具备硕士学位或第二学士学位,取得初级专业技术等级后,从事本职业技术工作满1年。④具备相关专业博士学位。⑤技工院校毕业生按国家有关规定申报。

(3) 可申报高级专业技术等级:①取得工程师职称后,从事本职业技术工作满3年。②具备硕士学位,或第二学士学位,或大学本科学历,或学士学位,取得中级专业技术等级后,从事本职业工作满4年。③具备博士学位,取得中级专业技术等级后,从事本职业技术工作满1年。④技工院校毕业生按国家有关规定申报。

与《国家职业技能标准编制技术规程(2018年版)》比较,2023年版规程对申请条件的优化调整主要体现在以下4个方面:一是打破以往初、中、高职业技能等级逐级申报的限制。如累计从事本职业或相关职业工作满10年可直接报考三级/高级工;技能高超、从业经验丰富的一线职工直接申报高级工以上职业技能等级。二是发挥职业学校培养高技能人才的基础性作用。如取得本职业或相关职业四级/中级工职业资格(职业技能等级)证书,并取得高等职业学校、专科及以上普通高等学校本专业或相关专业毕业证书(含在读应届毕业生)的,或取得经评估论证的高等职业学校、专科及以上普通高等学校本专业或相关专业的毕业证书(含在读应届毕业生)的,可申报三级/高级工。三是打通技能人才发展"立交桥",促进高技能人才与专业技术人才融合发展。如取得符合专业对应关系的中级职称(专业技术人员职业资格)后,累计从事本职业或相关职业工作满1年的,可以申报二级/技师。四是适应产业发展和技术变革需求,发挥企业技术优势开发评价规范。如2023年版规程明确,企业开展自主评价的申报条件,可依据国家职业标准,结合企业工种(岗位)特殊要求,对职业功能、工作内容、技能要求和申报条件等进行适当调整,原则上不低于国家职业标准要求。无相应国家职业标准的,企业可参照2023年版规程自主开发制定企业评价规范。企业可结合实际,灵活运用过程化考核、模块化考核、岗位练兵、技术比武、技能竞赛、业绩评审、直接认定等多种方式进行评价。参加中国特色企业新型学徒制的学员按照培养目标进行考核定级。

2. 踊跃参加技能大赛,快速提高技能等级

技能大赛,正在改变着许许多多技工院校学生的人生。"感觉像在做梦!要是没有技能比赛,技师、高级技师资格对我来说还是很遥远的事情。"这是许多参赛学生的肺腑之言。

技能竞赛对立志技能成才者而言,其最大好处就是打破了传统的论资排辈的限制与职业晋升的惯例,给真正有能力、有实力、技能突出的参赛者创造了显露才华与才干的舞台和机会。一旦在技能竞赛中脱颖而出,获胜者将会被破格晋升,实现职业技能等级的连级跳。以一名普通钳工成长为例,一般情况下,获得初级职业资格/职业技能等级证书需要1年时间,从初级到中级需要3年,从中级到高级需要4年,从高级到技师需要5年,从技师到高级技师需要5年。在国家级大赛获得前几名的选手,可以直接晋升为技师,已具有技师资格的可以直接晋升为高级技师。一个从普通技工学校毕业的中级钳工,参加国家级大赛获得靠前名次后,可以实现职业技能等级连级跳,直接晋升为技师,相当于在正常情况下一年走完了别人13年的职业晋升之路。

职业技能竞赛是加强技能人才培养选拔、促进优秀技能人才脱颖而出、培育大国工匠的重要途径,是技能人才评价的一种重要形式。近些年来,我国高度重视发挥职业技能竞赛在技能人才队伍建设中的"指挥棒"作用,着力推动构建以世界技能大赛为引领、中华人民共和国职业技能大赛为龙头、全国行业职业技能竞赛和地方各级职业技能竞赛以及专项赛为主体、企业和院校职业技能比赛为基础,具有中国特色的职业技能竞赛体系,全国每年有上千万企业职工和院校师生参加各级各类职业技能竞赛,有力地促进了技能人才队伍建设工作。

其中,"中华人民共和国职业技能大赛"(简称全国技能大赛),是经国务院批准,由人社部主办,规格最高、项目最多、规模最大、水平最高、影响最广的综合性国家职业技能赛事。全国技能大赛原则上每两年举办一届,2020年12月、2023年9月已分别在广州、天津举办。大赛设置世赛选拔项目和国赛精选项目。第二届大赛共109个竞赛项目,包括数字建造、3D数字游戏艺术等世赛选拔项目63个,集成电路工程技术、家政服务(整理收纳)等国赛精选项目46个。

"全国行业职业技能竞赛"由有关行业部委、行业协会、中央企业主办,竞赛项目设置体现行业特色,是行业内最高水平的赛事。人社部每年会同有关部委、行业组织、大型央企组织国家级一类大赛近10项,二类竞赛60~80项,带动各地各行业开展各级各类竞赛活动,全国每年有上千万人次企业职工和院校师生参赛。全国行业职业技能竞赛分为一类职业技能大赛和二类职业技能竞赛。

(1)一类职业技能大赛是指由人社部等牵头组织的、跨行业(系统)、跨地区的职业技能竞赛。例如,全国工业和信息化技术技能大赛、全国民政行业职业技能大赛、全国青年职业技能大赛、全国职业院校技能大赛、全国残疾人职业技能大赛、全国新能源汽车关键技术技能大赛、全国智能制造应用技术技能大赛、全国工业设计职业技能大赛等。

(2)二类职业技能竞赛为单一行业(系统)的职业技能竞赛,由国务院有关行业部门或行业(系统)组织牵头举办。例如,全国有色金属行业职业技能竞赛、全国电子企业职业技能竞赛、全国机械行业职业技能竞赛、全国铸造行业职业技能竞赛、全国焙烤职业技能竞赛、全国烹饪技能竞赛等。

为引领广大从业者自觉苦练职业技能,形成"比、学、赶、帮、超"的良好氛围,全面提高职业素质水平,各类竞赛都设置了不同层次级别的物质与荣誉激励政策。

(1)全国技能大赛的奖励政策:对全国总决赛各竞赛项目获得前5名的选手(团队双人赛项前3名、三人赛项前2名),经核准授予"全国技术能手"称号。技能类各竞赛项目优胜奖及以上获奖选手可直接晋升技师职业技能等级,已具有技师职业技能等级的可晋升高级技师。智能制造工程技术、集成电路工程技术、人工智能工程技术、工业互联网工程技术、虚拟现实工程技术等专业技术类5个竞赛项目获得金、银、铜牌的选手,颁发高级专业技术等级证书;获得优胜奖的选手,颁发中级专业技术等级证书。

(2)全国行业职业技能竞赛的奖励政策:对于一类职业技能大赛获得各职业(工种)决赛单人赛项前5名、双人赛项前3名、三人赛项前2名且为职工身份的选手(全国残疾人职业技能大赛另行规定),二类职业技能竞赛获得各职业(工种)决赛单人赛项前3名、双人赛项前2名、三人赛项第1名且为职工身份的选手,经人社部核准后,授予"全国技术能手"称号,并按相关规定晋升技师职业资格或职业技能等级;已具有技师职业资格或职业技能等级的可晋升高级技师职业资格或职业技能等级(本职业现行最高技能等级为技师的,不再晋升)。

对于一类职业技能大赛获得各职业(工种)决赛单人赛项第6—20名、双人赛项第4—10名、三人赛项第3—7名的选手,二类职业技能竞赛获得各职业(工种)决赛单人赛项第4—15

名、双人赛项第3—8名、三人赛项第2—5名的选手,按相关规定晋升高级工职业资格或职业技能等级,已具有高级工职业资格或职业技能等级的可晋升技师职业资格或职业技能等级(本职业现行最高技能等级为高级工的,不再晋升)。

各地区、各行业可结合本地区、本行业的实际情况对获奖选手和单位给予相应奖励。

与高手同行、向高手学习、和高手过招,是成为高手的捷径。而参加各种类型与层级的职业技能竞赛则为渴望技能成才、成为高手的技师学院学生提供了大好的学习机会和平台。经常听到一些全国技能大赛的获奖选手的感言:"竞争性是各类竞赛的共性,比赛是在同一水平面上的对抗,势必产生优胜劣汰的结果。冠军只有一个,而'以赛促学,以练促技。一次比赛,一次经历,一次锻炼,一次提升'才是参赛的真谛。""我最为珍惜的是一路走来,在老师的指点下,在高手的影响下,在环境的熏陶下,我的职业技能与素养呈几何倍数的增长和提高:这不到半年的参赛时间,超过了我平常需要五六年甚至十几年才能获得的技能和素质。""技能大赛是提高技能的'快车道'。能够一路走到全国赛场,我受到的高强度集中训练至少不下于三次。而且,随着赛事层次的不断提高,受到的培训、指导的质量也在不断提高,原来久闻大名的行业精英、技能大师,都有可能会成为自己的指导老师。"可以说,技能大赛是一个绝佳的技能交流平台,那儿高手云集、星光灿烂。参赛者之间的相互展示、切磋、交流,与机器、与标准、与评委、与教师、与选手之间形成的多层次、多角度的"互动场",使得参赛选手原有的经验和新的交流收获融为一体,促使个人的职业技能和素养得到突飞猛进的提高。换言之,技能大赛既是展示台,参赛选手通过个人的技能和整体风采的展示,显露真活、细活和绝活。同时,技能大赛也是检阅台,它通过单项看综合,越过个人看整体,穿过外表看本质,透过做事看做人,对参赛者来说是一次从个体到集体、从理论到实践、从单一技能到综合素质的全方位检阅。

俗话说,"行家伸伸手,便知有没有",顾名思义,技能大赛比的主要是技能。在技能大赛这个竞技场上,只有那些身怀绝技、拥有扎实技能的高手,才会在众多高手之中脱颖而出。"而真正的高手不局限在比武中拿名次,而是永远在去追求极致、突破极限的路上",正如中航工业首席技能专家、大国工匠李世峰所言:"工匠精神就是对极致和美永不停息的追求和努力,100分的题就是做到99.9分也不能交卷。只要用心只要努力,每个人都可以成为真正的高手。"

技能大赛是一种高强度的、激烈对抗式的群体活动,其竞争性极强,对参赛选手的要求很严甚至苛刻,并且充满不确定性。在这种超常的氛围里,参赛者不仅需要拥有厚实的知识积淀,高超的操作技能以及创新、发散、整合的思维能力,而且还需要具有积极的精神状态、稳定的心理素质。只有这样,才能在高手如云的竞赛场上力挫群雄,独占鳌头。尤其要注意以下节点和关键方面:

一是赛前吃透大赛规则。任何大赛都有它的规则,在接到赛事技术文件时,第一时间要对技术文件进行研究,包括竞赛方式、理论考核内容、仿真软件、设备参数、工量具清单、毛坯材料等。

二是赛中调适自己心理状态。如学会综合运用注意力集中法、呼吸调节法、自我信心暗示法等各种方法,保持赛中的最佳心理状态。

三是赛后及时复盘总结。如按"复盘四步骤"——"目标—结果、情景再现、得失分析和规律总结"写好一份竞赛总结;根据参赛总结的经验教训,制订一份赛后成长计划,内容包括:知识理论学习计划、技能提升训练计划和职业品质修炼计划等;抱着一颗感恩的心,与相关者分享竞赛心得。

拓展阅读

世界技能大赛简介

世界技能大赛(World Skills Competition)始于1950年,每两年举办一次,是当今世界层次最高、规模最大、影响力最大的职业技能竞赛,其竞技水平代表了各领域职业技能发展的世界水平,有"技能奥林匹克"之称。

世界技能大赛的组织机构为"世界技能组织"(World Skills International),属非政府国际组织,其前身是"国际职业技能训练组织"(IVTO),由西班牙和葡萄牙两国发起,注册地在荷兰,现有75个国家和地区成员。其宗旨是:通过成员之间的交流合作,促进青年人和培训师职业技能水平的提升;通过举办世界技能大赛,在世界范围内宣传技能对经济社会发展的贡献,鼓励青年投身技能事业。

世界技能大赛涵盖运输与物流、结构与建筑技术、制造与工程技术、信息与通信技术、创意艺术与时尚、社会与个人服务六大领域,共计60多个竞赛项目。大部分竞赛项目对参赛选手的年龄限制为22岁,制造团队挑战赛、机电一体化、信息网络布线和飞机维修四个有工作经验要求的综合性项目,选手年龄限制为25岁。

第41届世界技能大赛于2011年10月在英国伦敦举办,第42届世界技能大赛于2013年7月在德国莱比锡举办,第43届世界技能大赛于2015年8月在巴西圣保罗举行,第44届世界技能大赛于2017年10月在阿联酋阿布扎比举办,第45届世界技能大赛于2019年8月在俄罗斯喀山举办。受新冠病毒感染疫情影响,原定于2021年9月中国上海举办的第46届世界技能大赛在推迟一年后改为在15个国家分散举行的特别赛。经世界技能组织全体成员大会投票表决,第47届(2024年)、第48届(2026年)世界技能大赛将分别在法国里昂、中国上海举办。

2010年,我国加入世界技能组织,并于2011年首次参加世界技能大赛。在第41届、第42届两届大赛上,中国队曾获得过2银3铜、18个优胜奖。

在2015年第43届世界技能大赛上,中国代表团共派出32名"技能国手",参加焊接、制造团队挑战赛、美发、汽车喷漆等29个项目的比赛。中国代表团在历时5天的竞赛中表现出色,取得了5金6银3铜、12个优胜奖的优异成绩,创造了中国代表团参加世界技能大赛以来的最好成绩,实现了金牌"零"的突破。其中,曾正超(攀枝花技师学院毕业生,中国十九冶集团有限公司职工,后为中冶集团首席技师,获四川省劳动模范、中国青年五四奖章称号)获得焊接项目金牌,玉海龙(中航成都飞机工业集团有限公司职工,后获四川省劳动模范、全国技术能手称号)、林春泷(广东省机械技师学院应届毕业生,现为中航工业空空导弹研究院技术员)、钟世雄(广东省机械技师学院学生,现为该院教师,破格为高级技师,享受副教授待遇)获得制造团队挑战赛项目金牌,杨金龙(杭州技师学院应届毕业生,现为该院教师,破格为浙江省首位特级技师,享受教授级高工待遇)获得汽车喷漆项目金牌,聂凤(重庆五一高级技工学校学生,现为该校教师,破格为副教授,享受国务院特殊津贴)获得美发项目金牌,张志坤(广东省机械技师学院学生,现为该院教师,破格为高级技师,享受副教授待遇)获得数控铣项目金牌这是中国在世界技能大赛上首次夺金,实现了历史性突破。中国工匠,也第一次向世界展现了自己的不俗实力。继第44届世界技能大赛我国选手斩获15金7银8铜和12个优胜奖的佳绩之后,在第45届世界技能大赛上我国选手又获得16金14银5铜和17个优胜奖的骄人成绩;在第46届世界技能大赛特别赛上我国选手再创辉煌,共获得21金3银4铜和5个优胜奖,在金牌榜上名列第一。

2017年10月13日,在阿联酋阿布扎比举行的世界技能组织全体成员大会上,国家主席习近平在申办陈述阶段通过视频发表致辞:"世界技能大赛在中国举办,将有利于推动中国同各国在技能领域的交流互鉴,带动中国全国民众尤其是近2亿青少年关注、热爱、投身技能活动,让中国人民有机会为世界技能运动发展作出贡献。"世界技能大赛,让国人更认同技能。举办世界技能大赛,将有利于引导全社会崇尚工匠精神,营造尊重劳动、崇尚技能的社会氛围;将带动中国广大高技能人才瞄准国际先进水平,潜心钻研技术,不断提高国内技能人才素质和能力,形成支撑中国制造、中国创造的高素质技能人才队伍,为推动中国制造迈上中高端水平提供坚强保障。

第四节　潜心技师研修　提升创新能力

初中毕业起点的技师学院学生到了5年级、6年级的高年级段,或者对已取得高级工职业资格证书者的学生再进行两年的全日制教育,就进入了习得技师职业能力的阶段。由于其采用"小班小组化—企校双导师制—学研产实践"的工学结合形式组织教学,因此,该阶段称为技师研修阶段。技师研修阶段的主要目标是,通过学会"在工作中学习"和"在学习中工作",把自己练就成具有解决问题能力和创新精神的"现代技师"。

一、呈现技师能力要求,增加创新发明意识

现代技师是基于社会工业化进程的加快、精益化生产方式的推进及新技术广泛应用的背景下,能够将个人的知识、技能及经验整合成新的策略技能,并具备将这些策略技能持续迁移到新的生产过程中,且能够组织指导更多人在多种条件下和不同领域中应用技能的高技能人才。他们既具有精湛的实际操作技能,能够在不同的工作领域或工作条件下运用多种技能、方法和经验完成工作任务;具有学习和创新能力,能够自我学习新知识和新技术,创造性地运用各种不同的个人经验及新知识、新技术来解决生产中出现的问题,进行工艺革新、装备改造和技术创新;具备领导和协调能力,能够进行有效的现场管理和技术指导;不仅具备针对岗位的功能性能力,还具备在复杂职业行动领域中的过程性能力和设计能力。

从国家职业技能等级标准来说,从高级工到技师是职业能力提升的一次飞跃。高级工的职业能力标准有三:一是能够熟练运用基本技能和专门技能完成本职业较为复杂的工作,包括完成部分非常规性的工作;二是能够独立处理工作中出现的问题;三是能够指导和培训初、中级技能人员。而技师的职业能力标准有五:一是能够熟练运用专门技能和特殊技能完成本职业复杂的、非常规性的工作;二是掌握本职业的关键技术技能,能够独立处理和解决技术或工艺难题;三是在技术技能方面有创新;四是能够指导和培训初、中、高级人员;五是具有一定的技术管理能力。可见,无论是职业活动范围、工作责任、工作难度,还是规则技能与非规则技能运用、生产工艺管理等,都与技师等级所蕴含的创新精神和创新能力密切相关。

创新,英语单词为 Innovation,源于拉丁语,原义有三:一是更新,就是对原有的东西进行替换;二是创造新的东西,就是创造出原来没有的东西;三是改变,就是对原有的东西进行改进。美籍奥地利经济学家熊彼特(Schumpter)认为:所谓"创新"就是"建立一种新的生产函数,把一种从来没有的关于生产要素和生产条件的新组合引入生产体系",它有五种情况:开发一种新的产品即产品创新;采用一种新的生产方法,即工艺创新或生产技术创新;开辟一个新的市场,即市场创新;获得一种原料或半成品的新供给来源,即材料创新;实行一种新的企业组织形式,即组织管理创新。① 可见,创新指的是以现有的思维模式提出有别于常规或常人思路的见解为导向,利用现有的知识和物质,在特定的环境中,本着理想化需要或为满足社会需求,而改进或创造新的事物、方法、元素、路径、环境,并能获得一定有益效果的行为。创新是人类特有的认识能力和实践能力,是人类主观能动性的高级表现形式,是推动民族进步和社会发展的不竭动力。唯有创新,方能又好又快地实现"增品种、提品质、创品牌"高质量供给的目标,这也是培育工匠精神的意义和使命所在。

创新是引领发展的第一动力。在激烈的国际竞争中,唯创新者进,唯创新者强,唯创新者胜。在大力倡导提升企业自主创新能力、建设创新型国家的时代背景之下,更快更好地培

---

① 约瑟夫·熊彼特.经济发展理论——对于利润、资本、信贷、利息和经济周期的考察[M].何畏,易家详,等,译.北京:商务印书馆,1997:73-74.

养一大批具有创新意识、创造性思维和创新能力高技能人才,是我国提升国家核心竞争力的战略举措。联合国教科文组织(UNESCO)指出:"21世纪竞争的核心是造就一支有生产活力的、灵活的劳动大军。"2017年,我国制造业劳动生产率仅为24 711.56美元/人,而美国、日本、德国和韩国的这一数据分别是我国的5.73倍、3.67倍、3.19倍和3.39倍;企业产品平均合格率只有70%,不良品每年的损失近2 000亿元;科技成果转化率只有15%左右,技术进步对经济增长的贡献率只有29%,远低于发达国家60%~80%的水平。产业工人的素质直接影响产品的质量、事故发生率和科技成果的转化率,而且技术创新也将更多来自于基层一线高技能人才的实践,那些亲身参与实践的一线高级技工、技师将是技术自主创新的重要源泉。因此,培育自身具备锐意创新的职业品质,树立敢于创新、勇于创新的精神,培养创造性思维的能力,全面提升自己的创造力,不仅是时代对技师学院学生的要求,也是自身成长、成才的现实选择。

创新既是工匠精神的应有之义,也是当代工匠的职业技能与综合素质的集中体现,是高技能人才的关键特征,更是高技能人才实现职业价值与岗位成才的"快捷键"与"永动机"。翻看那些岗位成才、业绩显著的技师或大国工匠的成长史,无论在学校期间创新创业比赛——"企业出题,学校选题,教师析题,学生破题"历练中,或者在真实岗位"解决本职业关键技术操作和工艺难题,以及技术攻关、工艺革新和技术改革"的研修中,抑或在岗位工作解决企业"疑难杂症"等方面,除了练就一身精湛技艺外,每每取得卓越成就,令人刮目相看的,都是在他们身上到处体现的创新精神和创造能力。如高铁研磨师宁允展,在铁路技校学习时就有很多小发明;到中车四方股份公司工作后,为解决CRH380A型高速动车组转向架"定位臂"研磨的技术难题,创新发明了"风动砂轮纯手工研磨操作法",采用分层、交错、叠加式研磨手法,在高铁"脚踝"上"绣花",将定位臂接触面织成了一张纹路细密、摩擦力超强的"网",有效保障了高速动车组转向架高质量、高产量的制造;他不断研发新项目、新工艺,发明的多种工装每年可为公司节约创效近300万元,成为"万众创新"的代言人。又如,中国航天科工六院的洪海涛,是一位常年打磨导弹点火器的特级技师。点火器是控制导弹发射的总开关,只有一个拳头那么大小。上有一小孔,即点火孔,空间狭小,只能容下一颗黄豆粒。点火孔的空间虽然小,但里边的贴合面必须达到95%以上,才能保证正常点火。而要实现95%以上的贴合度,就要把点火孔表面高低差控制在0.01毫米内。一旦误差超过0.01毫米,点火器就不能正常作业,该点火时点不着,不该点火时可能会因静电摩擦自动点火。这个技术瓶颈一直困扰着科研生产。洪海涛从一次打生鸡蛋的过程中找到了软工硬做的灵感。经过反复试验,洪海涛终于开发出了"三三旋转找正法",有效提高了加工精度,使产品合格率提高到100%。洪海涛还自行设计、制作了工艺装备10多种,攻克了许多关键零部件的加工难题和技术生产瓶颈,善于创新让他成为工厂车工线上的"主刀手"。

二、运用发明问题解决理论,提高创新创造能力

从根本上来说,创新是创新思维蓝图的外化和物化。所谓"创新思维"又称创造性思维,是人脑中利用已掌握的知识和产生的经验,通过联想、想象、直觉、灵感、发散等方式,遵循客

观规律,发现人类尚未知晓的(包括尚未出现的)事物的一种思维活动。创新思维可分为逻辑思维(含归纳思维、演绎思维、分析与综合思维、类比思维、有序思维、收敛思维)和非逻辑思维(含想象思维、联想思维、直觉思维、灵感思维、发散思维)两类。创新思维作为人类的高级思维过程,它突破思维定势,打破传统的、常规的思路,往往与创造性活动联系在一起,其最突出的标志是新颖、独创,且具有较高的社会价值。创新思维的本质在于超越,即对现有认识和现存事物的超越,究其实质就是对人们既定思维方式的超越,表现为对人们头脑中现有知识联系的重组,对现有经验范围的突破,对已有观念、方法的变革。当今社会,创造力人人都有,只不过有些人没有表现出来,有些人表现出来了而已。也就是说,创新思维是一种积极的心态,凡成大事者都有超出常人的创新思维。

习近平总书记指出:"青年是社会上最富活力、最具创造性的群体,理应走在创新创造前列。""要树立强烈的创新责任和创新自信,变'要我创新'为'我要创新'。"作为现代工匠,要努力培育自身具有创造性人才的个性品质:追求卓越的奉献精神,科学理性的独立精神,热情洋溢的合作精神,坚持不懈的学习精神和创造性人才的心理特性——创造意识、好奇心、灵活性、冒险性、超越能力和感情智力。尤其在技师研修阶段,不仅要学好创新的理论知识,在"学中做"提高智慧能力;而且要在"做中学"——创客训练、岗位实战中综合运用联想法、求异法、发散法、逆向法和综合法等多种创新思维方式,知行合一,来努力提升自身思维的深刻性、灵活性、独创性、批判性、敏捷性和系统性品质,为激发创新活力打下扎实基础。

技师学院毕业生的主战场是企业。目前普通企业常用的技术创新方法为试错法和头脑风暴法。这两种方法的优势在于易于掌握、传播和普及,能够产生一些创新设想,但存在效率低及难以解决复杂的技术问题的致命缺点。为了提高解决问题的效率,攻克复杂技术难题,目前,苏联科学家阿奇舒勒 TRIZ 理论[①]正在高新企业中推广,也逐步在技师学院技师研修、工匠创客训练中运用。

TRIZ(读音"萃智")的含义是"发明问题解决理论"(Theory of Inventive Problem Solving),是原俄文单词(теории решения изобретательских задач)按 ISO/R9-1968E 规定,转换成拉丁文(Teoriya Resheniya Izobreatatelskikh Zadatch)的首字母缩写。TRIZ 理论作为创造性地发现问题和解决问题的系统理论和方法工具,是阿奇舒勒带领他的 1500 人研究团队,穷尽毕生的精力,通过对世界上 250 万份高水平发明专利进行系统分析、科学总结而成的。TRIZ 理论于 1946 年创立,并在实践中不断完善,属于苏联的国家机密,在军事工业、航空航天等领域发挥了巨大作用,成为创新的"点金术"。虽然苏联用于军事科学研究的费用只是美国的零头,但其成果却让整个西方一直望尘莫及。冷战时期苏联大力培养国民创新能力和创造素质,并将其列入宪法之中,各种形式的发明创造学校和组织蓬勃兴起。据不完全统计,有 100 多所院校开设有 TRIZ 理论的课程。随着苏联的解体,人才向西方国家流动,世界各国才得以慢慢解开 TRIZ 理论的面纱,并将其视为法宝应用到本国的发展之中。如美国的一些世界级公司,如波音公司,利用 TRIZ 理论,解决了波音飞机空中加油的关键

---

① 根里奇·阿奇舒勒.寻找创意:TRIZ 入门[M].陈素勤,张娜,等,译.北京:科学出版社,2013.

技术问题,从而战胜了法国空中客车公司,为波音赢得了几亿美元的订单。德国几乎所有名列世界500强的大企业都采用了该理论并大力培训和应用。韩国三星从"技术跟随者"到"行业领跑者"的秘诀就是TRIZ。据不完全统计,世界各国应用TRIZ理论对产品进行开发已产生了非常重大的影响:一是使新产品开发过程缩短50%的上市时间;二是提升60%~70%的新产品开发效率;三是增加80%~100%的专利数量并提高专利的质量。究其原因:一是降低尝试次数和错误迭代;二是降低对共同资源的需要;三是使用演化的趋势打开历史,为新产品想法证明方向;四是利用专利规避,突破竞争对手的防御。

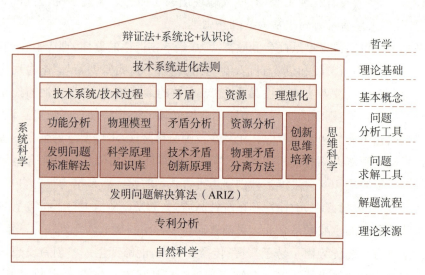

▲ TRIZ的理论体系

TRIZ作为世界级的发明创新方法,其经典理论体系主要包括有8个技术系统进化法则、最终理想解(Ideal Final Result, IFR)、39个通用工程参数与矛盾矩阵、40个发明原理、物理矛盾与分离原理、物-场模型分析、发明问题的76个标准解、发明问题解决算法(ARIZ)、科学原理知识库、功能属性分析和资源分析等。TRIZ理论成功地揭示了创造发明的内在规律和原理,着力于澄清和强调系统中存在的矛盾,其目标是完全解决矛盾,获得最终的理想解。其突出的贡献是为解决创造性问题,提供了一种普适性的用辩证思考方式帮助人们从问题的"最终理想解"出发逆向寻找问题的最佳现实解,并提出了消除系统中最尖锐、最根本矛盾——物理矛盾的方法。也就是说,技术系统的进化就是理想度的提高过程,这一进化只能在尽量少用外部资源的情况下通过解决技术系统中存在的各种矛盾得以实现。

我们在"系统学习,思维训练,实践应用"时,重点要把握以下几个方面的内容:

(1)创新思维方法与问题分析方法。阿奇舒勒认为:思维应遵循系统,受控于系统,只有如此,思维才是天才的。TRIZ理论将"技术"当作"技术系统"(Technical Systems)看待。

系统由多个子系统组成,并通过子系统间的相互作用实现一定的功能。我们所要研究的问题正在当前发生的系统,称之为"当前系统";系统之内的低层次系统称之为"子系统";系统之外的高层次系统称之为"超系统"。TRIZ 理论中提供了独特的创新思维方法,如九屏幕法、IFR 法、小人法、金鱼法和 STC 算子(size-time-cost)等。九屏幕法由技术系统、子系统、超系统以及这三个系统的过去和未来组成九个屏幕,来系统地思考问题的产生与发展,多方面多层次寻找可利用的资源,从而更好地选取最佳方案解决问题。如针对"为了快速沟通人们发明通信设备"情境,我们找到当前系统(移动电话)、当前系统的超系统(移动通信网络)和子系统(手机键盘);当前系统的过去(固话电话)和未来(个人通信器)、超系统的过去(固话通信网络)和将来(卫星、互联网一体化网络)、子系统的过去(固话电话拨号盘)和将来(语音拨号)等,来系统地、动态地、联系地对通信设备进行分析与思考。同时,针对同一问题,如"通红的焦炭放在传送带运输",可用上述几种创新思维比较问题解决的路径与关键:九屏幕法,"利用传递的子系统热焦炭的未来——冷焦炭";IFR 法,"利用现有资源解决热传递的问题,廉价的就是焦炭本身";小人法,"接触部分温度低,空气考虑为红色小人,冷焦炭为黑色小人";金鱼法,"幻想的部分是焦炭接触面冷、上面部分热,现实部分就是冷焦炭";STC 算子,"考虑成本、尺寸、时间,从六个维度考虑解决热焦炭运输",为解决问题找到了新的视角。当然,而对于复杂问题的分析,则包含了科学的问题分析建模方法——物—场分析法,它可以帮助快速确认核心问题,发现根本矛盾所在。

(2) 技术系统进化法则。针对技术系统进化演变规律,在大量专利分析的基础上 TRIZ 理论总结提炼出八个基本进化法则——技术系统的 S 曲线进化法则(一个技术系统的进化一般经历婴儿期、成长期、成熟期和衰退期 4 个阶段);提高理想度法则(最理想的技术系统应该是物理实体趋于零,功能无穷大);子系统的不均衡进化法则(每个子系统都是沿着自己 S 曲线而进化的,系统中最先到达其极限的子系统将抑制整个系统的进化,需要考虑系统的持续改进来消除矛盾);动态性和可控性进化法则(技术系统应该沿着结构柔性、可移动性、可控制性增加的方向进化);增加集成度再进行简化的法则(先集成系统功能的数量和质量,然后用更简单的系统提供相同或更好的性能来进行替代);子系统协调性进化法则(各个子系统在结构、各性能参数与工作节奏、频率上的协调);向微观级和增加场应用的法则(技术系统是沿着减小其元件尺寸的方向进化,在进化中使用不同的能量场来获得更佳的性能或控制性);减少人工介入的进化法则(系统的发展要以解放人类去完成更具有智力性的工作)。利用这些进化法则,可以分析确认当前产品的技术状态,并预测未来发展趋势,开发富有竞争力的新产品。

(3) 工程矛盾解决原理。TRIZ 理论将工程矛盾分为三类:物理矛盾、技术矛盾和管理矛盾。就发明创造而言,主要是前两类矛盾。所谓物理矛盾是指系统中同一参数既要求向正方向运动,又要向反方向发展。如飞机的体积既要大,保证容纳旅客数增加,同时飞机的体积又不希望大,会有成本问题和动力问题等。物理矛盾的解决通常采用四大分离原理,即空间分离(如测量海底时,将声呐探测器与船体空间分离,用以防止干扰,提高测试精度)、时间分离(如可折叠雨伞的设计,在下雨时撑开,存放时减少占用空间)、条件分离(如将水射流条件分离，给予不同的射流速度和压力，即可获得"软"的或"硬"的不同用途的射流，用于洗澡按摩或用作加工手段或武器）、整体与部分分离（如采用柔性生产线，以满足大众化和个性化市场需求的不同要求）。所谓技术矛盾是由表述系统性能的两个参数所构成的矛盾。常表现为一个系统中两个子系统之间的矛盾：①在一个子系统中引入一种有用功能后，会导致另一子系统产生一种有害功能，或加强了已存在的一种有害功能；②消除一种有害功能导致另一个子系统有用功能降低；③有用功能的加强或有害功能的削弱使另一子系统或系统变得复杂。TRIZ 理论用 39 个通用工程参数（如速度、形状、能量损失、时间损失，可制造性、可操作性等）来描述技术矛盾。在实际应用时，首先要把组成矛盾双方的性能用该 39 个通用工程参数来表示，这样就将实际工程技术中的矛盾转化为一般的标准的技术矛盾。

矛盾是 TRIZ 的基石。矛盾可以帮助我们更快、更好地理解隐藏在问题背后的根本原因，找到解决问题的方法。阿奇舒勒通过对 250 万份发明专利的研究发现，大约只有 20% 的专利才称得上是真正的创新，其他 80% 的专利往往早已在其他的产业中出现并被应用过。也就是说，发明问题是无限多的，而发明等级是不多的；发明问题是无限多的，而矛盾的类型比较而言是不多的；发明就是克服矛盾，而克服矛盾的原理也是不多的。阿奇舒勒认为，不同的发明创造往往遵循共同的规律，通过近 30 年的努力，他总结、提炼出了 TRIZ 中最重要的、具有普遍用途的 40 个发明原理。这 40 个发明原理是解决技术矛盾的独特工具，人们能用有限的 40 条原理来解决无限的发明问题。在很多企业技师的技术革新与工具发明实践中，也证明是具有普适性的"工匠革新 40 技"。当我们在工程实践中遇到问题的时候，最简单的方法就是把这 40 个发明原理挨个试一遍。

（4）利用解决工具探索渐进。TRIZ 理论从 1946 年创立至今，已提出了 TRIZ 系列的多种工具，如冲突矩阵、76 标准解答、发明问题解决算法（ARIZ）、物—场分析效应知识库、工程学原理知识库、TRIZ 软件（CAI）等。比如，其基于物理、化学、几何学等领域的数百万项发明专利的分析结果而构建的知识库可以为技术创新提供丰富的方案来源。TRIZ 理论体系较为庞大，内容相对精深，需要很好的知识储备。学练时可由浅入深，循序渐进。尤其是要充分利用其常用的工具，提升创新思维的方法与能力。比如要解决"吸尘器分离固体粉尘的改进"，我们查"TRIZ 案例通用科学原理库"就可获得 16 个解：声波、吸附作用、边界—表层—动量、离心分离、Coanda 效应、日冕放电、带电、过滤器、摩擦、惯性、磁场、磁效应、熔化、Reuleaux 三角、超声波、振动等。又如，解决"开启果壳"技术矛盾，我们遵循其步骤进行——第一步，分析问题，发现矛盾：取杏仁时必须去壳，先用锤砸或用机械方式压碎。制造性能好但产品的形状不好。第二步，根据 TRIZ，表述矛盾：查 39 个通用工程参数，得出 32（可制造性）和 12（形状）之间有技术矛盾。第三步，对照工具，得出解法：查 39×39 矛盾矩阵，得出可用的发明创新原理为 1（分割与切割）、28（机械系统的替代）、13（反向）和 27（用廉价而寿命短的替代昂贵而寿命长的物体）。第四步，针对问题，构思设计："分割"意味要把壳完全分开，"机械系统的替代"意味要用另一种系统，"反向"意味应从里向外加力。在密闭容器内加入高压空气，突然降压，杏仁内的空气膨胀，立刻打开杏仁壳。为了得到高压，可用高压空气，也可加热容器使气压升高。类似的技术问题还有开鸡蛋壳，开蚕豆壳，开核桃等。

总之,自主创新,方法先行。TRIZ 是什么?TRIZ＝方法学＋知识库;TRIZ 是工程技术人员、高技能人才的"孙子兵法"。实践证明运用 TRIZ 理论,可大大加快人们创造发明的进程,而且能得到高质量的创新产品。它能够帮助我们系统的分析问题情境,快速发现问题本质或者矛盾,准确定位问题的探索方向;拿起锤子(TRIZ),能够帮助我们打破惯性思维的壁垒,以新的视角分析问题,进行系统思维,根据技术进化规律预测未来发展趋势,帮助我们开发富有竞争力的新产品。

 思考与研讨

一、迎接 21 世纪挑战,强化核心素养(Key Competencies)培育是当前国际社会的共识。关于核心素养的内涵国际社会有三种典型的阐释:一是五大支柱说。联合国教科文组织(UNESCO)2003 年强调,核心素养的培育需要终身学习,终身学习也需要核心素养。终身学习的五大支柱即素养彼此关联,同时涉及生命全程与各种生活领域:①学会求知(learning to know),包括学会如何学习,提升专注力、记忆力和思考力;②学会做事(learning to do),包括培养职业技能、社会行为、团队合作和创新进取、冒险精神;③学会共处(learning to live together),包括认识自己和他人的能力、同理心和实现共同目标的能力;④学会发展(learning to be),包括促进自我实现、丰富人格特质、多样化表达能力和责任承诺;⑤学会改变(learning to change),包括接受改变、适应改变、主动改变和引领改变。二是关键能力说。经济合作与发展组织(OECD)2005 年提出,知识社会要求三种关键能力:①能互动地使用工具,包括互动地使用语言、符号和文本,互动地使用知识和信息,互动地使用新技术;②能在异质群体中进行互动,包括同他人建构和谐人际关系,团队合作,管理与解决冲突;③能自律自主地行动,包括在复杂大环境中具体行动,设计并执行人生规划与个人计划,维护权利、利益、限制与需求。三是八大素养说。欧洲联盟(EU)2005 年发表的《终身学习核心素养:欧洲参考架构》正式提出终身学习的八大核心素养:母语交流,外语交流,数学与科技素养,数字化素养,学习能力,公民与社会素养,创业精神以及艺术素养。同时提出贯穿于八大核心素养之中的共同能力,如批判性思维、创造力、主动积极、问题解决等。

可见,核心素养不是先天遗传,而是经过后天教育习得的。请重温教材"3Q7S管理"中关于"素养"的解释,谈谈你对核心素养与 7S 中"素养"两者关系的理解?你准备如何贯彻"7S 起于素养,终于素养,不断循环,螺旋上升"这条养成原则,来不断提升行动品质?

二、1984 年出生的大国工匠方文墨,2005 年参加了沈阳市青年职业技能大赛。在比赛现场,一位叫曲骊的钳工干起活来像是在制作工艺品,吸引现场很多人围观,成了那届的冠军。而方文墨却没能进入决赛。对冠军,方文墨不仅羡慕,而且也想有那种被别人围着赞赏的感觉。方文墨回忆说:"那是我第一次参加大型比赛,当时我在沈阳市也就是个三流选手,回来之后可郁闷了,好像真的无法超越,两三天吃不下饭。"打那之后,方文墨拜了有 30 年工作经验的付红安为师,刻苦钻研钳工技术。

在 2003 年技校毕业后的七八年时间里,方文墨参加了 25 次技能大赛,获得了 8 次第一名、8次第二名、2次第三名。大赛的获奖也让方文墨获得了"沈阳市技术标兵""辽宁省技术能手""全国技术能手""全国五一劳动奖章"等荣誉称号,并实现了三次破格晋升的机会。2009年,这位"80后"小伙子成了沈飞公司历史上最年轻的高级技师。大赛带给方文墨的不仅仅是资格等级的晋升,更是技术操作能力的跨越。每一次,方文墨都会在比赛中遇见技术更高的对手,发现自己的差距,每一次都是他拜师学艺的最佳时机。从能工巧匠们身上,方文墨不仅学到了精湛的专业技能,也体悟到锐意创新、超越自我的奋斗精神。

请说说你对技能大赛的认识,并结合所学专业制订一份在校6年的比赛成长计划。

三、"一万小时定律"之所以为大众所知,是因为《异类》(Outliers: The Story of Success)和《一万小时天才理论》(The Talent Code: Greatness Isn't Born. It's Grown. Here's How.)两本著作传播的缘故。马尔科姆·格拉德威尔在《异类》中揭示了该定律的两大内涵:"人们眼中的天才之所以卓越非凡,并非天资超人一等,而是付出了持续不断的努力;长时间的练习能让人脑吸收各种技能信息,保证其成为专家。""一万小时的锤炼是任何人从平凡变成超凡的必要条件。""一万小时定律"的关键在于,10 000小时是最底限,而且没有例外之人。没有人仅用3 000小时就能达到世界级水准;7 500小时也不行;一定要10 000小时——10年,每天3小时——无论你是谁。那么,这"一万小时"究竟如何训练才能成为某一领域的顶尖高手呢?丹尼尔·科伊尔《一万小时天才理论》告诉你:如果你想最大化自身的潜能,就需要保持长期的激情,在伯乐指导下,进行精深练习。精深练习有三大秘诀:组块化(整体了解一项任务→尽可能把它分解成最基础的组块→花时间用慢动作练习,再加速,以把握其内在结构)、重复练习(避免走入"低水平重复""半途而废"误区,不断在学习区进行针对性练习)、尝试体会(挑战自己的能力极限,犯错纠错,记住对自己最有效练习的感觉)。

可见,一万小时去做一件事,它不是简单的挣扎,而是有目的的奋斗。奋斗是青春最亮丽的底色,梦想也绝不是遥不可及;你和梦想实际的距离,就差一万个小时。那么,你准备如何启动你的10 000小时大国工匠计划呢?

四、经国务院同意,人社部于2021年11月公布了《国家职业资格目录(2021年版)》。《目录》明确给出了72项职业资格名称、实施部门(单位)、资格类别(准入类、水平评价类)和设定依据。这为职业学校学生依法考量证书市场、识别国家认可的职业资格证书,并把握申请职业资格鉴定的要求、依据条件,认真备考指明了方向。例如:"护士执业资格"为专业技术人员准入类职业资格,实施部门为国家卫健委、人社部,设定依据是《护士条例》《护士执业资格考试办法》(卫生部、人社部令2010年第74号);"会计专业技术资格"为专业技术人员水平评价类职业资格,实施部门为财政部、人社部,设定依据是《中华人民共和国会计法》、《关于深化会计人员职称制度改革的指导意见》(人社部发〔2019〕8号)、《会计专业技术资格考试暂行规定》(财会〔2000〕11号);"建筑施工特种作业人员"为技能人员准入类职业资格,实施部门为国家住建主管部门及相关机构,设定依据是《中华人民共和国安全生产法》《中华人民共和国特种设备安全法》《建设工程安全生产管理条例》《特种设备安全监察条例》、《安全生产许可证条例》《建筑起重机械安全监督管理规定》(建设部令2008年第166号)。

请结合所学专业,收集与阅读相关的法律法规及国家职业标准,掌握"应知""应会"具体规定,为顺利取得职业资格证书,不断提升就业创业技能和职业能力水平而高品质的行动。

五、自2010年中国加入世界技能组织以来,迄今已参加了六届世界技能大赛,累计获得176枚奖牌,其中57枚金牌、32枚银牌、23枚铜牌和64个优胜奖。在第44届世界技能大赛上,参加工业机械装调项目的19岁江苏小伙宋彪还以最高分斩获大赛唯一的"阿尔伯特大奖",它代表着世界技能大赛的最高荣誉。

据《中国青年报》报道:"有人粗略地算过一笔账,一个世界技能大赛金牌获得者,全国、省、市、学校至少能够得到奖金130万元以上(郑州市最高奖励200万)。奖励不止奖金,还有户口、职称、待遇、荣誉,一样都不能少,几乎让人有'一步登天'之感。"重奖技能获奖选手,这不是第一次,也不会是最后一次。从中国制造,到中国创造,从加工生产,到开发创新,各行各业需要大量的技能人才。宣传工匠人才,弘扬工匠精神,让每一个技能人才神采奕奕,成为引领新时代的弄潮儿,以营造劳动光荣的社会风尚和精益求精的敬业风气,就必须重奖技能人才。而重奖技能人才,需要借助技能大赛的平台,让技能人才脱颖而出,使技能人才的水平得到权威的证明和公众的认可。这样的奖励,才能让人心服口服。

世界技能大赛理念、技术标准、比赛规则、工作流程和组织方式,代表了当今世界职业技能领域发展的先进水平。作为职业院校或技工院校学生的您,请收集与学习这些学长们的先进事迹,在学业生涯中以榜样为力量,努力厚植基底,追求卓越,向世界最高标准看齐。

六、阿奇舒勒生前大力提倡对TRIZ的普及并充分肯定TRIZ的力量。他说:"进行20学时培训,掌握TRIZ基本原理,创造力平均可提高一倍,其中优秀者送公共发明学校进一步接受培训;学校再进行100—120学时培训,一般创造力可以提高2倍,其中优秀者送发明学院深造;学院再进行220—240学时培训后,可成为TRIZ专家。"比如,我们可以通过"最终理想解(IFR)"的培训来萃取智慧,提高创造力。在解决问题之初,首先抛开各种客观限制条件,通过理想化来定义问题的最终理想解,充分体现"系统保持有用功能正常运作,同时又能够自行消除有害的、不足的、过度的作用"四大特征。IFR可以帮助设计者跳出思维的怪圈,以IFR这一新角度来重新认识定义问题,得到与传统设计完全不同的问题根本解决思路。

请看下面的案例:农场主有一大片农场,放养大量的兔子。兔子需要吃新鲜的青草,农场主不希望兔子跑太远而看顾不到。现在的难题是:农场主不大可能花钱请人割草,运回来喂兔子。请问,这问题可以如何解?该IFR问题思考程序是:①系统的最终目标是什么?兔子能够吃到新鲜的青草。②理想化最终结果(理想解)是什么?兔子永远自己能吃到青草。③达成理想解的障碍是什么?为了防止兔子跑掉,农场主用笼子养兔子。④出现这障碍的结果是什么?笼子不能移动,兔子能吃到的草有限。⑤不出现这障碍的条件是什么?当兔子吃光笼下的草时,笼子可移动到有青草的草地上。⑥创造这条件存在哪些可用资源?可用的资源是兔子、笼子和草。⑦是否已有其他产业或研究能解决此问题?无。

从IFR出发的解决方案:给笼子装上轮子,兔子可以自己推着笼子移动,去不断地获得青草。

请阅读如下材料,并按上述步骤,提出问题的最终解决方案。

割草机在割草时，发出噪音、消耗能源、产生空气污染、高速飞出的草有时会伤害到操作者。现在的第一任务是改进已有的割草机，解决噪音问题。传统设计中，为了达到降低噪音的目的，一般的设计者要为系统增加减震器等等的子系统，这不仅增加了系统的复杂性，而且增加的子系统也降低了系统的可靠性。那么，如何降低割草机的马达噪音？

第七章
工匠精神的弘扬：技能社会与系统构建

"系统观念是具有基础性的思想和工作方法"。只有坚持系统观念，发展地而不是静止地、辩证地而不是形而上学地、全面地而不是片面地、系统地而不是零散地、普遍联系地而不是单一孤立地观察事物和把握问题，才能战胜风险挑战、不断从胜利走向胜利。《中共中央关于制定国民经济和社会发展第十四个五年规划和二〇三五年远景目标的建议》指出："十四五"时期（2021—2025年）是我国乘势而上开启全面建设社会主义现代化国家新征程、向第二个百年奋斗目标进军的第一个关键的五年。推动"十四五"时期经济社会发展，必须遵循的五项原则——坚持党的全面领导，坚持以人民为中心，坚持新发展理念，坚持深化改革开放，坚持系统观念。"坚持系统观念"就是"要加强前瞻性思考、全局性谋划、战略性布局、整体性推进……着力固根基、扬优势、补短板、强弱项""落实各项改革任务，要把着力点放到加强系统集成、协同高效上来""实现发展质量、结构、规模、速度、效益、安全相统一"。

全面建设社会主义现代化国家，教育是基础，科技是关键，人才是根本。"教育、科技、人才是全面建设社会主义现代化国家的基础性、战略性支撑。"党的二十大报告将"建成教育强国、科技强国、人才强国"纳入2035年我国发展的总体目标，明确提出"加快建设国家战略人才力量，努力培养造就更多大师、战略科学家、一流科技领军人才和创新团队、青年科技人才、卓越工程师、大国工匠、高技能人才"。报告将大国工匠、高技能人才纳入国家战略人才力量，充分彰显了加强新时代高技能人才队伍建设的重要性。技能人才培养尤其是高技能人才培养是一项系统工程，正如习近平总书记所强调的那样："要健全技能人才培养、使用、评价、激励制度""各级党委和政府要高度重视技能人才工作，大力弘扬劳模精神、劳动精神、工匠精神，激励更多劳动者特别是青年一代走技能成才、技能报国之路，培养更多高技能人才和大国工匠，为全面建设社会主义现代化国家提供有力人才保障。"

第一节　技能型社会的理念：形态内涵与本质特征

技能是强国之基、立业之本。2021年是"十四五"规划开局之年，也是开启全面建设社会主义现代化国家新征程的重要时刻，新中国成立以来第一次由党中央、国务院召开的全国职业教育大会于4月12日至13日在北京举行。大会创造性地提出了建设技能型社会的理念，并将其描述为"国家重视技能、社会崇尚技能、人人学习技能、人人拥有技"，实现以技能促进国家全方位发展的新型社会形态。同年5月，时任教育部部长陈宝生提出：要让职业教育实现"五个入"，服务技能型社会建设。一是"长入"经济，就是要使职业教育成为经济活动的内生变量，成为推动创新链、产业链、人才链、政策链、资金链深度融合的重要力量；二是"汇入"生活，就是要发挥技能在人民群众创造高品质生活中的重要作用；三是"融入"文化，就是要在全社会大力弘扬劳动光荣、技能宝贵、创造伟大的时代风尚；四是"渗入"人心，就是要激励更多劳动者特别是青年人走技能成才、技能报国之路；五是"进入"议程，就是要使职业教育进入各级党委和政府议事日程，纳入有关规划、政策体系、议事规则、预算保障。6月人社部出台《"技能中国行动"实施方案》，提出"以提升全民技能、构建技能社会为引领"，决定在"十四五"期间组织实施"技能提升""技能强企""技能激励""技能合作"四大行动，在实施层面诠释了技能型社会建设的内涵要素。10月中办、国办印发《关于推动现代职业教育高质量发展的意见》，明确了我国建设技能型社会的时限："到2025年，职业教育类型特色更加鲜明，现代职业教育体系基本建成，技能型社会建设全面推进""到2035年，职业教育整体水平进入世界前列，技能型社会基本建成"，这标志着建设技能型社会已上升到国家战略层面。2022年3月，人社部又推出《关于健全完善新时代技能人才职业技能等级制度的意见（试行）》，坚持效果导向，"推动形成人人学技能、有技能、长技能、比技能的技能型社会"。2022年4月，经过近26年的努力，新修订的《中华人民共和国职业教育法》发布，新法明确提出了"建设教育强国、人力资源强国和技能型社会"的愿景，这标志着建设技能型社会上升到了国家法律层面。可见，强化技能人才培养，完善国家技能形成体系，推动技能型社会系统构建已提上重要日程。

一、技能型社会的形态与内涵

建设技能型社会，首先要厘清技能型社会的内涵。从社会学的角度审视，技能型社会是一种崭新的社会形态。这一社会形态不同于由原始社会→奴隶社会→封建社会→资本主义社会→共产主义社会（包括社会主义社会）依次演进的五种经济社会形态，也不同于由渔猎社会→农业社会→工业社会→信息社会依次演进的四种技术社会形态（依据生产工具的变革，也可划分为石器时代、青铜时代、铁器时代、蒸汽时代、电气时代、信息时代），而是一种与服务全民终身学习，"人人皆学、处处能学、时时可学"的学习型社会相近似的具备技能形成特殊标准的社会新面貌。

任何一个社会，无论其社会制度、意识形态、经济发展水平如何，都存在着技能活动，但我们不能简单地把具有技能活动的社会称之为技能型社会。技能型社会是社会发展到一定阶段的特征描述，是"以技能为本质与核心，以技能形成体系为重要载体，以技能共同体为建设逻辑的社会"，反映的是技能资本和技术进步对经济社会发展所起的积极作用。它既是一个复杂的过程，也是一套复杂的制度体系设计，同时又是一个多方合作、多元协同的社会建构系统。按社会建构理论表述：经济、政治、文化、制度等诸多因素都会对技术技能的产生和发展过程产生深刻影响，而技术技能的发展与应用又促进了经济、政治、文化、制度等因素的升级或重构，这是一个社会—技术系统协同进化的过程，是多元主体构成的网络系统共同作用的结果。

建设技能型社会，既是适应科技革命的现实需要，又是支撑经济高质量发展的客观要求；是面对日益复杂多变的国际市场环境和促进国内社会转型升级而需建构的一种新发展理念。进入21世纪以来，全球科技创新空前密集活跃，新一轮科技革命和产业变革正在重构全球创新版图、重塑全球经济结构。以人工智能、量子信息、移动通信、物联网、区块链为代表的新一代信息技术加速突破应用，以合成生物学、基因编辑、脑科学、再生医学等为代表的生命科学领域孕育新的变革，融合机器人、数字化、新材料的先进制造技术正在加速推进制造业向智能化、服务化、绿色化转型，以清洁高效可持续为目标的能源技术加速发展将引发全球能源变革，空间和海洋技术正在拓展人类生存发展新疆域。伴随世界经济格局的深刻调整，新一轮科技革命正在以前所未有的广度和深度推动着产业变革，带来了工具革命和决策革命，从而提高了体力劳动者和脑力劳动者的效率，成为推动经济社会转型、实现可持续发展、提升综合国力的动力源泉。在我国，经过40多年的改革开放发展，经济总体规模现在位居世界第二，建立了世界上门类齐全、体系完整的制造业，但全要素生产率还偏低——数据显示：2021年仅为美国的40%、德国的44%、日本的63%。当前，我国经济进入高质量发展新阶段，对技能人才需求尤其强烈：一是加快传统产业转型升级、促进新兴产业加快发展、提高产业链供应链稳定性和现代化水平成为实现中国式现代化最重要的产业基础。驱动产业升级和迭代，加快新旧动能转换，需要整体提升技能劳动者的技术技能水平。二是我国高精尖产业、战略性新兴产业快速发展，为适应"工业4.0"时代发展需要，需要大批掌握现代技术技能的人才，尤其是复合型技能人才。三是我国实施"双碳"（碳达峰与碳中和）战略、走绿色经济和数字经济协同融合发展之路，需要培养大批相关领域的紧缺技能人才。四是我国科技在一些领域已经跻身世界前列，在某些领域由"跟跑"转变为"并跑"，甚至正努力实现"领跑"，解决西方国家对我国"卡脖子"技术问题，需要大量高端技能人才。可见，技能人才层次提高与产业转型升级相互支撑、相互促进。当今世界，日趋激烈的竞争已表现为综合国力的竞争，而综合国力的竞争归根到底是人才的竞争、劳动者素质的竞争。技能劳动者作为生产实践主体和创新发展参与主体，在推动质量变革、效率变革、动力变革和提高全要素生产率等方面发挥着不可替代的作用。

建设技能型社会也是学历型社会转型的时代呼唤，它对于破除"唯学历""唯文凭"的社会现实，重构社会生态意义重大。改革开放以来，通过跨越式发展，我国建成了世界上规模最大的高等教育体系,高等教育毛入学率①2002年达到15%,迈入大众化门槛(1979年全国只有本专科高校633所、年招生27.5万人,高等教育毛入学率仅为2.07%);2019年达到51.6%,进入普及化时代;2022年高等教育在学总规模4655万人,毛入学率达到59.6%,超过OECD国家平均水平,已形成"学历型社会"。"学历型社会"又称"学历社会",是人类社会工业化发展到一定阶段的客观存在,它在顺应社会发展、打破阶层壁垒、促进社会公平等方面发挥了巨大作用,其存在有着合理积极的一面。然而,当"学历型社会"对知识赋予过度的功利性价值、对学历文凭赋予超载的知识性标签时,重视知识、文凭,轻视技术、技能的价值观念就会渗透社会的方方面面,这无疑成为现代社会发展的隐疾。正如美国学者兰德尔·柯林斯(Randall Collins)在《文凭社会》(*The Credential Society: An Historical Sociology of Education and Stratification*)②一书中批评西方的那样:"文凭所代表的高等教育,不仅无法提供社会流动,无法为企业提供技术层面上的有用人才"。"文凭凯恩斯主义"还带来了"学历异化""文凭贬值"等问题。随着我国逐步步入后工业化时代,文凭制度的弊端开始愈发凸显,如它引导人们片面追逐分数与学历,肢解了教育的完整内涵,忽略了教育的本源价值,忘记了学习的本质意义。从教育供给结构看,多年"学历社会"的发展惯性制动刹车不易,职业教育在国民教育体系中被认为是"低人一等","考不上高中去读中职,考不上本科去读高职"的想法根深蒂固,民众对"技能"的歧视和对"技能成才道路"的不信任仍有很大市场;学历的"内卷化"使许多人盲目追求高学历,导致社会资源和效率的浪费,而新技术应用、新产业升级下的岗位高技能要求,却使技能人才缺口更大。因此,职业教育的发展亟待社会观念和社会制度的匹配推进。

如果全社会过分尊崇学历并将其绝对化,就可能带来文凭异化和人才供求失配问题。2021年末"玻璃大王"曹德旺对话"新教育"理论家朱永新:曹德旺感叹,在大学生就业难的背景下,类似"福耀"这样的工厂却很难招到合适的大学生,有的宁可送快递、送外卖,也不愿意到制造业企业就业。朱永新回应说,现有教育体系培养的大学生尚不能很好地满足社会的需求……文凭不等于水平,学历不等于学力,中国迫切需要从"学历社会"向"学力社会"转型。比起"高学历"教育,产业发展更需要"高学力"教育——培养具有适应性、技能性、职业性、创造性特征的以集"多元技能"为一体的人才。况且,"学历"只代表着过去,"学力"才意味着未来。对产业工人或更广义的技能人才培养而言,内化考量的学力须外显为劳动力的技能形成,"学力社会"才能具象化为"技能型社会"。

可见,建设技能型社会就是要解构知识与技能的不平等关系、打破学历社会的单边优

---

① 高等教育毛入学率指高等院校在校学生数占高等教育国家规定年龄组人口总数的比例。其计算公式为:高等教育毛入学率(%)=(高等教育在学总规模/18~22岁年龄组人口数)×100%。高等教育毛入学率在15%以下、15%~50%以及50%以上分别属于精英教育阶段、大众化阶段和普及化阶段。
② 兰德尔·柯林斯.文凭社会:教育与分层的历史社会学[M].刘冉,译.北京:北京大学出版社,2018.

势,重塑技术价值、回归实用理性,打造长远满足高质量发展的知识型、技能型、创新型的产业工人、技能劳动者大军,建立一种有相应体制机制和社会文化促进保障技能形成和技能成长的社会系统。技能型社会代表着全社会人力资本需求的根本方向,其不仅限于教育领域的改革,还要求相关社会组织与要素的全面革新,是国家重视技能、社会崇尚技能、人人学习技能、人人拥有技能的社会形态。

二、技能型社会的目标与功能

全国职业教育大会高举技能型社会的旗帜,提出加快构建面向全体人民、贯穿全生命周期、服务全产业链的职业教育体系。所谓的"职业教育",按《中华人民共和国职业教育法》界定:"是指为了培养高素质技术技能人才,使受教育者具备从事某种职业或者实现职业发展所需要的职业道德、科学文化与专业知识、技术技能等职业综合素质和行动能力而实施的教育",包括职业学校教育和职业培训。"因此,技能型社会究其外延,应该是一个以教育为主导的经济体系,而不是一个以经济为主导的教育体系。形态社会学(Figurational Sociology)告诉我们:社会的本质是"过程",是"动态连续的过程",每个人从出生到死亡都交织在复杂的人与人之间组成的关系网络中,这种关系之间的张力和平衡会在不同的时间段发生改变。① 以"过程"的视角来看,技能型社会是中国特色社会主义进入高质量发展的历史时期,是以技能学习为核心、以全民为主体、以人的全生命为周期、以尊重技能人才和肯定技术技能价值为文化、以组织化和社会化学习和培训为基础、以完善的终身教育体系和技能形成体系为载体,推动全民追求技能、拥有技能,促进国家进步和个人成长的一种社会发展生态。它体现出了社会个体、行业企业和国家三个层面在教育、经济和社会三个维度上要达成的目标尺度:其一,每个个体在全生命周期内能均能获得高质量技能——一是每个个体都有学习技能、积累技能的愿望,且每个个体在全生命周期内技能学习的需求都能够得到高质量的满足,追求更高层次的精神幸福;二是每个个体均享有足够的社会保障,公平的公共资源(子女教育、城市住房福利、城市落户等)分配权利,社会融入感增强;三是每个个体因为掌握更高技能获得更高的收入回报,能够消费更高质量的产品,享有更满意的物质生活。其二,行业企业均将"技能"作为创新发展的核心力量——一是每个行业企业都重视技能资本的开发与利用,积极参与技能政策的制订、实施与评价,积极实施企业内部、外部技能教育与培训;二是每个行业企业都能高质量提供技能岗位,健全技能要素参与分配制度,使劳动者长期安心岗位积累技能;三是每个行业企业都能有效利用技能,注重维护劳动者合理权益,形成中长期激励工具及技能晋级、职位晋升机制。其三,国家竞争力显著增强,从"技能强国"愿望走向"人力资源强国"现实——一是服务全民终身技能学习,教育更加以人为本、为每个学习者提供适切的教育,"技能"取代"文凭"成为联结教育、社会的重要纽带与高质量就业的核心标准,技能成才路径真正畅通;二是技能劳动者进入中等收入群体,"橄榄型"社会基本形成,社会更加包容公平、更加和谐美好;三是技能资本供给质量与规模不断提升,技能需求端提供

---

① [德]诺贝特·埃利亚斯.文明的进程[M].王佩莉,袁志英,译.上海:上海译文出版社,2018:5.

更多高质量的就业岗位,且技能供需双方相互适应匹配,国家成为实施高技能均衡路线的高收入经济体。通过三个目标层面的良性互动、结构发展,技能型社会展现出如下功能特征。

1. 全员性和终身性

技能型社会是以技能为核心,人人有技能、长技能的终身学习社会。全民学习技能氛围浓厚,社会全体成员均参加能服务全产业链的职业教育与培训,掌握技能、提升技能、施展技能。从技能学习的对象与内容上看,除了时代发展所急需强化的重点领域和重点群体外,全面统筹学校教育、继续教育和职业培训,以服务技能终身学习为中心的纵向推进与以城市为节点、城乡一体的横向推进相结合,技能学习涵盖"三个所有"——所有人、所有内容、所有地方:一是学习者不只限于职前的所有学生群体,还包括职后的全体劳动者。二是学习内容不只限于通用技能,还涵盖面向职业的专业技能、面向岗位的特殊技能,以及心理社会技能等。三是教育开展和技能习得可以随时随地。从时间上说,技能学习将伴随全生命周期并影响人的一生,包括基础教育的技能启蒙、职业教育的技能养成、企业内训的技能提升、社会培训的技能补给、继续教育的技能获得,从启蒙、习得到培训提升,贯穿人的全生命周期。

2. 技术性与组织性

技能型社会是一个厚植工匠文化、形成技能共同体的社会。重视汲取优秀传统文化的精髓,传承匠术、匠心、匠德,将"劳动精神""工匠精神"内涵融入技能型社会体系之中。重视对物化的科学工具——技术的学习,并逐渐形成使用工具的能力——技能。技能的培养与提升,除了依赖于课堂和学校场域,更依赖于工作场域。整个社会的技能形成体系除了培养个体操作技能外,还注重个体心智技能的发展;不仅依靠个体为技能载体,更依赖于超越个体层面的团队协作、行业部门的组织化学习和国家组织的制度化学习。个人和组织均是技能的载体,传统的学历教育更强调个人载体,而技能型社会更强调组织,其储存和承载的技能不是单个成员技能的简单加和,而是打造影响着个体的技能运用与技能形成的多方力量结合,具有共同使命、愿景和价值观的技能共同体。

3. 自主性和社会性

技能型社会是一种技能学习气息弥散到社会各个角落的社会。"社会崇尚技能、人人拥有技能"成为自觉追求。通过整合各种技能学习的类型、资源与要素,搭建理实一体和网络化、数字化、个性化的多元平台,人们根据工作和生活发展需要自主地选择技能学习的内容和方法,自觉主动地去学习技能,从而实现社会劳动者从初级劳动市场进入次级劳动市场、社会全产业劳动力适应未来产业发展走向、社会全范围技能升级。技能型社会对技术技能有着共同的价值取向和文化氛围,"劳动光荣、技能宝贵"的时代新风弘扬,"技能成才、技能报国"的家国情怀深厚。技能学习者不是单纯从个人的角度功利化理解其价值,而是把技能学习与单位、组织发展联系起来,体现出很强社会责任性。

4. 治理性和发展性

技能型社会是一种注重治理体系现代化的社会,也是一种技术强国、技能富民的社会。从宏观角度看,技能是国家能力的重要来源,国家能力包括治理能力和发展能力。"治理能力"主要体现为制度化、法治化、协调化以及可持续等方面的能力与水平,"发展能力"则主要体现为社会经济、科技文化等方面的成长进步能力和水平。技能型社会建设强调全面依法治国,除完善《职业教育法》外,《技能促进法》立法及时推进,各类配套政策之间连贯、系统和协同,政策执行(政策本身、执行主体、政策环境)效能彰显;强调国家重视技能,发挥政府规划引领、政策支持激励、行政执行以及监督和保障作用,纳入国家和地方的中长期规划,并形成体系化的国家技能形成与治理制度。

第二节 技能型社会的基石:技能资本与技能形成

美国经济学家保罗·罗默(Paul Romer)因在上个世纪80年代提出"内生增长理论"(The Theory of Endogenous Growth)而成为2018年诺贝尔经济学奖得主。该理论的核心是"经济增长的动力来自于对人力资本、创新和知识的投资",意思是说技术进步和人力资本是促进国家或地区经济增长的内在动力。在经济学家眼中资本可分为两类:一类是物质资本(Physical Capital),即以物质形式呈现的资本,如机器、设备、建筑、原材料等;另一类是人力资本(Human Capital),即体现在劳动者身上的、以劳动者的数量和质量表示的非物质资本。

哈巴德定理指出:"一架机器可以取代50个普通工人的工作,但是任何机器都无法取代专家的工作。"这个定理告诉我们,一定要注意区分"人力资源""人力资本"这两个既有联系又有区别的术语,同时充分重视人力资本的重要性:从概念上来看,人力资源是指一个国家或地区从事智力和体力劳动者的总称,通俗地说就是劳动力;而人力资本是指投资在劳动者身上并形成劳动者知识技能的资本量,即存在于人体之中的具有经济价值的知识、技能和体力等质量因素之和。从对象上来看,人力资源针对的是经济管理和经济运营,而人力资本针对的是经济增值和经济贡献;对于"资源"人们多考虑寻求与拥有;而提到"资本"人们会更多地考虑如何使其增值生利。从性质上来看,人力资源所反映的是存量问题,具有不可剥夺性、生物性、社会性,而人力资本反映的是存量与流量问题,具有依附性、能动性、变动性。众所周知,我国是世界第一人口大国,自然是人力资源大国,但还不是人力资源强国,因为这些"资源"中的大部分"资本"的价值亟待提升。因此,要高质量实现新《职业教育法》提出的"建设教育强国、人力资源强国和技能型社会"愿景,就必须加大对人力资本投资,通过强化教育和培训来提升就业能力。技能型社会就是一种以技能知识积累和技能习得促进发展的社会化体系。

一、技能型社会的基本理论

1. 人力资本理论

技能通常被理解为人力资本的一个组成部分。在古典经济学文献中,亚当·斯密很早就把劳动力视为一种资本类型。他认为"一个社会的全体成员所拥有的有用的能力"称为固定资本;技能是人们在社会上所能习得的一切有用才能,属于社会积累的一部分。被誉为

"人力资本之父"的美国经济学家西奥多·舒尔茨(Theodore Schultz)在长期的农业经济研究中发现：从20世纪初到50年代，促使美国农业产量迅速增加的重要原因，已不再是土地、劳动力或资本存量的增加，而是人的技能提升与知识增加，"物资资本投资增加4.5倍收益随之增长3.5倍，而人力资本投入量增加3.5倍收益却增加了17.5倍"。由此，舒尔茨于1960年提出人力资本学说，并与贝克尔(Gary Becker)和明塞尔(Jacob Mincer)并称为人力资本投资的三大代表人物。舒尔茨认为，人力资本是寓寄在人身上的知识、技能和健康等，通过人力资本投资，劳动力的人力资本存量增加可以促进收入提升和经济增长，人力资本投资的形式有正规教育、在职培训、迁移和健康投资等。人力资本是"体现劳动力质量的核心指标，是一种无形的资本，且具有与其他资本类型完全不同的弹性和异质性"。① 延续舒尔茨的界定，贝克尔同样把技能(按技能适用性，他将技能分为通用技能和专用技能两类)作为人力资本的一个组成部分，对人力资本投资能够带来有形的收入增长和无形的好的"心理收入"。他认为，人力资本与其他资本类型不同的地方在于，人力资本一旦形成就很难被其他部门包括政府没收。在贝克尔眼中，人力资本投资不但具有促进国家和个体收入增长的经济功能，更具有减少社会不平等、弱化阶级冲突的社会功能。② 不过，人力资本存量会随着时间的推移而贬损，因此，从劳动力的经济生命周期看，为应对人力资本存量贬损，动态的人力资本投资是非常必要的。明塞尔建构了人力资本贬值—补偿模型，他指出在人的经济生命周期内，人力资本存量贬损是年龄的增函数，而人力资本投资效率是年龄的减函数。随后的发展型社会政策理论进一步延展了人力资本理论，如1998年诺贝尔经济学奖得主阿马蒂亚·森(Amartya Sen)，是"关注最底层人的经济学家"，他将技能看作人可行能力的重要组成部分，认为人所具备的技能属于一种能够使社会个体免受饥饿，获得自由发展的能力；通过社会政策以"增进人的可行能力和实质自由"是衡量社会发展质量的重要前提。

从经济发展的角度看，人力资本理论为建构技能型社会提供了指引。其一，人力资本理论将劳动力从单一的数量概念拓展至包含数量和质量两个规定性，通过对人力资本投资来实现可持续发展，促进世界各国重视教育投资，发展知识经济和技能经济，并进一步推动技术进步。随着我国现代化产业体系建设的快速推进，高素质的劳动力成了现代经济增长的核心要素，因此，投资劳动力的素质提升，建构技能型社会才能匹配技术进步下全产业链发展的需求。其二，在劳动力的经济生命周期内，考虑到人力资本投资效率是年龄的减函数，建构技能型社会要从全生命周期为劳动力供给适切的技能提升项目，尤其在技术变革、经济转型的当今时代，劳动力市场正面临剧烈变革，劳动技能与劳动需求的匹配性转换速度加快，劳动者对技能积累和技能提升的主动需求更为迫切。其三，人力资本理论将技能分为通用技能、专用技能两类，专用技能又细分为行业专用技能和企业专用技能两种。劳动者进入所有工作岗位都应该具备的基本能力，即为通用技能，它可以跨行业跨企业运用，具有基础性和可迁移性，其习得主要以职业学校的标准化训练为主。而行业专用技能主要适用于某

---

① 西奥多·舒尔茨.对人进行投资[M].吴珠华,译.北京:商务印书馆,2017.
② 加里·贝克尔.人力资本[M].陈耿宣,译.北京:机械工业出版社,2016.

类行业所属企业,它对其他行业相关度不高,主要靠职业学校和生产实训交互培训的过程中习得;企业专用技能通常只能在接受技能培训的企业内部实训中才能习得,具有不可转移性。因此,建构技能型社会,需要针对职业学校、行业企业组织和受训者在投资行动策略选择上的差异,系统施策,形成多方主体平衡协调、合作共生的体制生态。

2. 吉登斯"社会投资型国家"理论

英国社会学家安东尼·吉登斯(Anthony Giddens)认为:传统社会民主主义的"国家干预"社会福利思想注重国家和集体在福利领域的责任和作用,而个人对社会的回报责任则鲜有提及;相反,新自由主义则强调"市场化、自由化"原则,认为个人是唯一的社会行动者,是实现自身利益最大化的主体,主张尽可能限制国家在社会福利中的作用。吉登斯在批评两种社会福利思想不足的基础上,提出了介乎于两种福利思想之间的一种新的福利思想,即积极的社会福利思想——从福利国家模式转向社会投资型国家模式。因为福利国家"在原则上是不民主的",其以从上到下分配财富为基础,强调的是一种"结果平等";尽管它保护了一部分人的利益,但同时牺牲了中间大部分人的利益,不利于调动职业者的积极性。在社会投资型国家里,就是要变"结果平等"为"机会平等",即实施积极的社会福利制度来满足不同群体对机会的不同需要。对失业者社会福利制度不能仅限于为其提供失业救济金,更重要的是为他们提供重新就业的机会,即国家将资金用于职业教育和培训以提升劳动力的技能水平和就业能力;通过提升弱势群体的抗排斥能力以实现公平。[①]

基于吉登斯的社会现代性理论,在技能型社会建设时,需要重视的不仅是技能形成的社会背景,更为重要的是技能形成的整个过程体系及最终成效。其一,技能型社会旨在通过提升劳动力的技能水平和就业能力改变其生存状态,促进其建构可持续的生计,以防范失业风险。其二,目前,以云计算、大数据、物联网、人工智能为代表的新技术不断赋能各行业的生产组织方式,从"机器换人"到"人机协作",从"学历匹配""专业匹配"到"技能匹配",并在多个领域呈现出技能偏向型技术进步的特点,具体表现为技能溢价水平的提高以及高技能劳动力需求的增加。在多个技术进步周期中,建立能满足劳动力动态技能提升需求的技能形成制度,能够确保人力资源的开发以从容应对就业岗位的变迁。其三,建构技能型社会是基于"机会公平"促进社会公平,具有充分的包容性,因此技能形成制度既要从国家竞争力提升的视角拓宽、深化中高端劳动力技能水平,更要将低技能劳动力纳入其中,通过提升其成长技能、适应技能和应变技能更好地增强就业能力,帮助其迭代到更好的就业领域、走进未来技能,实现社会的包容性发展。

二、技能型社会的要素结构

2017年4月,中共中央、国务院印发的《新时期产业工人队伍建设改革方案》首次提出了"构建产业工人技能形成体系"要求,标志着国家层面对构建技能形成体系的高度重视,建设适合中国国情的技能形成体系已迫在眉睫。技能既是一种劳动者个体能力,又是一种国家

---

① 安东尼·吉登斯.第三条道路——社会民主主义的复兴[M].郑戈,译.北京:北京大学出版社,2000.

层面的、集体意义上的社会能力;技能既是劳动者谋生的工具,也是一个国家经济增长的重要引擎;技能既是劳动者社会流动和社会地位获得的载体,同时也是国家获得竞争优势的驱动力。[①] 可见,技能尽管依附于劳动者个体,却带有强烈的社会公共品色彩,既具有集体特性,也是国家层面的一种社会能力。因此,加强技能形成体系构建,有效打造技能型社会,能为我国全面建设社会主义现代化国家提供有力人才和技能支撑,提升国家核心竞争力,推动新时代经济社会高质量发展。

1. 技能资本与技能形成

建设技能型社会,就其核心要素概而言之,就是由个体能力层面的技能观、集体生产要素层面的技能资本以及国家制度层面的技能形成体系三者构成。人们常常将"技术""技能"并提,因为两者相伴相生。如要严格区分,技术是由设备仪器等工具、使用工具的方法、原理等构成的综合体,其主要表现为物化的科学工具。而技能有别于物质层面的技术,它是附着于人而存在,其含义指向劳动者使用工具的能力。技能也有别于天赋,具有实践的品格,其获得必须耗时费力,是通过长期的学习、训练或工作(包括工作的失误、成功以及关于工作的思考)方能获得的能力。任何技能都需要在同一个或相近的工作岗位不断经历时间的打磨累积,才能从一个新手最终成长为专家型的能工巧匠、大国工匠。而"技能资本"作为人力资本的重要类型,是"由教育和培训等学习形式投资而形成的凝聚在人体内的知识、经验、技术和能力",或者说,技能资本是作为一种重要的生产要素而存在于人力资本中的具有经济价值的所有知识、经验、技术和能力的总和。技能资本能为其投资者现在和未来带来一定量的收入流,尤其在高附加值产业中发挥更加重要的作用。技能资本具有层次性、增值性和创新性三大特性:既然技能资本是人们具有的各种技能的总和,由于劳动者在知识、能力、素养上存在差异,因而技能资本呈现出明显的层次性,即舒尔茨所论述的具有经济价值的人类能力的差异——"学习能力、完成有意义工作的能力、进行各项文娱活动的能力、创造力和应付非均衡的能力"。正如马克思所言,"要改变一般的人的本性,使他获得一定劳动部门的技能和技巧,成为发达的和专门的劳动力,就要有一定的教育或培训",这是改变技能资本层次的途径。而企业之所以愿意进行技能投资,就是因为技能资本能够带来较高的经济回报的缘故;技能资本层次越高通常带来的回报也越高。不仅如此,技能资本还能够创造新的价值,并因为人的能动性而使技能资本的内容不断更新,其更新过程本身就包含了学习已有技能和创造新的技能两个环节;技能资本能够将科技成果转化为好的产品,转化为现实的生产力,它是行业企业创新的主要力量。

党的二十大报告强调,"加快构建新发展格局""建设现代化产业体系"。现代化产业体系是新发展格局的产业基础,也是现代化国家的物质技术基础。加快建设以实体经济为支撑的现代化产业体系,关系我们在未来发展和国际竞争中赢得战略主动。在坚持把"实施扩大内需战略同深化供给侧结构性改革有机结合起来"的当今中国,大力推动短板产业补链、优势产业延链、传统产业升链、新兴产业建链,高质量建设现代化产业体系,亟需增强劳动力

---

① 王星. 技能形成、技能形成体制及其经济社会学的研究展望[J]. 学术月刊,2021(7):132-143.

的技能属性——技能黏性(产业对劳动力所掌握技能的依赖度)、技能弹性(劳动力所掌握的技能对产业发展中引起变化的敏感度)和技能韧性(劳动力在遭受产业变革产生的系列冲击时相关技能的动态调整跟随能力),来提升供需适配的程度。建设现代化产业体系、发展实体经济需要大规模具有扎实专业素养与技能功底的技能资本,提高囊括全产业链的技能资本供给质量。建设技能型社会,为企业灰度创新供给更大规模的、更高质量的技能资本,也是"加快实施创新驱动发展战略"的重要内容。从世界范围来看,新的创新模式——灰度创新正在崛起。所谓"灰度创新",就是围绕制造业结合部而产生的创新,它不是发生在企业内部,而是发生在企业之间、组织之间,甚至扩展到整个产业链、供应链的相互协同与组合;创新的发生处属于"研发"与"制造"、"生产"与"市场"的公共结合区域,边界不清晰,呈现"灰度"特征。我国的希音、海尔、三一重工、大疆无人机等,已在向全球灰度创新的引领者迈进。可以说,由强大的产业链、供应链集聚优势支撑起来的灰度创新能力是我国产品迅速创新迭代的秘密武器,也是我国未来参与国际竞争成为高端化、智能化、绿色化制造强国的关键。技能资本作为链接研发与生产的关键要素,是企业灰度创新的主要源泉与动力。

"内生增长理论"的另一代表人物卢卡斯(Robert Lucas)将人力资本分为"一般人力资本"和"专业人力资本"两种类型。具体分析了学校和生产实践在人力资本形成中的不同作用。一般人力资本具有"内部效应",强调学校教育在人力资本建设上发挥的主导作用,而专业人力资本具有"外部效应",它是经济增长和创新的原动力。卢卡斯认为,专业人力资本形成周期长、难以适应经济社会发展速度,需要将专业人力资本纳入学校教育中才能产生规模效应。但在经济、社会实际运行过程中,正如国际劳工组织的调查结论:大量的年轻人就业困境发生在从学校到工作岗位的转型过程中,"学校所学与实际所需不匹配"一方面会造成就业者的适应障碍,另一方面也会使雇主尤其是不愿意开展投资技能培训的雇主对缺少工作经验的就业者(半成品)持抵触情绪。因此,在建设技能型社会的过程中,如何深化产教融合、校企合作,推动产业升级创新,深入开展在"学中干""干中学"的技能形成理论与实践的研究具有很强的现实价值。

技能形成是指通过理论学习、实际操作以及岗位历练中获得工作能力的过程,它包括技能知识的学习和技能经验的累积两个环节。其中,技能知识的学习主要依赖课堂和学校场域,而技能经验的累积主要依赖实践的工作场域,两者之间有机互动才能促进有效的技能形成。技能形成依据不同的维度,有不同的类型:其一,根据技能习得内容的差异,可分为通适性技能形成与特殊技能形成。如以前职业工种的技能鉴定大多是通适性技能,标准化程度较高;随着改革的深入,开展特殊技能的认定势在必行,需要紧跟岗位世界和技术变迁的职业要求开发特定的工种岗位或者生产工序的系统模块,丰富认证的体系形态与特质。其二,依据技能供给的方式不同,可分为外部技能形成方式和内部技能形成方式。前者是用人单位从外部劳动力市场上获得技能供给(正式雇佣或临时聘用),后者为通过内部培训满足技能需求(内部培训或委托外部机构)。其三,基于技能形成的规范化程度,可分为正式技能形成(对劳动者进行系统性、专门化的培训)和非正式技能形成(传统的师徒制)。其四,根据技能形成的不同承担情况,可分为市场化技能形成(受训者个体或单位投资)和福利性技能形成(政府购买服务)。可见,技能形成既包括劳动者个体的技能获得、开发与提高等个体层面的技能形成,也包括集体意义上的国家各部门相互协调培育经济发展所需技能的国家层面的技能形成。可以说,技能形成既是整个社会的劳动者获得技术、技巧和能力的过程,也是全社会学习、开发、创新和提高生产力的能力。

2. 技能形成体系与技能匹配

技能型社会是技能形成体系的社会化。一个国家的技能形成过程非常复杂。单个劳动者获得技能、提高技能和使用技能或许是单纯的个体行为,一大批劳动者获得技能、提高技能和使用技能则是集体意义上的社会行为。英国的埃什顿(Ashton)认为,在不同的历史、文化、政治和经济背景下,政府、教育与培训系统、资本(行业企业)以及劳动力这四个主体之间的关系对理解国家技能形成体系的过程非常重要。这四个主体在利益博弈过程中相互影响、相互作用形成了特定的体制环境,技能就是在这样的体制环境中形成的。[①] 可见,所谓"技能形成体系",是指从政治、经济和社会发展角度出发,国家协调社会各部门、各相关主体的利益关系,以达成社会合作的方式,培育社会经济发展所需技能的系统性制度安排。换言之,它是一个国家在技能形成上的一整套制度安排或"制度集合",即"制度包"(Institutional Package)——包括技能投资制度、技能供给制度、技能评价认证制度、技能使用开发制度和社会组织协作合作制度等。

技能型社会建设的最大难题是如何建构适合技能形成规律的诸多制度安排。波斯梅尔等学者依据国家卷入和企业卷入程度的差异,将国家技能形成体系划分为国家主义技能形成体系(以瑞典为代表,由国家直接投资和主导的技能培训体系)、集体主义技能形成体系(以德国为代表,国家和企业卷入程度都比较高,强调国家干预和市场自治的均衡)、自由主义技能形成体系(以美国为代表,技能和积累主要依赖市场机制调节)、分隔主义技能形成体系(以日本为代表,企业参与程度高,强调企业的自主权和责任,国家干预低)四种类型。[②] 这四种制度类型体现了资本主义的多样性,它们在技能形成的参与机制、成本分担、技能供给、社会后果等方面均存在明显不同。

表7-1 发达国家技能形成体系的经济社会学比较

体制类型 主要特征	集体主义技能 形成体系(德国)	国家主义技能 形成体系(瑞典)	分隔主义技能 形成体系(日本)	自由主义技能 形成体系(美国)
技能投资主体	企业为投资主体,并与政府、学徒三方分担	国家投资为主	企业投资技能培训强烈	国家投资低,受训者自我投资为主

[①] ASHTON D, SUNG J, TURBIN J. Towards a Framework for the Comparative Analysis of National Systems of Skill Formation [J]. International Journal of Training and Development, 2000, 4(1).

[②] BUSEMEYER M R, TRAMPUSCH C. The Political Economy of Collective Skill Formation [M]. Oxford: Oxford University Press, 2012.

（续表）

主要特征＼体制类型	集体主义技能形成体系（德国）	国家主义技能形成体系（瑞典）	分隔主义技能形成体系（日本）	自由主义技能形成体系（美国）
技能供给主体	双元制技能培训体系是主要的技能供给方式；技工学校与（跨）企业培训中心被整合成一体，分工明确	各类职业学校提供；企业在技能供给中的角色边缘化，参与度、积极性均较低	企业为主，厂办技校较多，其他职业学校辅助	典型的以职业学校为基础的供给体系，各类职业学校和社区学院是技能培训的主体
技能类型	核心阶梯式课程，技能培训标准化；企业卷入程度高，又满足企业特殊技能需求	强调通适性一般技能；职业学校课程设置标准化	强调企业的特殊技能；企业之间技术制式、技能区隔现象普遍，非标准化	强调通适性一般技能；培训市场应用导向强烈，根据"市场热度"及时调整课程内容
体制开放度	行会、工会等中介性社会组织作用巨大，第三方评价技能认证制度；技能劳动力从业黏性强	强调流动性和开放性；建立职业教育与学术教育间制度性连接机制	限制技能劳动力流动；终身雇佣，培养忠诚；内部劳动力市场；职业学校毕业后进入企业内部培训体系	技工就业竞争激烈；职业教育社会地位较低；职业教育与学术教育之间融合度比较低
经济后果	强调国家干预与市场自治的均衡；集体协商工资机制；制造业岗位具有吸引力，有助于高技能依赖型制造业创新	劳动力市场比较僵化，青年人就业机会较少；对失业劳动者培训更多视为一项社会权利；有利于低技能依赖型制造业	劳动力市场相对僵化；内部劳动力市场活跃；大企业主导技能培训	劳动力市场弹性大，就业竞争激烈；劳资矛盾比较多；不利于制造业生产技能积累，却有助于信息产业创新
社会后果	技能工资制度，既体现技能工资级差，又控制技能溢价膨胀；劳工阶层社会平等程度高	技能工资级差小，技能溢价低；劳工阶层平等化程度高	技能通适性弱、劳动者失业风险大；劳工阶层社会平等化程度较高	技能工资级差较大，强化技能溢价；劳工阶层不平等程度高
技能供给状况	内部技能形成方式发达；技能供给效率和质量较高；有助于制造业技能积累；中介性社会组织依赖度高	制造业一般性技能；技能供给质量和效率较低；技能不匹配式"技能短缺"问题突出	技能标准化程度低；企业主导技能供给和技能认证；中介性社会组织功能有限	"热门专业"（大多为服务业）技能供给相对饱和；制造业岗位面临技能短缺

技能形成体系是一个十分复杂又需系统构建的完备的制度体系，不同技能形成体系下的政策实践会导致不同的经济社会后果，对技能短缺治理、供需结构失衡调适、产业升级和创新等方面会有不同的影响。在实践层面，国家技能形成体系必须理清其几个核心命题，如在技能投资中，各政府部门、职业教育与培训系统、产业企业等多方利益主体如何协调？在技能形成过程中政府、行业企业、职业学校各扮演何种角色，发挥什么功能？在技能供给主

体之间,职业学校、企业、社会培训机构等如何有效互动?又比如,通过劳动力市场中所反映的技能供需失衡问题,如何从技能形成的体制层面对学历和技能的价值进行理性评判?等等。对发达国家的四种技能形成体系的多角度比较,有助于我们立足中国国情,梳理辨析、批判扬弃,开拓建构"技能型社会"的视野。

"理想的技能形成体系是一个作用机理复杂的制度系统,内容包括责任分担的技能投资制度、标准化与可转移的技能供应制度、科学公正的技能评价和资格认证制度、公平可信的技能使用制度(包含薪酬体系、集体协商、学徒制等)及多方支持的社会合作制度等。"[①]德国集体主义式的技能形成体系之所以能够成功,并被公认为工业化国家有效实现技能供给的范式,关键在于提供了技能匹配的制度环境,具核心特征是"工业技能资格由国家统一认证""企业培训由工会全程监管"。作为德国技能供给制度的标志,"双元制"学徒制培养模式卓有成效:一是企业是职业教育和培训的主体,通过厂办技校、设立学徒工实训车间(企业或跨企业职业技能培训中心)的培养方式,产教融合、工学一体。二是培养成本以企业为主(不仅包括培训津贴,还包括所有直接和间接的培训成本),责任由企业、政府、学徒三方共担;政府通过设立公立技校和促进义务职业教育方式补贴部分成本,行业协会和工会通过集体协商签订合同保障学徒工收入待遇。三是行业协会、雇主联合会、工商会以及手工业协会等联合进行技能考核评价和技能资格认证,实施第三方评价认证制度。四是通过立法由工会监督学徒工的培训质量。德国通过企业雇主、工会和政府等多方协商的合作方式,增强技能人才与企业、技能人才与产业间的黏性,化解了企业不愿提供培训只想挖人搭便车的市场失灵问题,解决了高速工业化过程中的技工荒难题。

当前,结构性就业矛盾是我国就业领域的主要矛盾。《"十四五"就业促进规划》(国发〔2021〕14号)指出:"人口结构与经济结构深度调整,劳动力供求两侧均出现较大变化,产业转型升级、技术进步对劳动者技能素质提出更高要求,人才培养培训不适应市场需求的现象进一步加剧,'就业难''招工难'并存,结构性就业矛盾更加突出。"在劳动力市场上,技能供给直接反映了技能教育与培训的质量及其与产业企业的需求契合程度。就技能形成而言,如果劳动者所掌握的技能与就业岗位的要求不相匹配,那就意味着"技能错配",具体表现为两种形式:一是"技能不足",即高技能依赖型行业的高技能劳动力配置不足;二是"技能过剩",即低技能行业的高技能劳动力配置冗余。在就业市场供求结构中"技能错配"主要表现为"眼高手低""学非所用",企业很难从劳动力市场上寻觅到所急需的技能类型。技能错配意味着在技能生产、技能供给与技能需求之间存在着结构性不匹配问题,这会对经济社会高质量发展产生诸多不利影响:一是带来人力资源的浪费。由于偏好"体制内"就业与大中城市就业形成的技能错配体制区隔、城乡区隔,以及就业期望与市场需求脱节,高校毕业生"就业难"与企业蓝领技术岗位"招工难"长期并存。二是延缓产业转型升级步伐。在技能使用者层面,高技能依赖型岗位中的技能不足与低技能依赖型岗位的技能过剩并存现象会严重

---

① 李玉赋. 新的使命和担当——《新时期产业工人队伍建设改革方案》解读[M]. 北京:中国工人出版社,2017,59.

阻碍产业转型升级。制造行业中高技能劳动力配置偏离最优状态非常不利于中间产品(Intermediate products)创新能力的提升,会加剧中国制造业陷入"低端锁定"的风险。产业转型升级就是由劳动密集型转变为技术密集型的过程,其前提是要形成与之相适应的高技能人才结构和科技创新体系,技能供给和需求双向作功,使产业技术发展与劳动者技能水平同步促进。三是进一步激化结构性就业矛盾下的技能供需失衡。就业市场中日益凸显的供需不匹配现象,主要原因在于技能的不匹配。就技能匹配而言,产业转型升级的本质就是要从"低技能均衡"①向"高技能均衡"转变。随着我国"新型工业化"战略全面推进,国家技能形成体系建设必须走能有效沟通高技能人才培养培训与经济社会发展的"高技能均衡"改革创新之路,来打破过去劳动力密集型发展方式所依存的"低技能水平、低就业质量、低发展成效"路径依赖,抢占未来竞争制高点,整体推动经济社会高质量发展。德国等发达国家的经验也表明:在高技能均衡中,劳动者技能水平高、收入高,企业提供的技术性岗位多、产品附加值高,整个经济体处在国际产业链中高端,具有很强的产业国际竞争优势。

制造业的高质量发展是现代化国家的基础。从高技能人才培养角度而言,调研结果显示:我国制造业中的高技能人才短缺不是劳动力市场短期波动的结果,而是技能形成领域中制度不匹配的必然后果。其一,我国职业教育体系所供给的技能类型与生产需求错位,热门技能(如第三产业)培养培训饱和,而工业技能培养培训不足,大学毕业生技能与市场需求脱节;职业教育产教融合不深,职业学校提供的大多是中低端的通适性技能,很难有针对性地提供企业或行业需要的专用技能,技能错配突出。其二,企业愿意深度合作、参与技能形成的积极性长期处于偏低水平。冉云芳等通过对浙江省、上海市161家企业的校企合作成本收益分析后认为:"我国有近50%的企业在与学校合作中处于亏损状态。学生留任率均值为39.3%";通过对开展现代学徒制试点的89家民营和国有企业深度访谈和问卷调查,结论是"企业在现代学徒制项目中总体处于亏损状态,但仍有1/3左右的企业能从中获利"。② 其三,由于工资待遇不高、工作环境差、上升空间窄、社会地位不高等原因,传统制造业技能岗位缺乏吸引力;加上以数字平台化用工模式为核心的"零工经济"快速发展,尽管其在很大程度上缓解了劳动者尤其是低技能劳动者的就业问题,但也带来了产业工人岗位非常高的流动率,尤其是新入职的职业学校毕业生平均1.6年就会换一个岗位。数字化平台重构了传统的劳动关系,对现代青年摆脱工厂体制束缚无疑有着积极的进步意义,但这种灵活雇佣的形式如果无限膨胀渗透到制造业领域,则会阻碍技能积累。可见,在技能型社会的建设过程中,职业教育如何摆脱低层次教育的刻板印象而真正迈向一种"类型教育",需要在制度体系上下功夫,应重新协调职业学校教育体系和职业培训体系与企业治理机制、社会保障体系的

---

① "低技能均衡"是用来描述一个国家的低技能增长模式的概念,指的是劳动者的低水平技能供给与企业的低水平技能需求达到均衡的状态。其特征是强调以价格为基础的市场竞争,产品和服务技术含量较低,生产过程对技能要求也是如此,劳动力的生产率和工资率较低。
② 冉云芳.企业参与现代学徒制的动机及其对成本收益的影响[J].教育与经济,2021(6):71-80.

关系,促进制度之间的匹配,构建有效的高技能人才培养支撑政策体系。

总之,技能形成体系是一个长期演化的过程,建构面向全体劳动者、贯穿全生命周期、服务全产业链的多方利益主体协作的完备制度体系,来提升劳动者个体和整个社会的技能水平与使用价值,从而服务经济社会高质量发展,是技能形成体系的目标。技能既是个人财富,更是公共物品,技能形成体系作为国家或区域提供技能资本规模与质量的体系,通过正规教育为主的外部技能形成体系(职业教育体系)和企业为主体的内部培训体系融合作用,将"人力资源"转变为"人力资本",进而由"一般人力资本"发展为"专业人力资本"。基于社会建构理论、技能资本和高技能均衡等多视角考察,技能型社会发展与结构可作如下描述:技能型社会发展由发展动力、主体两部分构成;高水平的技能供给是驱动技能型社会发展的主体基石,而高质量的技能需求不断满足是技能型社会发展的动力源泉。而技能形成体系、技能需求体系两者相互协同构成了技能型社会的主体结构:技能形成体系负责技能的培养与供给,是技能型社会建设的关键主体;技能需求体系的功能是技能的使用、评价与激励,是技能型社会发展的动力源泉。技能供需之间均衡匹配是技能型社会追求的理想结果,只有供需适配[①],技能才能成功转化为现实生产力,驱动经济社会高质量发展,服务社会共同富裕,满足人民美好生活需求。

第三节 技能型社会的构建:系统赋能与技能行动

"技能"一词最早出现在春秋时期法家代表人物管仲所著的《管子·形势解》:"善治其民,度量其力,审其技能,故立功而民不困伤"。在华夏文明的浩瀚长河中,历代能工巧匠凭借非凡的智慧和灵巧的双手创造出无数瑰宝,赢得世界的广泛赞誉。技能作为人类改造世界、创造历史的一种必备能力,与科学技术一样,伴随人类世代传承、生生不息。不断提升、改进、弘扬技能,是人类进步的永恒主题,是人类永续发展的必然。

技能人才尤其是高技能人才,是技术技能的重要传承者,是产业转型升级的重要推动者,是制造强国战略和创新驱动发展战略的重要实践者,是产业工人的优秀代表。培养和造就适应科技进步、时代发展的技能人才,建设一支规模宏大、结构合理、素质优良的技能劳动者队伍,是实现中国式现代化的必要条件。振兴技能、发展技能、弘扬技能,形成有利于技能人才发展的生态系统和环境,是建设技能型社会的关键。

---

① 以职业教育与产业发展匹配为例。基于"产业结构—专业布局""市场需求—专业规模""产业技术—技能培养"三个维度:一是结构匹配(产业目录、产业空间布局与专业目录、专业空间布局匹配);二是市场匹配(就业市场的劳动力类别需求、层次需求与职教人才的供给结构、供给层次匹配);三是技能匹配(劳动力技能需求要素——技能黏性、技能弹性、技能韧性与职教专业建设要素——专业设置、人才培养模式、课程设置、"双师型"教师队伍建设、实训基地建设匹配)。

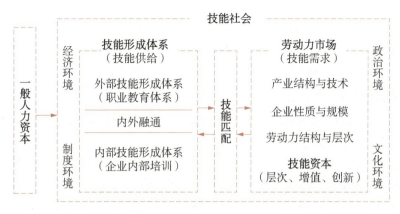

▲ 技能型社会的主体结构

一、系统构建技能人才队伍建设的政策体系

进入新时代以来,党中央和国务院高度重视、关心技能人才队伍建设,将其提升到前所未有的高度,先后出台了《关于深化人才发展体制机制改革的意见》《新时期产业工人队伍建设改革方案》《关于提高技术工人待遇的意见》《关于加强新时代高技能人才队伍建设的意见》(见附录一)等一系列重大政策,聚焦突出问题,加强顶层设计,健全组织实施,系统发力推进,一些历史难题取得重大突破。随着一系列重大制度不断建立和完善,各项政策措施落地落细,技能人才体制机制改革进一步深化,技能人才发展生态迎来历史性变革。技能与技能人才的地位和价值在全社会得到广泛认可和尊重,技能成才、技能报国正在成为越来越多青年人的职业选择和毕生追求。

1. 深入推进产业工人队伍建设改革

工人阶级是我国的领导阶级,产业工人[①]是工人阶级的主体力量,是我们党最坚实最可靠的执政基础。党的十八大以来,习近平总书记多次强调产业工人是我国工人阶级中发挥支撑作用的主体力量,是创造社会财富的中坚力量,是创新驱动发展的骨干力量,是实施制造强国战略的有生力量。产业工人队伍建设改革是习近平总书记亲自点题、亲自部署、亲自指导的重大改革,是党和国家一项具有战略性、全局性的重大决策部署。2017年4月,《新时期产业工人队伍建设改革方案》首次在中央层面对产业工人队伍建设改革进行谋划和部署,按照"政治上保证、制度上落实、素质上提高、权益上维护"的总体思路,改革不适应产业工人队伍建设要求的体制机制,为加快建设一支"有理想守信念、懂技术会创新、敢担当讲奉献"的宏大产业工人队伍明确了"路线图""时间表"。按照党中央要求,产业工人队伍建设改革

---

① 我国产业工人主要是指在第一产业的农场、林场,第二产业的采矿业、制造业、建筑业与电力、热气、燃气及水生产和供应业,以及第三产业的交通运输、仓储及邮政业与信息传输、软件和信息技术服务业等行业中从事集体生产劳动,以工资收入为生活来源的工人。目前,超过八成产业工人集中在第二产业,近八成产业工人集中在制造业和建筑业。

(简称"产改")由全国总工会牵头,中组部、国家发改委、教育部、工信部、财政部、人社部、国资委等8部委为成员单位,中宣部等22个部委为参与单位,组成全国推进"产改"协调小组。6年来,党中央、国务院强化"顶层设计",相关部委压实责任、凝聚合力、协调推进,出台相关制度文件90多个,来不断强化对产业工人的思想引领、建功立业实效、优化职业发展通道、完善权益保障机制等;全国总工会出台相关文件20多个,为细化落实改革举措不断整合资源、清障搭台,点面结合、持续发力。比如,在推进工作格局方面,推进"产改"协调小组出台《关于建立全国产业工会推进产业工人队伍建设改革作用发挥机制的意见》(产改字〔2021〕4号)、《关于建立发挥企业推进产业工人队伍建设改革主体作用机制的意见》(产改字〔2022〕2号)、《关于建立健全推进产业工人队伍建设改革分类指导机制的意见》(产改字〔2022〕5号)等。在精神培育与思想引领方面,充分发挥劳模精神、劳动精神、工匠精神的新时代培育,推动"三个精神"阵地建设;全国总工会牵头制定《关于加强和改进新时代产业工人队伍思想政治工作的意见》(厅字〔2019〕22号);印发《关于加强新时代职工文化建设的指导意见》(总工办发〔2020〕18号)、《关于充分发挥国有企业在推进产业工人队伍建设改革中带动作用的意见》(总工发〔2022〕17号)等。在素质提升与权益维护方面,注重队伍壮大,强化劳动权益维护,印发《关于充分发挥工会在建设知识型、技术型、创新型技术工人队伍中作用的意见》(总工发〔2016〕33号)、《全国职工素质建设工程五年规划(2021—2025年)》(总工办发〔2020〕25号)、《关于加强新时代工会女职工工作的意见》(总工发〔2022〕5号)、颁布《保障农民工工资支付条例》(国务院令第724号)、修正《中华人民共和国工会法》(2021年)、印发《保障农民工工资支付工作考核办法》(国办发〔2023〕33号)等。在强化创新能力与建功立业方面,创新劳动和技能竞赛,孵化高技能人才,印发《劳动和技能竞赛规划(2021—2025年)》(总工办发〔2021〕11号)、《关于广泛深入持久开展"五小"活动的指导意见》(总工办发〔2019〕17号)、《关于进一步深化劳模和工匠人才创新工作室创建工作的意见》(总工发〔2017〕13号)等,在全社会构筑起"比、学、赶、帮、超"的浓厚氛围。

社会主义劳动竞赛是工人阶级的伟大创举。开展"五小"(小发明、小创造、小革新、小设计、小建议)等群众性创新活动,是"当好主人翁、建功新时代"主题劳动和技能竞赛的重要内容。"小发明"指围绕本单位产品、机器设备、仪表装备以及有关制造工艺的生产流程和检测控制方法等的创新和改造,具有按自然规律解决技术领域中特有问题而提出创新性方案、措施的过程和成果的特性;"小创造"指对已有设备、用具等进行小型改造以提高工效或废旧利用;"小革新"指对陈旧设备、落后工艺和操作方法等进行各种形式的革新,使工艺进步和某一方面技术性能得到明显提高的成果;"小设计"指对生产或工艺加工过程中所遇到的技术关键问题进行设计、研究攻关,其成果具有完整性、可实施性;"小建议"指对本单位安全、生产、经营和管理提出的合理化建议。截至2020年底,78.7万余家已建工会的企业开展了劳动和技能竞赛活动,参与职工8260.5万人。2013年至2020年,职工提出合理化建议8122.4万件,实施3259.7万件,开展技术革新453.6万项,完成发明创造158.9万项,推广先进操作法131万项。劳动和技能竞赛活动已成为广大产业工人学技能、练本领、促创新的重要平台。

为充分发挥劳模和工匠人才在创新实践中的示范引领和骨干带头作用,加快知识型、技术型、创新型技术工人队伍建设,全国总工会出台《关于进一步深化劳模和工匠人才创新工作室创建工作的意见》(总工发〔2017〕13号),极大地完善并推进了自2004年第一个劳模创新工作室诞生以来创建工作实践。截止2023年10月,全国总工会分三批共命名297个全国示范性劳模和工匠人才创新工作室,示范带动创建各级各类创新工作室8.2万余家,形成了以全国示范性创新工作室为引领、以省市创新工作室为中坚,基层创新工作室蓬勃发展的良好局面。

依据《全国示范性劳模和工匠人才创新工作室命名管理工作暂行办法》(总工办发〔2017〕19号),申报全国示范性创新工作室(每3年一次)必须工作有计划、活动有开展、创新有成果。同时还应具备以下条件:

(1) 原则上以一名在技术、业务方面有专长,且具有较高技能水平、管理经验和创新能力的省部级(含)以上劳模、全国五一劳动奖章获得者或有精湛技艺的工匠人才为领衔人,组成的创新团队。

(2) 已有效运行3年以上,以相对固定的团队协作模式开展创新工作。

(3) 具有相对固定的活动场所、基本的设备设施、明确的技术攻关课题和创新目标、必要的工作经费、完善的管理制度,能定期开展技术攻关或创新活动,运作规范有序。

(4) 具有较强的创新和攻关能力,能积极开展创新创造活动,承担本地区、本行业、本单位的创新课题或技术攻关项目,取得创新成果,产生显著经济效益和社会效益。

(5) 能充分发挥示范引领、集智创新、协同攻关、传承技能、培育精神等功能,带动本地区、本行业、本单位的群众性技术创新活动和职工技能素质提升。

(6) 应在省(区、市)总工会命名的劳模和工匠人才创新工作室、职工创新工作室等职工创新先进团体中产生。

创新工作室展示了劳模和工匠人才的时代风采,成为传承劳模精神、劳动精神、工匠精神的"新平台",解决生产技术难题的"攻关站",推动企业技术创新的"孵化器",培养高技能人才的"练兵场",促进了产业工人队伍整体素质的不断提升。

习近平总书记指出:"共同富裕是社会主义的本质要求,是中国式现代化的重要特征。""技术工人也是中等收入群体的重要组成部分,要加大技能人才培养力度,提高技术工人工资待遇,吸引更多高素质人才加入技术工人队伍。"近年来,党和政府高度重视产业工人政治、经济、社会地位的提升,优化其成长环境:通过出台《关于提高技术工人待遇的意见》《技能人才薪酬分配指引》《关于充分发挥地方工会劳模和一线职工兼职副主席作用的意见》等系列文件,来不断完善技能要素参与分配的制度设计,引导企业完善建立基于岗位价值、能力素质和业绩贡献的技能人才薪酬分配制度,确保多劳者多得、智劳者多得、创新者多得、技高者多得;国家协调劳动关系三方会议成员单位(人社部、全国总工会、全国工商联、中国企业联合会)还出台《推进行业性工资集体协商工作的指导意见》、共同开展"护薪"行动等。同时,不断将产业工人队伍建设与宏观政策、产业政策、就业政策、社会政策紧密联动,注重构建初次分配、再分配、三次分配协调配套的基础性制度安排,加大税收、社保、转移支付等方面的调节力度并提高精准性,促进了社会公平正义,进一步增强了技术工人的获得感、自豪感、荣誉感。

"凭本事吃饭"一直是产业工人最朴素的职业道德和技能追求,全面提高职工队伍整体素质是"产改"的核心和突破口。据2023年3月全国总工会发布的第九次全国职工[①]队伍状况调查结果:2022年全国职工总数4.02亿(2017年为3.91亿),职工平均年龄38.3岁(2017年为37.1岁)、平均受教育年限13.8年(2017年为13.6年)。全国产业工人超2亿(2017年为1.85亿),产业工人平均年龄38.29岁,农业户籍占52.1%,平均受教育年限13.16年,77.6%的产业工人集中在制造业和建筑业。其中,新就业形态劳动者8400万(主要以货车司机、网约车司机、快递员、外卖配送员群体为代表,以男性青壮年为主;从学历来看,70.7%的货车司机在初中及以下,38.0%的网约车司机为大专及以上,快递员、外卖配送员集中在高中及以下水平)。全国农民工[②]达2.93亿(其中,1980年及以后出生的新生代农民工已占其总量的一半以上;2017年为2.82亿),占产业工人六成左右,已成为产业工人队伍的重要组成部分。又据国家统计局《2015年农民工监测调查报告》,2015年全国农民工总量为27747万(本地农民工为10863万,外出农民工为16884万,其中跨省流动7745万),74.8%的农民工为小学或初中毕业,16.9%为高中或中职毕业,仅有8.3%为大专及以上文化程度。因此,多途径多形式提升农民工的技术技能水平和胜任岗位能力,把农民工培养成为稳定就业的新型产业工人自然成为"产改"的重中之重:一是大力实施农民工"求学圆梦行动"。农民工是产业工人技能形成的主要来源和产业转型升级的重要支撑,为尽快使其由"流动打工者"成为"城市融入者",进而由"普通工人"向"技术工人"迈进,2016年开始,教育部和全国总工会联合实施《农民工学历与能力提升行动计划——"求学圆梦行动"实施方案》(教职成函〔2016〕2号),提升其学历层次、技术技能水平,丰富技能供给,截至2023年6月专项扶持资金超过4.37亿元,帮助了210多万名农民工"上大学"。2022年开始又启动新一轮"求学圆梦行动",开展推进产业工人学历提升改革试点,每年开设劳模(工匠)本科班和新就业形态劳动者本专科班,并探索"毕业设计论文课题+现场技改项目"相结合的学历提升新途径。二是着力提升农民工技术技能水平。2014年开始,人社部推出《农民工职业技能提升计划——"春潮行动"实施方案》(人社部发〔2014〕26号),2014—2020年,每年面向农村新成长劳动力和拟转移就业劳动者开展政府补贴培训700万人次,就业率80%以上;每年面向在岗农民工开展政府补贴培训300万人次,培训合格率90%以上;每年面向有创业意愿的农

---

① 职工是指在中国境内的企业、事业、机关及其他单位中就业,与用人单位建立了劳动关系(包括人事关系)或存在事实劳动关系,由单位支付劳动报酬的体力劳动者和脑力劳动者。
② 农民工是我国改革开放和工业化、城镇化进程中涌现的一支新型劳动者大军,指户籍仍在农村,进入城市务工和在当地或异地从事非农产业劳动6个月及以上的劳动者,也称为农村转移就业劳动者。统计上,将在户籍所在乡镇地域以内从业的农民工,计入"本地农民工";在户籍所在乡镇地域以外从业的,计入"外出农民工"。

村转移就业劳动者开展创业培训 100 万人次,创业成功率 50% 以上。在此基础上,2019 年,人社部又推出《新生代农民工职业技能提升计划(2019—2022 年)》(人社部发〔2019〕5 号),健全培训需求调查、职业指导、分类培训、技能评价、就业服务协同联动的工作机制,以"普遍、普及、普惠"目标突出新生代农民工职业技能培训,即普遍组织新生代农民工参加职业技能培训,普及职业技能培训课程资源,普惠性补贴政策全面落实,提升了新生代农民工的专业技术技能水平和胜任岗位能力。2021 年,国务院又印发《"十四五"就业促进规划》,继续实施农民工素质提升工程,推进新生代农民工职业技能提升计划;放开城市落户限制,加快农业转移人口市民化进程;鼓励引导有创业意愿和创业能力的农民工、大学生、退役军人等人员返乡入乡创业。总之,全方位、多角度维护好农民工的合法权益,把更多农民工培养成为高素质产业工人,就能成功走出一条壮大产业工人队伍与乡村振兴相互促进的新路子。

"产改"是一个复杂庞大的系统工程,当前我国产业工人队伍建设在技术技能、素质结构、体制机制等方面还存在一些障碍,从政策措施的具体落地、改革推进情况来看,一些部门、地方和企业尚对其重要性、系统性和长期性认识不足,民营企业落实较难,外资企业、中小微企业、传统低端制造业和"三新"领域企业参与度低,制造业岗位吸引力不够,高技能人才缺乏,年轻人不愿意进工厂等问题突出。为补齐问题短板、突破难点堵点,2022 年全国推进"产改"协调小组出台《关于建立推进产业工人队伍建设改革工作情况评价考核机制的意见》(指标体系见附录三),从体制机制层面推进各省市区"产改"工作往实里抓、往细处做,重点任务有效落实,改革政策集成优化。随着实践经验的持续积累、制度体系的不断完善,《产业工人队伍建设改革促进法》会应时立法,"产改"推进会更显体制机制与制度保障:一是在"产业工人队伍思想政治建设"方面,明确产业工人队伍思想政治引领、产业工人主人翁地位的制度安排、产业工人工会工作创新;二是在"产业工人技能形成体系构建"方面,明确完善现代职业教育制度、改革职业技能培训制度、统筹发展职业学校教育和职业培训、改进产业工人技能评价方式,并对打造更多高技能人才和促进农民工融入城市、稳定就业做出规定;三是在"产业工人队伍建设促进"方面,对创新产业工人队伍建设网络载体、打造网络学习平台、推行普惠性服务做出规定;四是在"产业工人发展制度创新"方面,明确拓宽产业工人发展空间、畅通产业工人流动渠道、创新技能导向的激励机制、改进劳动和技能竞赛体系和加大对产业工人创新创效扶持力度;五是在"产业工人队伍建设保障"方面,明确加强法治保障、完善财政和社会多元投入机制、完善产业工人劳动经济权益保障机制;六是在"产业工人队伍建设监督检查"方面,明确监督检查、信息反馈、绩效评估。

2. 不断完善技能人才队伍建设政策体系

技能人才是支撑中国制造、中国创造的重要力量,是联接技术创新与生产实践最核心最基础的劳动要素。截至 2021 年末,我国人口数量为 141 260 万人,比 2012 年年末增加 5 338 万人,年均增长 593.1 万人,年均增长率为 0.4%。其中,16～59 岁的劳动年龄人口为 88 222 万人,占全国人口的比重为 62.5%。十四亿多的人口规模,为我们扩大内需提供了巨大的想象空间,让我们在全球市场的不确定性中看到了中国市场的确定性。近九亿的劳动年龄人口,更是蕴含了巨大的人才开发潜力,通过教育培训和技能提升,推动更多的劳动者进入技能人才队伍行列,实现"人口红利"向"技能红利"跃升,能为中国式现代化夯实强大的技能人才支撑。近年来,相关部门全面贯彻落实习近平总书记关于技能人才工作重要指示,围绕"大力培养高技能人才、能工巧匠、大国工匠,带动形成一支规模宏大、结构合理、技能精湛、素质优良、基本满足我国经济社会高质量发展需要的技能人才队伍"谋篇布局,合力推动新时期产业工人、技能人才队伍建设改革不断向纵深发展。人社部作为主管技能人才工作的政府职能部门,直面技能人才改革发展中的关键问题,从技能人才培养、使用、评价、激励和保障等环节着手,系统谋划,持续完善技能人才队伍建设政策体系的"四梁八柱":一是在技能人才培养上,大力推行企业新型学徒制,实施职业技能提升行动、"技能中国行动"等,着力构建"产业工人—技能人才—高技能人才—大国工匠"人才队伍梯次发展格局,更好满足高质量发展的急迫需要和长远需求。二是在技能人才评价上,进一步加强高技能人才与专业技术人才职业发展贯通,推开高技能人才教育资历提升和技术资历认证限制的"玻璃门";实施"新八级工"制度,增设特级技师、首席技师,拓展高技能人才职业发展通道;关注新业态,动态发布新职业,修订职业分类大典,完善技能人才评价标准;健全职业技能竞赛体系,广泛深入开展职业技能竞赛。三是在技能人才表彰上,不断加大高技能人才表彰力度,健全高技能人才激励机制,国家级荣誉适当向高技能人才倾斜,提高了全社会对技能人才的认可认同。

表7-2 近年来有关产业工人、技能人才队伍建设的代表性政策文件

发布时间	政策名称	主 要 内 容
2017年4月	《新时期产业工人队伍建设改革方案》(中发〔2017〕14号)	围绕加强和改进产业工人队伍思想政治建设、构建产业工人技能形成体系、运用互联网促进产业工人队伍建设、创新产业工人发展制度、强化产业工人队伍建设支撑保障等5个方面,提出25条改革举措
2018年3月	《关于提高技术工人待遇的意见》(中办发〔2018〕16号)	突出"高精尖缺"导向,坚持改革创新和重点突破,聚焦高技能领军人才,突出工资激励和技能提升,强化评价使用激励,从政治、经济、社会、发挥作用和服务保障方面对全面提高技术工人待遇提出了具体措施,实现"技高者多得、多劳者多得"
2018年5月	《关于推行终身职业技能培训制度的意见》(国发〔2018〕11号)	完善终身培训政策体系和终身培训组织实施体系,加强就业技能培训、企业职工岗位技能提升培训、高技能人才培训、创业创新培训以及工匠精神、职业素质培育,建立市场化社会化发展机制、技能人才多元评价机制、质量评估监管机制和技能提升多渠道激励机制,加强职业技能培训服务能力建设、教学资源建设和基础平台建设
2019年3月	《关于加强和改进新时代产业工人队伍思想政治工作的意见》(厅字〔2019〕22号)	深入学习习近平总书记关于工人阶级和工会工作的重要论述,实施思想引领工程、保障凝聚工程、阵地筑基工程、红色领航工程,全面提升产业工人队伍思想政治工作水平

(续表)

发布时间	政策名称	主要内容
2019年5月	《职业技能提升行动方案（2019—2021年）》（国办发〔2019〕24号）	以企业职工、农民工、城乡未继续升学初高中毕业生等就业重点群体和贫困劳动力为培训重点，鼓励企业、职业院校（含技工院校）、社会培训和评价机构三类培训主体大力开展培训，国家从失业保险基金结余中拿出1000亿元，用3年时间完成各类补贴性培训5000万人次以上
2019年9月	《关于改革完善技能人才评价制度的意见》（人社部发〔2019〕90号）	发挥政府、用人单位、社会组织等多元主体作用，建立健全以职业资格评价、职业技能等级认定和专项职业能力考核等为主要内容的技能人才评价制度；健全完善技能人才评价体系，形成科学化、社会化、多元化的技能人才评价机制
2020年2月	《关于实施职业技能提升行动"互联网＋职业技能培训计划"的通知》（人社部发〔2020〕10号）	针对新型冠状病毒肺炎防控要求，推出"511"线上培训：遴选50多家面向全国的优质线上职业技能培训平台，推出覆盖100多个职业（工种）数字培训资源，全年开展100余万人次线上职业技能培训；发挥技能大师作用，开发绝招绝技、技能及工艺操作法等技能训练微课
2020年5月	《关于印发农民工稳就业职业技能培训计划的通知》（人社部函〔2020〕48号）	以在岗农民工、城镇待岗和失业农民工、农村新转移劳动力、返乡农民工、贫困劳动力等为对象，每年培训农民工700万人次以上，促进农民工职业技能提升，推动农民工稳岗就业和返乡创业，改善农民工就业结构，将农民工培育成为重要的人力资源
2020年11月	《关于支持企业大力开展技能人才评价工作的通知》（人社厅发〔2020〕104号）	按照"谁用人、谁评价、谁发证、谁负责"的原则，支持企业参照《国家职业技能标准》《国家职业技能标准编制技术规程》，自主开展技能人才评价，自主确定评价范围，自主设置职业技能等级，自主运用评价方法，贯通企业技能人才职业发展
2020年12月	《关于进一步加强高技能人才与专业技术人才职业发展贯通的实施意见》（人社部发〔2020〕96号）	在《关于在工程技术领域实现高技能人才与工程技术人才职业发展贯通的意见（试行）》（人社部发〔2018〕74号）基础上，扩大贯通领域、淡化学历要求、建立绿色通道，解决高技能领军人才"能参评""评得上""评得快"问题，促进职业技能与专业技术两类人才融合发展
2021年1月	《技能人才薪酬分配指引》（人社厅发〔2021〕7号）	推动企业建立多职级的技能人才职业发展通道，突出对技能要素和技能创新攻关的激励作用，引导用人单位建立以体现技能价值为导向，基于岗位价值、能力素质、业绩贡献的技能人才薪酬分配制度；对于在相关技能操作类岗位工作的高技能人才，发放技能津贴
2021年5月	《关于加强新职业培训工作的通知》（人社厅发〔2021〕28号）	结合新技术、新产业、新业态、新模式发展，组织制定新职业标准，加强新职业培训基础建设，创新"互联网＋人才评价"新模式；建立职业与教育培训专业（项目）对应指引，修订技工院校专业目录，完善专业技术人才继续教育专业科目内容，增设与新职业对应的新专业（项目），加强新职业人才培养
2021年5月	《推进工业文化发展实施方案（2021—2025年）》（工信部联政法〔2021〕54号）	在《关于推进工业文化发展的指导意见》（工信部联产业〔2016〕446号）基础上，把工业文化建设作为推动制造业高质量发展的重要内容，促进工业文化与产业融合发展，完善工业文化发展体系；提高工业遗产保护利用水平，完善工业博物馆体系，推动工业旅游创新发展，建立一批工业文化教育实践基地，传承弘扬工业精神

(续表)

发布时间	政策名称	主要内容
2021年6月	《关于全面推行中国特色企业新型学徒制加强技能人才培养的指导意见》（人社部发〔2021〕39号）	发挥企业培养主体作用，推行培养和评价"双结合"、企业实训基地和院校培训基地"双基地"、企业导师和院校导师"双导师"培养模式；学徒培养目标以符合企业岗位需求的中级工、高级工及技师、高级技师为主，培养期限为1—2年，特殊情况可延长到3年；学徒须与企业签订劳动合同，每人每年的补贴标准原则上5000元以上
2021年6月	《国家乡村振兴重点帮扶地区职业技能提升工程实施方案》（人社部发〔2021〕45号）	聚焦国家乡村振兴重点帮扶地区，新建、改（扩）建技工院校和职业培训机构100个，分层分级建设与培育高技能人才培训基地、技能大师工作室培育、知名劳务品牌各100个，培养一批高技能人才和乡村工匠，每两年举办一届全国乡村振兴职业技能大赛
2021年6月	《"技能中国行动"实施方案》（人社部发〔2021〕48号）	从技能人才培养、使用、评价、激励等环节入手，围绕健全完善"技能中国"政策制度体系，实施"技能提升""技能强企""技能激励""技能合作"四大行动，弘扬劳模精神、劳动精神、工匠精神，提出20条具体举措，实现"十四五"时期新增技能人才4000万人的目标
2021年12月	《"十四五"职业技能培训规划》（人社部发〔2021〕102号）	推进技能型社会建设，全面实施技能中国行动，进一步健全完善终身职业技能培训制度与共建共享职业技能培训体系，推进创业培训"马兰花计划"，持续提升培训质量；开展补贴性职业技能培训7500万人次，其中农民工3000万人次；新增取得职业资格证书或职业技能等级证书4000万人次，其中新增高技能人才800万人次，新建公共实训基地200个
2022年3月	《关于健全完善新时代技能人才职业技能等级制度的意见（试行）》（人社部发〔2022〕14号）	完善职业技能等级（岗位）设置体系：对设有高级技师的职业（工种），可在其上增设特级技师和首席技师技术职务（岗位），在初级工之下补设学徒工，形成由学徒工、初级工、中级工、高级工、技师、高级技师、特级技师、首席技师构成的职业技能等级（岗位）新八级工序列；完善职业技能等级认定机制；促进职业技能等级认定结果与培养使用待遇相结合
2022年3月	《推进技工院校工学一体化技能人才培养模式实施方案》（人社部函〔2022〕20号）	以技师学院为重点，加强工学一体化课程标准、教学资源、教师培养工作，将企业典型工作任务转换为学校教学内容，根据工作过程设计教育过程；到"十四五"末建设100个工学一体化培养模式专业，1000所技工院校参与实施工学一体化培养模式，培训10000名工学一体化教师，强化学生综合职业能力培养
2022年6月	《制造业技能根基工程实施方案》（人社部发〔2022〕33号）	把制造业技能人才培养放在更加突出的位置，依托国家制造业高质量发展试验区、国家先进制造业集群等制造业龙头企业、单项冠军企业、专精特新"小巨人"企业和优质技工院校，建设国家技能根基工程培训基地，重点开展高技能人才特别是技师、高级技师、特级技师、首席技师培训研修，促进制造业技术迭代和质量升级
2022年9月	《中华人民共和国职业分类大典（2022年版）》（人社部发〔2022〕68号）	围绕制造强国、数字中国、绿色经济、依法治国、乡村振兴等国家重点战略，将工业机器人操作员和运维人员、农业数字化技术员和农业经理人等纳入2022年版大典，净增158个新职业，职业数达1639个；标识绿色职业134个，首次标识数字职业97个，其中既是数字职业也是绿色职业的共23个

(续表)

发布时间	政策名称	主 要 内 容
2022年10月	《关于加强新时代高技能人才队伍建设的意见》（中办发〔2022〕58号）	到"十四五"时期末，高技能人才制度政策更加健全、培养体系更加完善、岗位使用更加合理、评价机制更加科学、激励保障更加有力，尊重技能尊重劳动的社会氛围更加浓厚，技能人才规模不断壮大、素质稳步提升、结构持续优化、收入稳定增加，技能人才占就业人员的比例达到30%以上，高技能人才占技能人才的比例达到1/3，东部省份高技能人才占技能人才的比例达到35%

高技能人才是产业工人的核心骨干，是广大技能人才中最受瞩目、最具有风向标意义的群体，他们不仅是各自生产领域的技术带头人，也是劳模精神、劳动精神、工匠精神的实践传承者，对广大技能人才具有示范引领作用。2022年10月，中办、国办印发的《关于加强新时代高技能人才队伍建设的意见》全面吸收了党的十八大以来技能人才队伍建设实践中的综合性政策、专项政策、具体政策以及形成的创新经验，并将其固化为制度规范，是目前和今后一个时期我国高技能人才工作的纲领性文件。从《新时期产业工人队伍建设改革方案》《关于提高技术工人待遇的意见》的实施，到《关于加强新时代高技能人才队伍建设的意见》的发布，标志着我国技能人才队伍建设"2+N+1"政策体系的基本建立，也标志着我国高技能人才"引育留用"机制基本完善，制度框架和政策框架顶层设计基本完成。

二、赋能推进新时代高技能人才成长

1. 强化高技能人才队伍建设

高技能人才作为技能人才群体中的优秀代表，既具备深厚的专业知识储备，又掌握所在行业的关键技术，并能够在生产实践中创造性解决复杂难题，是将科研成果转化为现实生产力的主要执行者，在国家战略人才体系中处于基础性、支撑性、保障性地位。建设一支规模宏大、门类齐全并以高技能领军人才为顶峰的高技能人才队伍，带动产业工人队伍结构不断优化、素质不断提高、技术技能水平不断提升，服务制造业高端化、智能化、绿色化发展，对促进产业转型升级、助力高水平科技自立自强、推动各地高质量发展走在前列具有战略性意义。

经济合作与发展组织在《好技能好工作好生活：技能开发政策的战略途径》中认为："技能已成为21世纪经济的全球货币"。进入新世纪以来，党和国家高度重视高技能人才队伍建设，从2003年全国第一次人才工作会议首次提出"高技能人才"是"国家人才队伍的重要组成部分"，到2006年《关于进一步加强高技能人才工作的意见》发布，中办、国办第一次就高技能人才工作出台专门规划，再到2011年中组部、人社部编制《高技能人才队伍建设中长期规划（2010—2020年）》，人社部、财政部两轮推出《国家高技能人才振兴计划实施方案》（人社部发〔2011〕109号）、《深入推进国家高技能人才振兴计划》（人社部发〔2016〕74号），强化技师培训、国家级高技能人才培训基地建设、国家级技能大师工作室建设3个重点项目带动，我国技能人才队伍培养规模不断扩大，速度明显加快。统计分析显示：截至2007年底，全国技能人才总量由2004年底的8720万增加至9890万,其中,高级工由1500万增加至1810万,技师、高级技师由360万增加至429万;截至2011年底,全国技能人才总量由2009年底的1亿增加至1.19亿,其中,高技能人才由2631万增加至3117万,分别占全国就业人员总量3.37%、4.07%。2014年、2017年、2020年,我国技能人才总量又分别上升至1.57亿、1.65亿、2.01亿,其中,高技能人才分别上升至4136.5万、4791万、5800万;高技能人才占技能人才比例分别为26%、29%、29%,技能人才占就业人员比例分别上升至20%、21.3%、26.8%,高技能人才占就业人员比例分别上升至5.27%、6.17%、7.73%。到"十四五"开局之年的年末,全国技能人才总量超过2亿,占74652万就业人员的26.9%;高技能人才超过6000万人(分别占就业人员、技能人才数总量的8.04%、30%),其中高级工4700万人、技师1000万人、高级技师300万人;职业学校在校生3000万。技能人才工作取得积极进展,高技能人才队伍建设取得历史性成就、发生历史性变革。但也必须看到,当前我国技能人才队伍尚不能完全适应高质量发展的要求,主要体现:一是规模仍然不足。随着我国进入新发展阶段,产业升级和经济结构调整不断加快,各行各业对高技能人才的需求越来越强烈。相对整个就业和经济发展需求,我国高技能人才队伍总量依然不足,一些岗位高级技师的求人倍率甚至超过3.1。尽管"十三五"期间建设了国家级高技能人才培训基地500多个、国家级技能大师工作室近700个①,新增高技能人才超1000万人,总量达到5800万,高技能人才占技能人才的比例上升至29%,但与一些发达国家相比,仍有不少差距,如美国、日本、德国等发达国家高技能人才占技能人才的比例超过40%。二是结构不尽合理。当前矛盾突出表现为"四多四少",即初级工多、高级工少,传统技工多、现代型技工少,单一型技工多、复合型技工少,短训速成的技工多、系统培养的技工少;高技能岗位"有活缺人干",没有技能的群体"有人没活干"。因此,从长远看,持续壮大高技能人才队伍,培育更多符合经济发展需求的技能人才尤为重要。三是素质有待提高。在科技革命、经济转型、产业变革背景下,市场对劳动者知识技能水平、素质结构乃至思想意识都提出了全新要求。人工智能、大数据和云计算等新一代信息技术以快速、全方位、大纵深的方式不断渗透产业链、人才链,引发生产、生活、就业方式变革,大量职业、岗位面临转型和替代,劳动领域的"人—机"边界面临颠覆性调整,各类制造企业的设备智能化自动化、产线数字化柔性化也将成为生产新常态。然而在现实中,步入智能化改造和数字化转型阶段的技能人才"需求大户"——制造企业常常"抱着水缸喊渴","我们缺的不是技能工人(普通工人),而是'玩得转'设备的技能人才。"②"技能工人和技能人才有本质区别。技能工人偏向简单和既定流程的操作,技能人才能独立解决问题,并能创造性地提出更优解。"高技能是技术进步的基础,新技术变革加速了

---

① 依据《国家级高技能人才培训基地和技能大师工作室建设项目实施方案》要求,经省级人社、财政部门组织项目申报、评审、公示,以及人社部、财政部复核,截至2023年底全国已累计建成国家级高技能人才培训基地(生产制造类、社会生产和生活服务类)1069个,国家级技能大师工作室(生产制造类、社会生产和生活服务类、其他类)1335个。
② 贾璇.技能人才"断档",怎么办?[J].中国经济周刊,2023(20):68-70.

当前对技能偏好性的需求,技能偏向型技术进步①内生于高技能劳动力供给。近年来,我国劳动力市场呈现出就业"极化"(polarization)现象,最易受到技能偏向型技术进步冲击的中等技能劳动力受技能所限,难以向高级技能就业岗位转移,并对低技能岗位形成挤压,造成就业失稳和低收入群体扩大,阻碍共同富裕目标实现。因此,无论是突破"卡脖子"技术,实现高水平科技自立自强,还是建设制造强国,都需要进一步夯实高级工以上的高技能人才队伍建设这个重要基石。

问题是时代的声音,改革是实践的呼唤。高技能人才队伍建设是一项复杂性、长期性、系统性工程。培养一支新时代高技能人才队伍绝非一朝一夕之功,高技能人才成长需要岗位实践的时间支撑和技术技能的内化累积,有其特有的成长成才规律,在高技能人才规模短时间内无法大规模增长的背景下,紧密贴合时代需求,坚持问题导向、坚持国际视野是《关于加强新时代高技能人才队伍建设的意见》的鲜明特色。"创新之道,唯在得人;得人之要,必广其途以储之。"围绕"构建党委领导、政府主导、政策支持、企业主体、社会参与的高技能人才工作体系""打造一支爱党报国、敬业奉献、技艺精湛、素质优良、规模宏大、结构合理的高技能人才队伍",《意见》明确提出目标任务:到"十四五"时期末,技能人才占就业人员的比例在30%以上,高技能人才占技能人才的比例达到1/3,东部省份高技能人才占技能人才的比例达到35%;并从四个方面,提出14条创新举措,打出政策组合拳,形成技能人才培养、评价、使用、激励全链条制度的完整闭环。一是创新高技能人才培养力度。这是技能人才工作的基础性工程。《意见》扭住高技能人才培养这一重点,从健全高技能人才培养体系、创新高技能人才培养模式、培养急需紧缺高技能人才、发挥职业学校培养上的基础性作用、优化高技能人才培养资源和服务供给等5个内容,推出一揽子创新性举措。比如,强化载体建设,塑造高技能领军人才:依托企业培训中心、产教融合实训基地、高技能人才培训基地、公共实训基地、技能大师工作室、劳模和工匠人才创新工作室、网络学习平台等,大力培养高技能人才;又如,深化中国特色学徒制,创新校企双制、校中厂、厂中校等培养方式,鼓励通过名师带徒、技能研修、岗位练兵、技能竞赛、技术交流等形式,开放式培训高技能人才,让学校、企业、社会团体多点开花,多渠道、多方式培养高技能人才;再如,突出"急需紧缺",实施高技能领军人才培育计划:围绕国家重大战略、重大工程、重大项目、重点产业培育高技能人才;完善项目制培养模式,针对不同类别不同群体高技能人才实施差异化培养项目;实施制造业技能根基工程和乡村工匠培育计划。二是创新技能导向的使用制度。企业是技能人才的使用主体,技能人才建功立业在企业,鼓励高技能人才在岗位上发挥作用,设立技能津贴、班组长津贴、带徒津贴,完善技能要素参与分配制度;建立高技能领军人才"揭榜领题"以及参与重大

---

① 技能偏向型技术进步(Skill Biased Technological Change, SBTC)是基于技术进步与劳动力就业关系提出的经典假说。其理论认为:快速的技术进步会改变就业中的技能结构,导致技能溢价水平提升以及高技能劳动力需求增加,并出现高低技能劳动力之间就业机会、待遇收入等不均现象。高技能劳动力供给不断增加,所占的就业比例不断提高,这时技术进步又将进一步向技能偏向性方向发展,对技能需求又再次提高,推动创新型经济发展。SBTC来源于技术—技能互补性,前沿技术与高技能劳动力的匹配能够实现制造业价值链的攀升。强化低技能劳动力的技能培训,也是建设技能型社会的重要内容。

生产决策、重大技术革新和技术攻关项目的制度，实行"技师＋工程师"等团队合作模式，发挥高技能领军人才引领示范作用；健全技能人才柔性流动机制，鼓励技能人才通过兼职、服务、技术攻关、项目合作等方式更好发挥作用，提高技能人才配置效率。三是创新技能人才评价制度。评价是技能人才工作的"指挥棒"，科学的评价机制能让技能人才在岗位上留得住、干得久、有奔头，使优秀的技能人才脱颖而出。健全由国家职业标准、行业企业评价规范、专项职业能力考核规范等构成的多层次、相互衔接的职业标准体系；完善以职业能力为导向、以工作业绩为重点，注重工匠精神培育和职业道德养成的技能人才评价体系；优化"新八级工"职业技能等级制度，拓宽技能人才职业发展通道，建立国家资历框架；延展专业技术人员和技能人才贯通评价通道，重视从技能人才中培养选拔党政干部。同时，更好地发挥技能竞赛引领作用，积极完善中国特色职业技能竞赛体系，让高技能人才、能工巧匠、大国工匠竞相涌现。四是健全表彰激励制度。良好的激励制度是技能人才成长的动力。加大高技能人才表彰奖励力度，建立以国家表彰为引领、行业企业奖励为主体、社会奖励为补充的高技能人才表彰奖励体系，积极推荐高技能人才享受政府特殊津贴；健全高技能人才激励机制，将高技能人才纳入各地人才分类目录，建立高技能人才休假疗养制度，加强政治引领和政治吸纳，真正让高技能人才在政治上有荣誉、经济上有待遇、社会上有地位。

> **拓展阅读**
>
> ### 加快打造具有时代特征、地方特色的技能人才新高地
>
> 中办、国办印发《关于加强新时代高技能人才队伍建设的意见》后，各省迅速开展行动，结合区域特征、地方特色全面部署加强新时代高技能人才工作的实施意见。如广东"全面优化高技能人才发展生态"：建设高水平技能生态，探索构建产教评技能生态机制、建设技能生态链、培育技能生态区。围绕重点产业、重点领域，通过龙头企业出标准、出岗位、出师傅，院校出学生、出教师、出教学资源，政府出政策、出资金、出管理，建立以产业岗位标准为引领、以院校学生和教学资源为基础、以职业技能等级评价为纽带的产教评融合发展技能生态机制；面向战略性产业集群，以龙头企业为主导，聚集上下游企业、院校、评价机构组建技能生态链，对接产业链建设集招工、培训、评价、就业、提升一体闭环的技能人才供应链；在此基础上培育兼具技能人才培养、创新创业、促进产业高质量发展等综合功能为一体的技能生态区。建成以学生学徒、技培生等政策为根部，以"新八级工"、企业自主评价等政策为腰部，以中华技能大奖、首席技师等政策为顶部的"广东技能树"。
>
> 江苏"突出三个聚焦""实施三大行动"。围绕加快打造江苏特色的技能人才新高地：一是聚焦实体经济，深入实施制造业技能根基工程，依托龙头企业、链主企业、单项冠军企业等，遴选一批制造业省级示范性公共实训基地；紧扣产业发展导向，落实职业

技能培训阶梯性补贴,提升就业培训上岗率、职工培训稳岗率、创业培训合格率,推动化解结构性就业矛盾。二是聚焦数字经济,结合产业分布摸清数字技能人才底数、需求,绘制数字技能人才地图,建设一批数字技能产业园区,加快培养"数字工匠"队伍,优化数字技能人才供给结构。三是聚焦园区经济,采取"一企一案"模式,对接企业开展项目式、菜单式和企业新型学徒培训;推动建设"园区技校"共建联合体、园区技能大师工作站,促进园区技能人才供需紧密对接。八部门联合发布《关于加强高技能人才队伍建设,深入推进产业工人队伍建设改革的意见》,实施三大行动:一是实施筑基行动,发挥技术工人队伍基础作用——推动农民工成为稳定就业的产业工人,落实企业对职工教育培训的主体责任,广泛开展"名师带高徒"活动;二是实施育林行动,发挥技能人才队伍中坚作用——广泛开展劳动和技能竞赛,深入推进工匠学院建设,推动各类人才融通发展,鼓励职业技能等级自主评价,提高薪酬待遇收入水平;三是实施拔尖行动,发挥高技能人才队伍头雁作用——推动高技能领军人才技术创新,引导高技能人才参与"卡脖子"技术攻关,提高高技能人才相关待遇。

浙江以"高水平推进技能型社会建设"为目标,在"技能浙江"领域实施"六大行动":一是实施先进制造业技能强基行动。围绕"415X"先进制造业集群,聚焦基础性关键性领域,建设一批技能根基工程培训基地和"未来工厂"人才培训中心,每年开展制造业职业技能培训50万人次以上;围绕"万亩千亿"新产业平台对高技能人才需求,引育集聚一批制造业高技能人才;逐步实现规模以上制造业企业技能大师工作室全覆盖。二是实施数字高技能人才倍增行动。围绕助力数字经济创新提质"一号发展工程",大规模培养数字高技能人才;充分发挥数字头部企业生态、技术优势,每年开展数字新技术和网络数据安全技术培训20万人次以上。三是实施新时代"乡村工匠"培育行动。深入实施千万农民素质提升工程,每年培训高素质农民和农村实用人才7万人次;鼓励职业学校与涉农院所开展合作,开设生物育种、农村电子商务、乡村旅游、乡村规划建设等特色专业;围绕大花园建设,培育一批美丽乡村建设导师和乡村建设工匠。四是实施"一老一小"技能支撑行动。围绕打造"浙里康养""浙有善育"金名片,每年开展养老护理员、家政服务员、医疗护理员、育婴员、保育师、食品安全管理员等急需紧缺职业技能培训15万人次以上;建设一批养老托育培训基地,建立健全养老托育服务标准体系、信用体系。五是实施职业教育提质培优行动。深化产教融合,打造一批市域产教联合体和行业产教融合共同体;推动技工教育提质增量,到2025年建成10所一流技师学院和69个高水平专业(群)。六是实施省域技能型社会建设行动。以"职工增技、企业增效、职工增收"作为技能型社会的关键,构建技能培育体系、技能创富体系和技能生态体系;高标准建设"增技增效增收"先行区,唤起个人和企业作为技能型社会建设主体的内驱力和持久力;高质量打造"崇尚技能"新生态,鼓励各地建技能型小镇、技能型社区、技能型乡村等。到2025年,高技能人才规模持续扩大,新增制造业高技能人才40万人、数字高技能人才10万人、现代农业和现代服务业高技能人才50万人,全省高技能人才总量达到500万人以上,占技能人才比例超过36%;①到2035年,高技能人才数量、结构与经济社会发展需求基本匹配,高技能人才总量达到800万人以上,占技能人才比例超过40%,基本建成社会崇尚技能、人人享有技能的技能型社会。

2. 深入开展技能中国行动

《关于加强新时代高技能人才队伍建设的意见》强调:要"大力弘扬劳模精神、劳动精神、工匠精神,全面实施'技能中国行动'"。"技能中国行动"由人社部在"十四五"开局之年启动,旨在加快推进"人人学技能、有技能、长技能、比技能"的技能型社会的形成,为全面建设社会主义现代化国家提供坚实的技能人才保障。《"技能中国行动"实施方案》首次提出了建设"技能中国""十四五"时期的目标任务,其以全国性统一"行动"的方式,紧贴经济社会发展需求,集合政策举措,制定技能人才"一体系四行动"的工作路线图,动员全社会力量,强力提升技能人才队伍建设水平,标志着新时代我国技能强国战略已形成开拓发展新格局,进入全面发展新阶段:一是技能人才工作目标"高标准",引领技能强国全面发展。"技能中国行动"坚持"党管人才、服务发展、改革创新、需求导向"原则,确立"强基础、优结构、扩规模、提质量、建机制、增活力"18字工作方针,量化了"新增技能人才4 000万人以上,技能人才占就业人员比例达到30%,东部省份高技能人才占技能人才比例达到35%,中西部省份高技能人才占技能人才比例在现有基础上提高2—3个百分点"的具体指标。二是技能人才培训"定量化",引领技能人才高质量发展。"技能中国行动"充分考虑我国经济社会发展实际,紧密结合"十四五"规划确定的"实施区域协调发展战略"发展目标,定性与定量相结合,"十四五"期间大幅度增加技能人才总量,分地区提高高技能人才占比。该量化目标对于营造崇尚技能良好文化氛围,大力加强技能人才培养培训力度,有效破解高技能人才求人倍率长期偏高难题,对实现西部大开发、东北全面振兴、中部地区崛起、东部率先发展都具有十分重要的现实意义。三是制度改革"创新性",引领"技能中国行动"扎实推进。具体提出了落实"技能中国行动"的20条举措,涉及政策、制度等方方面面的建设措施,其中最具创新性的工作体现在"健全终身职业技能培训制度"方面:聚焦制约技能人才工作的短板弱项,构建以政府补贴培训、企业自主培训、市场化培训为主要供给,以高技能人才公共实训基地、技工院校、职业院校、职业培训机构和行业企业为主要载体,以就业技能培训、岗位技能提升培训和创业创新培训为主要形式的组织实施体系;围绕急需紧缺领域强化技能人才培养,如"加强数字技能培训,普及提升全民数字素养",这是贯彻党的十九届五中全会提出的"发展数字经济,推进数字产业化和产业数字化,推动数字经济和实体经济深度融合"的有效举措,对于加快构建

---

① 截至2022年底,浙江全省技能人才总量达1195万人,占从业人员的30.7%,其中高技能人才395.2万人,占技能人才的33.1%。全省共有技工院校108所、在校生19.8万人,每年向社会输送毕业生3.8万人。

数字人才培养培训体系,赋能传统产业转型升级,打造具有国际竞争力的数字产业集群具有重要意义。

近年来,我国大数据、人工智能、区块链、云计算、5G等新一代信息技术创新加速,数字经济发展迅猛,数字经济规模在2021年达到45.5万亿元(占GDP比重39.8%),2022年同比增长10.3%,其规模达50.2万亿(占GDP比重41.5%),发展数字经济已成为构建我国新发展格局的重要支撑。随着数字经济规模的持续壮大,数字技术的更新迭代,数字化治理的改进完善,劳动力市场中数字技能人才短缺断层、供需失衡的现象日益凸显。据人瑞人才、德勤中国《产业数字人才研究与发展报告(2023)》:目前我国数字人才总体缺口在2500万至3000万,且缺口仍在持续放大。因此,为数字经济发展提供原生动力,加大全民数字技能教育和培训,实施数字高技能人才倍增计划等成了全国各地推动经济社会高质量发展的重要抓手。如浙江省人社厅等七部门出台《数字经济创新提质"一号发展工程"高技能人才倍增行动方案》(浙人社发〔2023〕14号),计划到2027年累计开展数字技能培训100万人次,数字高技能人才总量达25万人,力争数字经济增加值和核心产业增加值突破7万亿元和1.6万亿元,实现"双倍增"。

在实际应用中,"数字技能"常常指数字知识、技能和态度的集合,或者说数字领域的认知技能、非认知技能的复合;既包括了数字硬技能(也称数字能力),即数字知识、数字认知技能、数字实用技术等,又涵盖了数字软技能(也称数字素养),即对数字领域的认知、态度、情感和社交等。随着数字化进程的快速推进,数字技能内涵日趋丰富和多层。数字经济产业(数字产品制造业、数字产品服务业、数字技术应用业、数字要素驱动业、数字化效率提升业)催生了众多的数字职业。在《中华人民共和国职业分类大典(2022年版)》中首次增加"数字职业"标识(标识为S),共标识数字职业97个。数字职业可以反映出各行业数字化进程及数字经济未来发展趋势,引领带动广大技术技能人才投身于数字经济建设实践,推动数字经济发展。

表7-3 新版职业分类大典97个数字职业

序号	职业编码	职业名称	序号	职业编码	职业名称
1	2-02-01-02	地球物理地球化学与遥感勘查	7	2-02-02-06	地理国情监测
2	2-02-02-01	大地测量	8	2-02-02-07	地理信息系统
3	2-02-02-02	工程测量	9	2-02-02-08	导航与位置服务
4	2-02-02-03	摄影测量与遥感	10	2-02-02-09	地质测绘
5	2-02-02-04	地图制图	11	2-02-07-07	自动控制
6	2-02-02-05	海洋测绘	12	2-02-09-03	雷达导航

(续表)

序号	职业编码	职业名称	序号	职业编码	职业名称
13	2-02-09-05	广播视听设备	42	2-02-38-06	工业互联网
14	2-02-10-01	通信	43	2-02-38-07	虚拟现实
15	2-02-10-03	计算机软件	44	2-02-38-08	区块链
16	2-02-10-04	计算机网络	45	2-02-38-09	集成电路
17	2-02-10-05	信息系统分析	46	2-02-38-10	机器人
18	2-02-10-06	嵌入式系统设计	47	2-02-38-11	增材制造
19	2-02-10-07	信息安全	48	2-02-38-12	数据安全
20	2-02-10-08	信息系统运行维护	49	2-02-38-13	密码
21	2-02-14-02	广播电视传输覆盖	50	2-06-07-13	数字化管理师
22	2-02-18-05	工程勘察与岩土	51	2-06-14-00	金融科技师
23	2-02-22-01	海洋调查与监测	52	2-09-06-07	数字媒体艺术专业人员
24	2-02-22-02	海洋环境预报	53	2-10-02-04	数字出版编辑
25	2-02-22-04	海洋工程勘察设计	54	2-10-02-05	网络编辑
26	2-02-25-01	气象观测	55	4-01-06-01	电子商务师
27	2-02-25-02	天气预报	56	4-01-06-02	互联网营销师
28	2-02-25-03	气候监测预测	57	4-02-06-05	供应链管理师
29	2-02-25-04	气象服务	58	4-04-02-01	信息通信网络机务员
30	2-02-25-05	人工影响天气	59	4-04-02-03	信息通信网络动力机务员
31	2-02-26-01	地震监测预测	60	4-04-02-05	无线电监测与设备运维员
32	2-02-30-02	物流	61	4-04-04-01	信息通信网络运行管理员
33	2-02-30-08	信息管理	62	4-04-04-02	网络与信息安全管理员
34	2-02-30-09	数据分析处理	63	4-04-04-03	信息通信信息化系统管理员
35	2-02-30-11	供应链	64	4-04-04-04	信息安全测试员
36	2-02-34-02	工业设计	65	4-04-04-05	数字化解决方案设计师
37	2-02-38-01	人工智能	66	4-04-04-06	密码技术应用员
38	2-02-38-02	物联网	67	4-04-05-01	计算机程序设计员
39	2-02-38-03	大数据	68	4-04-05-02	计算机软件测试员
40	2-02-38-04	云计算	69	4-04-05-04	数据库运行管理员
41	2-02-38-05	智能制造	70	4-04-05-05	人工智能训练师

(续表)

序号	职业编码	职业名称	序号	职业编码	职业名称
71	4-04-05-06	区块链应用操作员	85	4-08-08-26	工业设计工艺师
72	4-04-05-07	服务机器人应用技术员	86	4-08-08-29	桌面游戏设计师
73	4-04-05-08	电子数据取证分析师	87	4-09-07-05	碳汇计量评估师
74	4-04-05-09	信息系统适配验证师	88	4-12-02-03	信息通信网络终端维修员
75	4-04-05-10	数字孪生应用技术员	89	4-13-01-05	全媒体运营师
76	4-04-05-11	虚拟现实产品设计师	90	4-13-01-06	档案数字化管理师
77	4-06-01-04	智能楼宇管理员	91	4-14-05-07	电子竞技员
78	4-07-02-05	商务数据分析师	92	5-05-01-03	农业数字化技术员
79	4-08-01-01	航空气象员	93	6-11-01-03	化工总控工
80	4-08-03-01	大地测量员	94	6-18-01-13	增材制造设备操作员
81	4-08-03-02	摄影测量员	95	6-31-07-01	工业机器人系统运维员
82	4-08-03-04	工程测量员	96	6-31-07-02	工业视觉系统运维员
83	4-08-03-06	海洋测绘员	97	6-31-07-03	工业机器人系统操作员
84	4-08-08-23	建筑信息模型技术员			

注：表中序号1—49每个数字职业的具体"职业名称"后面本书作者省略了"工程技术人员"6个字。如"大地测量"，完整的职业名称应为"大地测量工程技术人员"。

四是方案实施"分段式"，推进"技能中国行动"走深走远。按"一体系四行动"以阶段为单位分别制定重点任务实施计划，如贯彻落实《"技能中国行动"2021—2022年重点工作安排》，以完善技能人才队伍建设政策制度为基础，以推进技能人才供给侧结构性改革为主线，以宣传技能人才事迹，弘扬工匠精神为指引，以技能提升行动专项资金为保障，以筹备世界技能大赛、融入世界技能运动为契机，以多层次、多领域职业技能竞赛为抓手，以新职业发展为引领，以新职业培训和全民数字技能教育培训为创新，以技能人才系列主题活动宣传为引导，努力为中国式现代化提供技能人才支撑。又如，为促进学徒培训规模和质量有效提升，在2022年12月应时推出《加强和改进新时代中国特色企业新型学徒制工作方案》（人社厅发〔2022〕62号），创新"双结合""双基地""双导师"的"三双"学徒制培养模式，并就有技能人才培养能力的企业特别是产教融合型企业，建有高技能人才培训基地、技能大师工作室、技能根基工程培训基地、公共实训基地的企业和培训院校（技工院校、职业院校、职业培训机构和企业培训中心等）带头开展"招工即招生、入企即入校、企校双师联合培养"，以及学徒培养目标、学徒课程开发、学徒导师选拔、工学一体化场所建设、教学质量体系建设、学徒考核评价与全过程信息化管理等开展高质量学徒培训做出政策安排与详细规定，对于助推新时代企业技能人才培养培训，发展壮大高素质、高水平、高技能产业工人队伍具有重大的基础支撑和引领保障作用。通过分步实施、系统推进包括"技能提升""技能强企""技能激励""技能合作"四大行动的年度工作任务,构建以部省共建、部门联动、政企协同的技能人才工作联动机制,营造技能人才可持续发展氛围,有力推进了技能强国建设步伐,努力实现我国技能人才队伍质量实现整体跃升。

新时代需要高技能人才,高质量发展呼唤大国工匠。截止2023年底,人社部先后与河南、湖北、云南、安徽、广东、河北、吉林、新疆、山西、甘肃、贵州、浙江、山东等13个省份签署部省共建技能人才工作专项协议或合作协议,推动技能人才工作改革先行先试。如:支持河南率先建设职业培训法治示范区,实施《河南省职业培训条例》,完善河南省技能人才信息管理服务系统,建立以社保卡为载体的劳动者终身职业技能培训电子档案,全面推行实名制"发券—培训—持证—兑现"闭环管理电子培训券,升级"人人持证,技能河南"建设工程,打造推进技能型社会建设的"河南样本";支持山西围绕"技能富民战略",构建"技能培训、政策支撑、劳务市场、信息管理"四大体系,实行"培训、取证、就业、增收"全链条综合施策,一条龙接续推进,培育发展"棋源叉车工""吕梁山护工""天镇保姆"等特色劳务品牌,高位推动"人人持证、技能社会"建设;支持吉林勇于突破创新,推进体制机制改革,继续在打通技能人才与干部队伍的发展通道、实现高技能人才与专业技术人才职业发展贯通上走在全国前列,助力吉林老工业基地全面振兴全方位振兴;支持云南打造世界一流"绿色能源""绿色食品""健康生活目的地"三张牌战略,实施乡村振兴技能人才计划、康养云师傅计划、生态卫士计划、马兰花计划、高校毕业生职业技能提升计划、高技能人才队伍壮大计划等"十个一批"多层次技能人才培养计划,和"万名以上乡村振兴人才""万名以上文化旅游人才""万名以上数字化人才""万名以上对外交流合作人才"等"六个一万"人才培养专项工程,实施"技能兴滇"行动;支持山东充分发挥在推动黄河流域生态保护和高质量发展重大国家战略中的龙头作用,会同沿黄省份共同研究人力资源开发、高技能人才培养规划,制定优势互补、协同发展的措施意见,大力发展技工教育、建设技工教育集团(联盟),全面推行工学一体化技能人才培养模式。又如,支持浙江全面推进省域技能型社会建设,高质量实施新时代浙江工匠培育工程——实施"匠苗"成长行动、"匠才"培养行动、竞赛锤炼行动、技能创新行动和工匠遴选行动,到2025年:重点培育30名左右具有绝技绝活,处于国内外技术技能领域前沿,在技术革新、发明创造中有重大贡献,能引领产业技术发展,在培养技能人才和传授技艺方面有突出贡献的浙江大工匠;重点培育300名左右具有精湛技能,在省内同行中拥有较高知名度,或在世界技能大赛中表现优异,为企业和社会创造重大效益,在技能人才培养方面做出较大贡献的浙江杰出工匠;重点培育3000名左右具有过硬技能,在产业行业领域中发挥骨干作用的浙江工匠;重点培育10000名左右掌握熟练技能,富有发展潜力,年龄在35岁以下的浙江青年工匠,打造一支覆盖广泛、梯次衔接、技艺高超的"十百千万"新时代浙江工匠骨干队伍,等等。共建与合作协议的签署,将加快推动各省建成政策更加健全、机制更加完善、培养更加系统、评价更加科学、服务更加高效的高技能人才培养培训制度体系,切实推进技工大省、技能强省、省域技能型社会建设。

第四节　技能型社会的推进：类型特色与关键路径

习近平总书记强调，"要牢牢把握服务发展、促进就业的办学方向，深化体制机制改革，创新各层次各类型职业教育模式，坚持产教融合、校企合作，坚持工学结合、知行合一，引导社会各界特别是行业企业积极支持职业教育，努力建设中国特色职业教育体系。""增强职业教育适应性，加快构建现代职业教育体系，培养更多高素质技术技能人才、能工巧匠、大国工匠"。这是从党和国家事业发展全局的高度对现代职业教育培养人才的规格定位，也是提升职业教育人才培养质量的目标要求。职业教育要立足"两个大局"和第二个百年奋斗目标，适应新技术和产业变革需要，以"办学能力高水平、产教融合高质量"为导向，系统强化"高素养""高技能"人才的品质与内涵建设，为实现高质量发展提供充分的人力资源保障，这是职业教育的使命担当。

一、强化职业教育的类型特色

改革开放40多年来，我国职业教育实现了历史性跨越，建成世界规模最大的职业教育体系，各级各类职业学校培养毕业生累计达2亿多。目前中高等职业学校每年培养毕业生超过1000万，为国家经济社会发展提供了不可或缺的人力资源支撑。据教育部公布的数据：截至2023年底，全国共有8665所中高等职业院校。高等职业院校1580所，其中：本科层次职业学校33所（公办11所、民办22所），专科层次职业学校1547所（民办374所）；中等职业学校7085所（民办2128所）。另据人力资源和社会保障事业发展统计公报：截至2023年底，全国共有技工院校2468所。全国职业院校共开设了1679个专业①和12余万个专业点，基本覆盖了国民经济各领域。在现代制造业、战略性新兴产业和现代服务业等领域，一线新增从业人员70%以上为职业学校毕业生。

《国家职业教育改革实施方案》（国发〔2019〕4号，即"职教20条"）开宗明义第一句话："职业教育与普通教育是两种不同教育类型，具有同等重要地位。"新《职业教育法》再次明确，"职业教育是与普通教育具有同等重要地位的教育类型"。之所以将职业教育视作一种

---

① 2021年3月教育部印发《职业教育专业目录（2021年）》（教职成〔2021〕2号），在科学分析产业、职业、岗位、专业关系基础上，对接现代产业体系，服务产业基础高级化、产业链现代化，统一采用专业大类、专业类、专业三级分类，一体化设计中等职业教育、高等职业教育专科、高等职业教育本科不同层次专业，共设置19个专业大类、97个专业类、1349个专业，其中中职专业358个、高职专科专业744个、高职本科专业247个。2022年12月人社颁布《全国技工院校专业目录（2022年修订）》（人社部函〔2022〕146号），依据《中华人民共和国职业分类大典（2022年版）》《国家职业资格目录（2021年版）》，设置15个专业大类，330个专业；对专业的培养目标（中级工、高级工、预备技师）、学习年限（中级工：初中毕业生3年，高中毕业生2年；高级工：初中毕业生5年，高中毕业生3年，达到中级技能水平学生2年；预备技师：初中毕业生6年，高中毕业生4年，达到中级技能水平学生3年，达到高级技能水平学生2年）、对应或相关职业/工种、职业资格/职业技能等级等内容进行一体化优化。

教育类型,根本原因就在于其具有不可替代的社会价值,正如 2022 年 8 月国家主席习近平在向世界职业技术教育发展大会所致的贺信中高度概括的那样:"职业教育与经济社会发展紧密相连,对促进就业创业、助力经济社会发展、增进人民福祉具有重要意义。"结合人才分类理论与二八定律来看,社会对于技术技能人才的需求约占社会需求总量的 80%。同时,职业教育作为一个类型,有其自己的体系——"类中有集、集中有类",包括职业学校教育体系和职业培训体系;职业学校教育体系又分为教育部门管理的职业院校体系(职业中等教育、专科层次职业高等教育、本科层次及以上职业高等教育)和人社部门管理的技工院校体系(普通技工学校、高级技工学校、技师学院)。

构建纵向贯通、横向融通的中国特色现代职业教育制度体系,健全纵向贯通、横向融通的制度保障,完善促进体系有效运行的支撑条件是技能型社会建设的必然要求。要真正把职业教育当作职业教育来办,不能以普通教育为参照系来研究发展现代职业教育的政策措施,要把职业教育和普通教育区分开来、把科学和技术区分开来、把知识和技能区分开来。强化职业教育类型特色,就要求我们既要基于教育看职业教育,又要跳出教育看职业教育;基于市场、产业和应用,办好职业教育;推进不同层次职业教育纵向贯通,促进不同类型教育横向融通,来巩固职业教育类型定位。

在多种教育形态中,职业教育与经济社会发展联系最紧密、最直接、最广泛,职业教育是教育、是经济,更是民生,因此,职业教育应该是一种面向人人的终身教育、面向市场的就业教育、面向能力的实践教育、面向社会的跨界教育。也就是说作为一种教育类型,职业教育在育人方式、办学模式、管理体制、保障机制等方面具有浓厚的自身特色。

1. 产教融合的办学特色

产教融合,是产教结合(1996 年颁发的《中华人民共和国职业教育法》提出)的升级版。"产"指产业,包括第一产业、第二产业、第三产业;"教"指教育;"融合"即"你中有我,我中有你"。产教融合是指产业与教育合作融通,构建产教共同体,实现技术技能人才培养供给侧和产业需求侧在结构、质量、水平上的协同,促进教育与产业同频共振、学校和企业共赢发展。2011 年教育部首次在职教领域提出了"产教融合"的理念;2013 年 11 月,《中共中央关于全面深化改革若干重大问题的决定》第一次提出要加快建设"现代职业教育体系",并将"深化产教融合、校企合作"作为"培养高素质劳动者和技能型人才"的基本遵循。2017 年 12 月,《关于深化产教融合的若干意见》(国办发〔2017〕95 号)强调,"深化产教融合,促进教育链、人才链与产业链、创新链有机衔接,是当前推进人力资源供给侧结构性改革的迫切要求",提出"构建教育和产业统筹融合发展格局""推进产教融合人才培养改革",并将产教融合的要求扩展至基础教育和高等教育,上升为国家战略;2021 年 10 月,《关于推动现代职业教育高质量发展的意见》(中办发〔2021〕43 号)则进一步明确了以"五个坚持"为基点推动职业教育高质量发展:"坚持立德树人、德技并修""坚持面向人人、因材施教""坚持面向市场、促进就业""坚持产教融合、校企合作""坚持面向实践、强化能力",对职业教育全面画像。新修订的《职业教育法》第十四条也再次强调了"产教深度融合"的办学要求。可见,产教融合作为涵盖教育应用性、职业性的大概念,它既是职业教育办学的基本模式,又是"突出职业技术(技工)教育类型特色",办好职业教育的关键所在。深化产教融合,强化高素质劳动者和技术技能人才的培养,对新形势下全面提高教育质量、扩大就业创业、推进经济转型升级、培育经济发展新动能具有重要意义。职业学校要集中力量办好当地需要的特色优势专业(群),真正践行"职教20条""专业设置与产业需求对接、课程内容与职业标准对接、教学过程与生产过程对接"的要求,在学校层面和专业层面深化产教融合,为区域经济社会发展提供人才支撑和智力支持。

2. 校企合作的人才培养特色

产业是具有某种同类属性的、相互作用的经济活动组成的系统,或者说是无数个经济个体的集合;教育是培养人的机构及范式的总称。产业的实体是企业,教育的实体是学校。"产教"两者的"意志",只有通过"校企"两者的"携手"才能生根。因此,产教融合的载体就是校企合作,"产教协同育人"的实质就是校企合作育人。校企合作既是培养高素质技能人才的有效途径,也是人才培养模式改革的基础,更是有针对性地为企业培养人才的职业学校办学的基本制度。2018年2月,教育部等六部门联合发布的《职业学校校企合作促进办法》(教职成〔2018〕1号)提出构建"政府扶持、学校主导、企业参与、开放共赢"的双主体实施的合作机制,完善以应用型人才为主的培养体系。校企合作作为职业学校和企业在实施职业教育过程中通过共同育人、合作研究、共建机构、共享资源等方式的合作活动,其合作形式包括人才培养、技术创新、就业创业、社会服务、文化传承等多个方面。职业学校要根据自身特点和人才培养需要,主动与具备条件的企业开展合作,积极为企业提供所需的课程、师资等资源;企业要依法履行实施职业教育的义务,利用资本、技术、知识、设施、设备和管理等要素参与校企合作,促进人力资源开发。通过企业深度参与职业学校教育教学改革,组建职业教育集团、开展学徒制联合培养等方式,构建校企协同、合作育人长效机制。目前,全国已组建1500多个职业教育集团(联盟),涵盖企业、学校、行业、科研机构在内的4.5万余家成员单位,以多种途径参与学校专业规划、教材开发、教学设计、课程设置、实习实训,促进了企业需求融入人才培养环节;现代学徒制试点覆盖1000多个专业点,惠及10万余学生(学徒),逐步形成专业共建、人才共育、过程共管、领域共探、项目共研、资源共享、品牌共创、责任共担的校企合作新局面。

3. 工学结合的教学特色

工学结合指工作与学习相结合。工学结合的本质是教育通过企业与社会需求紧密结合,与学生今后的工作世界紧密连接,学习的内容是工作,通过工作实现学习。与宏观的产教融合、中观的校企合作相比,工学结合更加微观,但其结合的结果直接影响培养质量。无论是专业设置与建设,还是课程改革与内容,落实到教学层面,工学结合是职业教育的立场,这种立场简要概括为"做中学,学中做""学做合一,知行合一"。正如本书第六章所探讨的,纵观世界各地职业教育模式及发展经验,比如德国"双元制"模式、澳大利亚 TAFE(Technical And Further Education)模式、美国的 CBE(Competency Based Education)模式、英国 BTEC(Business & Technology Education Council)模式、国际劳工组织 MES(Modules of Employable Skills)模式、新加坡教学工厂模式等,人们总可以发现一些相对不变的东西,即"规定性"。这些规定性正是"类型"的特征表现：其一，"行动性知识的学习"，职业教育在内容上的规定性是"工作过程知识的学习"（引导行动的知识，知道"是什么"；解释行动的知识，知道"怎么做"；反思行动的知识，知道"为什么"），这些知识表现出程序性、个体经验性；其二，"做中学的方法"，职业教育在习得方法上的规定性是"做中学"，强调在相对真实的环境中，采用相对真实的典型工作任务展开学习，并通过反思改进，获得经验与能力的提升；其三，"培养职业素养"，成功的职业教育总是将学习产出定位到素养层面，即要培养学生专注于做事、把事做得越来越好的品性，其核心体现就是工匠精神。这些在培养内容、方法与目标上存在逻辑一致性的职业教育"类型"特质的规定性，在形式与实现机理上自然要求"工学结合""知行合一"。

《教育部关于全面提高高等职业教育教学质量的若干意见》（教高〔2006〕16号）第一次提出"高等职业教育作为高等教育发展中的一个类型，肩负着培养面向生产、建设、服务和管理第一线需要的高技能人才的使命"。针对高等职业教育发展中"职业性"不显与"适应性"不强的现实，给出了解决问题的思路和途径——以开放的姿态，通过工学结合、校企合作来落地解决。第一次提出了"双师"结构、"专兼结合的专业教学团队"的概念。强调"大力推行工学结合，突出实践能力培养"，积极推行与生产劳动和社会实践相结合的学习模式，把工学结合作为高等职业教育人才培养模式改革的重要切入点，带动专业调整与建设，引导课程设置、教学内容和教学方法改革。抓住教学过程的实践性、开放性和职业性三个改革重点，实验、实训、实习三个关键环节，重视学生校内学习与实际工作的一致性；积极推行工学交替、任务驱动、项目导向、顶岗实习等有利于增强学生能力的教学模式。内容涉及人才培养工作的各个环节，成为相当一个时期指导职业教育教学改革的纲领性文件。《教育部关于全面提高高等教育质量的若干意见》（教高〔2012〕4号）进一步明确，要制定实施本科和高职高专专业类教学质量国家标准，紧密围绕产业需求，强化实践教学，开展生产性实习实训；健全学生到企业实习实训制度与面向企业真实生产环境的任务式培养模式；鼓励企业依托或联合职业学校设立产业学院和企业工作室、实验室、创新基地、实践基地；在工学结合上强化学生职业道德、职业技能、就业创业能力的培养。

"中国职业教育之父"黄炎培（1878—1965）曾指出，"只从职业学校做功夫，不能发达职业教育；只从教育界做功夫，不能发达职业教育；只从农工商职业界做功夫，不能发达职业教育。"意思是说，办职业教育必须沟通与整个教育界和职业界的联系，参与全社会的活动，更多地探寻与职业教育外部环境的适应问题。"校企合作"从字面看由学校和企业"双主体"构成，其实，涉及的主体至少有学校、企业、行业协会、政府、家长五个。直接合作的代表——学校和企业两个显性主体又均包含两个潜在主体：在学校是教师和学生；在企业是人力资源部门和现场的技术技能导师。因此，"校企合作"的本质就是产教多元主体一体化协同育人；对高技能人才培养成长更为如此。新《职业教育法》强调企业是"重要办学主体"，《关于加强新时代高技能人才队伍建设的意见》更为明确，高技能人才培养"以行业企业为主体、职业学校为基础"，可见企业作为技术技能积累与开发的重要主体，在职业教育办学中发挥重要作用。

社会上流传的"中等职业教育培养一般技能人才、高等职业教育培养高技能人才"的说法，往往是依据学历层次作想当然的划分；其实，并不符合技能的掌握、积累、提升以及高技能人才培养的规律和路径。首先，从技能的获得提升来看，技能的形成是一个从生疏到熟练、从简单到复杂、从单向到多面的过程，它与企业工作任务融为一体，与产业发展、企业技术升级紧密相联，没有长时间、多方位、组织化的实践磨炼很难成为高技术人才。其次，从职业学校的教育来看，教育要立足于人的全面发展，有综合性的课程教学计划和刚性的毕业标准，对专业技能训练往往难以有更多更充分的投入。尤其是以前一个时期，产教"合而不融"、校企合作"校热企冷"、工学结合"不深不实"，同时，中高职衔接还远不够完善，中高职衔接并非只是普通学历的提升，更应是技术技能教育一体化的有效衔接与拓展深化，对口招生是实现专业衔接贯通的基础所在，否则就无法提升通用技能、特殊技能学练的层次；高职仍然以招收普通高中毕业生为主，这就意味着专业技能教学只能和中职一样是零起点，怎么会跨越式地培养出高技能人才？诚然，职业学校也培养出许多技术尖子，在国家级各种职业技能竞赛中大显身手，应该说达到了高技能人才的水平。但是，在企业真实的生产中、复杂的工作环境中，尤其是非程序性工作领域如何用得上、用得好，仍有一个浸润遨游的历练过程，更何况达到高技能水平的学生毕竟只是少数，就学生总体而言，提高元认知能力，树立工匠精神，打好成为高技能人才的核心技能和健康的身心素养，能达到掌握、胜任一般工作岗位需要的技能就已达到毕业要求，进一步提升则更多地要在真实的工作环境中去实现。总之，高技能人才培养、技术技能的持续提升需要长期的实践累积与综合性发展。校企合作、工学结合的职业教育模式必须坚持不懈，要防止重蹈应试教育的升学模式，否则就不可能为培养高技能人才奠定良好基础，而且背离了职业教育的根本宗旨。

"职业"与"教育"的跨界属性要求职业学校办学必须紧紧围绕行业企业需求。《中华人民共和国国民经济和社会发展第十三个五年规划纲要》《中华人民共和国国民经济和社会发展第十四个五年规划纲要》均提出了"深化产教融合、校企合作"要求；《关于实施中国特色高水平高职学校和专业建设计划的意见》(教职成〔2019〕5号)、《职业教育提质培优行动计划(2020—2023年)》(教职成〔2020〕7号)等文件均将"深化产教融合""推动职业院校和行业企业形成命运共同体"作为办好职业教育的关键所在。

职业教育以培养生产、建设、服务、管理第一线的"高素质技术技能人才"为目标，切实提高办学质量，服务经济社会发展和实现人的全面成长是其类型教育的必然。产教融合的载体是校企合作，校企合作的焦点是工学结合，将产教融合——校企合作——工学结合连接形成三个组合，用"三个组合"来强化"三种责任"，用"三种责任"来确保"三个对接"，方能大处落墨、细处深耕、上下贯通。以职业院校(技工院校)的具体执行而言，从产教融合视角看，产教融合侧重于专业建设层面，强调专业设置与产业需求对接；校企合作侧重于课程改革层面，强调课程内容与职业标准对接；工学结合侧重于教学模式层面，强调教学过程与工作过程对接。从学校执行产教融合责任分担的角度看，产教融合工作的责任人应包括校长。校长是办学理念、发展定位、专业建设和校园文化的核心代表；办学校就是办专业，学校的办学特色,实际就是专业的办学特色,建设品牌特色专业是提升学校竞争力的主要标志;校长应以专业建设为统领,切实强化专业设置与产业需求对接。校企合作工作的责任人是院系一把手,院系一把手要狠抓全系的课程改革工作,因为课程质量与人才培养质量密切相关;院系一把手抓实此项工作,会促进全系课程内容与职业标准对接。工学结合工作的责任人是专业教师,专业教师要投入所教课程教学模式改革工作,因为教师是学校办学水平的决定性因素;只有专业教师践行工学结合,才可确保教学过程与工作过程对接。可见,产教融合落到实处是校企合作,落到深处是工学结合。值得注意的是,自从国办发〔2017〕95号文件颁发以来,"产教融合"的内涵随着职业教育改革发展已悄然变化。如今,在很多场合"产教融合"常被单独使用,其实质已包容了宏观层面的办学模式、中观层面的培养模式、微观层面的教学模式,是原本"工学结合""校企合作""产教融合"三层含义的总和。

二、强化服务高质量发展能力

现代化强国,必定是教育强国、科技强国、人才强国。党的二十大以一体推进教育、科技和人才"三大强国"建设的宏阔视野,就国家对现代职业教育体系的建设改革进行战略定位和顶层设计。党的二十大报告指出:"统筹职业教育、高等教育、继续教育协同创新,推进职普融通、产教融合、科教融汇,优化职业教育类型定位。"为全面贯彻党的二十大精神、着力破解职业教育改革发展过程中的重大问题与突出矛盾,2022年12月中办、国办联合印发了《关于深化现代职业教育体系建设改革的意见》(中办发〔2022〕65号),《意见》集中体现了在推进中国式现代化的过程中职业教育的新使命、新任务以及职业教育体系建设改革的新机制、新要求。办好中国特色职业教育,推进现代职业教育体系建设改革是一项系统工程,需要我们坚持系统观念深刻理解立足"三服务"、统筹"三协同"、推进"三融合"内在逻辑和实践要求:一是立足"三服务",即立足"服务人的全面发展、服务经济社会发展和服务国家发展战略"来发展职业教育。职业教育作为一种教育类型,人民群众是否满意,关键在于能否服务人的全面发展;地方政府是否积极支持,关键在于能否服务区域经济社会高质量发展;党和国家是否认可,关键在于能否更好地服务于教育强国、人才强国、制造强国、科教兴国、乡村振兴等国家发展战略,促进实现共同富裕。二是统筹"三协同",即"统筹职业教育、高等教育、继续教育协同创新。"立足教育实现现代化以及建构现代职业教育体系的发展需求,促进"人人出彩以及人的可持续发展",在尊重职业教育、高等教育与继续教育各自育人规律的前提下,既注重三者间的分工,及时根据经济社会需求结构变化调整人才培养和供给结构;又注重三者间的协同,"职业教育"要加强文化知识教育,"高等教育"要提升学生技能水平,"继续教育"要兼顾知识技能和文化素养教育。三是推进"三融合",即推进构建"职普融通、产教融合、科教融汇"的现代职业教育体系。"职普融通"重在加强普通教育与职业教育的阶段横向沟通、纵向交叉衔接沟通,形成普通教育与职业教育两类教育彼此通联的新的育人结构,最大限度地发挥普通教育与职业教育的育人价值;"产教融合"重在职业教育与行业产业融合、职业学校与园区结合;"科教融汇"重在融合汇聚科技和教育的力量,做到教育与科研同向发力,一体提高人才自主培养和科技自主创新质量。因此,职业教育要增强服务高质量发展的能力、推动技能型社会高水平建设,必须抓住关键路径,变革育人方式,夯实内涵建设,提升关键能力,培育高技能人才。

1. 变革育人方式,实现多样化成才

就受教育阶段位序而言,在整个教育体系中,高中阶段教育是义务教育和高等教育的连接带、传送带,这种承上启下的作用所产生的"涟漪效应"不但影响义务教育的发展方向,而且对于高等教育质量也有着至关重要的影响。据教育部公布的数据,2019 年、2020 年,我国高中阶段教育的普职招生比为 58.30∶41.70、58.27∶41.73,到 2021 年、2022 年普职招生比为 64.92∶35.08、66.15∶33.85,普职比不再是"大体相当"而是"大大提高",即使这样,家长还是存在孩子上不了普通高中的焦虑,加剧了义务教育阶段的"内卷"。2023 年 7 月教育部、国家发改委、财政部印发《关于实施新时代基础教育扩优提质行动计划的意见》(教基〔2023〕4 号),针对普通高中多样化发展不充分、部分县中水平不高以及群众职普分流焦虑问题,提出"扩大优质高中教育资源""推动普通高中多样化发展""加强县中标准化建设"三方面措施。进一步扩大普高招生规模,提高普职比,能满足更多学生上普高的诉求,但要切实缓解社会的教育焦虑,就需按照新《职业教育法》对职业教育的类型教育定位,通过切实提高职业教育的地位与质量,来有效推进普职融通。因为只要有中等职业教育的存在,普职比哪怕再提高,一些家长还会把基础教育的升学竞争归因于普职分流;即使全面实行"高中后职业教育",初中毕业生全能上普高,基础教育的升学竞争依然存在。从全世界范围看,也没有一个发达国家取消中等职业教育,只是发展中职的方式不同,有的采用分流模式,有的采取融合模式。因此,实施普职协调发展,结合各地学生接受教育的需求与社会对人才的需求,适当扩大优质普高招生规模,是有很强的现实必要性,但关键还要"以教育内涵发展化解普职分流焦虑"。变革育人方式,就是根据多元智能理论,以变革畅连接,打通高中阶段这一"段位",让每个受教育者根据自身的个性特长和天赋异禀进行未来职业选择,书写精彩人生答卷。

要让职业教育"热起来""香起来""强起来",真正实现高质量发展,"好深造"和"好就业"是两大制胜法宝。"好深造"就必须打破职业教育"天花板"低、学生成长通道狭窄的瓶颈,坚持把"以人为本"作为职业教育发展的基本定位,真正面向学生的全面发展和经济社会发展,让不同禀赋的学生为自己的未来职业发展找到适合的教育,找到适合自己发展的途径和空间,实现多路径发展、多通道成才。在"夯实中等职业教育基础地位,强化高等职业教育主体地位"的基础上,要加快破解职业教育内部循环和毕业生身份固化问题,就必须真正建立起能够实现"不同层次职业教育纵向贯通,不同类型教育横向融通"的职业教育人才培养体系。在横向融通上,强化中小学职业启蒙教育;依托国家学分银行,推动中职与普通高中、高职与应用型大学等课程互选、学分互认;加快建立真正推动技能型社会建设的职教高考制度、国家资历框架。在纵向贯通上,要加快构建从中职、高职本专科到专业学位研究生教育贯通培养的新路径:尽管我国职业教育环境不断向好,"3+2"直升高职专科、"3+4"直升职业本科或应用型本科、"2+3+2"中高本一体化、应用型本科院校对口招生、高职院校分类高考、技能大赛获奖保送等渠道,让纵向贯通的人才培养体系越来越丰满,但要真正建立起结构合

理、功能及定位清晰的职业学校体系,实现职业中等教育、专科层次、本科层次和专业硕博研究生层次的职业高等教育自下而上立交互通、无缝衔接,形成系统化的技术技能人才贯通培养机制,还需国家政策的强力供给和实践探索的优化完善。

经过100多年的发展,日本已建成较为成熟完善、法规健全的现代职业教育体系,形成多层次、多类型、系统化、产学互动融合等鲜明特色,社会对职业教育认可度和接受度高。据统计,日本只有不到一半的应届高中毕业生报名参加"高考",2020年至2022年的报考率为43%~45%。在日本社会少子化的"大学全入时代"(考生只要不挑肥拣瘦,一定就有大学上),如此众多的应届高中毕业生放弃"高考",完全是他们的主动选择——高中毕业后选择接受职业教育或者直接就业。作为"工匠之国",拥有一技之长成为一名"职人"在日本很受尊重,不仅就职率高于普通大学,且收入也相当不错。日本舆论认为,"对于真正有想做的事情的人来说,读专门学校是梦想的捷径。"在某些著名的专门学校,尤其是时尚设计类、动画制作类的专门学校,几乎每年都会有名牌大学的研究生到这里"回炉",以期在就业市场获得更大的竞争力。

日本现代职业教育体系由学校系统内部的职业技术教育、学校系统外的职业教育与培训(包括企业内职业技术教育与培训、公共职业训练)构成。其中学校系统内的职业技术教育归属文部科学省管理,企业内职业技术教育以及公共职业训练由厚生劳动省管理。日本的职业教育学校类型主要包括专修学校(专门课程)、高等专门学校、专门职短期大学、专门职大学、专门职大学院等,学制一般2至5年不等。根据2017年日本《学校教育法》修订法案,专门职大学的设立被誉为"职业原理的胜利",其毕业生由文部科学省颁发学士学位。也就是说,专门职大学属于职业教育中的本科层次,而专门职大学院可授予硕士、博士学位;职业教育"本硕博"全覆盖。因此,职业学校毕业不等于低学历。

日本职业教育的办学主体包括国家、社会和个人,不同办学主体在不同办学层次和培养目标上各有侧重。关涉到重要支柱产业发展的职业技术教育,主要由国家投资办学;面向第三产业的专业,办学所需大型仪器设备较少,办学条件要求知识、技术含量相对较低的职业技术教育,则以私人办学为主;完全依靠市场调节的专修学校、短期大学以保育、护理、会计、商务、齿科、美术、美容、烹饪等学校居多,目标精专。日本实业人才的培养培训,主要在企业内以"产学合作"模式开展,包括入社教育、在职培训(OJT,在工作现场,边工作边训练)、脱岗培训(OFF-JT,脱离现场工作,进行研修训练)和员工自发训练等,是日本职业技术教育学校系统外的最有益的补充。

在日本,职业教育与社会需求、就业需求衔接较好,职业教育的课程根据社会需求每年进行调整,且一线岗位技术职员普遍到职业教育机构兼职任教,知识技能的学练更富针对性、实用性。同时,不同职业技术教育机构分工明确,各有不同的培养目标、办学特点、专业领域,既满足了社会对各种人才的需求,也满足了各年龄段、各类人员的学习愿望。初中毕业生、高中毕业生、在职人员、失业人员、男生、女生都可以找到适合自己的职业技术教育机构,形成了一个终身职业技术教育体系。

职业学校学生来源渠道多样,基础与禀赋和需求与愿望不尽相同;而且,职业教育服务各行各业,培养人才的层次、规格不一而足,这就决定了职业教育的人才培养模式一定是灵活多样的。要深化职业教育供给侧结构性改革,就必须坚持以教促产、以产助教、产教融合、产学合作,延伸教育链、服务产业链、支撑供应链、打造人才链、提升价值链,推动形成同市场需求相适应、同产业结构相匹配的现代职业教育结构和区域布局;就必须坚持以人为本、能力为重、质量为要、守正创新,为不同阶段、不同教育类型设计转换通道,让学生能够根据兴趣、能力和自身发展情况在就业和升学中实现多次选择,也给企业在职职工提供再学习、再提升的机会,建立健全多形式衔接、多通道成长、多样化成才、可持续发展的梯度职业教育和培训体系。因此,职业教育要坚持为党育人、为国育才,大力推进职教育人方式变革,从"传统课堂""坐而论道"转向"车间田野""职业实践",从知识、学科本位走向能力、素养本位,创新"扬长教育"实践,丰富"人人皆能成才,人人皆尽其才"的实现路径。通过实施以个体长处为基点、以激励为核心、以情感为介质的"扬长教育",对学生的学业、就业、创业进行全覆盖、精准化、个性化的深度培育,让每个学生都得到个性发展,具备"硬技能";通过"以长促全",引导其自信、自立、自强,不断激发其职业热情和成才成业激情,培养良好的职业素养、职业习惯,以及脚踏实地、精益求精的工匠精神,让每个学生都得到全面发展,具备"软实力",成为高素质的技术技能人才,最终获得人生出彩的机会。

2. 强化内涵建设,提升关键办学能力

目前,我国职业教育人才培养规模已占我国高等教育的"半壁江山"——全国职业院校、技工院校1.1万多所、在校生逾3000万名,蕴含着巨大的人才红利。要不断释放人才红利、驱动产业发展,需要我们持之以恒强化职教内涵建设、不断提升职教办学水平。和普通教育相比,职业教育中"职业"二字,决定了它的特色在产业,"根"要向下扎进市场:围绕产业结构升级而"转",随着市场需求转变而"动",紧跟社会发展需要而"变",立足"三服务"高度,力求"以产定教、以产改教、以产促教"。首要的是优化专业设置,推动专业"跟着产业走、围着需求转",优先发展先进制造、新能源、新材料、生物技术、人工智能、数字乡村等产业亟需的新兴专业,注重培育区块链、生命健康、集成电路等未来产业相关专业,加快建设护理、康养、托育、家政等人才紧缺的专业,改造升级钢铁冶金、化工医药、建筑工程、轻纺制造等传统专业,撤并淘汰供给过剩、就业率低、职业岗位消失的专业,形成紧密对接产业链、创新链的专业体系,提高技能人才与产业需求的匹配度。要按《职业教育产教融合赋能提升行动实施方案(2023—2025年)》(发改社会〔2023〕699号)要求,坚持教育和产业"双向奔赴""相向发力",在"融"字上下功夫,在"合"字上做文章,让人才培养和产业发展的相融互促贯通于各环节,在专业规划、合作共建新专业、课程建设、新课程开发、教材开发、教学实施、实习实训、开展订单培养等全链条各环节上发生化学效应。职业院校要乘势而上,夯实发展基础,强化内涵建设:

其一,按"双高"要求打造特色发展品牌。依据"一加强四打造五提升"(加强党的建设,打造技术技能人才培养高地、技术技能创新服务平台、高水平专业群和高水平双师队伍,提

升校企合作水平、服务发展水平、学校治理水平、信息化水平和国际化水平)要求,建设高水平高职院校和高水平专业(群),提质培优,把职业教育改革发展的"龙头"舞起来。其二,以专业群为基础打造高水平双师队伍。一是培养行业有影响、企业有权威、能引领专业群发展的专业群带头人;二是建设一支教学能力强,能改进产品工艺和企业技术难题的专业群骨干教师队伍;三是培养具有绝技绝艺绝活的技术技能大师;四是建设高水平兼职教师队伍——聘请行业企业高水平兼职教师授课、带徒,传授技术技能。其三,推进"岗课赛证"融合育人。"岗课赛证"("岗"即工作岗位,"课"即课程体系,"赛"即职业技能大赛,"证"职业技能等级证书)是指结合专业对应职业岗位群的典型工作任务设置课程。课程体系是其融通的核心与载体,要按照生产实际和岗位需求,设计开发模块化、系统化实训课程体系;充分利用行业头部企业在专业人才培养和评价方面的先进经验和成熟标准,把新技术、新工艺、新规范及时纳入教学,把企业的典型案例及时引入教学,把职业资格证书、职业技能等级证书内容及时融入教学,切实提升学生的实践能力和职业素养。其四,积极优化办学条件。按《职业学校办学条件达标工程实施方案》(教职成〔2022〕5号)要求,加强学校基础设施建设;按生师比例(18∶1)和结构要求配足配齐思政课教师(350∶1)、专职辅导员(200∶1)和专业教师(双师型教师占专业课教师80%以上),实施技能大师计划,打造教师教学创新团队;改善职业学校教学条件,强化教育教学的信息化建设,汇聚各方资源建设好集实习实训、社会培训、技术服务于一体的高水平实训基地。需要强调的是,举办职业教育本身就是一项高投入的事业。根据联合国教科文组织的统计,职业教育办学成本是普通教育的3倍左右。职业教育的"职业性""社会性""实践性"特征,势必在技术技能训练过程中需要更多的场地空间、设施设备和实习实训耗材。因此,要完善职业教育保障制度和措施,国家应优先保障制造业、战略性新兴产业以及重大国计民生行业技术技能人才的培养,积极依托产教融合型企业,并在学校的公益逻辑和企业的市场逻辑中寻得结合机制,多渠道增加职业教育投入。

建设"一体两翼"的现代职业教育体系是当今职业教育改革发展最重要的战略任务。所谓"一体",就是整省推进,建设省域现代职业教育改革新模式,省级党委和政府制定人才需求、产业发展和政策支持"三张清单",健全落实机制。所谓"两翼","一翼"就是下沉一级,在市域层面建立产教联合体;另"一翼"就是在重点行业和重点领域,组建学校、科研机构、上下游企业等共同参与的跨区域行业产教融合共同体。依教育部副部长吴岩的说法:"在教育强国建设过程中,职业教育是'铜腰',职业教育上连高等教育、下接基础教育,是教育中间的腰。"一个人如果腰不好就站不直,站不直就挺不起胸、抬不起头、脚就站不稳。职业教育发展好了就是"中国教育的脊梁、脊柱、中坚"。因此,要让职业教育成为教育强国建设的"铜腰",真正实现高质量发展,就必须深化产教融合,苦练内功,凝心聚力抓实抓细职业学校五大关键办学能力:其一,把专业建成"金专"。专业是人才培养的基本单元,职业教育要依靠联合体、共同体建设,把专业建在产业链上、建在区域产业结构上,通过专业链和产业链的紧密对接,实现链与链的深度融通将专业打造成"金专"。其二,把课程建成"金课"。课程是人才培养的核心要素,要通过推进产教融合共同体建设,使课程设置与内容优化与产业发展紧密相连。"教改教改,改到深处是课程",真正在学生身上发生化学反应、真正发生质量跃升的必须是"金课";课程内容与产业实际南辕北辙的"水课"必须挤干。其三,把师资队伍建成"金师"。"教改教改,改到痛处是教师",教师的素质是决定教育质量的关键。要通过产教深度融合将教师队伍锤炼成名副其实的"双师型"队伍;如果只是在"黑板上操作""书本上模拟""教室里练习",永远成不了学生尊敬、企业尊重的"金师"。其四,把实训基地建成"金地"。实践出真知,实战炼真金,只有在校内外实训基地真刀实枪的干和练,才能培养出企业欢迎的高素质技术技能人才。"教改教改,改到难处是实践",以培养实践能力为核心、切实提升学生的职业能力,是职业教育最重要的内容。要千方百计加大投入,增厚底色、强化成色、凝练特色,把实践基地打造成"金地"。其五,把教材建成"金材"。教材就像剧本,"剧本剧本,一剧之本",没有高质量的剧本,再好的导演和演员,也是"巧妇难为无米之炊",而教材对于人才培养就是"一剧之本"。"教改教改,改到实处是教材",只有将现代化产业体系新特征、新技术、新工艺、新标准、新装备以及加快发展新质生产力的新要求"岗课赛证"融进教材,校企合作共同编写新形态教材,才能产出高品质的"剧本"。总之,产教深度融合就是让职业学校的师生在"闻得见硝烟、听得见枪声、看得见战场"的地方去学练、真刀实枪地打仗。要实现新时代职业教育高质量发展,就必须打造产城教融合新生态,深入开展市域产教联合体和行业产教融合共同体的实践探索,持续化硬功夫建好"金专"、培育"金师"、磨炼"金课"、打造"金地"、锻炼"金材",让人才培养更符合市场需求、更贴合区域需要,收获"金果",使职业教育与行业进步、产业转型、区域发展同频共振、同向同行。

高质量的产教融合共同体不仅为职业教育立标杆、做示范,还是推动"职教出海"的有力载体和平台。所谓"职教出海"含义有二:一是"教随产出",产业发展到哪里,职业教育就跟到哪里;二是"校企同行",学校和企业捆绑在一块才能真正行稳致远。《关于深化现代职业教育体系建设改革的意见》确立的五项重点工作之一,就是"创新国际交流与合作机制",即要积极推进"中文+职业技能"的职业教育国际化发展模式,服务国际产能合作和中国企业走出去。2023年10月,国务院新闻办公室发布《共建"一带一路":构建人类命运共同体的重大实践》白皮书,"鲁班工坊"项目赫然在目。很多海外智库的中国通都十分清楚:鲁班是中国古代一位杰出的工匠和发明家;而以鲁班命名的职业教育国际交流平台"鲁班工坊"已成为"职教出海"的一张"国家名片",其重点面向东盟、上合组织、非洲国家,采取学历教育和职业培训相结合的方式,分享中国职业教育教学模式、教育技术、教育标准。自2016年7月《推进共建"一带一路"教育行动》(教外〔2016〕46号)以来,我国已在东南亚(6所)、中亚(5所)、南亚(2所)、非洲(15所)、欧洲(5所)等布局建成33所"鲁班工坊",为合作国家和中资企业培养了大批国际化本土人才。对标《鲁班工坊运营项目认定标准(试行)》《鲁班工坊建设规程》,浙江、江苏、上海、山东、河南等省市还"一省一策",陆续推出了"丝路学院""郑和学院""毕昇工坊""班·墨学院""大禹学院"等105个"职教出海"多品牌项目,聚焦"一带一路"中资企业发展需求,创新职业教育境外合作办学机制,探索本土化人才培养和技术服务新模式,致力于传播中国工匠精神、先进职教经验、特色语言文化,有效推进了"一带一路"文化交流互鉴、技术技能共享。经济发展要靠硬实力,文化发展要靠软实力。中国企业的国际化出海和"职教出海",两者就是要把中国经济的硬实力和中国文化教育的软实力叠加起来,让中国在世界上更有影响力、号召力、塑造力。

3. 明确培养目标,造就高技能人才

人才培养目标是解决"培养什么样的人"的问题,是教育的出发点和本质问题,同时人才培养目标也是决定教育类型属性的关键。高等职业教育人才培养目标决定了学生培养的基本方向,是职业院校一切教育活动的指南,规定着教育活动结束后学生在知识、技能、素养等多方面要达到的标准,也是进行教育诊断与评价的参照。我国高职教育起步于20世纪80年代初的短期职业大学,发展至20世纪90年代末出现大量职业技术学院。随着1999年高等教育的扩招与"三教统筹"(高职、高专、成人高等教育统筹管理),高等职业教育得到了快速发展,其人才培养目标大致经历了技术型人才(1998年前)→应用型人才(2002年前)→高技能型人才(2011年前)→技术技能人才(2012年后)等多种提法。在不同的时期,国家政策文件对高职教育人才培养目标的每一种表述都代表着特定时期对人才培养的要求。

1980年全国第一所职业大学——南京金陵职业大学创立,到1984年短短5年发展到82所,在校生规模近2万。这些短期职业大学和职工业余大学的成立,标志着我国高等职业教育开始兴起。"职业大学"的共同特点是"走读、收费、短学制、职业性、不包分配""学生将来可以担任技术员的工作";《国务院关于大力发展职业技术教育的决定》(国发〔1991〕55号)指出"积极推进现有职业大学的改革,努力办好一批培养技艺性强的高级操作人员的高等职业学校。"在这段近20年的高等职业教育探索期,尽管对人才培养目标的表述尚相对模糊,但培养目标的方向较为清晰,那就是为区别于普通高校而表述为"技术型人才"。到了1999年6月,中共中央、国务院做出《关于深化教育改革全面推进素质教育的决定》(中发〔1999〕9号),提出"要大力发展高等职业教育,培养一大批具有必要的理论知识和较强实践能力,生产、建设、管理、服务第一线和农村急需的专门人才",对其人才培养规格作了较为详细、明确的规定。2000年1月,教育部《关于加强高职高专教育人才培养工作的意见》(教高〔2000〕2号)进一步明确:高等职业教育要"培养拥护党的基本路线,适应生产、建设、管理、服务第一线需要的,德、智、体、美等方面全面发展的高等技术应用性专门人才;学生应在具有必备的基础理论知识和专门知识的基础上,重点掌握从事本专业领域实际工作的基本能力和基本技能,具有良好的职业道德和敬业精神。"其人才培养目标不仅和各级各类教育一样将"全面发展"作为基本要求,还对知识、能力、素质提出了要求,更突出了人才培养的"应用性"。也正是从这个时期起,我国的高等职业教育作为高等教育扩招的主力军,独立设置的高职院校数量快速增长,1999年为474所,到2005年、2011年、2021年分别达到了1091所、1280所、1486所。

2003年12月,"高技能人才"培养目标的概念在《中共中央国务院关于进一步加强人才工作的决定》(中发〔2003〕16号)中首次提出。随后至2012年高职教育人才培养目标基本确定为"高技能人才",但具体对"高技能人才"表述时略有差异。《2003—2007教育振兴行动计划》(国发〔2004〕5号)提出,"大力发展职业教育,大量培养高素质的技能型人才特别是高技

能人才"。《教育部关于以就业为导向深化高等职业教育改革的若干意见》(教高〔2004〕1号)提出"高等职业院校要坚持培养面向生产、建设、管理、服务第一线需要'下得去、留得住、用得上',实践能力强、具有良好职业道德的高技能人才"。《国务院关于大力发展职业教育的决定》(国发〔2005〕35号)指出,职业教育要"以服务社会主义现代化建设为宗旨,培养数以亿计的高素质劳动者和数以千万计的高技能专门人才"。《教育部关于全面提高高等职业教育教学质量的若干意见》(教高〔2006〕16号)提出"为社会主义现代化建设培养千百万高素质技能型专门人才"。《教育部财政部关于进一步推进"国家示范性高等职业院校建设计划"实施工作的通知》(教高〔2010〕8号)、《教育部关于推进高等职业教育改革创新引领职业教育科学发展的若干意见》(教职成〔2011〕12号)则分别使用"高素质高级技能型专门人才""高端技能型人才"作为高等职业教育的培养目标。2012年6月,《国家教育事业发展第十二个五年规划》(教发〔2012〕9号)给高等职业教育人才培养目标做了重新定义——"产业转型升级和企业技术创新需要的发展型、复合型和创新型技术技能人才"。自此,人才培养目标逐渐由"技能人才"修正为"技术技能人才",国家各类教育文件大都使用"技术技能人才"这一概念。如《国务院关于加快发展现代职业教育的决定》(国发〔2014〕19号)指出"加快现代职业教育体系建设,培养数以亿计的高素质劳动者和技术技能人才";《现代职业教育体系建设规划(2014—2020年)》(教发〔2014〕6号)指出重点培养"掌握新技术、具备高技能的高素质技术技能人才";"职教20条"又提出"探索长学制培养高端技术技能人才";《教育部关于职业院校专业人才培养方案制订与实施工作的指导意见》(教职成〔2019〕13号)指出要"深化产教融合、校企合作,推进教师、教材、教法改革,规范人才培养全过程,加快培养复合型技术技能人才";《本科层次职业学校设置标准(试行)》(教发〔2021〕1号)提出"培养国家和区域经济社会发展需要的高层次技术技能人才"。目前,"技术技能人才"成为职业教育人才培养目标定位的统一表述。而"素质"一词的加入则极大地丰富了人才定位的素养内涵,"高素质"可以解读为"发展型""复合型""创新型"。若加以细分,则在"技术技能人才"前加以"高端""高层次"等修饰语区分之。

诚然,"高技能人才"和"高素质技术技能人才"是社会人才分类中的两个不同视角。从"高技能人才""高素质技术技能人才"这两个词语的使用频率与语境作大致区分:"高技能人才"主要为人社部门、技师学院和企业使用,其立足在社会现实需求,重在强调技能的职场磨练和实战经验;"高素质技术技能人才"主要为教育部门和高职院校使用,其着眼在现阶段学校教育特质,意在强调技能的教育训练和技术支撑。从上述我国高职教育人才培养目标转变过程以及最终定位到"高素质技术技能人才"目标来看,两大特征值得关注:一是从单纯依附技能积累到以技术路径为支撑的专业技能积累;二是从强调实践技巧技能的累积到综合职业能力的提升。所谓"综合职业能力"(Competence),指的是胜任工作任务所需要的所有要素的综合(知识、技能、态度、价值观等),包括专业能力(工作方式方法、工具认识及使用、材料的处理)和专业之外的能力,即通用能力——方法能力和社会能力(获取与处理信息的方法、工作与学习的方法、交流与合作能力、组织与完成任务的能力、独立性与责任心)。人社部自2009年开始推行的"技工院校一体化课程①教学改革",其培养目标就是提升学生的"综合职业能力"。因此,"高技能人才"和"高素质技术技能人才"尽管使用场域不近一致,但其内涵指向基本相同。

当下,现代职业教育体系正在加快构建,新《职业教育法》载明的"职业教育是与普通教育具有同等重要地位的教育类型"已成为社会共识。"类型特征"回归了职业教育的本真定位,高等职业教育内部已经清晰地划分为专科、本科和研究生三个层次;尤其在"稳步发展职业本科教育"的政策推动下,将有更多的学生进入职业本科院校;未来还有不少的学生攻读职业硕士、职业博士。因此,用"高素质""高端""高层次"等词语来修饰"技术技能人才",从学理、哲理角度而言,既无法清晰呈现高等职业教育各个层次的培养目标及发展态势,也模糊了目前高等职业教育专科、本科之间的区别。从历史发展来看,技术通常是以"技能的技术化"为媒介不断发展提升的。况且高级工以上"高技能人才"的界定,本身就是"技术层"技能人才的体现;同时,技能等级越高,技术含量更大,职业带理论也充分说明了这个道理。再说,"技能"本身就是"指掌握并能运用专门技术的能力";"高技能"之"高"也恰恰体现在:既掌握科学系统的理论知识和丰富的经验技术,又拥有应用技术、解决实际问题、知识迁移创造的能力。也就是说,不仅拥有技能性岗位的实际操作能力,还拥有技术改造、技术管理、技术创新的能力以及将科学技术转化为现实生产力的能力。基于理论与实践层面原有人才培养目标的层次性困境,很有必要重构高等职业教育人才培养目标体系:一是借鉴人社系统技师学院培养高技能人才的经验,比如多通道长学制校企双制培养,工学一体化(一体化课程标准、一体化教学资源、一体化教学场地、一体化师资)模式,以及教育系统优秀职业技术大学的成功探索(坚持类型定位,基于"职业性""高等性"双重属性,体现系统性、实践性、高端性、复合性、综合性与创新性六大特征);二是遵照党的二十大报告"努力培养造就更多""大国工匠、高技能人才"等"国家战略人才"的要求,依据"职教20条""推进资历框架建设,探索实现学历证书和职业技能等级证书互通衔接"的规定,并参照《中华人民共和国高等教育法》(1998年颁布,2015年修正)关于专科、本科及研究生学业标准②的规定,以及《关于健全完善新时代职业技能等级制度的意见》(2022年)对"新八级工"的规格要求,我们探索性地提

---

① 一体化课程是指:按照经济社会发展需要和技能人才培养规律,根据国家职业标准及国家技能人才培养标准,以综合职业能力为培养目标,通过典型工作任务分析,构建课程体系,并以具体工作任务为学习载体,按照工作过程和学习者自主学习要求设计和安排教学活动的课程。一体化课程体现理论教学和实践教学融通合一,专业学习和工作实践学做合一,能力培养和工作岗位对接合一的特征。

② 《中华人民共和国高等教育法》"第十六条"规定:高等学历教育分为专科教育、本科教育和研究生教育。高等学历教育应当符合下列学业标准:(一)专科教育应当使学生掌握本专业必备的基础理论、专门知识,具有从事本专业实际工作的基本技能和初步能力;(二)本科教育应当使学生比较系统地掌握本学科、专业必需的基础理论、基本知识,掌握本专业必要的基本技能、方法和相关知识,具有从事本专业实际工作和研究工作的初步能力;(三)硕士研究生教育应当使学生掌握本学科坚实的基础理论、系统的专业知识,掌握相应的技能、方法和相关知识,具有从事本专业实际工作和科学研究工作的能力。博士研究生教育应当使学生掌握本学科坚实宽广的基础理论、系统深入的专业知识、相应的技能和方法,具有独立从事本学科创造性科学研究工作和实际工作的能力。

出"工匠型"高技能人才作为我国新形态高等职业教育的人才培养目标。也就是说：其总的人才培养目标应为"高技能人才"，其中专科、本科、职业硕士和职业博士四个层次相应地以培养高级工、预备技师、技师和高级技师为主攻方向。

需要强调的是：上述"工匠型"高技能人才培养目标是从有利于加快推动国家资历框架建设的角度提出。主要理由有三：其一，基于当前建设"一体两翼"的现代职业教育体系战略任务高度，加快建设国家资格框架，促进职业教育与普通教育的学习成果互认，落实学历学位证书与职业资格（技能等级）证书之间的"等值互认"，能极大地完善高技能人才教育和培训体系，有效实现"学校世界"与"工作世界"深度连接、劳动市场需求与教育供给结构性适配，促进人尽其才、多通道发展，实现"高技能就业""高技能成才"。其二，国家资历框架是根据知识、技能（能力）和素养的要求，将一国范围内各级各类学习成果（教育文凭、职业资格等）进行系统整理、编制、规范和认可而构建的连续性、结构化的资历体系。高等职业教育的工匠型高技能人才培养目标也遵循知识、能力、素养三个维度，从知识目标的系统高端与复合性、能力目标的专研精熟与创造性、素养目标的匠德匠心与行业性按层次综合构建，以实现"高技能教育"。其三，体现高技能均衡驱动技能型社会发展的时代要求，结合高职院校、技师学院技术技能教育的实情与学业标准，以及部分高水平技师学院已开展"本科起点一年制技师""专科起点两年制技师"实践研究，提出高等职业教育专科、本科、职业硕士和职业博士的"资历"对应于高级工、预备技师、技师和高级技师。这既是技能高移的时代体现，也是深化产教融合、育训结合，提升产教发展能级，通过岗位群实战强化技术技能积累的现实要求。当然对照"欧洲资历框架"规定："五级资历"对应专科学历和技师资格，应具备"为解决抽象问题而提出创新方法所需的全面的认知与实践技能"；"六级资历"对应本科学历和高级技师资格，应"具备某一特定工作或学习领域解决复杂且不可预知问题的高级技能"。基于当今中国国情，其对应关系可作为校企联合培养卓越学生的"资历"追求。

高职教育人才培养目标是一个系统，对教育活动发展方向起着极其重要的定向、调控与评价作用。什么样培养目标决定着什么样教育，只有明晰了高职教育培养目标，职业院校的培养目标、专业培养目标、课程培养目标、课堂教学目标，方能层级清楚、由大到细做到纵向衔接、横向贯通，工匠型高技能人才培养最终落地生根，结出硕果。

党的二十大报告指出，"必须坚持科技是第一生产力、人才是第一资源、创新是第一动力，深入实施科教兴国战略、人才强国战略、创新驱动发展战略，开辟发展新领域新赛道，不断塑造发展新动能新优势。"高等职业教育正是教育、科技、人才三者的交汇点，要为中国式现代化提供基础性、战略性、先导性支撑，"推进产教融合、科教融汇"，既为职业教育明确了发展方向，也为高技能人才培养明确了新路径。高等职业教育要在强化新时代高技能人才成长规律和职业教育教学规律研究的同时，体现更大的担当和作为，为培养更多的"工匠型"高技能人才乘势前行、奋发进取：一是要在"产教融合"培养高技能人才上下功夫。"产教融合"作为构建现代职业教育体系的重点，以产业和专业融合为导向，通过教育链、人才链与产业链、创新链的有机衔接，构建产教共同体，推动产业与教育协同发展。职业院校要主动对接区域优势产业集群，积极投身到"打造市域产教联合体"实践之中，面向区域产业发展现实需求开展"立地式"科研,企业出题、院校答题,校企协同开展技术攻关,把论文写在田间地头,把课题立在产业需求,把成果用在生产一线,为园区企业提供技术咨询与服务,促进中小企业技术创新、产品升级;与优质企业开展双边多边技术协作,通过"三引三进"(引企业入校园、引产品入实训、引工程师入课堂;教师进车间、学生进工段、教学进现场),在产业园区共建"技师研修工作站"等,实现校企协同育人;以科技创新牵引教育教学改革,反哺人才培养,将产教融合贯穿教育教学改革全过程,在争创产教融合型院校的过程中强化高技能人才培养。二是要在推进"科教融汇"培养高技能人才上下功夫。科教融汇作为构建现代职业教育体系的新方向,将科技创新、技术革命和产业变革融入教育教学,形成科技、产业与教育融合共生的生态格局,为推动实现中国式职业教育现代化提供了重要保障。职业教育身处生产第一线,既要为破解"卡脖子"问题培养更多高技能人才,又要在促进创新链和产业链精准对接中成为科技成果转化的"中试车间",多主体围绕产业关键技术、核心工艺和共性问题开展协同创新,推动技术创新,加快科技创新成果转化,全面提升自主创新能力,在服务国家创新驱动发展战略中发挥有力支撑作用。因此,职业院校要积极投身到"打造产城教融合新生态"实践之中实现"科"与"教"的融汇。其一,在体制机制上实现融汇。真正实现开放办学,打造政校企行职教共同体,积极投身到建设汇聚科研院所、行业企业等优质科技资源,兼具人才培养、技术服务功能的实验室、研发中心、工程技术研究中心等创新平台之中,让产业、教学、科研"三位一体",把科学研究融入教师专业发展,把科技创新融入学生全面发展,畅通科技与教育成果相互转换的渠道。其二,在学校服务面向上实现融汇。瞄准新一代信息技术产业、高档数控机床和机器人、高端仪器、航空航天装备、船舶与海洋工程装备、先进轨道交通装备、能源电子、节能与新能源汽车、电力装备、农机装备、新材料、生物医药及高性能医疗器械等重点行业和重点领域,依据产业链分工对人才类型、层次、结构的要求,实行校企联合招生,开展委托培养、订单培养和学徒制培养,突出高技能人才校企联合培养。其三,在信息化建设上实现融汇。信息化能打破空间"围墙"和数据壁垒,实现创新平台项目共同谋划、资金要素共同保障、设施设备共同使用、数据资源共享共治,高水平推进产教融合协同高效、要素集聚。

科教是产教两端的媒介,教从产中来,产在教中兴。让产教携手互进,离不开科教的加持。企业生产的新方法、新技术、新工艺、新标准需要科技,技能人才学习新方法、新技术、新工艺、新标准凭借信息技术教学手段会加快融通的进程。随着 AR、VR、MR 等技术在职业教育教学中的应用,沉浸式学习成为常态,逼真的学习环境可以让学习者获得视觉、听觉、触觉、嗅觉等多种感官体验;科技让课堂变成工厂、社区、地间地头;科技让学生与大国工匠对话,让技能大师随时指导;科技让学生变成"穿越者",可以与古人交流,与未来握手。同时,面向新业态、新职业、新岗位,把科技创新的力量融入职业教育与技能培训的各个教学环节,会加快推进服务全民终身学习和技能型社会建设。要做大做强国家职业教育智慧教育平台,建设职业教育专业教学资源库、精品在线开放课程、虚拟仿真实训基地等重点项目,扩大优质资源共享。2022 年 10 月工业和信息化部等五部门联合印发《虚拟现实与行业应用融合发展行动计划(2022—2026年)》(工信部联电子〔2022〕148号)提出三大专项工程：即"关键技术融合创新工程""全产业链条供给提升工程""多场景应用融合推广工程"，明确要求在职业院校建设一批虚拟仿真实训基地，加快培养紧缺高技能人才。虚拟仿真实训基地具有情境性、交互性、开放性和共享性的鲜明特色，并能为线上线下混合式教学提供技术支撑，而建立科教融汇、校企共建共享机制，既能数字化解决实训教学内容与生产实际脱节的问题挑战，又能有效地化解技能实训中"三高三难"（高投入、高损耗、高风险，难实施、难观摩、难再现）的难点痛点，学生操作可以反复进行，实现技能训练的不断校正、工作知识的理解与迁移，延展实训教学内容的广度和深度。可见，没有信息化就没有现代化，科技信息化和教育信息化的共生共存，能为国家教育数字化战略释放新动能，为教育管理者提供全面便捷的量化指标和可视化管理工具，为教师提供学生学习实践的数据化表征，为高技能人才成长提供个性化的教学指导，通过科技创新的赋能达到减负增效的职业教育改革目标。

总之，建设现代化产业体系，既需要问鼎学术巅峰的一流科学家，也需要扎根生产一线的工匠型高技能人才。尤其是我国这样一个超大规模经济体，支撑14亿多人口整体迈进现代化，更需要规模巨大的高技能人才队伍。厚植人才强国之本，夯实技能强国之基，深入推进职业教育产教融合，打造产业、专业、就业"三业"联通，让教育链、人才链与产业链、创新链"四链"贯通，才能加快构建高技能人才培养与产业发展相融互促的高质量发展新格局。

 思考与研讨

一、"资本"是一个富有张力和解释力的概念，自其被建构以来，就广为研究者使用。法国当代著名的社会学家布迪厄(Pierre Bourdieu)对"资本"的论述极具代表性。他认为现实世界不是客观与主观的非此即彼，习性构成了结构和能动实现转换的中介，"资本"不仅是机械的经济学术语，更具有很深刻的社会意义，它实际上就是积累能量的习性生产工作。换言之，"资本"既是一种铭刻于主观和客观结构之上的固有之力，也是一种蕴于社会系统内在规律之中的法则，行动者既可以从主观或客观结构中积蓄能量，也可以从符合社会规则的能动行为中积蓄能量。作为一种实践工具，"资本"的非经济学形式主要有"文化资本""社会资本""象征资本"等。"技能资本"这一术语正是在"技能"与"资本"的基础上发展而来的，即指个体通过教育习得的形式，经过一定的实践锻炼，将某种专业技术知识、经验、态度内化为自身身体或精神的一部分。此外，作为一种人与人、人与物之间结构性互动的产物，"技能资本"也可以向"经济资本""社会资本"等其他资本形式转换。

请结合本章内容，谈谈你对技能资本内涵与特征的理解。

二、智能制造、绿色制造与自主制造是制造业高质量发展的主要内涵。其中智能制造是统领，是制造业高质量发展的核心表现；绿色制造体现了制造业高质量发展的资源环境约束；自主制造是制造业高质量发展的最终要求和本质体现。三者相互影响、相互依存，缺一不可。相较于新兴产业，传统产业是我国现代化产业体系的基底，在制造业中占比超过80%，是制造业高端化、智能化、绿色化的重要应用领域。2023年5月召开的二十届中央财经委员会第一次会议强调，"坚持推动传统产业转型升级，不能当成'低端产业'简单退出"。"巩固传统产业领先地位""加快改造提升传统产业"，对确保我国产业体系自主可控、安全可靠，夯实高质量发展的物质技术基础具有重要意义。研究发现，与信息软件、生物科技等技术产业通常所走激进型创新（Radical Innovation）路径不同，装备制造、加工制造等传统产业，其产业创新更多属于累积型创新（Cumulative Innovation）模式。制造业需要在生产实践中长期摸索方能逐步积累技术能力。只有在生产实践中消化了技术知识，并积累了相关的技能和经验，方能生成和发展出具有自主性的技术能力。因此，专家分析认为：累积型创新产业其"技能供给以行业专用性技能和企业专用性技能为主，所匹配的技能形成体系以集体主义或分隔主义模式为主"。

请结合相关内容，谈谈你对通用性技能、专用性技能辩证关系以及技能形成体系的理解。

三、随着绿色发展理念的深入人心，我国绿色经济持续释放出新动能，碳达峰、碳中和（联合国开发计划署专家认为，中国持续推进"双碳"目标可创造5400万个就业岗位）正悄然改变能源和经济结构，推动产业转型升级，一批绿色职业应运而生。《中华人民共和国职业分类大典（2022年版）》标识了134个具有"环保、低碳、循环"显著特征的绿色职业，约占职业总数的8%。其中涉及节能环保领域17个、清洁生产领域6个、清洁能源领域12个、生态环境领域29个、基础设施绿色升级领域25个、绿色服务领域45个，基本覆盖了绿色生产生活与生态环境可持续发展各个方面。近年来以碳排放管理员、综合能源服务员、湿地保护修复工程技术人员、无人机测绘操控员、建筑信息模型技术员、太阳能利用工等代表的新兴职业日渐红火。可以预见，随着绿色低碳产业蓬勃发展和绿色制造体系日益完善，"绿领"人才、绿色岗位的需求持续增长，绿色职业将为经济社会高质量发展挑起大梁。

请关注并研读有关绿色职业的《国家职业标准》，身体力行并踊跃参加相关的职业资格评价或技能等级认定的实践。

四、技能型社会是一种有相应体制机制和社会文化促进保障技能形成和技能成长的社会系统，是国家重视技能、社会崇尚技能、人人学习技能、人人拥有技能的社会形态。建设技能型社会既是夯实物质技术基础的重要抓手，也是驱动经济社会高质量发展的关键力量；而大力弘扬劳模精神、劳动精神、工匠精神是夯实技能型社会建设实践的内在动力与价值诉求。"技能中国行动"提出：创新方式方法，结合世界技能大赛、国内职业技能竞赛、高技能人才评选表彰、7·15世界青年技能日等重大赛事、重大活动和重要节点，广泛深入开展技能中国行、"迎世赛点亮技能之光"、中华绝技等宣传活动，高技能领军人才、国家级技能大师工作室带头人研修交流等主题活动，讲好技能成才、技能报国故事，传播技能文化；利用好技工院校、职业院校、博物馆、文化宫等教育和培训场所，设立技能角、技能园地等技能展示、技能互动、职业体验区域，让广大劳动者关注技能、学习技能、投身技能；技工院校、职业院校要大力开展技能教育，在劳动教育和劳动实践活动中体悟劳模精神、劳动精神、工匠精神。通过多载体、多内容与多形式,在全社会构建起"劳有所获、劳有所成、劳有所乐、劳有所荣"的社会主义劳动新生态,让青年一代树立"一个人有技能,家庭有前途;一群人有技能,企业有前途;一代人有技能,国家有前途"的价值信念。

请结合相关内容,着重谈谈你对弘扬工匠精神与建设技能型社会两者辩证关系的理解。

五、全面深化技能型社会建设,要以技能型社会基本单元建设为突破口,通过以点带面——创建"技能型乡村""技能型社区""技能创富型企业""技能型小镇""技能型学校"等可感、可及的技能型社会建设基本单元,来不断丰富与优化技能型社会建设内涵,实现技能生态体系的全域布局、全层次覆盖。如"技能创富型企业",它以"党建引领、技能赋能、产教融合、自主评优、增技增效、以技提薪、人人参与、匠心传承"为愿景,通过提升企业职工技能水平,实现企业生产效率提升,减低企业生产成本,提高企业产品技术含量,推动实现技能红利,最终达到职工增技,企业增效,职工增收的良性循环。其建设标准可从 5 方面考量:①技能人才占企业职工总数的 37% 以上,高级工及以上技术工人总数的比例达到 37% 以上;②职业技能等级认定企业;③实施技术工人技能等级与薪资待遇直接挂钩的薪酬制度;④年收入≥8 万元的技术工人占技术工人总数的比例达到 20% 以上,年收入≥12 万元的技术工人占技术工人总数的比例达到 5% 以上;⑤遴选年度内参加培训的技术工人人数占企业技术工人总数的比例达到 30% 以上。

请从打造"职工增技—企业增效—职工增收"技能创富体系的角度,从"愿景"到"行动",谈谈你对"增技增效""增技增收"双重含义的理解。

第八章
工匠精神的践行：管理与策略

习近平总书记在庆祝中国共产党成立 100 周年大会上庄严宣告："经过全党全国各族人民持续奋斗，我们实现了第一个百年奋斗目标，在中华大地上全面建成了小康社会，历史性地解决了绝对贫困问题，正在意气风发向着全面建成社会主义现代化强国的第二个百年奋斗目标迈进。"在党的二十大报告中习近平总书记又向全党全国各族人民发出了动员令——"从现在起，中国共产党的中心任务就是团结带领全国各族人民全面建成社会主义现代化强国、实现第二个百年奋斗目标，以中国式现代化全面推进中华民族伟大复兴。"

一个国家走向现代化，既要遵循现代化一般规律，更要符合本国实际，具有本国特色。中国式现代化既有各国现代化的共同特征，更有基于自己国情的鲜明特色。党的二十大报告深刻揭示了中国式现代化的科学内涵，明确概括了中国式现代化的五大特色——人口规模巨大的现代化，全体人民共同富裕的现代化，物质文明和精神文明相协调的现代化，人与自然和谐共生的现代化，走和平发展道路的现代化。"中国式现代化是强国建设、民族复兴的康庄大道。"习近平总书记强调，"康庄大道并不等于一马平川。要把中国式现代化的中国特色变为成功实践，把鲜明特色变成独特优势，需要付出艰巨努力。"①

全面建设社会主义现代化国家，是一项伟大而艰巨的事业，中华民族伟大复兴不是轻轻松松、敲锣打鼓就能实现的，我们要"务必不忘初心、牢记使命，务必谦虚谨慎、艰苦奋斗，务必敢于斗争、善于斗争"，自信自强、守正创新，踔厉奋发、勇毅前行，撸起袖子加油干、风雨无阻向前行。三百六十行，行行出状元，在全面建设社会主义现代化国家新征程中，工匠精神是全社会的需求；在加快构建新发展格局，着力推动高质量发展"首要任务"过程中，任何一个行业，都需要匠心管理。社会舆论普遍认为：中国需要有更高的标准、更严的要求、更细的管理、更实的作风，来不断"增强国内大循环内生动力和可靠性""打造国际合作和竞争新优势"，为高质量发展奠定坚实的物质技术基础。弘扬工匠精神，将对中国制造的未来走向和高技能人才的培养模式产生深远的影响。践行工匠精神，坚持高标准、严要求、重细节、强落

---

① 习近平.中国式现代化是强国建设、民族复兴的康庄大道[J].求是，2023，16：4-8.

实,怀抱匠心,精进不已,把每一个当下都做到极致,让每件事情都产生价值,就能在技能型社会建设中收获正念人生,创造共同富裕的美好明天。

第一节　管理与策略之一:"高"

所谓"高",就是高标准——高起点、高质量、高效率。管理工作是一个环,而且科学的管理是一个闭环,起点不高意味着一开始就落人之后。工匠精神给了我们一个动力的起点,以此为起点,对现在漫无目的的行为作出改变,就能朝着品质的终点奔去,而这个起点也就是那个终点便是充实自己的现在;于是,当接近终点后,又会有一个新的终点。正如英国著名作家查尔斯·狄更斯(Charles Dickens)所言:"我是环绕着一个圆圈而行的,越接近终点也就越接近起点。"对人生来说,终点固然诱人,起点也弥足珍贵,贵在不断地刷新高度、抬高站位。"雄关漫道真如铁,而今迈步从头越!"中国工农红军之所以能在逆境中走完震惊世界的二万五千里长征并最终取得革命的胜利,就在于处处满怀闯关夺隘、百折不挠、奋勇向前的英雄豪情和昂扬斗志,自信自强,砥砺前行。

习近平总书记多次强调,要"把坚持高质量发展作为新时代的硬道理""只有高标准才有高质量"。高标准,就是不断拉高标杆,每步都推出新的更高标准,在对标立规中查找差距,在上下互动中解决问题,在攻坚克难中提振信心,在思考辨析中把握规律。只有严格确立高标准,绝不满足于一事之成、一时之效,不达标准不交账,不出成效不过关,才能确保善始善终、善作善成。通过高起点的谋划、高标准的推进,来培育一流心性,磨炼匠心,实现在"技进乎道"下精益求精,使系统实现最好的服务与最大产出,保持一流管理水平和一流服务。

一、以优质高效为追求,提升服务境界

早在20世纪70年代,美国社会学家丹尼尔·贝尔(Daniel Bell)认为,随着现代科学技术特别是信息技术的发展,人类社会将由传统工业社会向信息时代转变,社会开始步入以服务业为主导的社会——后工业社会(Post-industrial society)。在后工业社会,新的科技革命和管理革命推动工业化国家从制造业向服务业转型,大多数劳动力从第一、二产业转向第三产业;专业人员和技术技能人员在就业人员中比重迅速增长等。① 2000年,经济合作与发展组织(OECD)以服务业产值占GDP比重超过60%,或者服务业就业人员占就业总数超过60%来判断该经济体是否进入服务经济。目前,我国正处于从工业化向后工业化过渡阶段,后工业社会的经济形态主要是数字经济或者说服务经济,以数字经济赋能现代服务业,是顺应新一轮科技革命和产业变革、推动服务业高质量发展的必然要求。据国家统计局、人社部公布的数据:2020年、2021年、2022年、2023年我国服务业增加值占GDP比重分别为

---

① 丹尼尔·贝尔.后工业社会的来临——对社会预测的一项探索[M].高铦,译.北京:新华出版社,1997:14-15.

51.6%、51.4%、52.8%、54.6%，第三产业就业人员占比分别为47.7%、48.0%、47.1%、48.1%。可见，以知识密集、技术先进、附加值高、创新性强为主要特征的现代服务业已成为我国经济和社会发展的新动力，是我国现代化产业体系的极为重要的支撑。发达国家在人均GDP超过1万美元后，普遍通过加深经济"服务化"程度提升产业附加值，服务业增加值占GDP比重超过50%。当前，我国人均GDP超过1.2万美元，必须高度重视服务化转型，以优质高效的服务供给不断解放和发展社会生产力。党的二十大报告强调："构建优质高效的服务业新体系，推动现代服务业同先进制造业、现代农业深度融合。"意思是说，要发挥科技创新和优质高效服务的关键作用，推动生产性服务业向专业化和价值链高端延伸，推动生活性服务业向高品质和多样化发展。因此，职业教育必须顺应现代服务业对高技能人才需求的匹配供给，积极投身服务业新体系建设，来助力打好产业链现代化攻坚战：一是优质量，严标准。聚焦研发设计、共享制造、检验检测认证等产业链重点环节加快制订关键技术标准，围绕养老、育幼、家政、物业等领域开展标准化试点，促进行业精细化发展。二是提效率，强创新。聚焦核心工业软件、高端科学仪器等"高精尖缺"和"卡脖子"领域攻关突破，提升生产性服务业基础创新能力。运用新技术、新手段提升公共服务效能，不断满足产业转型和消费升级需要。三是创品牌，增价值。聚焦制造业转型升级需要，围绕金融、物流、研发设计、节能环保、管理咨询等专业服务领域，打造具有国际竞争力的服务品牌。

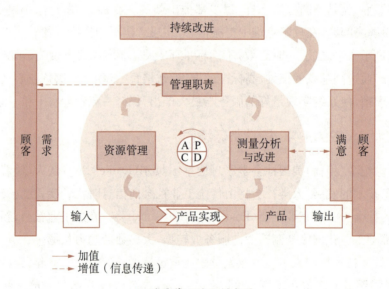

▲ 质量管理过程模式图

以具体的教育服务而论，国际标准组织（ISO）和世界贸易组织（WTO）均把教育列为服务行业，缘是教育服务的产品形态具有服务行业产品"无形性""生产消费同时性""异质性""易逝性"等四大特征。学校教职工、学生家长和学生分别是教育服务产品的生产者、投资者和消费者。学生接受教育的过程实质上是教育消费的过程，是自身的能力和素质等人力资本增值的过程。因此，就高职院校、技师学院而言，在校学生为直接顾客，学生家长为间接顾客，而用人单位或曰社会是最终顾客。职业院校"以顾客为中心"的管理目标，就是造就源源不断的高素质、高技能的高品质匠人。

工匠精神的目标是打造本行业最优质的产品,其他同行无法匹敌的卓越产品,无论是教育行业、企事业单位,抑或是其他任何组织。"工匠精神"作为一种人文素养和精神品质,体现的是组织及组织成员对产品质量精益求精的态度,它恰是提升产品质量的软实力所在。按ISO9000的原则,质量管理"以顾客为中心":组织依存于顾客。因此,组织应理解顾客当前的和未来的需求,满足顾客要求并争取超越顾客期望。顾客是每一个组织存在的基础,顾客的要求是第一位的,组织应调查和研究顾客的需求和期望,并把它转化为质量要求,采取有效措施,管理链条每环联动,只有每个环节有一个好的小结果,才能最终合成顾客满意的大结果。

敬畏工作、专注技艺,持正守度、追求极致方能让我们走得踏实、行得更远。行动是心灵的映照,出色的成绩源于内心的敬畏和热爱。精益无形却有"道",不忘初心,方得始终。只有对精益管理各项工作始终保持一颗敬畏之心,心无旁骛地投入工作、独具匠心地完成任务,才能找到开启精益之路的钥匙。以酒店业为例:美国酒店标准化之父斯塔特勒(Ellsworth Milton Statler)有一名言,"客人永远是对的"。也就是说,一切以顾客为中心,要求员工站在客人的立场上去考虑问题,给客人以充分的尊重——充分理解客人的需求,充分理解客人的想法和心态,充分理解客人的误会,充分理解客人的过错,一切以增进顾客满意为目标,从顾客满意到顾客"满溢",不断采取高标准行动,来提升优质服务三重境界(其基本要求如下)。

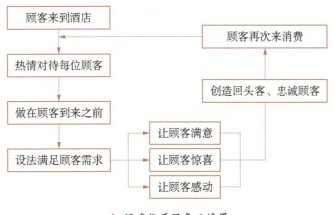

▲ 酒店优质服务三境界

第一个境界——让客人满意。 给顾客有效的服务,是为顾客提供一切所能提供的服务。①正确的理念:把客人当亲人,视客人为家人。②积极热情的态度:在为顾客服务的整个过程中,始终要展现给顾客的应当是积极热情的态度。③做法:合乎规范和标准的服务。

第二个境界——让客人惊喜。 用心去做事,向顾客提供个性化服务,从满意到满溢。①理念深化:客人就是亲人,就是家人。②识别顾客潜在需求:要进一步提高顾客的满意度,必须向顾客提供个性化的服务,挖掘顾客潜在需求,并且在顾客到来之前、开口之前及时识别他们的潜在需求。凡是顾客提出的需求,无论酒店和个人是否有能力解决,都要通过酒店和自己尽最大的努力去做,这样才会给顾客惊喜。③做法:贯彻"查、问、听、看、用"五字方针。

最高境界——让客人感动。用情服务,在生理感受和心理感受上都超出客人的预期值。①理念升华:客人胜似亲人、胜似家人。②追求的结果:宁可牺牲酒店和自己一切利益为顾客排忧解难,做了从根本上不属于酒店服务范畴的事情。③做法:想顾客所想,急顾客所急,帮顾客所需。

在服务中,通过实践完美的服务链进而实现让客人满意、惊喜直至感动的服务三境界,进而形成了优质服务闭环。

二、用 SERVQUAL 标尺,把握质量差距

美国服务管理研究专家帕拉索拉曼(Parasuraman)、约瑟曼(Zeithaml)与贝瑞(Berry)长期而系统地研究服务质量的测量,他们于 1988 年提出了一种多变量的顾客感知服务质量度量方法,即 SERVQUAL(Service Quality)评价方法。其核心观点为:(1)顾客是质量的唯一评委。(2)服务质量是顾客对企业整体服务优劣程度的主观判断。(3)服务质量的高低取决于服务过程中顾客所感知(Perception)的服务水平与顾客所期望(Expectation)的服务水平之间的差别程度;顾客的感知离期望的缺口越大,服务质量的评价越低,反之就高。(4)服务质量的测量可以从有形性、可靠性、反应性、保证性与移情性等五个维度 22 个问项构成 SERVQUAL 量表,来诊断服务质量领域具体存在的缺陷和优势。经过 1991 年的修订和许多管理者的实证研究,结果表明 SERVQUAL 是一种评价和提升服务质量行动的有效工具。①

SERVQUAL 测量服务质量时,实际上测量的是顾客事先的期望服务质量与事后感知服务质量之间的差距,其差距受以下四个差距的大小和方向影响:第一,管理者认识的差距,即真正的顾客期望服务与管理者理解的顾客期望之间的差距;第二,服务质量标准的差距,即管理者对顾客期望服务的认知与设计的服务质量规范之间的差距;第三,服务交易的差距,即服务质量规范与实际提供的服务之间的差距;第四,营销沟通的差距,即实际提供的服务与外部沟通宣传的服务之间的差距。因此,通过降低或消除前四个差距有助于缩小质量差距。

服务过程由顾客与服务系统之间一系列无数互动的"真实瞬间"组成,只有借助对顾客期望感知的评价,才能探明服务互动中的顾客抱怨和不满因素与成因,真正将服务过程的黑箱打开。把握服务质量的差距,以追求卓越的创造精神、精益求精的品质精神、用户至上的服务精神,既跟别人较劲,又跟自己较劲,努力把各个环节、每件小事做好,让服务过程无数

---

① 王雪亘. 基于顾客期望与感知的技师学院教育服务质量评价研究[J]. 机械职业教育,2013(12):3-5.

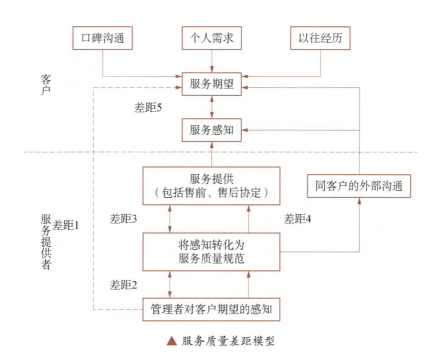

▲ 服务质量差距模型

互动的"真实瞬间"变得完美,赢得顾客赞誉,形成口碑,成为成功企业优质服务的典范。

三、高站位创标尖,开发三分蓝海

欧洲工商管理学院 W. 钱·金教授等在所著的全球畅销书——《蓝海战略:超越产业竞争,开创全新市场》中提出:市场可分为"红海"和"蓝海"。所谓"红海"就是游戏规则已确立、已存在的行业、充满血腥竞争的已知市场空间。所谓"蓝海"就是没有游戏规则、未出现的行业、尚未开发的新市场空间。也就是说,假设整个市场由红蓝两种海洋所构成,那么红海代表现在已知的所有产业,在这里,产业界限已被划定,竞争规则众所周知,那就是不断借助压低成本、扩大规模、提高效率来击败对手。① 格兰仕微波炉是红海竞争的典型代表,它用近乎自虐式的手段狠降产品成本,然后用凶猛的价格战打开市场,并迅速扩大生产规模,再凭借规模经济优势,进入下一轮降价循环。格兰仕从 1992 年进入微波炉产业,仅用了 7 年时间就成为"世界微波炉大王"。然而,格兰仕所奉行的"价格战"策略让自己脱颖而出的同时,也使其背上了低端形象的帽子。痛定思痛,近 5 年来,格兰仕瞄准全产业链精品化升级,全面淘汰低价值、低能效的产业和产品,以世界一流标准,建立了全球首个专业蒸烤炉开发实验室,研发了 Q6 微蒸烤一体机、P90 纯蒸炉等高端新品;立足开源芯片、边缘计算等前沿科技,并成功攻克微波炉核心部件磁控管"卡脖子"技术,走出了一条坚持自主品牌创新,将互

---

① KIM W C, MAUBORGNE R A. Blue Ocean Strategy: How to Create Uncontested Market Space and Make the Competition Irrelevant (Expanded Edition) [M]. Boston: Harvard Business Review Press, 2015:4-9.

联网、大数据、人工智能和实体经济深度融合的道路。① 也就是说,如果企业找到一个全新的、没有人意识到的市场,那它就进入了所谓的"蓝海"空间,这里消费者是新的,消费概念是新的,企业的发展机会也是新的。尽管有些蓝海完全是在已有产业之外创建的,但大多数蓝海可以在充满竞争的红海中被开拓出来。如民营企业春秋国旅进入大鳄盘踞的航空业时,没有展开面对面厮杀,而是跳出航空业惯有模式,借鉴陆路运输的特点,不在旅行用餐、候机室、座舱等级上做过多投资,并低成本开发出自己的售票和离港系统,让旅客以火车的价格享受飞行的速度,春秋因此杀出了国有航空巨头的重围。

"蓝海战略"的理念就是"超越产业竞争,开创全新市场",其基石是价值创新(Value Innovation)——企业从关注并超越竞争对手(摆脱红海),转为向买方提供价值飞跃,从而开启巨大潜在需求,重建市场和产业边界(开创蓝海),即开拓没有竞争的市场空间。如果一家企业找到一个蓝海,策略执行成功,利润很好,势必有跟进者紧随其后模仿进逼,因此,更新蓝海很为重要。苹果公司从他的 iPod、iTunes 到 iPhone、App Store 再到 iPad,就是从产品的稀缺性(被模仿的难易程度)来延续它的蓝海。蓝海战略提供对当前市场的行业竞争、投资所注重的各要素状况,以及买方各得价值的高低,构成战略布局图,借助四步动作框架——剔除、减少、增加、创造等分析工具,系统地探索如何超越现有行业边界,重组购买者价值因素,创造新的价值曲线。

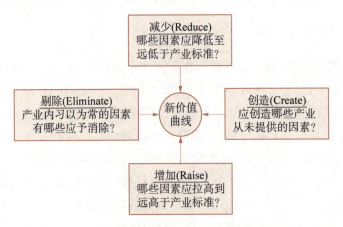

▲ 蓝海战略分析工具——四步动作框架

研究表明,1/4 的市场是已经开发的红海,即针对的是"现在的顾客,现在的需求";还有 3/4 的市场等待开发。据麦肯锡 2021 年底发布的《未来十年塑造中国消费增长的五大趋势》研究报告:未来十年中国消费者的消费态度与消费行为呈现五大趋势——①中国新兴消费阶层是全球众多消费品的增长引擎。以消费力平价计算,在 2000 年尚有约 12 亿中国人的收入无法支撑每天 11 美元的开销水平,而到 2030 年家庭年收入在 16 万元至 34.5 万元之间的群体或将带动约 60% 的城市消费。②城市消费者集中于中国一线城市,但非一线城市

---

① 李刚. 激发创新活力,培育优质企业[N]. 人民日报,2022 - 5 - 8(1).

可能是未来的动力之源。预计未来中国约有90%的消费增长来自城市,最大的30个城市容纳了全国25%的人口,将带动45%的家庭消费。③消费者的态度转变正驱动着中国本土品牌的成长。国潮已经崛起,消费者有强烈意愿购买中国商品和服务,展现本土情怀,期待本土企业生产更高品质的产品。④中国的数字化消费者正创造海量数据池。逾70%的中国消费者是真正意义上的全渠道购物者,以线上、线下相结合的方式进行采购。⑤新的市场消费曲线正在形成,中国企业正走在变化的最前沿。在商业模式创新、技术驱动的单位成本下降和全新购买行为等多重因素的叠加影响下,中国市场的消费图景正在改写,比如汽车消费市场,呈现明显的S曲线规则,而专车市场呈现平缓下滑趋势。因此,开发"三分蓝海"思路如下:

一是现在的需求,未来的顾客。即企业不要仅盯在现在的目标顾客群上,还应多注意现在不是、未来有可能是的那部分消费者,如农村市场的健康饮食、远程医疗、运动锻炼和休闲旅游,农村居家养老、社区养老、机构养老等。二是现在的顾客,未来的需求。比如,14年前,淘宝革了百货的命,京东革了电器卖场的命;7年前,天猫超市革了卖场的命!随着"90后""00后"消费族群的长大,这群生下来就崇尚个性又不缺物质、不缺产品的年轻人,他们更需要的是一种"物质体验"与"触觉关怀",可以预计不久的将来一个线上线下同步全新的经营业态会逆袭崛起。三是未来的需求,未来的顾客。可以肯定,未来的新零售一定会变成智能化!通过大数据分析消费者的购物习惯和偏好,注重数字化供应链管理,体现绿色环保要求,满足消费者个性化需求。随着AGV机器人矩阵、数字货架等技术的逐步普及,有创新精神的企业,目标顾客群不但覆盖了"千禧后""10后",还把目光放到了三孩政策后出生的孩童身上,开发这种未来的顾客的未来的需求。

中国的经济型酒店是由汉庭酒店(现华住酒店集团)实施蓝海战略来开创引领的。汉庭酒店在2005年建立时,为创造顾客新价值曲线,在产品设计上大胆别除了星级酒店的豪华大堂、会议室、娱乐、餐饮等设施,只把客房作为唯一的产品,提升睡眠和淋浴的品质,以经济实惠的价格给客人"洗好澡,睡好觉,上好网"的舒适体验。从此中国经济型酒店进入了黄金时代,如家/Homeinn、7天连锁、锦江之星/Jinjianginn、格林豪泰等各大品牌也在全国强势布局,截至2023年底,仅汉庭酒店已遍布全国1000多个城市,数量达到3600多家。近年来酒店行业"马桶门""浴巾门""床单门"等卫生事件间歇性频发,"干净"成了酒店消费的一大痛点。"爱干净,住汉庭"一句口号开创汉庭新蓝海战略!

"爱干净,住汉庭",不仅是一句履行承诺的口号,更是一个以蓝海战略为引领的工匠精神行动。汉庭建立起一整套干净行动工程:率先与行业领先的洗涤公司合作,从源头保障每一条毛巾床单严格洗涤——5道专业洗涤工序,165℃高温熨烫;首创便携式消毒柜,每个水杯都经过15分钟臭氧+紫外线双重消毒;每一只水壶都使用100℃沸水高温消毒;引进美国艺康专业品牌清洁剂消毒,每一座马桶全方位有效除菌>99.9%;开展内部质量自检,将5%质量不达标的酒店或房间下线停售;启动"自媒体工程""干净承诺誓师大会",推行干净认证;聘请日本"国宝级清洁匠人""世界第一干净"的羽田机场清洁师新津春子指导清洁工作……爱干净本是理所当然的,但把最基本的干净做到极致,做到细致专业,需要专业技术和培训,以及日复一日的坚持和精益求精的工匠精神。汉庭为一线清洁员工实施了高起点"清洁师计划",完善晋升阶梯,提升工资水平、职业地位和事业空间,让每个清洁师都能走上"职人"之路,都有成为新津春子的机会,受到社会的尊敬和认可。

美国管理大师彼得·德鲁克说:"企业的本质是社会的器官。任何企业得以生存,都是因为它为社会解决了某方面的问题。"随着新兴消费力量的崛起,品质消费渐成热点,汉庭再次自我革新。如在酒店推广弧面整体卫浴,采用USB插座;颠覆前台革命,创新实现"光速入住""零秒退房";将"干净运动"落实到每一个角落等。让工匠精神成为每一名员工的自觉追求,成为一种工作态度和行动方式,以极致的品质服务牢固打造老百姓"心中最有价值连锁酒店品牌",将是经济型酒店"追求卓越,基业长青"的标识。

第二节 管理与策略之二:"严"

所谓"严",即严要求——严格要求自身,严苛要求自己所从事的工作。"职场"就是道场,中华老字号内联升师徒传承的第一课便是"五为"之训:"工必为之纯,品必为之精,业必为之勤,行必为之恭,信必为之诚"。只有怀揣匠心,严格要求自身,才能积累生命的厚重,才能在竞争中压倒性的优势。从学徒到行内大能手,工匠精神才是成功之道。成功是什么?爱因斯坦说,成功等于99%的汗水加上1%的灵感,代表的是艰苦劳动加上正确方法与少说废话。换言之,成功是可望不可即的对岸,严格要求便是帆船,让你乘风破浪,勇往直前到达成功的彼岸;成功是危险重重的山顶,严格要求便是一把利剑,帮助你披荆斩棘,斩妖除魔到达成功的高峰;成功是甘甜可口的果实,严格要求便是营料的肥料,它迎着阳光,茁壮成长,结出一颗颗成功的果实。

匠心的修炼在职场。严于律己才能抵达诗和远方。在日本商界,追捧《论语》的企业家,都推崇"士魂商才"——一个人既要有"士"的操守、道德和理想,又要有"商"的才干与务实。如稻盛和夫是公认的"工匠精神"的代表人物。他说:"除了拼命工作之外,世界上不存在更高明的成功经营诀窍。"其在年轻时就提出了"六项精进":一是付出不亚于任何人的努力;二是要谦虚,不要骄傲;三是要每天反省,整理心灵的庭园;四是活着就要感谢,施人慎勿念,受施慎勿忘;五是积善行,思利他;六是不要有感性的烦恼,反省之后,把过去的失败坚决忘掉,集中精力投进新的工作之中。换言之,严修匠心就是把自己逼入绝境,把工作做到极致。拿格力电器董事长董明珠的话来说,就是"对自己狠一点"。不仅对自己狠,还对团队狠。敢于找出自己和团队不足的地方,生命不息,"折腾"不止。可以说,工匠精神的践行过程,就是心性修炼的过程,也就是执行力不断提升的过程:在自己的职责范围内,在工作的每一个阶段、每一个环节都力求完美,一丝不苟地尽心尽责处理好一切问题。以工匠精神来修炼执行力,尤其要注重"三力"——解码力、自主力和协作力。

一、增强解码力,提升完美度

管理中最大的黑洞就是执行力问题,没有执行力就没有竞争力。在现实生活中,有执行能力≠有执行结果;有个体执行力≠团队执行力。所谓的"完成任务"并不等于"执行",所谓的"负责"其实并不"负责"。比如,把领导交办的办了(对程序负责),那是完成差事;该走程序走过了(对形式负责),那是例行公事;差不多就行(对苦劳不对功劳负责),那是应付了事。而真正的"执行力"是"把想干的事干成功的能力",它对交出最好的结果负责。结果是否成功取决于完成工作任务的能力,即知道如何干的知识、曾经干过的经验及干完美的技能;而是否有效取决于完成工作任务的意愿,即想干的动机、能干的信心及将会干的承诺。因此,要执行到位,要保质保量按时完成自己的工作任务,就必须用执行的观念来占领我们的思想,引领自己的行动。换言之,执行力是一种不达目的不罢休的态度,拥有了"拼命"的态度,不管任务有多艰巨,都能主动去思考,从而将看起来不可能的事情变成可能。执行力又是一种不到黄河心不死的信念,打心底里愿意去做好工作任务以达成目标的信念。犹如著名神学家、哲学家圣奥古斯丁所说:"信念就是相信我们看不见的东西,有了这种信念我们就能看见我们相信的东西。"有了态度和信念,我们同时还必须拥有一种提升执行力的能力,那就是按 KPI(Keep Performance Indicators)——"一切作为表现均按照预先的指令行使"的要求,提高执行的解码力——将高端的愿望解码为自己工作的操作细节,解码为自己应该承担的工作责任的能力。

解码首先要对上级的指示与部署予以准确的理解,然后要结合本岗位的要求与特点进行准确、迅速的行动。解码力不强,导致任务与结果的很大差距,是当今很多企业的"心病":有时候并不是员工不尽力,大家似乎都在工作,但企业却拿不到结果,导致销售下降,质量波动,人心浮动,没有业绩。同样,这也是员工们的疑惑:我这么努力,"圆满"地完成了任务,为什么公司领导还是不满意呢?关键就在于,我们缺少的匠心的管与理,没有把重点放到结果上,被"完成任务"所迷惑,没有将真正的"任务完成"解码到每一个层级、每一个环节、每一个人应担负的工作责任上,导致对工作执行步骤、执行细节以及执行力度的巨大偏差。而匠心之韵,关键是让所做的每件事、每个过程都产生价值。看看下面一则"会议组织"的事例:总经理要求秘书安排次日上午九点半开一个会议。也就是说秘书的"任务"是"通知到所有参会人员,然后秘书自己也参加会议来做服务",然而,不同的细致程度和考虑问题的全面性却决定了人所具有的截然不同的价值。

> **拓展阅读**
>
> 九段秘书——不同的解码力,不同的结果值
>
> **一段秘书——发通知**:用钉钉邮件或微信发个会议通知,然后准备相关会议用品(电脑、投影仪、翻页笔、笔、笔记本、座号牌、事项单等),并参加会议。

二段秘书——抓落实：发通知后，看回复或打电话与所有与会者确认，确保每人都及时达知。

三段秘书——重检查：发通知，落实到人后，第二天在会前30分钟提醒与会者参会，确定有没有变动；对临时有急事不能参加会议的人，立即汇报给总经理，保证总经理在会前知悉缺席情况，以便临时调整。

四段秘书——勤准备：发通知，落实到人，会前再次确认后，会前将会议室门窗打开，对流15分钟确保空气清新（夏季冬季提前开好空调）；还再次确认投影、电脑、话筒等设备的完好状态，并在会议室门上留条：此会议室什么时间有什么会议安排，以防止会议过程中受到外来干扰。

五段秘书——细准备：在四段基础上，还先了解这个会议的性质是什么？总经理的议题是什么？然后给与会者发去过往与这个议题相关的资料，供他们参考，以提高会议效率。

六段秘书——作记录：在五段基础上，做好详细会议记录（在得到允许的情况下，做个录音备份）。

七段秘书——发记录：在六段基础上，会后详细整理好会议记录（重要的形成会议纪要）给总经理，然后请示总经理是否发送给与会人员或者其他人员。

八段秘书——定责任：将会议上确定的各项任务，一对一地落实到相关责任人，然后经责任人确认后，形成书面备忘录，交给总经理与当事人一人一份，并定期追踪各项任务完成情况并及时汇报总经理。

九段秘书——做流程：把上述过程做成标准的"会议"流程，让任何一个秘书都可以根据这个流程，把会议服务的结果做到九段，形成不依赖于任何人的会议服务体系。

发通知	抓落实	重检查	勤准备	细准备	作记录	发记录	定责任	做流程	九段 1万
发通知	抓落实	重检查	勤准备	细准备	作记录	发记录	定责任		八段 7000元
发通知	抓落实	重检查	勤准备	细准备	作记录	发记录			七段 5000元
发通知	抓落实	重检查	勤准备	细准备	作记录				六段 3000元
发通知	抓落实	重检查	勤准备	细准备					五段 2000元
发通知	抓落实	重检查	勤准备						四段 1500元
发通知	抓落实	重检查							三段 1000元
发通知	抓落实								二段 800元
发通知									一段 600元

▲ 结果导向——九段秘书工作法

可见，解码力决定你能做到什么位置，决定你的工作成果和个人价值，也决定着你能否快速地从"新手"成长为"熟手"、能否从"能手"向"高手"的飞跃。一段秘书或刚入职的新手都只做到这一层,只接受任务,叫做什么就做什么,在 KPI 里叫"满足部分期望"。四段秘书才基本算是称职,在 KPI 里称"满足期望"。五段秘书"细准备",经常这样做会超出上级的期望。八段秘书在向主管方向迈进……而做到九段秘书,你可能就是下一个行政主管。完成工作固然重要,但是否有绩效产生却更重要。对同一个任务,往往由于对结果的追求程度不同,其工作内容也发生了很大的变化。任务与结果的差别,源于自身对待工作的不同要求与态度。多一份对工作的执着,多一份对细节的关注,多一份追求完美的心态,用心用情用力地工作,达成细致精致极致的境界,相信我们都会收获更多。

二、增强自主力,提升精益度

从事任何一个职业,做好任何一项工作,都需要三种管理技能,即概念技能(Conceptual Skills)、人际技能(Human Skills)和技术技能(Technical Skills)。概念技能是指理性思考、分析、判断、决策的能力;这类技能相对务虚,职务越高,对概念技能的要求也就越高。人际技能是指与组织内外上下左右的人打交道的技能,即理解、动员、激励并与他人共事的能力,它是组织各个层级的人员都应具备的技能。而技术技能则是指从事自己职业活动范围内所需的专业技术和基本方法。具备了这种技能才能称为"内行",否则便是"外行"。也就是说,任何一个组织、一个单位,各级管理者都有不同的职责,三类管理技能的比例与要求的重点各不相同。如最高层,往往综观全局,把握关键,制定战略规划,概念技能就成为取得成功的首要技能;而基层管理者,则具体管人、管事,以高效执行、高绩效工作为原则,技术技能则最为重要。华为著名的"三把刀"理论就是对以上管理理念运用的最佳诠释。狼性总裁任正非认为,高层要有决断力,中层要有理解力,基层要有执行力,唯有坚定不移地砍掉各自多余的"手脚""屁股"和"脑袋",将企业的战略、战术、战斗在高层、中层、基层中真正落地,各谋其

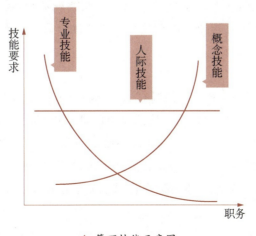

▲ 管理技能示意图

位,各司其职,才能形成一支敢打战、能打战、打胜战的狼性团队。"第一把刀"砍掉高层的"手脚",即高管只留下脑袋来仰望星空、洞察市场、规划战略、布局未来,确保公司做正确的事;要多学多想、头脑勤快,不要用手脚的勤快(习惯性地扎到具体的事务工作中去)来掩饰思想上的懒惰。"第二把刀"砍掉中层的"屁股",即中层承上启下,是企业的"腰",中层不能屁股决定脑袋,只从本部门利益出发开展工作;要将其赶出办公室,下一线到现场,走动指挥,巡回督战;要眼睛盯着客户和市场,凡是屁股对着客户的干部,坚决砍掉他的屁股,让他下台。"第三把刀"砍掉基层的"脑袋",意思是说基层员工不要去做清高的"秀才","只说不练",不管你是硕士还是博士,都必须遵守公司的流程制度和规则,把事情简单高效做正确。也就是说,要做能征善战的"兵",归结为一个字"干"!

基层员工是企业的"腿",要吃得了痛苦,熬得起脏累,经得住磨砺,不断增强自主力,提升精益度,才能踏踏实实地闯出一片新天地,干出一番新业绩,推动公司实现更好地运转。在现实生活中,具有很强的技术技能,或者说你的专长别人无法取代,那你肯定是职场的香饽饽。因此,"万丈高楼平地起",当我们刚刚步入职场、踏入社会时,一定要找准坐标、练好内功,摆正自己的位置,树立一种从底层做起的踏实精神,了解一线的最真实情况,积累一生职业生涯的宝贵财富,为你今后晋升晋级、更大的担当打下扎实的根基,这是书本上、课堂里所不能给予你的。

野田圣子曾是日本战后最年轻的邮政大臣,是颇受自民党重用的女政治家。然而很少有人想到,她的事业起点却是从喝厕水开始的。1983年上智大学毕业后,其获得的第一份工作便是在东京帝国酒店做洗厕工,且每天必须将马桶擦洗得光洁如新才算合格。心理作用使她几欲作呕。本想立即辞去这份工作,但她又不甘心自己刚刚走上社会就败下阵来。因为她初来时曾经发誓:一定要走好人生的第一步!就在圣子的思想十分矛盾的时候,酒店里一位老员工出现在她面前,二话不说,拿起工具亲手演示了一遍:一遍又一遍地擦洗马桶,直到光洁如新,然后将擦洗干净的马桶装满水,再从马桶中盛出一杯水,连眉头都没皱一下就一饮而尽,整个过程没有半丝做作。圣子猛然醒悟到自己的工作态度有问题,根本没资格在社会上肩负起任何责任,从此暗下决心:"就算一生要洗厕所,也要做个洗厕所最出色的人。"为了检验自己的自信,此后她多次喝过自己擦洗过后的马桶水。这样的经历成为她日后做人、处事的精神力量的源泉。

麻省理工学院计算机科学博士纽波特(Cal Newport)在《优秀到不能被忽视》(*So Good They Can't Ignore You*)①中认为:当今残酷竞争的社会没有人为你的梦想买单,在看待人生、职业、幸福的方式上,工匠思维(The Craftsman Mindset)胜过激情思维(The Passion Mindset)。"激情思维"关注世界(工作)怎么给你带来价值,会使人的职场观变得浮躁,对现状不满,产生困惑。而工匠思维对于打造自己所热爱的事业至关重要,它以产出为目标,关

---

① 卡尔·纽波特.优秀到不能被忽视[M].张宝,译.北京:北京联合出版公司,2016.

注自己给世界带来的价值;要求你不要以自我为中心,不要去担心工作是否刚好合适,而是要俯下身子、努力让自己优秀起来;没人欠你一份好工作,你要自己去争取,在正确的时间、正确的地点进行刻意练习并往纵深、精专方向发展,努力做一名好"工匠"。

职场本质是做价值交换,你需要能产出有价值的东西,作为交换才能在事业里注入创造力、影响力和自主力等成就特质。"工匠思维"适合积累职场资本,即个人所拥有的、在职场中属于稀缺而宝贵的技能,是职场的关键通货。想获得稀缺宝贵的东西,需要提供同样稀缺宝贵的东西作为交换,这就要求你用工匠精神来锻造自己的技能,投身于刻意练习之中,直到这些技能宝贵到无法被忽视。也就是说,必须先让自己优秀,才能盼到好工作。

创建自己热爱的工作时需要靠职场资本来获取,修炼匠心,努力做一名好工匠,你就必须提高自主力,即在日常工作中,有没有主动汇报(反馈)、主动沟通、主动关心的习惯。自主力是考察一个人工作能力、解码能力、职场资本的重要指标,请谨记并努力做好以下七个方面:主动报告工作进度,让上司知道;询问有问必答且清楚,让上司放心;充实自己,努力学习,跟上领导的眼见、境界,让上司轻松;接受批评,不犯三次过错,让上司省事;有空时主动帮助别人,让上司有效;毫无怨言的接收任务,让上司圆满;对自己的业务,主动提出改善计划,让上司进步。增强自主力,就能让自己优秀起来,进而提高工作的精益度,让老板"残废",成为无可替代者。

没有成果,就没有工作。锻造匠心,就是要在工作的内容和方式上时时刻刻注重微思考。比如《两个文员的故事》很能说明问题:小王尽管很聪敏漂亮,然而,到公司工作三年原地不动,而比她后来的同事陆续得到了升职,心中很是不平,认为领导对她有偏见。有一天,她鼓足勇气找到领导理论。领导趁机考验一番,笑笑说:"我手头上有个急事,你先帮我处理一下!一家客户准备到公司来考察产品,你联系一下他们,问问何时过来。"一刻钟后,她回到领导办公室,说:"领导,我联系到了,他们说下周过来。""那么,具体是下周几?几点钟到?他们一行多少人?谁带队?要不要去接?考察几天?要不要预定房间?"领导问道。一问几个问题,小王就说,"这些我没细问。""再说,您也没叫我问呀!"领导不再说什么了,他打电话叫来了比她晚到公司一年的小张,她已是部门的负责人了。小张接到了相同的任务,一会儿工夫就回来了。"是这样的⋯⋯"小张答道,"他们是乘下周五下午3点的飞机,大约晚上6点钟到,他们一行5人,由采购部王经理带队,我跟他们说了,我公司会派人到机场迎接。""另外,他们计划考察两天,具体行程到了以后双方再商量。为了方便工作,我建议把他们安置在附近的国际酒店,如果您同意,房间明天我就提前预订。""还有,下周天气预报有雨,我会随时和他们保持联系,一旦情况有变,我将随时向您汇报。"看看,自主力才是令人仰慕追求的东西。机会需要你自主去争取,当你拥有更多的自主力,你的人生价值会更高。

三、增强协作力,提升卓越度

俗话说得好,"没有完美的个人,只有完美的团队"。一个人能做的工作是有限的,没有任何工匠可以完美无缺。个人的爱岗敬业、精益求精只是干好工作的第一步。任何时候我们都要明白,我们自身的专业能力与工作实际要求之间永远是一条渐近线,而非重叠线甚至是超越线,在工作方面我们永远有着无尽的改进空间和可能。而融入团队,学会与团队成员之间主动沟通交流、分享经验、团结协作,就能加快自我成长、促进别人成长。比如,一个技师在维修过程中遇到问题,通过多人的讨论和分享能够顺利解决。当前,我国正处于全面实现中国式现代化的战略机遇期。随着现代产业的纵深发展、社会文化的变迁以及以人为中心的组织变革,正在持续引发职业领域和技能内涵的变革,以"拥抱变化""沟通交流""团队协作"等"软技能"为代表的综合职业素质,正在成为人力资源开发和技能型社会建设领域的新焦点。尤其在加快推动制造业高端化、智能化、绿色化发展过程中,一大批专精特新企业最迫切、最重要的就是培养一支具有工匠精神的智能制造团队。

团队精神的核心是协同合作,最高境界是全体成员的向心力、凝聚力,反映的是个体利益和整体利益的统一,并进而保证团队、企业公司的高效运转。拥有一支卓越的团队,就等于拥有了成功,团队协作是世界五百强企业成功的秘密。换言之,企业最根本的竞争优势归根到底既不是资本实力、发展战略,也不是技术,而是来自团队协作。按圆桌集团(The Table Group)总裁、管理经典《团队协作的五大障碍》的作者帕特里克·兰西奥尼的说法:团队的力量才是VUCA① 变动时代一个组织最关键的竞争力。一支真正有凝聚力的强大的团队,其成员会具有五大行为特征:①团队成员能相互信任,彼此坦诚相见;②团队成员能围绕具体观点展开毫无顾虑的冲突,真正集思广益;③团队成员能对团队决议和行动计划做出承诺,在行动上达成一致;④团队成员能对有违既定计划的行为相互问责,彼此承担团队责任;⑤团队成员专注于达成集体成果,共享团队集体胜利。

无独有偶,海湾战争期间美国海军导弹命中率最高的驱逐舰——"本福尔德号"的舰长阿伯拉肖夫以他特殊的经历为背景,也将他提升团队协作力的典范做法著成一书——《这是你的船》(It's Your Ship)。阿伯拉肖夫于1997年接管"本福尔德号"之时,尽管这艘舰艇拥有当时美国海军最为先进的装备,但其管理水平和作业效率很差,士气低靡,很多士兵希望赶紧退役。他接管后采用三大管理方略:一是确立共同目标。你必须时刻牢记这样一个现实:你是这条船的主人,而不是一个乘客。你必须以主人的心态来管理和照料这条船。二是建立信任。你必须明白自己个人荣誉与团队利益是休戚相关的,千万不能窝里斗。你必须通过努力才能得到别人的信任,而要得到别人的信任,你就必须首先学会信任别人。三是同心协力。在船上,一个人的力量是单薄的,只有拧成一根绳,才能乘风破浪。作为船员,你就应该在船长的指导下,努力履行自己的职责和义务,用心做好交给你的每件事,即使没有任何具体的交代,你也应该主动承担起分内之事,来维护保养好这条大船。一句话,形成共识——"这是你的船!"只有与团队一起奋斗,你才能实现个人价值的最大化,你才能成就自己的卓越!

经过2年努力,阿伯拉肖夫舰长为美国海军造就了一支充满自信、干劲十足的团队,大家都学会了为自己的行为负责,工作中不推诿、不扯后腿,远离个体的自私、自我和自大,确

---

① VUCA 是 Volatility(易变性)、Uncertainty(不确定性)、Complexity(复杂性)、Ambiguity(模糊性)的首字母缩写。

立从共同危机感到共同目标的"共同意识与共同责任",同舟共济,创造了骄人的成绩,被公认为美国海军的典范。

在当今"互联网＋"时代,创客(Maker)成为新工匠的最典型代表。开放协作也成为现代工匠精神中至关重要的元素。所有与创客相关的生产资料,从制造、研发、资金甚至到用户和消费者资源等,都能够以互联网开放平台的方式重新被组织起来。原先被誉为"中国第一程序员"的"WPS之父"求伯君和foxmail时代的张小龙那样的靠单打独斗编代码就可以成功的孤胆英雄时代已经过去了。创客们不仅乐于在网上分享资源,还经常定期举办活动、交流经验。在个体与个体的碰撞中,产生更多灵感,发现彼此盲点。以小米为例:雷军在2016年就表示:"我真的是希望工匠精神可以变成我的墓志铭,日本的工业是索尼带动整个行业的发展,韩国的工业是三星带动,我希望未来小米可以带动中国工业。"他对小米手机在质量、安全、性能、用户体验方面均提出了高标准、严要求。如在第一代小米手机推出前1年(2010),小米就先开发MIUI(米柚)操作系统,它在各大论坛上找到100个刷机发烧友作为种子用户,来准确动态地捕捉用户需求,降低创新的整体试错成本,加快迭代创新。同时,推出小米MIUI系统三大版本:体验版、开发版和稳定版。体验版每天一版,升级迭代,面对几千个荣誉内测组成员,目的是修复问题;开发版面对几百万发烧友用户,在论坛发布,每周五更新,目的是灰测,优化产品;稳定版面对的是90%以上的普通用户,时间不定,一般为1—2个月进行一次升级。如此高频度的产品迭代,小米运用"互联网＋"的思维,号召几百万人进行头脑风暴,主要通过论坛、手机自动上报和反馈APP等新协作渠道获取用户反馈信息,然后对问题进行分类和处理,解决问题,产生需求,实现版本迭代。2017年2月小米发布松果芯片,成为全球继苹果、三星和华为之后,第四家拥有芯片能力的手机公司;12月MIUI全球联网激活用户超3亿,在系统稳定性、流畅度、续航以及易用性方面实现了很大提升,被誉为"国产最牛手机系统"。2021年初,小米推出澎湃C1芯片,作为一款独立的影像处理芯片,主攻手机的影像性能;2021年底,小米又推出澎湃P1芯片,作为一款充电芯片,主攻手机的充电速度和续航能力。雷军表示,小米要用黑科技(新硬件软件、新技术工艺、新材料)和最严格的质量要求做成极致。

第三节　管理与策略之三:"细"

所谓"细",就是重细节——精致管理和精细服务。老子《道德经》云:"天下难事必作于易,天下大事必做于细。"人生是由许多的小事构成的,每一件小事的完美,积累起来就是人生的完美。只有从细节入手,才能创造与众不同的管理和服务,创造出自己的特色品牌。锤炼"工匠精神",就要善于在精细中出彩。正如习近平总书记所倡导的,我们要有"精细化的工作态度,掌握情况要细,分析问题要细,制定方案要细,配套措施要细,工作落实要细"。一个人无论在什么样的岗位,做什么样的工作,都要从小事做起,注重细节,成就完美,在细微之处彰显非凡品质。

不计较细节就难成大事,不计较细微问题就难成匠品。只有匠心铸就的让用户尖叫的产品才称为匠品。匠品与普通产品的差别就在于细节。若一款产品只有一个细节好,很容易被模仿或超越;若每一个细节都做成极致,就很难被模仿和超越。对细微之处死磕到底、"斤斤计较",自己与自己竞争,不断苛求完美,就容易将事情做到极致,成就工匠的尊严,让作品比生命更长。在当今崇尚品质经济的年代,一个卓越的企业一定是两条品质管理线并存:一条是品质制造的生产线,一条是缔造匠人的创造线。要想打造行业无可匹敌的产品,作为新时代的新工匠就要用放大镜将顾客的痛点放大 100 倍,让用户由开始的"痛"变成后来的"痛快";将行业内习以为常的痛点问题变不可能为可能。

工匠精神,源于严苛的管理,用"匠心管理"来贯通"匠心",量化与坚守细节,标准化先行;匠魂入品,树立"100-1=0"质量理念,不断复盘的精进;用"细节进化"思维,提升职业化水平。那才能以"细微匠心"成就"匠心极致"。

一、严格执行 SOP,量化、坚持细节

工匠有着把工作视为使命的激情,但做事时依靠的是严苛的理性。工匠尊重每一道工序,煞费苦心、全神贯注地审视每个细节。而所谓的"细节",就是将工作目标量化到每个流程,细化到日常工作,来规范每个动作。换言之,"细节"就是严格执行 SOP(Standard Operation Procedures)——标准作业程序,即按照标准步骤的要求,一丝不苟、一步一步脚踏实地地完成目标,把对目标的要求细化到每一个动作、每一步做法中去。它涉及三个问题:第一,要确立 SOP;第二,要将 SOP 量化到细节;第三,要不断地坚持这个细节。俗话说,"细节决定成败",不注重细节,通过长期的负性累计,会产生严重的蝴蝶效应(Butterfly Effect)。

1963 年,麻省理工学院气象学家洛伦兹教授(Edward Lorenz)研究"长期天气预报"问题时,出现了疑难问题:他在计算机上用一组简化数据模拟天气的演变,原本是想利用计算机的高速运算来提高天气预报的准确性。但是,事与愿违,多次计算表明,"差之毫厘,失之千里",在一个动力系统中,初始条件下微小的变化能带动整个系统的长期的巨大的连锁反应。他用一个形象的比喻来表达这个发现,一只小小的蝴蝶在巴西上空振动翅膀,它扇动起来的小小旋涡与其他气流汇合,可能在一个月后的美国得克萨斯州会卷起一场龙卷风。这就是著名的"蝴蝶效应"。不坚持 SOP,就会导致蝴蝶效应负性累积。以美国"哥伦比亚"号航天飞机而言,经过 10 年的研制开发,"哥伦比亚"号终于 1981 年建造成功,它是第一架用于在太空和地面之间往返运送宇航员和设备的航天飞机。在以后的岁月里它共进行了 28 次太空飞行任务。然而,2003 年 2 月 1 日"哥伦比亚"号在结束 16 天飞行任务返航途中,不幸在得克萨斯州北部上空解体坠毁,机上 7 名宇航员全部罹难。事后的调查结果表明,造成这一灾难的"凶手"竟是一块脱落的隔热瓦泡沫。"哥伦比亚"号表面覆盖着 2 万余块隔热瓦,能抵御 3 000℃的高温,以免航天飞机返回大气层时外壳被高温所熔化。1 月 16 日"哥伦比亚"号升空 80 秒后,一块从燃料箱上脱落的碎片击中了飞机左翼前部的隔热系统,宇航局的高速照

▲ 蝴蝶效应示意图

相机记录了这一过程。应该说,航天飞机整体性能等许多技术指标是一流的,但是一块小小的脱落的泡沫就毁灭了造价 1 亿美元的航天飞机和 7 名无法用金钱衡量的生命,令人扼腕。

无独有偶,2000 年 8 月 13 日,俄罗斯库尔斯克号核潜艇在巴伦支海沉没,核潜艇上 118 名官兵全部葬身海底。3 年后的 8 月 30 日,又有一艘退役的 K-159 核潜艇在巴伦支海沉没,10 多名船员仅有一人生还!库尔斯克号核潜艇为什么会沉没?原因是鱼雷仓爆炸!那么,鱼雷仓为什么会爆炸?就是因为鱼雷掉了下来;鱼雷掉下来是因为鱼雷的挂钩松脱了;鱼雷的挂钩松脱是因为挂钩生锈了。也就是说核潜艇沉没→鱼雷仓爆炸→鱼雷掉下来→鱼雷的挂钩松脱→挂钩生锈!最根本的原因就是因为生锈。同样,通过对 K-159 核潜艇沉没事故的调查,发现导致事故的逻辑链条是:K-159 沉没→拉拖的钢索断了→钢索中间脆裂了→因为生锈。都是一个"锈"!"锈"是生产厂家的员工没有执行 SOP,也就是没有在细节上的坚持。这两起事故真是令人悲痛,却永远无法原谅!

那么,我们如何去量化 SOP,去严格执行、坚持细节呢?一是量化目标,即将目标量化在每一月(周、日)和每一个过程里。如"没有一流的技工,难有一流的产品"正在成为全社会的共识,因为一流的产品要由一流的技工来制造;再先进的科研成果,如果没有技工的工艺化操作,也很难变成有竞争力的产品。在新时代"成为一流技工"是很多同学的梦想。那么应如何去实现呢?似乎不很明确。因此,同学们首先必须想清如下三个问题:第一,究竟何谓一流,一流的榜样有哪些?第二,是否能明确自己与一流的差别在哪里?第三,从哪里开始争做一流?范围、地域或者职业侧重点是什么?彻底搞清楚了以上三个问题,再把这些内容进一步划分,这就叫量化。也就是说,只有对自己的目标和每个阶段的定位进行量化,有助于自己对战略本身的更深理解,有阶段性地逐步完成自己的工作。其次,优化阶段流程,强化时间管理。比如,给自己列出清单,把每天、每周、每旬、每月、每季、每半年、每年应做的事都一一作出规划,做出规定,并以之作为加强自我约束的镜子。遵循"要事第一"原则,用"四象限法则"工具,改变自己对待时间和优先级的方式:以"重要程度"与"紧急程度"将任务分为四个象限——紧急且重要的(第一象限)、不紧急但重要的(第二象限)、紧急但不重要(第三象限)和既不紧急也不重要的(第四象限)。首要处理的是第一象限的任务,然后将主要精力和时间投入到第二象限的任务中,而第三象限和第四象限的任务应该尽可能地减少或者消除,以实现从被时间管理的被动状态转变为主动管理时间。又如对日常工作用不同的颜色标明重要程度和时间要求的不同:红色的卷夹代表一天之内必须完成的工作,绿色的卷夹代表两天之内必须完成的工作,蓝色的卷夹代表三天之内要完成的工作,其他的卷夹统统是黄色的,是可以后延几天的。这样,就能督促自己按轻重缓急科学地分解好手头的工作任务,使执行动作清晰细致。再次,量化每一个过程的目标,精准高效执行。除了掌握前一章有关、动作的规范(动作研究+省工原理)、步骤的规范(标准步骤+严格要求)、做法的规范(科学的方法+效率的改善)外,学习优秀匠人的对每一个过程的目标细化方法和操作技巧,也是穷尽一生磨炼技能的优化选择。

F1,即世界一级方程式赛车锦标赛被奉为最昂贵的运动竞技项目,与足球世界杯、奥运会号称世界三大运动赛事。每一辆F1比赛用车都是现代科技的巅峰杰作,从概念设计到制作完成,所耗时间高达2.5万小时,造价更是数百万美元不等。在F1赛车中,当时速达到200千米以上之时,高速摩擦会使车胎快速消耗,需要及时给车子进行保养或者更换轮胎。然而世界大赛分秒必争,所以当赛车进站更换车胎时,更换动作必须非常得快。那么换掉4个车胎需要多少时间呢?丰田的广告是:换4个新的车胎只要3.2秒(Four new tires in three point two seconds)。3.2秒钟内要把4个车胎全部换完,说明世界级赛车的车胎并不是一个个用螺丝拧上的,而是用环扣扣上去的,所以车子一进站,第1秒大家一起拔起车胎,第2秒滚车胎,第3秒上车胎,再扣上去总共是3.2秒,然后赛车就开走了。如果换4个轮胎要30秒,那对手早就不知道领先多少了。也就是说,量化细节要用心去控制时间。从细节上去寻求优选方法,比竞争对手做快一点,做好一点,就能赢得最后的胜利。

二、质量无小事,100-1=0

严谨、一丝不苟是工匠精神的要义之一。所谓"细"就是认真——本事不在大小,关键是态度;"细"就是严谨——知道与不知道的明确区分;"细"就是严格——没有一个细节细到应该被忽略;"细"就是严肃——每一次都不能犯错。一个伟大的工匠,总是大大方方做人、斤斤计较做事的。注重细节,做优细节,就能产生良好的口碑,实现个人、企业和顾客的三赢。著名管理学家布鲁诺·蒂茨有言:所有企业家成功的秘诀一定是"对细节无限的爱"。被誉为"霸道女总裁"的格力集团董事长董明珠曾说过一句极其自信的话,"我永远都是正确的"。"我想表达的意思是我不允许自己犯错,因为一旦错了,企业就有可能一下没了,错不起啊。

我不能拿企业的生命来开玩笑！要想自己不错,就必须在每决定事情之前要经过全盘的分析和思考。"意思是说,人生路漫漫,紧要处往往又只有几步;行百里者半九十,做事愈接近成功愈要认真对待。

正如习近平总书记2014年1月7日在《在中央政法工作会议上的讲话》中谆谆教导的那样:"要懂得'100-1=0'的道理,一个错案的负面影响足以摧毁九十九个公正裁判积累起来的良好形象。执法司法中万分之一的失误,对当事人就是百分之百的伤害。"在质量管理上,"100-1=0"定律①,也表述为"99+1=0",其管理理念至少包含了三方面的含义,即"零缺点""零起点""零突破"的管理。第一,"零缺点"管理,就是要求严格流程的管理,使产品与服务做到尽善尽美。即使99个方面的产品与服务都做好了,但只要有"1"个方面没有做好,总体效果仍然是零——"99+'1'(差错)=0"。第二,"零起点"管理,就是要求不断提高产品与服务的满意度,永无止境地追求高质量。在取得99分成绩之后,如果再取得"1"分成绩,就得到了100分。好,翻篇归零,并以"0"为新的起点,把完成一次次优质的服务当作一个又一个新的起点。当一个客人心满意足地离开之际,正是新的优质服务开始之时——"99+'1'(满意)=0"。第三,"零突破"管理,就是要求不断创新,开拓进取。即使各项内部管理工作都完成得不错,也只仅仅得99分,还有一项发展创新的工作必须要做。如果不能使顾客感到常来常新,那么总有一天会在激烈的市场竞争中被淘汰——"99+'1'(无创新)=0"。我们一定要树立100-1=0质量理念,比如在学校会计专业考试中,一张票据100分的题目,如果你错了一小点,老师仁慈可以给你99分;但在实践中,当你填写一张增值税发票时,10个或者20个栏目,只要你填错了其中的一项,这张发票就作废了,那么对于这种行为而言,你只能得零分。

美国通用电气公司曾有这样的名言:如果全球市场中的1个消费者对某产品或服务的质量感到满意,那么他会告诉另外6个人;如果不满意,他则会告诉22个人。这就印证了我们常说的那句老话:"好事不出门,坏事传千里。"我们做任何事情都不能怀有侥幸心理,不管你现在看上去有多成功,一个隐患的爆发,都会让你之前的所有努力毁于一旦！比如,韩国三星智能手机Galaxy Note 7在2016年8月3日发布时,业界广泛认为,它是最有实力对抗苹果的一款手机。全球首发当日,就卖出3.5万部,瞬间刮起一股换机潮,部分色款严重缺货。然而好景不长。自8月24日韩国本土网民首曝Note7电池爆炸起火事件后,迅速在全球引起连锁反应,用户无法承受,美国、日本、新加坡等国的交通运输部门和航空公司相继下达禁令。从全球首发到全球首炸,从全球召回到全面停产,时隔仅4个多月时间。为此,明星产品一落千丈,股价大跌,市值几千亿蒸发,并不得不出售硬盘厂商希捷、芯片公司

---

① "100-1=0"定律最初来源于一项监狱的职责纪律,说的是:不管你以前干得多好,如果在众多犯人里逃掉一个,便是永远的失职。换句话来说,就是1%的错误,也意味着100%的失败。后来,管理学家就把它引入到了企业管理和产品服务与营销之中,很快就得到了很多的应用和流传。它告诉我们:对顾客而言,产品和服务质量只有好坏之分,不存在较好较差的比较等级。好就是全部,不好就是零。

Rambus、半导体制造设备厂商 ASML 以及日本电子公司夏普的股份。多年积累起来的品牌形象损失难以估量。又如,诞生于 1915 年的中华老字号品牌——冠生园,曾是民族食品工业的一个旗舰,年销售额曾经达到 60 亿。然而,2001 年 9 月,冠生园用过期的馅做月饼的事件被中央台曝光后,仅仅 6 个月就宣告破产,最后以区区 818 万元被拍卖。一个百年老店因为一批过期月饼轰然倒塌!

可见,质量无小事,任何一个细小的失误都会导致 100—1=0。

三、用"细节进化"思维,提升职业化水平

产业是经济之本、发展之基。推进中国式现代化,首先是实现经济基础的现代化,在生产力意义上表现为产业体系的现代化。加快建设以实体经济为支撑的现代化产业体系,能够为中国式现代化奠定坚实物质技术基础。"中国式现代化关键在科技现代化"。美国技术思想家、复杂性科学奠基人布莱恩·阿瑟在《技术的本质》(The Nature of Technology: What It Is and How It Evolves)一书中提出:"众多的技术集合在一起,创造了一种我们称之为'经济'的东西。经济从其技术中泛现,并不断从它的技术中创造自己,决定哪种新的技术将会进入其中。经济是技术的一种表达,并随着这些技术的进化而进化。"[1]也就是说,科学与经济的发展,都是由技术所驱动的;技术不能静态地理解为"工具""技艺",而是"活生生"的;技术有它自己的"进化"方向,有它自己的"行事"逻辑,甚至技术自身"正在变为生物"。新一轮科技革命和产业变革,不仅颠覆传统生产方式、商业模式,也在不同程度地改变人们的工作、生活、学习甚至思维方式,推动人类智慧活动向更高层次跃迁。

人人学习技能、人人拥有技能是技能型社会建设的根本,也是社会高质量发展的新标志。技能型社会建设的主体是广大劳动者,掌握技能的主体也是广大劳动者,劳动者群体的品质观念、工匠思维、技能价值理念对技能型社会建设产生着重大的影响。面对我国高质量发展时期的质量变革、效率变革、动力变革新要求,无论是专注思维(专心致志,心无旁骛)、冠军思维(做自己擅长的,能量聚焦)、极致思维(没有第二,只有第一)、迭代思维(微创新,快速迭代)还是粉丝思维(得粉丝者得天下)、用户思维(一切为用户服务)、效能思维(重在当下,防患未然)等,都是精益求精、追求完美、踏实精进的体现,其实都是"细节进化"思维反映。从打造产品的品牌而言,其最终的核心关注点就是用户:从用户的角度思考,用同理心去理解用户,多为用户着想,深挖用户需求。从打造产品的匠心而言,就是用"细节进化"思维强化自我管理,努力提升职业化的工作技能、职业化的工作形象、职业化的工作态度、职业化的工作道德。

第一,细节进化思维能给用户最好的体验,创新匠品,创造效益。在弘扬工匠精神的酒店里,客人在称赞优质服务时,总提到难以忘怀的细节。比如,酒店所有出入口都有员工指

---

[1] [美]布莱恩·阿瑟.技术的本质:技术是什么,它是如何进化的[M].曹东溟,王健,译.杭州:浙江人民出版社,2014:214.

引、微笑、鞠躬,而且每次都鞠躬,送至电梯口;手机掉地,自己刚要弯腰捡起来,服务员已经从后面二十米处跑过来捡起;手里拿着橘子皮,马上有服务员来拿走;住进客房,服务员就会询问需不需要免费熨烫衣服;客人用餐时随口一句:真怀念烤红薯啊!不一会儿,红薯就端上来了,真是又惊喜又感动。年轻夫妻因小宝宝抱在身上影响进餐而犯愁时,服务员不知从哪里拿出一个小玩具就把小宝宝吸引过去,且会抱,会逗……这就是细节的魅力。在餐饮经营活动中,动物性原料的骨骼组织通常被视为下脚料或废弃物而很少受到重视。一些精明的厨师善于从大多数人所漠不关心的细节入手,巧妙地将动物骨骼变废为宝,加工烹制成为一道道特色风味美食。像成都"蓉城第一骨",以猪棒子骨为原料,经卤熟后再锯开一端,然后灌入卤汤汁,插上吸管供食客吸食其骨髓和卤汁。其独到的创意吸引了众多食客。其他如用猪蹄髈中的支架骨加工烹制的"孜然寸骨""糟卤寸骨",用猪软骨组织脆骨加工烹制的"串烧脆骨""脆骨三丁",用牛骨髓加工烹制的"脆炸牛骨髓"等创新骨菜,颇受消费者青睐。

第二,细节进化思维能塑造匠人素质,提升职业技能,展示职业风采。细节往往因其"小",而容易被人忽视,掉以轻心;因其"细",也常常使人感到烦琐,不屑一顾。其实,"魔鬼在细节"(Devils are in the details)。细节必须用心做事,用心才能看得见——细节的实质!正如北京公交的全国劳模李素丽所言:"认真做事只是把事情做对,用心做事才能把事情做好。"她三十六年如一日,把工作当成了事业,把自己的本职工作做得精益求精,把热情服务的细节做到了极致。"每一条公共汽车的线路都有终点站,但为人民服务没有终点站",善于重视细节,勤于发现细节,乐于完善细节——这种"细节进化"思维,是她劳动精神和工匠精神诠释的标签。又如,仪态美对服务员站姿、坐姿、走姿、手势、表情,以及服务动作等有相当细致明确的要求。以斟酒为例,服务员应站于宾客右侧,稍偏左后方,保持约0.3米的距离,两脚跟并拢或成斜丁字步站立,上身自然挺拔,立腰收腹……持酒瓶时应握其中下部,手臂自然前伸,稍有曲肘……斟好酒后,酒瓶稍提高,并轻缓优雅地内旋约30度收瓶。一连串规范化、标准化的细节贯穿于整个斟酒服务过程之中,将服务员娴熟的技能和优美的动作尽显其间,既充分展现出服务员的素养修为,起到了良好的首因效应,又带给宾客一道赏心悦目的艺术风景,全方位地感受企业的品质文化。

第三,细节进化思维能强化自我管理,体现自身职业价值。"现代管理学之父"彼得·德鲁克说:决胜21世纪的关键在于自我管理,一个人要取得卓有成效的工作其伟大之处不在于领导别人,而在于管理自己。而自我管理的精髓是用细节进化思维提升职业化水平,实现用匠心之执行力思维来打造高品质匠品。对于工匠而言,对待细节一定要有一种"死磕精神":不达目的誓不罢休,跟细节耗到底的态度;把自己逼疯,把别人逼死,把产品做到极致,让用户尖叫。如果说一个人事业上的成功是他的框架和骨骼的话,那么若干"细节"就是他的血肉,是来自生活母体的活性细胞。生活中的"不平凡",大多隐藏在平凡的细节之中。也就是说,做任何事情,干任何工作必须到位,即该说的要说到,说到的要做到,做到的要见到。到位的力度与你的发展的速度成正比:在别人应付时,以最负责的态度去工作;在别人浅尝辄止时,将工作做深做透;在别人敷衍形式"做了"时,把"做好"才叫"做了";在别人"差不多"就够时,总是精益求精并取得最佳效果;在别人让领导满意难时,好到出乎意料。提升职业化水平的目的在于岗位成才,而岗位成才的最终目的是运用自己的技能、绝活为企业发展、产品质量提升多做贡献,在贡献中实现自己的职业价值;否则,即使成为高级技师,也只能是个摆设,自己实现不了价值,企业当然也不会重用。大国工匠高凤林在回顾自身职业生涯发展时说:"只有将个人的梦想与事业的发展、时代的主题、国家和民族的梦想紧密结合,人生才更有价值;只有扎根一线、岗位报国、勇于实践、不断创新,梦想才会一步步变为现实!"

第四节 管理与策略之四:"实"

所谓"实"就是强落实——实干,实效,向实处着力,让各环节工作落地有声,做到抓铁有痕、踏石留印。上级布置的工作要自动自发高效去执行,落小落细,落准落实;第一次就把事情做对,务实态度与科学方法相结合,追求"零缺陷",作风踏实,行动扎实;把握情况真实,解决问题切实,凡事以结果为导向——把事做实做透做精致。

一、自动自发,拒绝借口

"自动自发"(Willingness)是指没有人要求你、强迫你,而你能自觉出色地完成自己的事情。它源于美国作家阿尔伯特·哈伯德(Elbert Hubbard)创作的同名传世励志经典。该书名列世界管理丛书畅销前五名,成为全世界企业、员工、有志青年争相传阅的职场成功法则。美国钢铁大王安德鲁·卡耐基(Andrew Carnegie)有言:"我可以告诉你通往成功之路的秘密,它就在这本书里,那就是勤奋、敬业、忠诚、自信地工作。"也就是说,自动自发有"四要":一是对待工作要勤奋。工作无贵贱之分,每一件事都值得你去做,要做就要做到最好。工作时拖拉和逃避是一种恶习,懒惰是一种慢性毒药,虚掷光阴会伤害雇主,但伤害自己更深。如果你永远埋头苦干、勤奋工作,你就会得到他人的称许和赞扬,就会赢得老板的器重,同时也会获得更多升迁和奖励的机会。二是对待公司要敬业。敬业是一种责任。敬业表面上看起来有益于公司和老板,但最终受益者确是自己。当我们将敬业变成一种习惯时,就能从中学到更多的知识,积累更多的经验,能从全身心投入工作的过程中找到快乐,并能超越平庸,奔向完美。三是对待老板要忠诚。以老板的心态对待公司,看不起自己所就职的单位就等于看不起你自己。在这样一个竞争的时代,谋取个人利益、自我实现是天经地义的。但抱怨于事无补,自我实现与忠诚并不对立,而是相辅相成。一盎司忠诚相当于一磅智慧,忠诚是成功的灯塔,诚信能使自己变得无可替代。四是对待自己要自信。热忱是工作的灵魂,坚韧是生命的脊梁。真正压榨奴役你的不是老板、上司,而是你自己。如果整天抱怨说自己像一个奴隶一样被人奴役,你的内心就产生了一种低人一等的心态,真正变成了一个奴隶。

在《自动自发》里,有一个案例名为《致加西亚的一封信》(A Message to Garcia)——别问加西亚是谁只管把信送给他。19世纪末,美国进入了帝国主义时期,但因力量有限,还无力同英法等强国相抗衡,只有老朽帝国西班牙是个好目标。这时的西班牙已是日薄西山,昔日的庞大帝国仅剩下古巴、波多黎各和亚洲的菲律宾。美国决定首先拿西班牙开刀。美国这个国家向来喜欢玩两手策略，一手勾搭在野党，一手勾搭执政党。1898年美西战争爆发。当时西班牙反抗领袖加西亚将军不在西班牙，美国总统就写信给加西亚，情报部门找到认识加西亚的罗文中尉，告诉他"这是总统写的信，麻烦交给加西亚。我们只知道加西亚在古巴一个山区丛林里，仅是一个大概位置。"罗文先生说"我尽我的力"，就把信揣进了自己的皮囊里走了。经过千辛万苦终于将信送给了加西亚。

罗文先生出发以前，没有问太多的废话：加西亚是谁？加西亚住在哪里？我怎么去找加西亚？如果加西亚不在怎么办？我有没有车费？我什么时候去？危不危险啊？有没有人抓我啊？其实我们的毛病就是"问得太多，做得太少！"

管理最长的距离是"从说到做"，而匠心执行力恰恰体现在说到做到并做到最好。我们敬佩那些无论上司在与不在都会坚持工作的人，敬佩那些在接到一个艰巨任务时毫不犹豫，凭着智慧和勇敢去胜利完成任务的人。要成为罗文中尉那样"合格的信使"，除了不轻言放弃的坚毅、忠于职守的承诺，还要有想干勇干的态度，苦干实干的作风，能干巧干的能力，真干干成的本领，踏踏实实学好每天的专业知识，认认真真练好每天的岗位技能，扎扎实实积累好每天的职业才干，用积极向上的态度去获得成功。

工匠情结被称为"燃烧的斗魂"。在"稻盛管理哲学"中，成功以方程式表示：人生·工作的结果＝思维方式×热情×能力。稻盛和夫将人分成三种：第一种人是没有任何周围的督促，自己就能熊熊燃烧的"自燃型"；第二种人是在别人热情感召下，点火就着的"可燃型"；第三种人是冷漠麻木、怨天怨地，点火也烧不起来的"不燃型"。"不燃型"的人，"思维方式"不是"敬天爱人"，而是"精致利己"德性往负向发展；纵然有能力却缺乏激情，以致埋没自身才能，最终走向颓废。而"自燃型"的人，每天拼命自发地投入工作，其工作结果远胜于他者。因此，想要成就事业，就必须成为"自燃型"之人，激起"燃烧的斗魂"、持续付出不亚于任何人的努力。

成长，在于每一天的获得和积累；提高，在于自己的学习和努力。西点军校第一任校长，乔纳森·威廉斯曾说过："不管你有多么伟大，你依然需要提升自己，如果你停止在现有的水平上，实际上你是在倒退。"一个人要心甘情愿自动自发的做事，这要靠刻苦的修炼才能达成的。"没有任何借口"，是美国西点军校200年来最重要的行为准则，西点军校的学生受训，回答长官只有四句话：第一句：Yes, sir!（是的，长官！）第二句：No, sir!（不是的，长官！）第三句：I don't know, sir!（我不知道，长官！）第四句：No excuse, sir!（没有任何借口，长官！）这四句是西点名言。

世界500强企业卓越员工的22条	**黄金准则**	
1、无条件执行		12、不断提升自己
2、工作无借口		13、勇敢者的游戏
3、细节决定成败		14、全力以赴
4、以上司为榜样	西点22条军规 管理个人铁律	15、尽职尽责
5、荣誉原则		16、没有不可能
6、受人欢迎		17、永不放弃
7、善于合作		18、敬业为魂
8、团队精神		19、为自己奋斗
9、只有第一		20、理念至上
10、敢于冒险		21、立即行动
11、火一般的精神		22、自动自发

▲ 西点22条军规

有这样一个"甩干手套"案例：有"东方隆美尔"之誉的孙立人将领在美国南方的"西点军校"——弗吉尼亚军事学院就读时，晚上学长将手套脱给他要他洗，而且早上要穿，意思是必须干的。孙立人没有说任何话，只回答了一句"是的，长官"，立刻用最快的速度将手套洗好。那时还没有烘干机，晚上也没有太阳，也不能拿到火上烤，唯一的办法是，先拿干毛巾将手套放在里面一直拧，这样也只能是四分干；然后用手一直甩，甩到凌晨四点总算干；最后就放在毯子下一直压，总算折平了。马上听到起床号了，学长过来没有任何动作，孙立人只说了一句"是的，长官"，学长便戴上手套走了。这就是"没有任何借口"，也是西点"合理的要求是训练，不合理的要求是磨炼"经典语录的真实写照。

二、"零缺陷"管理，第一次就把事情做对

"零缺陷管理"（Zero Defect Management）的概念是被誉为"全球质量管理大师"、美国著名管理学家菲利浦·克劳斯比（Philip B. Crosby）于上世纪60年代提出来的。在西方的所有管理大师中，克劳斯比是唯一一位接受"指甲黑黑"教育的过来人，也就是说他是唯一一位历经50年企业质量管理实践而成的最杰出的管理思想家。在其早期质检员的工作中，克劳斯比从医学的角度看待质量检验这项工作，他发现质检员所扮演的角色相当于"死后验尸"，并不能提高质量。其后，他在著名的马丁公司担任项目经理，发现"人们在做一件事的时候都不愿意第一次就做对，总要事后修修补补，做第二次、第三次，这些额外的浪费相当普遍"。以后又进入了国际电报电话（ICQ）公司担任副总裁，他深刻认识到：许多美国公司常将总营业额的1/5左右的费用用在测试、检验、变更设计、整修、售后保证、售后服务、退货处理及其他与质量有关的成本上，其真正浪费的原因是没有在客户端抓需求，而是退居后端抓"服务"和救火。因此，克劳斯比系统提出了质量管理四项原则：第一，质量即符合要求；第二，质量的系统是预防，在错误出现之前就消除错误成因；第三，工作标准是零缺陷；第四，质量的衡量标准是"不符合要求的代价"。四项管理原则围绕"零缺陷"展开，因此，克劳斯比的质量管理也常称为"零缺陷管理"。

零缺陷管理是企业最高效务实的管理哲学，其卓越表现的框架是：以客户为中心、结果为导向、数据与事实为基础，通过团队合作、衡量与过程优化，用财务的语言衡量组织文化变革管理的成果，通过削减占税前利润5倍的或占销售额20%～25%的"不符合要求的代价"，比竞争者更好、更快、更经济地第一次就把事情做对，从而创建生命系统更强壮的、以预防为主的可信赖的组织。可以说，零缺陷概念的产生得益于预防概念的采用，得益于一种客户化的思维，得益于过程的概念，得益于企业家创新、永无止境的追求和敢于向现实挑战的勇气。没有零缺陷的精神与思维，绝不可能有质量管理。20世纪60年代及后，美国极力将克劳斯比零缺陷思想推广到GE、波音，后来又传播到日本的制造业企业，使其制造业产品质量得到迅速提高，并领先于世界。美国在1988年设立了克劳斯比质量奖，1992年设立的欧洲质量奖的核心框架体制亦是克劳斯比质量奖。

零缺陷管理的核心是:"第一次就把事情做对"(Do It Right the First Time,简称 DIRFT),强调预防系统控制和过程控制,以"缺陷等于零为最终目标,每个成员都要在自己工作职责范围内努力做到无缺点"。所谓"第一次把事情做对",其意就是"第一次把正确的事情做正确"。它包含了"做正确的事"(战略)、"正确地做事"(执行)和"第一次做正确"(效率)三个层次,三者缺一不可。首先是要做正确的事(do the right things)或者说做对的事情:辨认出顾客的真正需求,从而制定

▲ 企业零缺陷管理看板

出相应的战略。其次才是正确地做事(do things right)或者说把事情做对:经营一个组织、生产一种产品、开展一项服务以及与顾客打交道所必需的全部活动都符合客户和市场的客观要求(质量即符合要求)。第三,第一次做正确:树立"绝不犯错"的心态,对错误"不害怕、不接受、不放过",凡事以预防为主,常变革,努力改善,尽量减少"不符合要求的代价",从而降低质量成本,提高效率。

"第一次就把事情做对"要求我们:在事前规划时就充分考虑好事情的方方面面,避免出现方向性大错;在执行阶段要加强防范,做好过程控制,一旦发现问题就在第一时间更正,立行立改而非视而不见。当一个人选择了错误的路径时,再出类拔萃的才华、再辛勤的努力、再多的资源支持,也是南辕北辙,只会在失败的路上越走越远。第一次就把事情做对,是提高工作效率的第一步。它是一种观念,也是一个良好的习惯。它会节省我们许多的人力、物力、财力,使我们少走许多不必要的弯路。经济领域有个术语叫作"沉没成本"(Sunk Costs)。你为某件事所耗费的所有时间、精力、财物等支出都是"沉没成本"。沉没成本最大的特点是不可回收,即你付出的代价是无法收回的,只能通过其他收益来平衡。在现实生活中,当人犯下第一个错误后,或出于自负,或出于贪心,或出于不甘,或出于懊恼,都会选择花更多力气去弥补这个错误,这就好比是技工因为一时失误而不得不多次返工一样。所以,第一次就争取把事情做对,不留下后遗症,就不需要我们一而再再而三地花时间精力去挽救"沉没成本"了。

美国通用电气公司在总裁杰克·韦尔奇的带领下,从 20 世纪 90 年代开始应用六西格玛(6σ)管理法。作为一种改善企业质量流程管理的技术,它以"零缺陷"的完美商业追求,带动质量成本的大幅度降低,最终实现财务成效的提升与企业竞争力的突破。"σ"(Sigma)是用于衡量一个总数中的标准误差。普通企业的瑕疵率为 3~4 个西格玛:3σ 意味着一百万次机会中有 66 800 个瑕疵,或者说每百万次操作,有 66 800 次失误;4σ 意味着一百万次机会中有 6 210 个瑕疵,或者说每生产百万个产品,缺陷产品有 6 210 个。当企业把质量提高到 6σ 程

度时,相当于在一百万个机会里只有 3.4 个瑕疵,也就是说,其质量水平达到 99.999 73%。6σ管理法的中心思想其实就是在工作过程中不断重复"第一次就把事情做对"的行为。通过反复地监督与检查,从源头上消灭质量问题,力求减少产品的返工率,提高生产质量。

第一次把事情做对,不是一个简单量化的工作标准,而是一个改变所有组织和个人的有效的工作哲学和方法。第一次把事情做对,代价最小,质量最高,收效最大。通过第一次把事情做对,人们可以达到组织管理的最高境界:建立预防体系,实现"无火可救"。第一次把事情做对,是做人做事的最高哲学,是实现事业成功和人生幸福的第一法则。

三、问题就是人生,价值在于解决

精益求精、潜心研修、传承创新、匠心创造是工匠精神的重要内核。不断弘扬工匠精神的精进之道,不仅能培养我们发现问题的意识,确定和定义问题的能力,更能培养解决问题并持续改善的能力。在可以预见的未来,缺少工匠精神的人迟早会被淘汰:一部分人会因为心浮气躁而被淘汰,一部分人会因为不思进取而被淘汰,一部分人因缺少问题意识而不会或不愿意认真思考而被淘汰。在我们工作中,总是会有各种各样的问题,只是问题大小不同而已。按部就班地干活,只是完成了一个人的基本职责。而自动自发做事,善于发现问题并解决之,勤于"守"(守,意味着长久等待和超常吃苦;在学练最初阶段遵循导师教诲,以谦逊之心守住理实基石,并达到熟练境界)、勇于"破"(破,意味着在突破和完善中超越;基底夯实之后,以实干之心尝试突破原有规范,向更高层次进化)、善于"离"(离,意味着在颠覆成见中寻求新发现;在更高层次得到新的认识并总结,以创新之心脱离固有束缚,自创新招)才是一个人能力的真正体现。试想,遇到意外的事,你会怎么办?是找思路想办法,还是置若罔闻,又或者是找理由逃避?你的想法和做法,将决定了你能否将自己的能量最大限度地发挥出来。因此,只有那些善于发现问题、研究问题并解决问题的人,才称得上是真正的实干家。

1. 增强问题意识

作为现代组织的一员,组织的发展、进退与个体的荣辱息息相关。组织的问题其实就是你个人的问题。你今天忽视问题,到了问题产生坏影响的时候,威胁到的其实是你自身的利益。所谓问题就是理想状态与现状之间的差距。俗话说得好,"看不出内部问题的问题是最大的问题!"问题永远存在,没有问题是因为我们的理想状态太低,就像凉水锅里被煮着的青蛙,陶醉在舒适区。因此,要成为大国工匠就要高度重视问题意识的培养。

以上述提到的"温水煮青蛙"这个著名的实验论之,尽管很多人对"煮"误读较深,以为是很高的温度刺激,其实实验目的是考察温度和神经反射性的关系。1869 年德国的科学家哥而茨在寻找灵魂

▲ 温水"煮"青蛙,误读也是问题

这个东西的时候,设计了这样一个实验:用 10 分钟时间将水从 17.5℃ 加热到 56℃,即平均每分钟升温速率 3.8℃,把切掉了大脑的青蛙放在凉水里面慢慢加热,青蛙就被煮死,而把正常的青蛙同样处理,正常的青蛙会试图跳走逃生。1872 年科学家亨滋曼用更低的加热速率对正常青蛙实验:用 90 分钟非常缓慢地把水从 21℃ 加热到 37.5℃,平均每分钟升温速率不到 0.2℃,就没观察到青蛙的行为异常。青蛙可耐受的临界高温为 36℃—37℃,持续细微的温度变化使得青蛙适应了这种刺激,反射刺激性降低,当达到可耐受的临界高温,青蛙已丧失了一跃而起的能力。一旦加热到 37.5℃,青蛙更为力不从心,死亡已离它不远。"温水煮青蛙"的实验启迪我们:为了不成为温水中的青蛙,应该强化忧患意识、问题意识的培养,及时发现并解决小问题,防微杜渐,不能让小问题积累起来变成大问题。换言之,要在工作中增强信息感受的敏感性,不断提升自身的责任感、使命感,思考"三个万一"——"万一理解产生偏差,怎么办?""万一现场出现意外和变化,怎么办?""万一别人的产品比自己做得好,怎么办?"来减少问题;做到"三个不要"——"不要等灾难发生后才开始重视!""不要等失误造成之后才后悔!""不要等问题成堆了才知道反思!"来远离问题。

只要你"走心",处处皆匠心。大凡出类拔萃的匠人都是对自身所承担的业务怀有高度问题意识的价值型员工:他们基本功扎实,工作目的明确;站在客户角度考虑问题;对变化敏感,善于从细微变化中捕捉蕴藏着的问题线索。他们彻底摒弃"有问题是坏事"的意识,认为"工作就是不停地解决问题",要是没了问题,也就没了工作、没了成绩,实现不了有价值的人生。匠人工作在现场,匠心之城也在现场。一般来讲,现场的任何生产过程都是均衡、平稳地运行的,一旦有"3U"——不合理、不均衡和浪费等情况出现,有可能就是问题的前兆,或者已经出现了问题,就可以用"3U 法",即从人力、技术、方法、时间、设备、工具、材料、产量、存货、地点、思考方式等 11 个方面去找不合理的地方,就会发现问题。例如,产品已经封装并送到仓库,为了查看包装盒中的产品是否封装正确,又将封装打开,这显然是不合理的;有的人过于繁忙,而有的人却闲得无事可做,有的设备超负荷运转,而另有些设备却长期闲置,这显然是不均衡的;材料送去冲料时,只有一个冲孔,但是预留的位置却很大,这显然就是浪费。现场管理的实践告诉我们,发现问题是为了解决问题,而要解决问题关键在于找出产生问题的根本原因。

2. 查明真因,探究方法

有一次,《财富》杂志采访施乐公司前董事长兼首席执行官安妮·莫西卡时,问她在管理上得到过的最佳建议是什么。她转述了一位白手起家、深谙现场管理的商界领袖的经验:"当一切都变得很复杂而你又不知所措时,你就这样想吧。你得做三件事:首先,把奶牛从沟里拉出来;第二,找出奶牛掉进沟的原因;第三,尽一切努力不让奶牛再次掉进沟里。"这真是一个极佳的管理技巧,如果你慢慢地分析,你就会发现它涵盖所有的情况。它告诉我们,为防止在同一个地方跌倒两次,请先找出问题所在,要将问题"打破砂锅问到底"。也就是说,碰到问题我们至少要问自己"五个为什么"——就是原因的原因的原因的原因,去不断追问,区分问题的现象与原因,直到找出根本原因。

以丰田生产方式创始人大野耐一的"绝招"为例:某天早上,工厂的地板上出现一摊油渍。如果是我们的员工,会怎么做呢? 一定会尽快把它清理掉,而在丰田则完全不同。丰田的基本要求是——工厂的地板上有一摊油,为什么?(答)因为机器漏油。→为什么机器会漏油?(答)因为油箱破了。→为什么油箱会破?(答)因为我们所采购的油箱材质较差。→为什么我们所采购的油箱材质较差?(答)因为价格低。→为什么我们要采购价格低、质量差的油箱?(答)对采购员的奖励是视短期节省的开支而定,而不是看长期的绩效表现。丰田这种"剥洋葱式"的探究与分析问题的方法才是思考问题本质的方法。

发现问题是难得的提升机会,因此,不仅是要发掘问题的真正原因,更为重要的是,绝不放过这次机会,彻底甩掉问题包袱,应该成为现场一线匠心思考的工作模式。

从现场管理来定义问题,所谓的"问题"就是实际执行与跟希望、标准的差距。对差距的产生,我们要花时间运用科学的方法去分析,如何从当前的"现状"改善跃升到"理想状态"。如采用5W1H分析法对选定的项目、工序或操作,从人员(Who)、对象(What)、地点(Where)、时间(When)、原因(Why)、方法(How)六个方面综合思考,进一步查摆偏差,寻找"合适的切入点",从而将问题分层次、具体化。如对人员(Who)的询问:现在这个事情是谁在干? 为什么要让他干? 如果他既不负责任,脾气又很大,是不是可以换个人? 有时候及时更换一人,整个生产就会有明显起色。又如,关于工艺和工序方法、方式(How)方面的追问:现在我们是怎样干的? 为什么用这种方法来干? 有没有别的方法可以干? 到底应该怎么干? 有时候方法一改,全局就会改变。5W1H分析法的最终结果是探索"取消、合并、改变、简化"①工艺、流程与人员组织的可能性。无论对何种工作、工序、动作、布局等,都可以运用

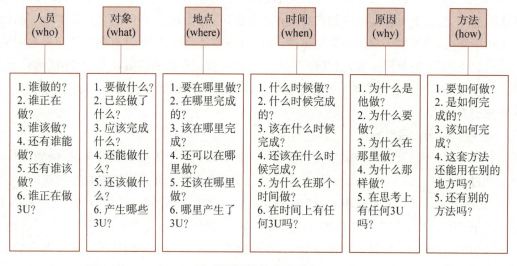

▲ 5W1H法检查内容表

---

① "取消"——看现场能不能排除某道工序,如果可以就取消这道工序。"合并"——看能不能把几道工序合并,尤其在流水线生产上合并的技巧能立竿见影地改善并提高效率。"改变"——改变一下顺序、工艺,就能提高效率。"简化"——将复杂的工艺变得简单一点,也能提高效率。

5WIH 分析法,结合取消、合并、改变和简化四种技巧进行分析,最后形成一个新的人、物、场所结合的新概念和新方法,达到改善工作、节能降耗、提高效益的目的。

3. 工匠人生,解决问题

发现问题,遇到难题,我们必须知难而进、迎难而上,不等不靠不怕,用智慧与汗水自主把一个一个问题都踩在脚下,成为解决问题的巨人。若一遇到问题就被问题所吓倒,总是逃避敷衍、绕开躲着,久而久之,问题堆积自己便成了问题,也就永远成不了高技能人才。工匠精神的信条之一,就是解决问题! 一般来说,解决问题分为以下几步:首先要确定问题的主要原因,然后制定并执行实施对策,接下来开始检查效果。如果效果好,就将其标准化固定下来,这个问题也就解决了;如果效果不好,再重新分析原因和制定对策。这里面,尤其要注意三点:一是摆脱"路径依赖",找出问题核心。问题核心即问题的关键所在。大凡伟大的工匠一定是在突破、颠覆约定俗成的传统或固有的经验上取得伟大成绩的。固有的经验、前人的步伐往往会对创新者的思路"自我设限",出现经济学家所讲的"路径依赖"①。比如,锗(Ge),就其导电的本领而言,优于一般非金属,劣于一般金属,这在物理学上称为"半导体",对固体物理和固体电子学的发展有着重要作用。上个世纪 50 年代,全世界都在研究锗这种"稀散金属"用来制造晶体管的原料,大家认为最大的问题是如何将锗提炼得更纯。日本新力公司的江畸博士和助手黑田百合子就此进行了探索,但总免不了会混进一些物质,而且每次测量都显示了不同的数据。在研究过程中,他们回归到了问题的原点:我们千辛万苦研究这一问题的目的,无非是要让锗能制造出更好的晶体管,为何非要把锗提炼得更纯呢? 于是,他们改变了原来的思路和研究前提,反其道而行之,有意地一点一点添加杂质,看看究竟能制造出什么样的锗晶体来。最后的结果是:在将锗的纯度降到原来一半的时候,一种最理想的晶体产生了。这一发明轰动世界,江畸博士和黑田百合子分别获得诺贝尔奖和民间诺贝尔奖。可以看出,将锗提纯是一种对问题的错误界定,给研究增添了无端的、无穷的麻烦,很可能使这项研究走向一条没有终点的道路。而摆脱传统与习惯的束缚,找出了问题核心则使研究者制造出了更好的晶体管,从而打开了通向成功的大门。二是评估优劣,选择最佳方案。美国科学家本杰明·弗兰克林曾提出过成本效益分析法,即把每项方案的优缺点条列出来,优点的部分给予 0 到 +10 的评分,缺点的部分给予 0 到 -10 的评分,最后将所有优缺点的分数相加,这样就可以得出每个方案的总分,决定哪一个是正确的方案,这就是著名的"本杰明·弗兰克林决策法"。三是永不言弃,切实解决。彼得·德鲁克有一名言:"管理是一种实践,其本质不在于知,而在于行。其验证不在于逻辑,而在于成果,其唯一的权威就是成就。"这是因为,管理是为了实现组织的目标。"知"只是明白、知晓,是解决问题的前提,只有具体落实到管理事件的行为、动作,问题才能得以解决。优秀的企业对待问题均按"四

---

① "路径依赖"(Path Dependence)指的是社会、技术系统的变迁或人们思维的演进均有类似于物理学中的惯性,即一旦进入某一种路径就可能对这种路径产生依赖。一旦人们做了某种选择,就好比走上了一条不归之路,惯性的力量会使这一选择不断自我强化,并让你轻易走不出去。道格拉斯·诺思由于用"路径依赖"理论成功地阐释了经济制度的演进规律,于 1993 年获得诺贝尔经济学奖。

不放过"原则处理:查不出问题发生的原因决不放过;拿不出解决问题的措施决不放过;查出问题不切实整改决不放过;不处理具体的责任人绝不放过。比如青岛海尔集团就有三个著名的公式:"开会+不落实=0";"布置工作+不检查=0";"抓住不落实的事+追究不落实的人=落实"。从"查明问题的真因、选定了最佳方案"到"措施真正落实、问题彻底解决",这是关键的"最后一公里"。优秀的匠人都"抱着产品睡觉",都不为解决问题过程中的重重困难所动摇,怀着"不到最后决不放弃"的强大意志和坚韧不拔的毅力,将工作进行到底,从而达到善始善终的结果。可见,解决问题是一项认真严谨、客观理性的思维与决策过程。问题的解决无不锻炼着、考量着每个人的洞察力、思考力、学习力、沟通力、决策力和执行力。只有在具体的一线工作中时刻发扬工匠精神,不断实践,注重积累,毫不气馁,学会解决问题的方法,善于解决疑难问题,才会攀登技能高峰,从而为社会提供高品质产品和高水准服务。

总之,"高严细实"既是匠心管理之道,又是匠心缔造之术。管理无情而文化有情,制度绝情而执行合情。管理靠盯,技能靠练,办法靠想,潜力靠逼。在当今社会践行伟大而质朴的工匠精神,它是高质量发展内在要求;厚植精益求精、追求完美、崇尚专注、爱岗敬业、勇于创新的工匠文化,它不仅是国家的意志,也是社会各行各业人们追求美好生活的需要。愿工匠精神成为"大众气质",在走向技能型社会的征程中散发出新时代更加绚丽的光彩。

 思考与研讨

一、全球管理大师大前研一在其名著《专业主义》中开篇就强调:"在21世纪激烈的竞争中,我们无处退缩。个人之间、企业之间、国家之间的竞争已经跨越国界,胜利者与失败者的区分变得更为清晰,唯有专业技能和职业素质兼备的专家,才能在全球化经济社会站稳脚跟。"什么是专家?"专家要控制自己的情感,并靠理性而行动,他们不仅具备较强的专业知识和技能以及较强的理念,而且无一例外地以顾客为第一位,具有无穷的好奇心和永无止境的进取心,严格遵守纪律,以上条件全部具备的人才,我才把他们称为专家。"也就是说,仅仅停留于知识与技能的技术人才,还不能算得上是真正的专家。真正的专家必须为社会、为他人创造价值。在他们的人生实践中"业"永居第一,而"专"放在第二,否则便成了爱恩斯坦所戏称的"训练有素的狗"。

在医学界有很神圣的"希波克拉底誓言"(The Oath of Hippocrates),它是每一个医学生步入医护行业时的庄严宣誓:"第一,请允许我行医,我要终生奉行人道主义;第二,向恩师表达尊敬与感谢之意;第三,在行医过程中严守良心与尊严;第四,以患者的健康与生命为第一位;第五,严格为患者保守秘密;第六,保持医学界的名誉与宝贵的传统;第七,把同事视为兄弟,不因患者的人种、宗教、国籍和社会地位不同而区别对待;第八,从受孕之始,即把人的生命作为至高无上之物来尊重;第九,无论随以怎样的压力,在运用自己的知识时也不会违背人道主义。"大前先生建言,大家在阅读中要把"医生"换作"职业",把"患者"当作"顾客"来考虑,便能更好地理解该誓言"对顾客信守誓言,自己则严守规定"的核心要义。也就是说,9条誓言对于思考职业化问题有着深远的意义。

就新时代工匠而言,专业技能也应只看成是养家糊口的饭碗,我们在强调技能重要性的同时,恰恰还需要时时警醒,永远不能让技术超出个人的德性、法律,以及更为抽象的社会公义。请从专业主义的角度,谈谈你准备如何用匠心管理自身,切实提升职业化水平。

请从专业主义视角出发,谈谈您准备怎样凭借匠心来管理自身,从而切实提高职业化水平。

二、卡尔·纽波特博士在其《优秀到不能被忽略》中认为,"激情至上""追随自己的激情"只是个糟糕的职业建议,我们应该另寻他路——用"工匠思维"关注自己能给世界带来的价值。那么,何谓"工匠思维"呢?

卡尔·纽波特自己和职业吉他手乔丹·泰斯都是从12岁开始接触吉他,但高中结束时却一个水平平庸,一个成了明星。纽波特后来发现:泰斯练习新曲的过程,面部扭曲、很痛苦,但通过这种方式,泰斯的吉他演奏技巧越来越优秀;而纽波特自己在练习吉他时则总是逃避身体和精神上的不适感。也就是说,泰斯不断跳出自己舒适范围,为的正是拓展自己的技能,而这些技能就是"工匠思维"的核心——只有通过不断刻意练习自身技能,才能充分锻造出自己的职业资本,成功掌控自己的人生。

在《优秀到不能被忽视》中,纽波特沿着一条清晰的逻辑,提出关于人生和职场的四大规则——"不要追随自己的激情""工匠思维胜过激情思维""幸福来自于自主力"和"使命感带来意义",教你一步步获取自己的职场资本、自主力、使命感,让你从探究自己是谁、工作意义是什么、正确的工作是什么中解脱出来,通过努力创建属于自己的一切。

请结合个人的实情,思考你打算怎样用工匠思维"让自己优秀到不能被忽略"。

三、从《九段秘书》《两个文员的故事》等事例中,很多企业的老总总结出如下黄金定律:

第一则:工作不养闲人,团队不养懒人。

第二则:入一行,先别惦记着能赚钱,先学着让自己值钱。

第三则:没有哪个行业的钱是好赚的。

第四则:干工作,没有哪个是顺利的,受点气是正常的。

第五则:赚不到钱,赚知识;赚不到知识,赚经历;赚不到经历,赚阅历;以上都赚到了就不可能赚不到钱。

第六则:只有先改变自己的态度,才能改变人生的高度。

第七则:没有谁生来就能担当大任,都是从简单、平凡的小事做起。

第八则:让人迷茫的原因只有一个——那就是本该拼搏的年纪,却想得太多,做得太少!

请你结合KPI哲学思想,谈谈你准备如何自动自发、用心做事。

四、技能人才要熔铸成"高素养""高技能"领军人才,需要遵循如下三大成功定律:

其一,荷花定律。一个池塘里的荷花,每天都会以前一天的两倍数量开放。如果到第30天,荷花就开满整个池塘。请问,在第几天,池塘中的荷花开了一半?是第15天吗?错。是第29天!也就是说,最后一天的速度最快,等于前29天的总和。人生就像池塘里的荷花,需要拒绝放弃,沉淀坚守。

其二,竹子定律。竹子用了4年的时间,仅仅长了3厘米;到了第5年终于破土而出,以每天30厘米的速度拼命生长,仅用6周时间就长到了15米。为了最后那15米,竹子前4年已将根在土壤里延伸了数百平方米。做人亦如此,需要"熬过那3厘米",下笨劲扎根潜伏。

其三,金蝉定律。"垂緌饮清露,流响出疏桐。居高声自远,非是藉秋风。"蝉在暗无天日的地下生活3、4年,只靠汲取树根的汁液存活,并忍受严寒的冰冻与耐住寂寞的煎熬,直到在夏天的某个夜里,才一点一点地爬上树枝,再经痛苦的蜕变最终成为"知了",尽情歌唱无限的自由、惬意和欢悦。

这三大定律的共同点就是成功需要厚积薄发,成功需要牢牢打好基础,成功需要毅力和坚定;经得起打磨、扛得起责任、肩负起使命,才能赢得尊重,才会创造价值。

请结合以上定律,思考如何用"高严细实"策略来打磨自身的"高素养""高技能"。

五、法国著名时装设计师纪梵希(Hubert de Givenchy)说得好:所谓奢侈,无非是每一个细节都被考虑到了。以瑞士维氏军刀(Victorinox)为例:瑞士军刀因军方为战士配备此刀而得名,已有一百多年历史。一把瑞士军刀的长度必须是91毫米,这是经验所致,所谓"口袋工具"的最佳长度。现在,一款91毫米长,8层的经典款瑞士军刀可收纳22个工具,由64个部分装配而成,一共需要450道生产工序。

现今的维氏集团CEO卡尔·埃尔森纳四世(Carl Elsener)说:"我们没什么秘密,我们的生产和标准都很简单,但我们专注于每一个生产细节。"

每道工序和原材料的标准很明确,都是经过一百多年来逐渐摸索出来的。首先,每卷不锈钢片从头到尾都要接受测试,原材料从内到外要非常均匀,然后钢铁含量要符合标准,如果标准出现偏差,直接影响钢铁的坚韧度,最终影响的是刀片质量。折叠军刀主刀片的生产步骤有7步,每一步完成都会有质量检测,最终刀片的不锈钢片硬度必须达到56RC(硬度单位),不锈钢中铬、碳、钼、钒的含量百分比都有明确标准。其他剪刀、锯子、螺丝刀和开瓶器以及弹簧的硬度又各有不同。上述任何一个指标达不到,就无法保证工具的功能性。之后,口袋折叠军刀的刀片的厚度标准不容0.2毫米的误差,否则刀片没法被装到把手里。其中,最大的挑战是要如何将22个工具装配成一把口袋折叠军刀,这其中的关键是8个弹簧和24个承压点,装配精准,一把8层厚瑞士军刀的弹簧可承受300公斤压力。8个品质过硬的小弹簧是折叠军刀的每一个部件能轻松打开和闭合的关键。

"如果一定要说有秘密,那就是我们把每一个简单的部分都精确组装到一起。一个品牌的价值应该是品质、功能、设计和创新,这四个价值中,首先就是品质和功能性。没有质量的产品就没资格谈创新。"

要成为好企业,必须做出好产品。一个好产品的背后一定有一个好工匠,一个好工匠的身上必然有一颗好匠心。匠心管理落实到工匠自身,就是每一个当下都做到极致,让每件事情都产生价值!现在很多人一谈工匠精神就要揪新词,要么就是"大国工"要么是"颠覆性"。其实现实中没那么多夺人眼球,简单而言,就是日复一日对技术和细节的无限雕琢。

请结合上面的案例,谈谈你对此话"话中之话"的理解。

附录一
关于加强新时代高技能人才队伍建设的意见

中办发〔2022〕58号

技能人才是支撑中国制造、中国创造的重要力量。加强高级工以上的高技能人才队伍建设,对巩固和发展工人阶级先进性、增强国家核心竞争力和科技创新能力,缓解就业结构性矛盾,推动高质量发展具有重要意义。为贯彻落实党中央、国务院决策部署,加强新时代高技能人才队伍建设,现提出如下意见。

一、总体要求

(一)指导思想。以习近平新时代中国特色社会主义思想为指导,深入贯彻党的十九大和十九届历次全会精神,全面贯彻习近平总书记关于做好新时代人才工作的重要思想,坚持党管人才,立足新发展阶段,贯彻新发展理念,服务构建新发展格局,推动高质量发展,深入实施新时代人才强国战略,以服务发展、稳定就业为导向,大力弘扬劳模精神、劳动精神、工匠精神,全面实施"技能中国行动",健全技能人才培养、使用、评价、激励制度,构建党委领导、政府主导、政策支持、企业主体、社会参与的高技能人才工作体系,打造一支爱党报国、敬业奉献、技艺精湛、素质优良、规模宏大、结构合理的高技能人才队伍。

(二)目标任务。到"十四五"时期末,高技能人才制度政策更加健全、培养体系更加完善、岗位使用更加合理、评价机制更加科学、激励保障更加有力,尊重技能尊重劳动的社会氛围更加浓厚,技能人才规模不断壮大、素质稳步提升、结构持续优化、收入稳定增加,技能人才占就业人员的比例达到30%以上,高技能人才占技能人才的比例达到1/3,东部省份高技能人才占技能人才的比例达到35%。力争到2035年,技能人才规模持续壮大、素质大幅提高,高技能人才数量、结构与基本实现社会主义现代化的要求相适应。

二、加大高技能人才培养力度

(三)健全高技能人才培养体系。构建以行业企业为主体、职业学校(含技工院校,下同)为基础、政府推动与社会支持相结合的高技能人才培养体系。行业主管部门和行业组织要结合本行业生产、技术发展趋势,做好高技能人才供需预测和培养规划。鼓励各类企业结合实际把高技能人才培养纳入企业发展总体规划和年度计划,依托企业培训中心、产教融合实训基地、高技能人才培训基地、公共实训基地、技能大师工作室、劳模和工匠人才创新工作室、网络学习平台等,大力培养高技能人才。国有企业要结合实际将高技能人才培养规划的制定和实施情况纳入考核评价体系。鼓励各类企业事业组织、社会团体及其他社会组织以独资、合资、合作等方式依法参与举办职业教育培训机构,积极参与承接政府购买服务。对纳入产教融合型企业建设培育范围的企业兴办职业教育符合条件的投资,可依据有关规定按投资额的30%抵免当年应缴教育费附加和地方教育附加。

(四)创新高技能人才培养模式。探索中国特色学徒制。深化产教融合、校企合作,开展订单式培养、套餐制培训,创新校企双制、校中厂、厂中校等方式。对联合培养高技能人才成效显著的企业,各级政府按规定予以表扬和相应政策支持。完善项目制培养模式,针对不同类别不同群体高技能人才实施差异化培养项目。鼓励通过名师带徒、技能研修、岗位练兵、技能竞赛、技术交流等形式,开放式培训高技能人才。建立技能人才继续教育制度,推广求学圆梦行动,定期组织开展研修交流活动,促进技能人才知识更新与技术创新、工艺改造、产业优化升级要求相适应。

(五)加大急需紧缺高技能人才培养力度。围绕国家重大战略、重大工程、重大项目、重点产业对高技能人才的需求,实施高技能领军人才培育计划。支持制造业企业围绕转型升级和产业基础再造工程项目,实施制造业技能根基工程。围绕建设网络强国、数字中国,实施提升全民数字素养与技能行动,建立一批数字技能人才培养试验区,打造一批数字素养与技能提升培训基地,举办全民数字素养与技能提升活动,实施数字教育培训资源开放共享行动。围绕乡村振兴战略,实施乡村工匠培育计划,挖掘、保护和传承民间传统技艺,打造一批"工匠园区"。

(六)发挥职业学校培养高技能人才的基础性作用。优化职业教育类型、院校布局和专业设置。采取中等职业学校和普通高中同批次并行招生等措施,稳定中等职业学校招生规模。在技工院校中普遍推行工学一体化技能人才培养模式。允许职业学校开展有偿性社会培训、技术服务或创办企业,所取得的收入可按一定比例作为办学经费自主安排使用;公办职业学校所取得的收入可按一定比例作为绩效工资来源,用于支付本校教师和其他培训教师的劳动报酬。合理保障职业学校师资受公派临时出国(境)参加培训访学、进修学习、技能交流等学术交流活动相关费用。切实保障职业学校学生在升学、就业、职业发展等方面与同层次普通学校学生享有平等机会。实施现代职业教育质量提升计划,支持职业学校改善办学条件。

(七)优化高技能人才培养资源和服务供给。实施国家乡村振兴重点帮扶地区职业技能提升工程,加大东西部协作和对口帮扶力度。健全公共职业技能培训体系,实施职业技能培训共建共享行动,开展县域职业技能培训共建共享试点。加快探索"互联网+职业技能培训",构建线上线下相结合的培训模式。依托"金保工程",加快推进职业技能培训实名制管理工作,建立以社会保障卡为载体的劳动者终身职业技能培训电子档案。

三、完善技能导向的使用制度

（八）健全高技能人才岗位使用机制。企业可设立技能津贴、班组长津贴、带徒津贴等，支持鼓励高技能人才在岗位上发挥技能、管理班组、带徒传技。鼓励企业根据需要，建立高技能领军人才"揭榜领题"以及参与重大生产决策、重大技术革新和技术攻关项目的制度。实行"技师＋工程师"等团队合作模式，在科研和技术攻关中发挥高技能人才创新能力。鼓励支持高技能人才兼任职业学校实习实训指导教师。注重青年高技能人才选用。高技能人才配置状况应作为生产经营性企业及其他实体参加重大工程项目招投标、评优和资质评估的重要因素。

（九）完善技能要素参与分配制度。引导企业建立健全基于岗位价值、能力素质和业绩贡献的技能人才薪酬分配制度，实现多劳者多得、技高者多得，促进人力资源优化配置。国有企业在工资分配上要发挥向技能人才倾斜的示范作用。完善企业薪酬调查和信息发布制度，鼓励有条件的地区发布分职业（工种、岗位）、分技能等级的工资价位信息，为企业与技能人才协商确定工资水平提供信息参考。用人单位在聘的高技能人才在学习进修、岗位聘任、职务晋升、工资福利等方面，分别比照相应层级专业技术人员享受同等待遇。完善科技成果转化收益分享机制，对在技术革新或技术攻关中做出突出贡献的高技能人才给予奖励。高技能人才可实行年薪制、协议工资制，企业可对做出突出贡献的优秀高技能人才实行特岗特酬，鼓励符合条件的企业积极运用中长期激励工具，加大对高技能人才的激励力度。畅通为高技能人才建立企业年金的机制，鼓励和引导企业为包括高技能人才在内的职工建立企业年金。完善高技能特殊人才特殊待遇政策。

（十）完善技能人才稳才留才引才机制。鼓励和引导企业关心关爱技能人才，依法保障技能人才合法权益，合理确定劳动报酬。健全人才服务体系，促进技能人才合理流动，提高技能人才配置效率。建立健全技能人才柔性流动机制，鼓励技能人才通过兼职、服务、技术攻关、项目合作等方式更好发挥作用。畅通高技能人才向专业技术岗位或管理岗位流动渠道。引导企业规范开展共享用工。支持各地结合产业发展需求实际，将急需紧缺技能人才纳入人才引进目录，引导技能人才向欠发达地区、基层一线流动。支持各地将高技能人才纳入城市直接落户范围，高技能人才的配偶、子女按有关规定享受公共就业、教育、住房等保障服务。

四、建立技能人才职业技能等级制度和多元化评价机制

（十一）拓宽技能人才职业发展通道。建立健全技能人才职业技能等级制度。对设有高级技师的职业（工种），可在其上增设特级技师和首席技师技术职务（岗位），在初级工之下补设学徒工，形成由学徒工、初级工、中级工、高级工、技师、高级技师、特级技师、首席技师构成的"八级工"职业技能等级（岗位）序列。鼓励符合条件的专业技术人员按有关规定申请参加相应职业（工种）的职业技能评价。支持各地面向符合条件的技能人才招聘事业单位工作人员，重视从技能人才中培养选拔党政干部。建立职业资格、职业技能等级与相应职称、学

历的双向比照认定制度,推进学历教育学习成果、非学历教育学习成果、职业技能等级学分转换互认,建立国家资历框架。

(十二)健全职业标准体系和评价制度。健全符合我国国情的现代职业分类体系,完善新职业信息发布制度。完善由国家职业标准、行业企业评价规范、专项职业能力考核规范等构成的多层次、相互衔接的职业标准体系。探索开展技能人员职业标准国际互通、证书国际互认工作,各地可建立境外技能人员职业资格认可清单制度。健全以职业资格评价、职业技能等级认定和专项职业能力考核等为主要内容的技能人才评价机制。完善以职业能力为导向、以工作业绩为重点,注重工匠精神培育和职业道德养成的技能人才评价体系,推动职业技能评价与终身职业技能培训制度相适应,与使用、待遇相衔接。深化职业资格制度改革,完善职业资格目录,实行动态调整。围绕新业态、新技术和劳务品牌、地方特色产业、非物质文化遗产传承项目等,加大专项职业能力考核项目开发力度。

(十三)推行职业技能等级认定。支持符合条件的企业自主确定技能人才评价职业(工种)范围,自主设置岗位等级,自主开发制定岗位规范,自主运用评价方式开展技能人才职业技能等级评价;企业对新招录或未定级职工,可根据其日常表现、工作业绩,结合职业标准和企业岗位规范要求,直接认定相应的职业技能等级。打破学历、资历、年龄、比例等限制,对技能高超、业绩突出的一线职工,可直接认定高级工以上职业技能等级。对解决重大工艺技术难题和重大质量问题、技术创新成果获得省部级以上奖项、"师带徒"业绩突出的高技能人才,可破格晋升职业技能等级。推进"学历证书+若干职业技能证书"制度实施。强化技能人才评价规范管理,加大对社会培训评价组织的征集遴选力度,优化遴选条件,构建政府监管、机构自律、社会监督的质量监督体系,保障评价认定结果的科学性、公平性和权威性。

(十四)完善职业技能竞赛体系。广泛深入开展职业技能竞赛,完善以世界技能大赛为引领、全国职业技能大赛为龙头、全国行业和地方各级职业技能竞赛以及专项赛为主体、企业和院校职业技能比赛为基础的中国特色职业技能竞赛体系。依托现有资源,加强世界技能大赛综合训练中心、研究(研修)中心、集训基地等平台建设,推动世界技能大赛成果转化。定期举办全国职业技能大赛,推动省、市、县开展综合性竞赛活动。鼓励行业开展特色竞赛活动,举办乡村振兴职业技能大赛。举办世界职业院校技能大赛、全国职业院校技能大赛等职业学校技能竞赛。健全竞赛管理制度,推行"赛展演会"结合的办赛模式,建立政府、企业和社会多方参与的竞赛投入保障机制,加强竞赛专兼职队伍建设,提高竞赛科学化、规范化、专业化水平。完善并落实竞赛获奖选手表彰奖励、升学、职业技能等级晋升等政策。鼓励企业对竞赛获奖选手建立与岗位使用及薪酬待遇挂钩的长效激励机制。

五、建立高技能人才表彰激励机制

(十五)加大高技能人才表彰奖励力度。建立以国家表彰为引领、行业企业奖励为主体、社会奖励为补充的高技能人才表彰奖励体系。完善评选表彰中华技能大奖获得者和全国技术能手制度。国家级荣誉适当向高技能人才倾斜。加大高技能人才在全国劳动模范和先进工作者、国家科学技术奖等相关表彰中的评选力度,积极推荐高技能人才享受政府特殊津贴,对符合条件的高技能人才按规定授予五一劳动奖章、青年五四奖章、青年岗位能手、三八红旗手、巾帼建功标兵等荣誉,提高全社会对技能人才的认可认同。

(十六)健全高技能人才激励机制。加强对技能人才的政治引领和政治吸纳,注重做好党委(党组)联系服务高技能人才工作。将高技能人才纳入各地人才分类目录。注重依法依章程推荐高技能人才为人民代表大会代表候选人、政治协商会议委员人选、群团组织代表大会代表或委员会委员候选人。进一步提高高技能人才在职工代表大会中的比例,支持高技能人才参与企业管理。按照有关规定,选拔推荐优秀高技能人才到工会、共青团、妇联等群团组织挂职或兼职。建立高技能人才休假疗养制度,鼓励支持分级开展高技能人才休假疗养、研修交流和节日慰问等活动。

六、保障措施

(十七)强化组织领导。坚持党对高技能人才队伍建设的全面领导,确保正确政治方向。各级党委和政府要将高技能人才工作纳入本地区经济社会发展、人才队伍建设总体部署和考核范围。在本级人才工作领导小组统筹协调下,建立组织部门牵头抓总、人力资源社会保障部门组织实施、有关部门各司其职、行业企业和社会各方广泛参与的高技能人才工作机制。各地区各部门要大力宣传技能人才在经济社会发展中的作用和贡献,进一步营造重视、关心、尊重高技能人才的社会氛围,形成劳动光荣、技能宝贵、创造伟大的时代风尚。

(十八)加强政策支持。各级政府要统筹利用现有资金渠道,按规定支持高技能人才工作。企业要按规定足额提取和使用职工教育经费,60%以上用于一线职工教育和培训。落实企业职工教育经费税前扣除政策,有条件的地方可探索建立省级统一的企业职工教育经费使用管理制度。各地要按规定发挥好有关教育经费等各类资金作用,支持职业教育发展。

(十九)加强技能人才基础工作。充分利用大数据、云计算等新一代信息技术,加强技能人才工作信息化建设。建立健全高技能人才库。加强高技能人才理论研究和成果转化。大力推进符合高技能人才培养需求的精品课程、教材和师资建设,开发高技能人才培养标准和一体化课程。加强国际交流合作,推动实施技能领域"走出去""引进来"合作项目,支持青年学生、毕业生参与青年国际实习交流计划,推进与各国在技能领域的交流互鉴。

中共中央办公厅　国务院办公厅
2022 年 10 月 7 日

附录二
国家职业资格目录（2021年版）

一、专业技术人员职业资格

（共计59项。其中准入类33项，水平评价类26项）

序号	职业资格名称		实施部门（单位）	资格类别
1	教师资格		教育部	准入类
2	法律职业资格		司法部	准入类
3	中国委托公证人资格（香港、澳门）		司法部	准入类
4	注册会计师		财政部	准入类
5	注册城乡规划师		自然资源部 人力资源社会保障部 相关行业协会	准入类
6	注册测绘师		自然资源部 人力资源社会保障部	准入类
7	核安全设备无损检验人员资格	民用核安全设备无损检验人员	生态环境部	准入类
		国防科技工业军用核安全设备无损检验人员	国防科工局	准入类
8	核设施操纵人员资格	民用核设施操纵人员	生态环境部 国家能源局	准入类
		国防科技工业军用核设施操纵人员	国防科工局	准入类
9	注册核安全工程师		生态环境部 人力资源社会保障部	准入类

(续表)

序号	职业资格名称		实施部门(单位)	资格类别
10	注册建筑师		全国注册建筑师管理委员会及 省级注册建筑师管理委员会	准入类
11	监理工程师		住房城乡建设部 交通运输部 水利部 人力资源社会保障部	准入类
12	房地产估价师		住房城乡建设部 自然资源部	准入类
13	造价工程师		住房城乡建设部 交通运输部 水利部 人力资源社会保障部	准入类
14	建造师		住房城乡建设部 人力资源社会保障部	准入类
15	勘察设计注册工程师	注册结构工程师	住房城乡建设部 人力资源社会保障部	准入类
		注册土木工程师	住房城乡建设部 交通运输部 水利部 人力资源社会保障部	
		注册化工工程师	住房城乡建设部 人力资源社会保障部	
		注册电气工程师		
		注册公用设备工程师		
		注用环保工程师	住房城乡建设部 生态环境部 人力资源社会保障部	
16	注册验船师		交通运输部 人力资源社会保障部	准入类
17	船员资格(含船员、渔业船员)		交通运输部 农业农村部	准入类
18	执业兽医		农业农村部	准入类
19	演出经纪人员资格		文化和旅游部	准入类
20	导游资格		文化和旅游部	准入类
21	医生资格	医师	国家卫生健康委	准入类
		乡村医生		
		人体器官移植医师		

(续表)

序号	职业资格名称		实施部门（单位）	资格类别
	职业病诊断医师			
22	护士执业资格		国家卫生健康委 人力资源社会保障部	准入类
23	母婴保健技术服务人员资格		国家卫生健康委	准入类
24	注册安全工程师		应急管理部 人力资源社会保障部	准入类
25	注册消防工程师		应急管理部 人力资源社会保障部	准入类
26	注册计量师		市场监管总局 人力资源社会保障部	准入类
27	特种设备检验、检测人员资格		市场监管总局	准入类
28	广播电视播音员、主持人资格		广电总局	准入类
29	新闻记者职业资格		国家新闻出版署	准入类
30	航空人员资格	空勤人员、地面人员	中国民航局	准入类
		民用航空器外国驾驶员、领航员、飞行机械员、飞行通信员		
		航空安全员		
		民用航空电信人员、航行情报人员、气象人员		
31	执业药师		国家药监局 人力资源社会保障部	准入类
32	专利代理师		国家知识产权局	准入类
33	拍卖师		中国拍卖行业协会	准入类
34	工程咨询（投资）专业技术人员职业资格		国家发展改革委 人力资源社会保障部 中国工程咨询协会	水平评价类
35	通信专业技术人员职业资格		工业和信息化部 人力资源社会保障部	水平评价类
36	计算机技术与软件专业技术资格		工业和信息化部 人力资源社会保障部	水平评价类
37	社会工作者职业资格		民政部 人力资源社会保障部	水平评价类
38	会计专业技术资格		财政部 人力资源社会保障部	水平评价类

(续表)

序号	职业资格名称	实施部门(单位)	资格类别
39	资产评估师	财政部 人力资源社会保障部 中国资产评估协会	水平评价类
40	经济专业技术资格	人力资源社会保障部	水平评价类
41	不动产登记代理专业人员职业资格	自然资源部 中国土地估价师与土地登记代理人协会	水平评价类
42	矿业权评估师	自然资源部 中国矿业权评估师协会	水平评价类
43	环境影响评价工程师	生态环境部 人力资源社会保障部	水平评价类
44	房地产经纪专业人员职业资格	住房城乡建设部 人力资源社会保障部 中国房地产估价师与房地产经纪人学会	水平评价类
45	机动车检测维修专业技术人员职业资格	交通运输部 人力资源社会保障部	水平评价类
46	公路水运工程试验检测专业技术人员职业资格	交通运输部 人力资源社会保障部	水平评价类
47	水利工程质量检测员资格	水利部	水平评价类
48	卫生专业技术资格	国家卫生健康委 人力资源社会保障部	水平评价类
49	审计专业技术资格	审计署 人力资源社会保障部	水平计价类
50	税务师	税务总局 人力资源社会保障部 中国注册税务师协会	水平评价类
51	认证人员职业资格	市场监管总局	水平评价类
52	设备监理师	市场监管总局 人力资源社会保障部	水平评价类
53	统计专业技术资格	国家统计局 人力资源社会保障部	水平评价类
54	出版专业技术人员职业资格	国家新闻出版署 人力资源社会保障部	水平评价类
55	银行业专业人员职业资格	银保监会 人力资源社会保障部 中国银行业协会	水平评价类

(续表)

序号	职业资格名称	实施部门(单位)	资格类别
56	精算师	银保监会 人力资源社会保障部 中国精算师协会	水平评价类
57	证券期货基金业从业人员资格	证监会	水平评价类
58	文物保护工程从业资格	国家文物局	水平评价类
59	翻译专业资格	中国外文局 人力资源社会保障部	水平评价类

二、技能人员职业资格(共计 13 项)

序号	职业资格名称		实施部门(单位)	资格类别
1	焊工	民用核安全设备焊工、焊接操作工	生态环境部	准入类
		国防科技工业军用核安全设备焊接人员	国防科工局	准入类
2	安全保护服务人员	保安员	公安部门及相关机构	准入类
		民航安全检查员	民航行业技能鉴定机构	水平评价类
3	消防和应急救援人员	消防员	消防行业技能鉴定机构	水平评价类
		森林消防员	应急管理部、国家林业和草原局	
		应急救援员	紧急救援行业技能鉴定机构	
4	消防设施操作员		消防行业技能鉴定机构	准入类
5	健身和娱乐场所服务人员	游泳救生员	体育行业技能鉴定机构	准入类
		社会体育指导员		
6	航空运输服务人员	民航乘务员	民航行业技能鉴定机构	准入类
		机场运行指挥员	民航行业技能鉴定机构	水平评价类
7	轨道交通运输服务人员	轨道列车司机	交通运输主管部门及相关机构 国家铁路局	准入类
8	危险货物、化学品运输从业人员	危险货物道路运输从业人员	交通运输主管部门及相关机构	准入类
		放射性物品道路运输从业人员		
		危险货物水路运输从业人员		

(续表)

序号	职业资格名称		实施部门(单位)	资格类别
9	道路运输从业人员	经营性客运驾驶员	交通运输主管部门及相关机构	准入类
		经营性货运驾驶员		
		出租汽车驾驶员		
10	特种作业人员		应急管理部门、矿山安全监管部门	准入类
11	建筑施工特种作业人员		住房和城乡建设主管部门及相关机构	准入类
12	特种设备安全管理和作业人员		市场监督管理部门	准入类
13	家畜繁殖员		农业行业技能鉴定机构	准入类

附录三
《新时期产业工人队伍建设改革方案》落实情况考评指标体系

一级指标	二级指标	三级指标		指标具体内涵
一、组织领导	（一）顶层设计	1	纳入当地国民经济和社会发展规划	纳入当地国民经济和社会发展"十四五"规划
		2	产改专项规划	编制产改专项规划（三年或五年）或工作方案（含分工方案）等
		3	形成落实《改革方案》政策体系	出台涉及产改的地方性政策文件数量和关键性举措情况
	（二）党政重视	4	领导重视	省（区、市）党委主要负责同志高度重视，就产改工作主持召开专题会议研究、对产改工作作出指示批示等情况；省委分管领导同志亲自抓，推进落实情况；政府部门支持力度、协作配合、开展具体工作情况
		5	列入年度工作要点	列入省（区、市）委常委会工作要点、列入本省（区、市）年度工作要点、列入工会工作要点、列入相关部门工作要点
		6	列入督查考核	列为党委督察事项；计入省（区、市）综合绩效考核
	（三）协调推进	7	组织领导机构	作用发挥情况（协调各部门发挥作用情况、指导各部门分别推进情况、引导合作互动共同促进情况等）
		8	领导机构办公室	领导机构办公室力量配备，引导、协调、督促等作用发挥情况
		9	协调工作机制	成员单位作用发挥情况，建立产改联席会议工作机制，领导机构协调会议、成员单位联络员会议、工作任务推进会等
		10	督促检查	开展年度工作评估或近年工作评估情况、检查督导情况

(续表)

一级指标	二级指标	三级指标		指标具体内涵
	（四）工作指导	11	机制建设	建立分类指导、发挥产业工会作用机制、企业主体作用等机制建设情况
		12	调查研究	开展产业工人队伍建设改革专题调研情况
		13	理论政策研究	建立专家智库,开展理论政策研究,形成研究成果、资料汇编、理论书籍等,在党校、行政学院、高校和职业学校开设相关课程
		14	产改工作推进会、现场会、经验交流会	数量、参会人数
		15	产改专题培训班、研修班	数量、培训人数
		16	打通最后一公里	发挥企业改革主体作用,试点或重点企业典型作用,部署推进企业改革、出台相关政策文件、加强分类指导等情况
		17	解决突出问题	围绕改革过程中的重点难点堵点问题采取创新性举措,解决现实问题情况
		18	省级试点	开展试点的总体考虑、试点对象确定、试点组织实施、试点取得成效等情况
		19	成果转化和经验推广	编发简报、专报、案例汇编等情况,特别是每季产改研究性专报（简报）落实情况
	（五）经费保障	20	财政投入	省(区、市)财政单独列支专项经费用于职业教育、职业培训补贴的金额和占比,补贴对象数量和占比等;对经费使用情况开展绩效考评
		21	社会投入	落实完善鼓励企业、社会组织加大职业学校教育和职业培养投入的政策措施,落实企业职工教育经费,支持企业举办或参与举办职业教育等情况
		22	工会经费投入	工会产改专项经费预算安排和经费使用效益等情况
二、思想引领	（六）党建工作	23	党员比例	产业工人党员数量、年度增长率
		24	发展党员	在产业工人中发展党员指导性计划及完成情况,非公企业、社会组织、小微企业党员人数及增长率
		25	党建工作纳入企业年度考核比例	党建工作纳入企业年度考核比例,年度增长率
		26	基层党组织建设	学习教育常态化制度化、组织生活制度落实,车间班组党组织的战斗堡垒作用和工人党员的先锋模范作用,非公企业、社会组织、小微企业的基层党组织建设和覆盖情况

(续表)

一级指标	二级指标	三级指标		指标具体内涵
	（七）贯彻《关于加强和改进新时代产业工人队伍思想政治工作的意见》	27	建立健全贯彻落实协调机制	党委负责同志牵头主抓的产业工人队伍思想政治工作联席会议制度的建立、运行情况；贯彻落实《意见》的举措及成效
		28	产业工人思想状况调查	形成专题调研报告
		29	产业工人主题教育活动	内容、载体、效果
	（八）法治教育	30	法治宣传教育活动	内容、载体、效果
		31	法律援助等公益性活动	内容、载体、效果
	（九）职业精神和职业素养教育	32	"三个精神"阵地建设	发挥红色工运资源、劳模工匠人物资源等作用，推进"三个精神"阵地建设情况
		33	"三个精神"阵地作用发挥	利用阵地开展活动、进行教育、激励引导等情况
		34	劳模工匠社会展示	组织劳模工匠进学校、进机关、进企业、进社区等活动情况，各地展示劳模工匠风采的举措
	（十）讴歌产业工人工作举措	35	优秀文艺作品创作展播	鼓励引导文艺工作者创作展现产业工人风采作品的政策环境；文艺作品创作数量、质量；展播形式、途径、数量、效果
		36	群众性文化活动举办等制度性安排	健全群众性文化活动的制度机制，活动组织、形式、范围、内容、效果
三、素质提升	（十一）综合素质	37	技能结构	高级工、技师、高级技师及工程师等的数量、增长率，占当地产业工人数量的比重
		38	产业工人学历	大专及以上学历占当地产业工人数量的比重、比重增长情况
		39	农民工技能培训	实施农民工学历和能力提升行动计划、职业技能提升计划和增加农民工受教育培训机会、通过培训提升技能等级等情况
		40	农民工学历	大专及以上学历农民工占当地产业工人数量的比重、比重增长情况，参加学历培训农民工占当地农民工数量的比重、比重增长情况
	（十二）工匠人才培养选树	41	劳模和工匠人才创新工作室，工匠学院	职工（劳模）和工匠人才创新工作室、工匠学院建设数量，年度增长率，创新工作室联盟发展情况，国家级、省级工匠学院命名挂牌情况，作用发挥情况
		42	工匠人才	大国工匠，省部级工匠数量，年度增长率，在岗人数和发挥作用情况

(续表)

一级指标	二级指标	三级指标		指标具体内涵
	(十三) 技能提升	43	职业教育	落实职业教育制度、职业学校数量情况,产教融合企业试点,"双师型"职业教育师资队伍情况
		44	职业技能培训	参加职业技能培训人次,通过培训提升技能等级人次;参加职业技能培训农民工人次,通过培训提升技能等级人次;师徒结对数量
		45	创新技能评价方式	多元化评价方式,技能评价中技术工人创新能力、现场解决问题能力和业绩贡献的比重
		46	线上技能学习培训	搭建全省技能学习专有平台,综合性平台中设置技能学习专版,企业搭建技能学习平台占企业总数比重等
		47	技能竞赛	参加国家、省级竞赛人次,获奖人次;承办国家级竞赛情况等;省市年度技能竞赛开展总数,增长比率;通过竞赛提升技能等级人数
		48	国际交流合作和培训	开展国际交流活动、境外技能培训次数,参加活动人次;
	(十四) 技术创新	49	科技创新表彰奖项	产业工人获得国家科技进步奖、创新争先奖、省部级职工创新奖项等情况
		50	技能表彰奖项	产业工人获得中华技能大奖、全国技术能手情况,省部级技术能手情况、获奖人员情况
		51	群众性技术创新活动	总结、命名、推广先进操作法,开展职工创新成果评选、展示
		52	获得专利授权	取得专利等知识产权情况
四、队伍壮大	(十五) 产业工人规模	53	产业工人数量、年度增长率	当地产业工人数量基数,年度增长率
		54	产业工人占比	产业工人占当地工人的比例,产业工人占当地就业总人数的比例
		55	制造业产业工人数量、年度增长率	当地制造业产业工人数量基数,年度增长率
		56	制造业产业工人占比	制造业产业工人占当地工人的比例
		57	技术工人主动离职率	当地技术工人主动离职率
	(十六) 农民工融入城市	58	配套政策	研究出台促进农民工培养成稳定就业产业工人,公平保障其权益等基本公共服务方面配套政策
		59	农民工产业工人增长	数量、增长率
		60	公共就业服务体系建设情况	公共就业服务体系服务内容、服务功能拓展、职业指导、就业信息服务制度、服务农民工数量、产业工人流动等情况

(续表)

一级指标	二级指标	三级指标		指标具体内涵
五、地位提高	(十七)主人翁地位	61	"三代表三委员"数量和比例	产业工人在党的代表大会代表和委员会委员、人民代表大会代表、政协委员、群团组织代表大会代表和委员会委员的数量和比例提升情况
		62	群团组织兼挂职情况	产业工人在省、市、县总工会、共青团、妇联等群团组织挂职和兼职情况
	(十八)公司治理	63	工会组建率	工会组织建设和覆盖情况
		64	职工入会率	职工入会率,尤其是新业态就业人员,农民工、灵活就业人员入会率
		65	民主管理建制率	推进厂务公开等情况
		66	人力资源管理制度	改革企业人事管理和工人劳动管理的双轨管理体制,实行统一的人力资源管理制度情况
		67	职代会作用发挥	企业在重大决策上听取产业工人意见,涉及产业工人切身利益的重大问题经职代会审议等情况
		68	企业工会主席配备	工会主席为企业领导班子成员的比例
		69	职工董事、监事作用发挥	职工董事、监事身份,参与公司治理等情况
	(十九)技能导向激励机制	70	收入分配机制	多劳多得、技高多得,产业工人入原始股的企业数量
		71	技术工人创新成果按要素参与分配制度	建立落实技术工人创新成果按要素参与分配制度情况
		72	创新补助资金	投入、使用、管理创新补助资金情况,创新补助资金激励作用发挥、促进创新成果产出数质量等情况
	(二十)表彰奖励	73	表彰奖励机制	建立企业和社会积极参与的产业工人表彰奖励制度机制情况
		74	产业工人在劳动模范和先进代表评选中的比例	产业工人在各级各类劳动模范和先进代表评选中的名额比例
六、权益维护	(二十一)劳动经济权益	75	健全向一线产业工人倾斜的分配制度	完善工资平等协商机制、正常增长机制、支付保障机制等情况
		76	推行"互联网+"普惠性服务情况	建设网上"职工之家"、实现网上维权帮扶、提供公共服务等
	(二十二)职业安全健康权益	77	安全生产、职业健康联席会议制度建设	建立安全生产、职业病防治联席会议制度并定期召开会议研究工作
		78	监督检查	开展专项检查,敦促企业落实主体责任,安全生产、职业健康、劳动条件等改善情况

(续表)

一级指标	二级指标	三级指标		指标具体内涵
	（二十三）产业工人发展空间	79	产业工人安全健康素质	增强产业工人安全生产和职业健康意识，自我防护能力水平等
		80	把高技能人才纳入党管人才总盘子统筹考虑	把高技能人才纳入党管人才总盘子统筹考虑情况
		81	职工教育经费提取情况	落实企业参与校企合作成本补偿，允许企业培训费用列入成本并按规定在税前扣除等政策情况
		82	技能人才发展通道	拓展技术工人职业技能等级，推动职业技能等级与专业技术职务衔接等情况
七、社会评价	（二十四）内部评价	83	产业工人满意度	普通职工、技术工人、劳动模范和工匠人才对本地改革推进情况评价
		84	企业满意度	企业管理者、企业工会干部对本地改革推进情况评价
		85	工作人员	本省（区、市）组织领导机构成员、办公室成员、工作人员推进和掌握改革情况
	（二十五）外部评价	86	协调小组及其办公室评价	向协调小组办公室报送信息及采用情况，在国家和省级层面进行经验交流情况，被确定为全国和省级试点项目情况
		87	省级改革办评价	向省级改革办报送信息及采用情况，省级改革办有关领导同志批示情况
		88	新闻媒体宣传	中央媒体报道推进产改工作、产改专项任务进展，省级主流新闻媒体报道推进产改工作、产改专项任务进展情况

注：

（1）评价考核指标体系由 7 个一级指标、25 个二级指标和 88 个三级指标构成，各项指标按照一定的权重赋分值。其中，"组织领导"属于总体指标，主要考核各地加强组织领导、有力有序推进、做好宣传引导、切实加大工作力度抓落实等情况。"思想引领、素质提升、队伍壮大、地位提高、权益维护"属于绩效指标，主要考核各地改革五大重点任务落地落实，尤其是改革举措在企业的到达率和贡献值等情况。"社会评价"属于满意度指标，主要考核企业、产业工人和社会各界对改革的满意度。

（2）88 个三级指标中，14 个为"产改"关键绩效指标。具体为"提高产业工人政治地位"4 个：发展党员，"三代表三委员"数量和比例，群团组织兼挂职，职代会作用发挥；"提高产业工人经济地位"5 个：技能结构，素质提升，技术工人收入水平，技术工人成长成才通道，技能表彰和创新激励；"提高产业工人社会地位"5 个：制造业产业工人队伍稳定，高技能人才纳入党管人才总盘子，高技能领军人才社会待遇，劳模和工匠人才创新工作室、工匠学院建设，农民工融入城市。

附录四
浙江省技能大师工作室考核评估标准

名称：_____技能大师工作室　　　　　　　　　_____年_____月_____日

考核项目		考核内容	分值	评分标准	得分
一、基础建设(25分)	1	工作室有专用场地	5	无工作室场地不得分	
	2	拥有不少于5人组成的技术技能人才团队	2	4人(含)以下不得分	
	3	有明显的工作室标识牌、有工作室成果荣誉展示栏	3	无明显标识牌不得分、无展示栏不得分	
	4	有工作室正常运作的设备	5	设备不足影响运作不得分	
	5	所在单位每年安排扶持资金	10	无扶持资金的不得分；每安排1万元得1分	
二、制度建设(10分)	6	建立工作室综合管理制度	4	没有建立的不得分	
	7	建立领办人岗位职责	4	没有建立的不得分	
	8	做到规章制度张贴上墙	2	没有在明显处张贴的不得分	
三、经费管理(25分)	9	建立经费使用管理办法	5	没有建立的不得分	
	10	建立工作室经费会计账簿	5	没有建立的不得分	
	11	经费使用符合财务管理规定	15	出现不合理、不合规开支的不得分	
四、成果产出(40分)	12	当年举办培训班情况	2	以培训花名册为准，未开展的不得分	
	13	当年带徒传艺情况	10	带徒≤20人不得分；20人以上，每增加一人得0.5分，最高不超过10分；以师徒协议为准	

(续表)

考核项目		考核内容	分值	评分标准	得分
	14	当年培养高技能人才情况	10	培养高技能人才≤10人不得分;10人以上,每增加1人得1分。(以职业资格证书、职业技能等级证书为依据)	
	15	开展技术攻关或技术革新项目并产生一定的经济效益	6	开展1项并产生效益得1分	
	16	总结推广创新成果、绝技绝活和先进的生产操作法,开展业内技术交流会、课题研讨会或展示活动	4	开展活动1次得1分	
	17	积极履行技能服务社会的责任	4	开展或参加所在单位外服务社会活动1次得1分	
	18	积极开展校企合作活动,与技工院校开展共建工作,推进企业新型学徒制	4	企业(院校)工作室与院校(企业)签订合作协议并开展活动得2分,开展企业新型学徒制2分	
五、加分项目(10分)	19	技师、高级技师培养有成效	2	培养技师1人得0.5分,高级技师1人得1分	
	20	市级及以上电视台、报刊报道过工作室建设情况	2	以新闻视频或报刊报道为依据,有1次市级得0.5分、省级得1分	
	21	工作室成果获得国家专利或省级及以上奖项	3	以有关证书文件为依据,获得1项国家专利或省级以上奖项得0.5分	
	22	创新成果、特色生产操作方法等发表过论文,或公开出版教材书籍	3	以相关实物或书刊资料为依据,发表1篇论文或出版1本书籍得0.5分	
		总分	100+10		

注:依据《浙江省技能大师工作室建设管理考核办法》(浙人社发〔2018〕32号),考核评估时重点把握"建设与管理""职责与任务"的达成要求。

(1) 工作室须具备三方面基本条件:一是"有大师",工作室领办人应是技艺精湛、群众公认且在生产实践中能够起带头作用的技师、高级技师,或掌握传统技能、民间绝技的技能大师;工作室领办人应在法定退休年龄内。二是"有团队",工作室拥有一支由不少于5人组成的技术技能人才团队,成员应是技能高超、业务精湛的高技能人才或专业技术人才。三是"有保障",工作室所在单位建立了较为完善的技能人才培养、评价、使用和激励政策制度;能为工作室提供固定的工作场所和相关设施、设备,每年能提供10万元以上的经费支持。

(2) 工作室须实现三方面主要任务:一是"技能传承",培养一批具有绝技绝活的高技能人才,每年带徒不少于20人,培养高技能人才10人以上。二是"技能攻关",立足企业进行技术革新、解决企业生产技术难题,积极参与企业技术装备引进、技术改造项目。三是"技能推广",总结推广创新成果、绝技绝活和先进的生产操作法;与技工院校开展共建工作,推进企业新型学徒制,深化校企合作;每年至少举办一期培训班。

附录五
3Q7S 活动检查表示例

一、办公室 7S 检查表

项目	检查标准	问题反馈
1S：整理 （Seiri）	1. 将橱柜内、办公桌桌面及抽屉内等与工作无关的物品及时清理	
	2. 不常用的教学用品分类整齐存放橱柜中	
	3. 无使用价值的物品按可回收物、易腐垃圾、有害垃圾、其他垃圾标准及时处理	
	4. 办公室外走廊无杂物	
2S：整顿 （Seiton）	5. 办公桌椅等物品布局美观，摆放整齐	
	6. 经常使用的物品分类摆放，整齐放置于办公桌或抽屉中	
	7. 办公桌面上放置的办公设备、教科书、作业本等物品摆放整齐	
	8. 笔、墨、橡皮、尺子等办公文具整齐放置桌面一侧或抽屉中	
	9. 橱柜、窗台上的物品分类摆放，叠堆整齐	
	10. 扫帚、畚箕、拖把、抹布等卫生工具定位放置，摆放整齐	
3S：清扫 （Seisou）	11. 有卫生值日表，规定每天清扫的责任人	
	12. 地面、墙面、桌面、抽屉、门窗、玻璃保持干净整洁	
	13. 电脑显示器屏、键盘、饮水机、空调等干净整洁	
	14. 电脑、饮水机、空调等定期点检，保养完好	
	15. 窗帘整洁，悬挂整齐	
4S：清洁 （Seiketsu）	16. 坚持上班 3S 五分钟，下班 3S 五分钟，做到 3S 规范化、标准化	
	17. 自我检查，做好预防 3S 工作	
	18. 工作场所保持清爽整洁，透明管理	

(续表)

项目	检查标准	问题反馈
5S:素养 (Shitsuke)	19. 衣着端正、大方、整洁,不穿拖鞋	
	20. 待人接物热情,用语礼貌	
	21. 车辆规范放置	
	22. 遵守劳动时间,工作时间无玩游戏、炒股、打牌等违规行为	
	23. 升旗仪式严肃庄重;会议按指定位置就座,认真做好记录	
	24. 下班前,复盘一天的工作;确认明天的工作任务	
6S:安全 (Safety)	25. 下班前,及时关闭用电设备电源及门窗	
	26. 重要文件做好保密工作	
	27. 个人贵重物品随身带走	
7S:节约 (Save)	28. 节约使用纸张,合理利用办公用品	
	29. 按空调的使用规定开关空调,节约水电	

二、电子电工实训室 7S 检查表

项目	检查标准	问题反馈
1S:整理 (Seiri)	1. 允许放置:工具箱包、接线板、排故装置、废料回收箱、卫生工具	
	2. 不允许放置:与实训内容无关的其他物品	
2S:整顿 (Seiton)	3. 实训桌布局合理、排列整齐;凳子按定位线摆放	
	4. 实训操作中:工具箱包按规定位点摆放;工具放置在工位右侧、万用表放置在工位左侧;电烙铁架放置在工位右上角	
	5. 实训结束后:工具及万用表放回工具箱包,并将工具箱包整齐放置到准备室规定区域;电烙铁架放入指定容器,放置在准备室规定区域	
	6. 零配件放置在准备室;备用导线拉直后放置在台面中间;不能再次使用的导线放入废料回收箱	
	7. 实训室使用记录本、设备维修记录本悬挂在黑板左侧的墙上	
	8. 扫帚、畚箕、拖把、抹布等卫生工具定位放置,摆放整齐	
	9. 每次课后,必须检查物品是否按要求放置	
3S:清扫 (Seisou)	10. 地面、墙面、门窗、玻璃、桌面、抽屉保持干净整洁,没有废料	
	11. 通道、清扫用具保持干净整洁	
	12. 排故设备定期点检,保养完好	
	13. 每次课后,按清扫责任表和标准进行清扫,没有卫生死角	

(续表)

项目	检查标准	问题反馈
4S:清洁 (Seiketsu)	14. 坚持上课 3S 五分钟,下课 3S 五分钟,做到 3S 规范化、标准化	
	15. 认真做好预防 3S 工作	
	16. 工作场所保持清爽整洁,透明管理	
5S:素养 (Shitsuke)	17. 提前预习实训内容,有序进出实训室,不迟到,不早退	
	18. 实训操作必须穿工作服,仪容仪表端庄	
	19. 爱护实训设备和仪器仪表,不得随意动用实训室任何设备和器材	
	20. 积极主动,有团队精神	
	21. 实训场所严守纪律和岗位职责,保持安静,不大声喧哗	
	22. 严格遵守操作规程,按规操作,精神集中	
6S:安全 (Safety)	23. 灭火器、消防栓等消防器材放在指定的区域位置,无变形破损	
	24. 每次课前在列会区集中进行安全教育,强化安全意识	
	25. 通电操作时要站在绝缘地板上,不违规操作,注意用电安全	
	26. 离开实训室及时关闭实训设备及实训桌上的电源	
7S:节约 (Save)	27. 合理使用设备及器材,能再次使用的导线要充分利用,杜绝浪费	
	28. 节约用水,节约用电	

三、网络实验室 7S 检查表

项目	检查标准	问题反馈
1S:整理 (Seiri)	1. 电脑桌上允许放置:教材、笔记本、练习资料	
	2. 电脑桌上不允许放置:衣服、饮料、食品、塑料袋、废纸等	
	3. 讲台上只允许放置:使用记录本、资料、教材	
2S:整顿 (Seiton)	4. 机器号标识贴在显示器左上角	
	5. 鼠标放置在显示器右侧定位区	
	6. 显示器按定位线摆放整齐	
	7. 主机按定位线摆放到位	
	8. 键盘托板推到底	
	9. 凳子摆放放入桌子底下	
	10. 线槽上玻璃地板放置平整	
	11. 课后机柜内网络设备连接线整理干净、机柜上锁	
	12. 纸篓、扫帚、拖把等清洁工具放在指定位置,摆放整齐	

(续表)

项目	检查标准	问题反馈
3S：清扫 （Seisou）	13. 室内外瓷砖表面干净，透亮，无污渍	
	14. 桌面无杂物、灰尘，机箱柜、键盘托板无尘	
	15. 显示器、主机表面、机柜、网络设备表面无尘	
	16. 空调表面无污渍，进出风口无尘，过滤网干净	
	17. 地面无纸屑、无污渍、无废弃物，墙顶、角落无蛛网	
	18. 门框、门板、气窗玻璃干净，卫生工具干净	
	19. 定期点检计算机；故障计算机及时维修，确保正常使用	
	20. 每次课后，按清扫责任表和标准进行清扫，没有卫生死角	
4S：清洁 （Seiketsu）	21. 着装干净整洁，穿干净鞋套上机	
	22. 坚持上课 3S 五分钟，下课 3S 五分钟，做到 3S 规范化、标准化	
	23. 认真做好预防 3S 工作	
	24. 工作场所保持清爽整洁，透明管理	
5S：素养 （Shitsuke）	25. 上课前有序进入机房，按指定位置就坐并填写设备点检表	
	26. 进实验室不带食品、饮料；保持室内卫生，不乱扔杂物	
	27. 严格遵守实训操作规程，精神集中，保持安静	
	28. 规范用机行为，不得玩游戏；不得携带任何移动存储设备	
6S：安全 （Safety）	29. 各类安全标志清晰、醒目	
	30. 灭火器、消防栓等消防器材放在指定的区域位置，无变形破损	
	31. 禁止动用室内电源装置，不得带入充电设备在室内充电	
	32. 课后关闭所用设备，整理好责任区，关闭门窗	
	33. 管理员在最后一节课后关闭实验室电源，检查门窗	
7S：节约 （Save）	34. 按空调使用规定开关空调，节约用电	
	35. 无法修复的计算机及时回收处理	
	36. 及时关闭投影机电源和空调电源	

四、寝室 7S 检查表

项目	检查标准	问题反馈
1S：整理 （Seiri）	1. 寝室布置、物品放置有合理规划，只保留必要的学习、生活用品	
	2. 床铺和床架上只放置必需的床上用品，不准存放其他任何物品	
	3. 写字柜上面按要求放置生活和学习必需用品	

(续表)

项目	检查标准	问题反馈
	4. 橱柜内放置衣物和其他个人物品	
2S：整顿 (Seiton)	5. 被子横叠三折再竖叠四折，置于铺南床头中间；枕头置于被子上面	
	6. 床单平铺整齐；蚊帐用夹子夹起	
	7. 鞋子整齐摆放写字柜下面	
	8. 椅子置于写字柜下，并摆放成一条直线	
	9. 毛巾一叠二折后整齐挂于毛巾架上；牙具朝向一致，摆放整齐	
	10. 热水瓶统一置水槽下南侧排成一条直线，手柄朝外，朝向一致	
	11. 水槽两侧边沿整齐放置肥皂盒、洗衣粉和抹布	
	12. 垃圾篓、拖把、扫把等卫生工具按要求摆放，并保持清洁	
3S：清扫 (Seisou)	13. 每天按责任表清扫，地面、桌椅、门窗、玻璃等干净清爽，无死角	
	14. 寝室门上不乱张贴，床柜上、墙上、天花板等无灰尘、无蛛网	
	15. 水槽和卫生间定期擦拭，下水道保持畅通	
	16. 地面不堆放杂物，垃圾按要求分类并及时清理	
	17. 定期检查寝室内设备，如有异常及时报修	
4S：清洁 (Seiketsu)	18. 个人区域个人负责，每天按规范化、标准化要求开展 3S 活动	
	19. 每天自觉做好预防 3S 工作，寝室干净整洁、明亮	
5S：素养 (Shitsuke)	20. 按规着装，仪容仪表端庄；团队协作，文明礼貌	
	21. 服从管教，守时守纪；相互尊重，理性生活	
	22. 维护寝室秩序，爱护公物设施	
	23. 寝室内不吸烟、不喝酒、不打牌、不赌博，不得饲养宠物	
	24. 严格执行请假制度，不外宿，不留宿他人	
6S：安全 (Safety)	25. 不私自乱拉电线和外接插座，不使用违规电器	
	26. 不攀高晾晒衣服，严禁翻越门窗、栅栏和围墙	
	27. 不得使用和私藏刀、棍和铁链等管制刀具	
	28. 不在宿舍区域内玩球，不往楼下抛扔杂物	
	29. 大额现金、信用卡等贵重物品不随意放置在宿舍	
	30. 定期检查门窗和橱柜锁具，保障宿舍安全	
7S：节约 (Save)	31. 节约学习用品和生活用品	
	32. 节约用水用电，没有"长流水""长明灯"现象	

参考文献

[1] 王雪亘. 工匠精神培育与高技能人才成长[M]. 杭州:浙江科学技术出版社,2018.
[2] 王雪亘. 职业院校3Q7S管理[M]. 杭州:浙江科技出版社,2010.
[3] 王雪亘. 3Q7S管理背景下技师学院质量评价的实践研究[M]. 杭州:浙江大学出版社.
[4] 陈宇. 技能振兴:战略与技术[M]. 北京:中国劳动社会保障出版社,2009.
[5] 付守永. 工匠精神:向价值型员工进化[M]. 北京:中华工商联合出版社,2013.
[6] [日]今井正明. 改善:日本企业成功的奥秘[M]. 北京:机械工业出版社,2010.
[7] [日]大前研一. 专业主义[M]. 北京:中信出版社,2006.
[8] [美]托马斯·库恩. 科学革命的结构[M]. 北京:北京大学出版社,2004.
[9] [美]布莱恩·阿瑟. 技术的本质:技术是什么,它是如何进化的[M]. 杭州:浙江人民出版社,2014.
[10] [日]稻盛和夫. 干法[M]. 曹岫云,译. 北京:机械工业出版社,2015.
[11] [美]理查德·桑内特. 匠人[M]. 李继宏,译. 上海:上海译文出版社,2015.
[12] [美]亚力克·福奇. 工匠精神:缔造伟大传奇的重要力量[M]. 陈劲,译. 杭州:浙江人民出版社,2014.
[13] 李工真. 德意志道路——现代化进程研究[M]. 湖北:武汉大学出版社,2005.
[14] [印]阿盖什·约瑟夫. 德国制造:国家品牌战略启示录[M]. 赛迪研究院专家组,译. 北京:中国人民大学出版社,2016.
[15] [德]赫尔曼·西蒙. 隐形冠军:未来全球化的先锋[M]. 张帆,吴君等,译. 北京:机械工业出版社,2015:35.
[16] [日]柳宗悦. 日本手工艺[M]. 张鲁,译. 南宁:广西师范大学出版社,2011.
[17] [日]松浦元男. 小,我是故意的:做世界第一的小企业[M]. 李叶玲,译. 北京:中信出版社,2011.
[18] [日]秋山利辉. 匠人精神:一流人才育成的30条法则[M]. 陈晓丽,译. 北京:中信出版社,2015:131.

［19］［日］后藤俊夫.工匠精神：日本家族企业的长寿基因［M］.王保林,周晓娜,译.北京：中国人民大学出版社,2018.

［20］［美］马修·克劳福德.摩托车修理店的未来工作哲学：让工匠精神回归［M］.粟之敦,译.杭州：浙江人民出版社,2014.